Phraseologie und Parömiologie

Herausgegeben von
Wolfgang Eismann (Graz)
Peter Grzybek (Graz)
Wolfgang Mieder (Burlington VT, USA)

In Zusammenarbeit mit der
Europäischen Gesellschaft für Phraseologie
vertreten durch:

Harald Burger (Zürich), Wolfgang Eismann (Graz)
Peter Ďurčo (Bratislava), Gertrud Gréciano (Strasbourg)
Jarmo Korhonen (Helsinki), Christine Palm (Uppsala), Jan Wirrer (Bielefeld)

Band 10

Schriftleitung / Anschrift der Redaktion

Christoph Chlosta
Universität GH Essen
FB 3 Literatur- und Sprachwissenschaften
D-45117 Essen

Phraseologie in Raum und Zeit

Akten der 10. Tagung
des Westfälischen Arbeitskreises
»Phraseologie/Parömiologie«
(Münster, 2001)

Herausgegeben von
Elisabeth Piirainen und Ilpo Tapani Piirainen

Schneider Verlag Hohengehren GmbH

Titelbild: Oleg Dobrovol'skij (Moskau)

Gedruckt auf umweltfreundlichem Papier (chlor- und säurefrei hergestellt).

Die Deutsche Bibliothek – CIP-Einheitsaufnahme

Ein Titeldatensatz für diese Publikation ist
bei Der Deutschen Bibliothek erhältlich

Phraseologie und Parömiologie ; Bd. 10
ISBN 3-89676-542-6

Alle Rechte, insbesondere das Recht der Vervielfältigung sowie der Übersetzung, vorbehalten.
Kein Teil des Werkes darf in irgendeiner Form (durch Fotokopie, Mikrofilm oder ein anderes
Verfahren) ohne schriftliche Genehmigung des Verlages reproduziert werden.
© Schneider Verlag Hohengehren, 2002.
   Printed in Germany.

Inhaltsverzeichnis

Vorwort der Herausgeber   5

Dialektale Phraseologie – am Beispiel des Schweizerdeutschen
Harald Burger (Zürich)   11

Zum kulturellen Aspekt der Phraseologie des Lëtzebuergeschen
Natalia Filatkina (Luxemburg)   31

Klein, aber oho! Symbole und Metaphern in der slowenischen Tierphraseologie am Beispiel der Konzepte AMEISE, BIENE, WESPE und FLIEGE
Tatjana Schauer-Trampusch (Brüssel/Graz)   57

Zur Entstehung und Entwicklung von Paarformeln im Deutschen
Dagmar Hüpper, Elvira Topalovic, Stephan Elspaß (Münster)   77

„Es ist besser in Ehre zu sterben, als mit Schande zu leben."
Zur Verwendung situationsmodellierender Phraseologismen in mittelhochdeutschen Romanen des 12. und 13. Jahrhunderts
Rebekka Nöcker, Hanno Rüther (Bochum und Münster)   101

Zu Phraseologisierungsprozessen im Frühneuhochdeutschen anhand von Texten aus der Slowakei
Ilpo Tapani Piirainen (Münster)   113

„Unikalia" im Sprachwandel: phraseologisch gebundene Wörter und ihre lexikographische Erfassung
Annelies Häcki Buhofer unter Mitarbeit von Davide Giuriato (Basel)   125

Zum Verständnis der phraseologischen Teilbarkeit
Anke Levin-Steinmann (Leipzig)   161

Kollokationen zum Ausdruck des Blickverhaltens: eine Analyse auf der Basis des französischen elektronischen Korpus FRANTEX
Annette Sabban (Hildesheim)   177

Parömiologische Konnektoren oder „Wie der Volksmund so schön sagt"
Peter Ďurčo (Bratislava)   203

Er zahlt keine Steuern mehr. Phraseologismen für 'sterben'
in den deutschen Umgangssprachen 213
Elisabeth Piirainen (Steinfurt)

Schimpf und Schande. Beschimpfung aus phraseologischer Sicht.
Ein deutsch-französischer Vergleich
Françoise Hammer (Karlsruhe) 239

Textmuster und Aufgabenschemata in argumentativen Gebrauchstexten
Silke Tappe (Bielefeld) 255

→ Kommunikative Funktionen von Sprichwörtern: Ein Beispiel für die
notwendige Verbindung von Phraseologie und Pragmatik
Walther Kindt (Bielefeld) 273

→ Zur Satzlänge deutscher Sprichwörter. Ein Neuansatz
Peter Grzybek, Rudolf Schlatte (Graz) 287

Sachregister 306

Autorenregister 311

Vorwort

Der vorliegende Sammelband geht zum großen Teil auf Vorträge der 10. Tagung des „Westfälischen Arbeitskreises Phraseologie/Parömiologie" am 29. Januar 2001 in Münster zurück. Der Band lässt ein breites Spektrum aus germanistischen, romanistischen und slawistischen Forschungen dieses Arbeitskreises erkennen, das theoretische Neuansätze und Diskussionen alter und neuer Fragen ebenso umfasst wie Korpusanalysen und neue empirische Methoden der Ermittlung sprachlicher Daten. In einer Reihe von Beiträgen erweisen sich „Raum" und „Zeit" als herausragende Kategorien, die für den Titel des Sammelbandes sowie für die thematische Anordnung der Beiträge herangezogen wurden.

Aspekte des Raumes bilden den ersten Themenschwerpunkt. Wie Harald Burger in seinem Artikel „Dialektale Phraseologie – am Beispiel des Schweizerdeutschen" ausführt, stellt die Einbeziehung der Mundarten einen aktuellen Gegenstand der Phraseologieforschung dar. Auf die Erörterung der lexikographischen Situation der schweizerdeutschen Phraseologie, die nicht den heutigen Ansprüchen an die Phraseographie genügt, folgt ein Bericht über laufende empirische Untersuchungen, in denen Kenntnis, Gebrauch sowie Stufen der Lebendigkeit dialektaler Phraseologismen durch die Sprecher/innen erhoben werden sollen. Die gegenwärtige Sprachsituation der deutschen Schweiz ist soziolinguistisch von besonderem Interesse, da die Phraseologie unter den Bedingungen der „medialen Diglossie" als Indikator für einen Sprachwandel fungieren kann.

Die Phraseologie des Lëtzebuergeschen – ursprünglich ein westmoselfränkischer Dialekt und heute eine der Nationalsprachen Luxemburgs – wird erstmals von Natalia Filatkina umfassend untersucht. In ihrem Artikel „Zum kulturellen Aspekt der Phraseologie des Lëtzebuergeschen" werden ethnokulturelle Perspektiven der luxemburgischen Phraseologie am Beispiel der Ausgangsdomänen 'Nahrung' und 'Weinbau' in den Zielkonzepten 'Armut', 'Trunkenheit' und 'Dummheit' hervorgehoben und auf ihre Rolle bei der Tradierung der Kultur in der Sprache untersucht. Zur Analyse werden die Erkenntnisse der kognitiven Metapherntheorie sowie der Kultursemiotik herangezogen und einander gegenübergestellt, wobei der „universale" Charakter einiger konzeptueller Metaphern durch die symbolische Motivation der sie strukturierenden Elemente der Kultur relativiert wird.

Der Beitrag von Tatjana Schauer-Trampusch „Klein, aber oho! Symbole und Metaphern in der slowenischen Tierphraseologie am Beispiel der Konzepte AMEISE, BIENE, WESPE und FLIEGE" ist in die Nähe der Arbeit über das Lëtzebuergesche zu stellen, da hier ebenfalls eine zuvor nicht systematisch erforschte

Phraseologie einer weniger verbreiteten Sprache in ihrer Eigenständigkeit und mit einem vergleichbaren Instrumentarium analysiert wird. Die Autorin befasst sich mit symbolischen und metaphorischen Interpretationsmöglichkeiten von Tierkonzepten in der slowenischen Phraseologie, deren Herausarbeitung ein besseres Verständnis kognitiver Verarbeitungsmechanismen in der Sprache ermöglicht.

Aspekte der Zeit sind mit vier Beiträgen zur historischen Phraseologieforschung vertreten, die auf recht unterschiedlichen sprachlichen Daten und methodischen Ansätzen beruhen. In ihrem Beitrag „Zur Entstehung und Entwicklung von Paarformeln im Deutschen" unterziehen Dagmar Hüpper, Elvira Topalovic und Stephan Elspaß die zuletzt im Rahmen optimalitätstheoretischer Ansätze vertretene Ansicht, Reihenfolge-Präferenzen bei Paarformeln seien in erster Linie von (synchronen) Salienz-Kriterien bestimmt, einer kritischen Analyse. Anhand der Entstehung und Entwicklung früher Paarformeln in der Textsorte ‚Eid' zeigt sich, dass die Paarformeln in dem Rechtsraum, in dem sie verwandt werden, zunächst nur lexikalisch fest, dabei aber grammatisch – und damit auch hinsichtlich ihrer Reihenfolge – variabel sind. Der Prozess der Phraseologisierung verläuft somit in den Schritten Festlegung des Lexembestandes, Entwicklung der Reihenfolge-Präferenz und Festlegung der Morphosyntax. Dabei wird die These vertreten, dass für die strukturelle Stabilisierung nicht Salienz, sondern der einzelsprachliche Gebrauch entscheidend ist.

Es folgt der Aufsatz „'Es ist besser in Ehre zu sterben, als mit Schande zu leben.' Zur Verwendung situationsmodellierender Phraseologismen in mittelhochdeutschen Romanen des 12. und 13. Jahrhunderts" von Rebekka Nöcker und Hanno Rüther. Ausgehend von Permjakovs semiotischer Sicht des Sprichworts als Zeichen und zugleich als Modell einer Situation, wird am Beispiel eines bis in die römische Antike zurückverfolgbaren Sprichworts die Sprecher-, Adressaten-, Situations- und Regelgebundenheit von Sentenzen und Sprichwörtern in zwei mittelhochdeutschen Artusromanen des 13. Jahrhunderts beschrieben. Die Verwendungsart dieses Sprichworts in unterschiedlichen Texten zeigt seine spezifische Leistung für die Modellierung von Entscheidungssituationen auf; in dieser pragmatischen Bindung ist ein weiteres Kriterium für die Sprichwörtlichkeit (phraseologische Geprägtheit) auch eines historischen Mikrotextes zu sehen.

Auf anderem Quellenmaterial beruht die Untersuchung von Ilpo Tapani Piirainen: „Zu Phraseologisierungsprozessen im Frühneuhochdeutschen anhand von Texten aus der Slowakei", die handschriftliche Rechtstexte und Verwaltungsakten des 16.-17. Jahrhunderts aus einem Raum außerhalb des deutschen Sprachgebietes untersucht. Die Eingeständigkeit der Phraseologie dieser Textsorten zeigt sich in der speziellen Formelhaftigkeit rechtserheblicher Bestimmungen, vor allem in Paarformeln und phraseologischen Termini.

Der Beitrag von Annelies Häcki Buhofer unter Mitarbeit von Davide Giuriato über „'Unikalia' im Sprachwandel: phraseologisch gebundene Wörter und ihre lexikographische Erfassung" ist einerseits dem sprachgeschichtlichen Teil zuzuordnen, da der Sprachwandel auf der Basis älterer Wörterbücher des Deutschen aufgezeigt wird. Zugleich enthält er eine erneute theoretische Auseinandersetzung mit dem Phänomen der phraseologischen Unikalität, leitet daher zum folgenden Beitrag über, der sich ebenfalls mit einem mehrfach diskutierten Theorieansatz befasst.

Anke Levin-Steinmann („Zum Verständnis der phraseologischen Teilbarkeit") vertritt die These, dass es sich bei der „Teilbarkeit" prinzipiell um ein semantisches Merkmal handelt, das sich bei Phraseologismen unmittelbar an der von diesem Merkmal abhängigen „strukturellen Teilbarkeit", die ihrerseits in einem entsprechenden syntaktischen Verhalten der jeweiligen Einheiten zum Ausdruck kommt, ablesbar ist. An entsprechenden Belegen wird versucht, die Notwendigkeit der Differenzierung der beiden Typen von Teilbarkeit aufzuzeigen, und eine theoretische Differenzierung von anderen phraseologischen Merkmalen vorgenommen.

Die beiden folgenden Arbeiten basieren auf der Analyse elektronischer Textkorpora. In ihrem Beitrag über „Kollokationen zum Ausdruck des Blickverhaltens: eine Analyse auf der Basis des französischen elektronischen Korpus FRANTEX" zeigt Annette Sabban die Möglichkeiten auf, die sich aus der Nutzung umfangreicher Textkorpora ergeben. Dies geschieht exemplarisch anhand französischer Verb-Substantiv-Kollokationen im Referenzbereich des Blickverhaltens, die in literarischen Texten der Datenbank FRANTEXT aufgesucht wurden. Die Sichtung einer Vielzahl von Belegen ermöglicht eine Bestimmung der versprachlichten Parameter des Blickverhaltens, eine Aufdeckung versteckter grammatischer Regelhaftigkeiten sowie eine Überprüfung der entsprechenden Wörterbucheinträge. Außerdem wird durch die Analyse im Kontext die Perspektive für die Erstellung eines pragmatischen Verwendungsprofils der Kolloationen in literarischer Darstellung eröffnet.

Der Artikel von Peter Ďurčo beschäftigt sich, u.a. aus der Sicht der Parömiodidaktik, mit dem Thema „Parömiologische Konnektoren oder 'Wie der Volksmund so schön sagt'". Parömiologische Konnektoren sind metakommunikative (kon)textorganisierende Mittel des Idiomgebrauchs im Diskurs. Sprichwörter und viele andere idiomatische Einheiten verfügen über ein typisches konnektoriales Umfeld lexikalischer und syntaktischer Mittel, während ein autonomes Vorkommen idiomatischer Elemente eher eine Ausnahme bildet. Diese Mittel sind bei Phraseologismen sowohl im Vor-, Mittel-, als auch im Nachfeld zu identifizieren. Neben der signalisierenden Funktion ist für die idiomatischen Konnektoren die axiologische Funktion entscheidend, die durch kommentierende, modifizierende, präzisierende und einschätzende Formeln ausgedrückt wird.

Neben diesen korpuslinguistisch basierten Arbeiten wird eine weitere empirische Herangehensweise an die Materialerhebung vorgestellt. Aufgrund der Ergebnisse einer breit angelegten Fragbogen-Aktion in allen Regionen Deutschlands wird das phraseosemantische Feld 'sterben' analysiert (Elisabeth Piirainen: „Er zahlt keine Steuern mehr. Phraseologismen für 'sterben' in den deutschen Umgangssprachen"). Es wird gezeigt, dass sich die mündlich in Umlauf befindlichen, oft in vielen Varianten mitgeteilten Idiomtypen z.T. erheblich von den bisher lexikographisch erfassten unterscheiden. Die Bildlichkeit der Idiome dieses Feldes wird durch unterschiedliche Wissensfragmente strukturiert, die von abendländischem Kultur- und Bildungswissen über volksmythologische Vorstellungen bis zu „unikalen" Metaphern aus der modernen Alltagskultur reichen.

Anhand der Comics von Hergé untersucht Françoise Hammer die Sprechhandlung des Beschimpfens („Schimpf und Schande – Beschimpfung aus phraseologischer Sicht. Ein deutsch-französischer Vergleich"), wobei Gemeinsamkeiten und Unterschiede zwischen dem Französischen und Deutschen aufgezeigt werden.

Um Festgeprägtheit im weiten Sinn geht es in dem Beitrag von Silke Tappe „Textmuster und Aufgabenschemata in argumentativen Gebrauchstexten." Gebrauchstexte sind in ihrer jeweiligen Form stark festgelegt und weisen auf der Makroebene textspezifische vorgeformte Strukturen auf, die dem individuellen Inhalt des Textes entsprechend gefüllt werden. Die Produktion dieser Texte richtet sich nach vorgegebenen und erlernten Kriterien. Eine spezielle Art stellen die argumentativen Gebrauchstexte dar: Anhand der Beispiele „Widerspruchsschreiben" und „Gerichtsurteil" werden sowohl vorgeformte Strukturen für den Gesamttext als auch stabile Muster für die Gliederung des Lauftextes aufgezeigt.

Dem Artikel von Walter Kindt über „Kommunikative Funktionen von Sprichwörtern: Ein Beispiel für die notwendige Verbindung von Phraseologie und Pragmatik" zufolge ist es in vielen Fällen erforderlich, die Funktionszuordnungen von Phraseologismen, speziell von Sprichwörtern, argumentationstheoretisch zu rekonstruieren, womit sich ein genereller Ansatzpunkt für die Diskussion der unterschiedlichen Funktionen argumentativer Phraseologismen bietet.

In ihrem Beitrag „Zur Satzlänge deutscher Sprichwörter. Ein Neuansatz" zeigen Peter Grzybek und Rudolf Schlatte neue Wege zur Bestimmung der Abhängigkeit von Wort- und Satzlänge in Sprichwörtern auf. Diskutiert wird die Hypothese, dass die Häufigkeit, mit der Sprichwörter einer bestimmten Länge in einem Sprichwortkorpus enthalten ist, bestimmten formalisierbaren Gesetzmäßigkeiten folgt; ferner werden Querverbindungen zu allgemeinen Untersuchungen und Annahmen zur Satzlängenverteilung hergestellt, die Aussagen über die Spezifik von Sprichwörtern bzw. sprichwörtlichen Sätzen ermöglichen.

Wir möchten uns bei Oleg Dobrovol'skij (Moskau) für die Gestaltung des Buchumschlags bedanken. In seiner Zeichnung werden bildliche Elemente mehrerer Phraseologismen, die auch Aspekte von „Raum und Zeit" einschließen, in der Art einer Collage miteinander verbunden. Ebenso bedanken wir uns bei dem Fachbereich 9 – Philologie und beim Institut für Deutsche Sprache und Literatur und ihre Didaktik der Universität Münster für die Finanzierung des vorliegenden Sammelbandes. Dem Landschaftsverband Westfalen-Lippe danken wir für die Zuschüsse zur Durchführung der Tagung im Januar 2001 in Münster.

Münster im Januar 2002

Elisabeth Piirainen und Ilpo Tapani Piirainen

> E. Piirainen; I.T. Piirainen (Hrsg.) (2002)
> *Phraseologie in Raum und Zeit*
> Baltmannsweiler; 11-29.

Dialektale Phraseologie – am Beispiel des Schweizerdeutschen

Harald Burger (Zürich)

1. Fragestellung
2. Phraseographie
3. Zur „Lebendigkeit" der schweizerdeutschen Phraseologie
3.1. Methodologische Probleme
3.2. Stufen der Lebendigkeit
4. Die Schichtung der schweizerdeutschen Phraseologie bei heutigen SprecherInnen
Literatur

1. Fragestellung

Zu den arealen Besonderheiten der deutschen Standardsprache im Bereich der Phraseologie, besonders zu den phraseologischen Austriazismen und Helvetismen, gibt es schon verschiedene Arbeiten.[1] Demgegenüber ist die Phraseologie der heutigen deutschen (inklusive der schweizerdeutschen[2]) Mundarten noch wenig erforscht.[3] Es gibt allerdings eine gewichtige Ausnahme: Elisabeth Piirainens Untersuchungen zum Westmünsterländischen (Piirainen 2000). Ich möchte im Folgenden, im Anschluss an Häcki Buhofer (im Druck), einige Aspekte, im Sinne einer Problemskizze, einer noch zu schreibenden Phraseologie der schweizerdeutschen Dialekte formulieren.

Die Sprachsituationen des Schweizerdeutschen und des von Piirainen untersuchten Dialekts sind in mehreren Hinsichten grundverschieden, was einen Vergleich bezüglich der Phraseologie schwierig macht:

---

[1] Zum Beispiel Földes 1996, Burger 1998.
[2] Im Folgenden abgekürzt: sd.
[3] Erste Studien sind Korhonen 1995, Häcki Buhofer (im Druck).

1. Die kulturspezifisch relevanten Unterschiede zwischen dem niederdeutschen Dialekt Westmünsterländisch und der deutschen Standardsprache scheinen größer zu sein als zwischen den schweizerdeutschen Dialekten und der Standardsprache (vgl. auch Häcki Buhofer, im Druck). Piirainen (2000, Teil 1) konnte einen ganzen Band mit Analysen kulturspezifischer Besonderheiten des Westmünsterländischen in Bezug auf Semasiologie und Onomasiologie zusammenstellen.

   Als Ausgangsbereich der Metaphorik spielt z.b. das „Niederdeutsche Hallenhaus" eine wichtige Rolle (Piirainen 2000, Teil 1, 221ff.): Es gibt 50 Idiome, die 22 Konstituenten aus dem Bauernhaus-Bereich enthalten. Dabei haben von den 22 Konstituenten nur 4 in der hochdeutschen[4] Phraseologie eine Parallele.[5]

2. Piirainen hatte es bei ihren Aufnahmen mit einem „moribunden" Dialekt zu tun, bei dem es zunächst einmal darum ging, bedrohtes Sprachgut zu sichern und zu konservieren.

   Die schweizerdeutschen Dialekte sind demgegenüber in keiner Weise bedroht, auch wenn Sprachkritiker dies immer wieder behaupten, jedenfalls nicht in dem Sinne bedroht, dass man ihre Substitution durch eine hd. Umgangssprache prophezeien müsste.

3. Auch die soziolinguistische Situation ist grundverschieden: Dialektsprechen ist in Deutschland überwiegend negativ konnotiert. Wer als modern und urban gelten möchte, spricht mindestens eine regionale Variante des Hochdeutschen. Dialekt ist vor allem in familiären, inoffiziellen Situationen Konversationssprache.

   In der deutschen Schweiz demgegenüber wird Dialekt im Alltag von allen Bevölkerungsschichten in informellen Situationen gesprochen, darüber hinaus auch in Bereichen, in denen es in Deutschland undenkbar wäre, z.B. im Radio und Fernsehen. Geschrieben wird demgegenüber durchweg Hochdeutsch. Man nennt diese Sprachsituation „mediale Diglossie".

Vergleichbar mit der Sprachsituation im Westmünsterländischen ist allenfalls die Tatsache, dass die heutigen schweizerdeutschen Dialekte vielfältigen Modernisierungsprozessen unterworfen sind und dass das „alte" dialektale Material des Wortschatzes und der Phraseologie zu einem Teil in Vergessenheit gerät. Mit diesem Phänomen mussten bereits die Exploratoren des Sprachatlasses der deutschen

---

[4] Im Folgenden abgekürzt: hd.

[5] Eine ähnliche Wichtigkeit des Hauses hat Piirainen für das Japanische festgestellt (Teil 1, 243, Anm. 23).

Schweiz[6] rechnen, und so haben sie, ähnlich wie Piirainen, möglichst alte Gewährspersonen für die Aufnahmen herangezogen, um eine dialektale Realität zu sichern, die heute in dieser Weise nicht mehr gegeben ist. Zu den wichtigsten Einflussgrößen innerhalb dieser Modernisierungsprozesse gehört der Einfluss der Standardsprache, ohne dass dadurch – wie gesagt – die Mundarten in ihrer Lebendigkeit beeinträchtigt würden.

Dieser Einfluss ist eine Konstante in der Geschichte des Deutschen in der Schweiz. Schon die ersten Verfasser des Schweizerischen Idiotikons registrierten den Einfluss des Hochdeutschen auf den schweizerdeutschen Wortschatz und berücksichtigten deshalb nur „Ausdrücke des schweizerdeutschen Sprachschatzes, welche der neuhochdeutschen Schriftsprache der Gegenwart gar nicht angehören oder welche gegenüber dem Neuhochdeutschen in Form oder Bedeutung eine bemerkenswerte Abweichung zeigen" (Idiotikon I, Sp. V).

Mein eigenes Forschungsinteresse gilt in erster Linie der aktuellen Mundartsituation und dem Verhältnis der heutigen SprecherInnen zur Phraseologie. Dabei wird man sich selbstverständlich auf die vorhandenen lexikographischen bzw. phraseographischen Hilfsmittel stützen. Im folgenden Problemaufriss möchte ich daher zunächst einen Blick auf diese Hilfsmittel und die damit verbundenen Fragen werfen und anschließend das Problem der „Lebendigkeit" der Phraseologie in seinen theoretischen und empirischen Aspekten ansprechen. Schließlich soll versucht werden, eine erste Skizze der Schichtung der aktuellen Phraseologie bei heutigen Deutschschweizer SprecherInnen zu konzipieren.

2. Phraseographie

Zu den sd. Dialekten existiert eine reichhaltige Lexikographie (vgl. die Bibliographien von Sonderegger 1962 und Börlin 1987). (Das ist ein drastischer Unterschied zur Ausgangssituation, die Elisabeth Piirainen vorfand. Ihre ersten Sammlungen entstanden im Zusammenhang mit dem Wörterbuch, das sie selber fürs Westmünsterländische erstellte.[7]) Da ist zunächst das Jahrhundertwerk des Schweizerischen Idiotikons (1881ff., bis heute nicht fertig), dann gehören dazu aber auch die zahlrei-

---

[6] Sprachatlas der deutschen Schweiz (1962-1997). Begründet von Heinrich Baumgartner und Rudolf Hotzenköcherle, in Zusammenarbeit mit Konrad Lobeck, Robert Schläpfer, Rudolf Trüb und unter Mitwirkung von Paul Zinsli, hrsg. von Rudolf Hotzenköcherle, fortgeführt und abgeschlossen von Robert Schläpfer, Rudolf Trüb, Paul Zinsli. Band I-VIII. Bern.

[7] Piirainen/Elling 1992.

chen Wörterbücher zu einzelnen Mundarten und die phraseologiespezifischen Sammlungen.

Die Gesamtbilanz ist, was die Phraseologie betrifft, unter methodologischen Aspekten eher negativ: Die meisten lexiko- und phraseographischen Arbeiten, die es zum Schweizerdeutschen gibt, sind hinsichtlich der Behandlung der Phraseologie unzureichend. All jene Fehler, die die phraseologische Forschung der Phraseographie der deutschen Standardsprache nachgewiesen hat, finden sich zuhauf in den Arbeiten zum Schweizerdeutschen. Ein Beispiel[8] aus den Wörterbüchern zum Zürichdeutschen (Weber/Bächtold 1983), Berndeutschen (Greyerz/Bietenhard 2001) und Baseldeutschen (Suter 1984), mit der hd. wörtlichen Übersetzung „Das Heu (nicht) auf dem gleichen Heuboden haben":[9]

Für alle drei Mundarten ist der entsprechende Ausdruck unter den Lemmata „Heu" und „Bühne" aufgeführt. Das ist eine benutzerfreundliche lexikographische Praxis. Die Einträge selber zeigen dann aber verschiedene Unzulänglichkeiten:

Zürich
unter „Büüni":
  S Höi nüd uf der gliiche Büüni haa
  'nicht gleicher Meinung sein oder nichts gemein haben mit jemandem'
unter „Höi":
  Mer händ s Höi uf der gliiche Büüni
  'die gleichen Ansichten, Interessen'

Bern
unter „Höi":
  Si hei ds Höi nid uf der glyche Büni
  'vertragen sich schlecht'
unter „Büni":
  Si hei ds Höi nid uf der glyche Büni
  'nicht die gleichen Ansichten haben'

Basel
unter „Biini":
  S Hai uff der glyyche Biini haa
  'völlig gleicher Meinung sein, die gleichen Absichten haben'
unter „Hai":
  S Hai mit aim uff der glyyche Biini haa
  'mit jmdm. gleiche Ansichten, Interessen haben'

---

[8] Seminararbeit von Ernst Gantenbein; untersucht werden 27 Phraseologismen, die in mehreren sd. Wörterbüchern vorkommen.

[9] Zur Darstellung der sd. Phraseologismen: Nennform oder zitierte Form kursiv; hd. Übersetzung der wörtlichen Lesart in doppelten Anführungszeichen; semantische Paraphrase in einfachen Anführungszeichen.

Die drei Wörterbücher sind in sich und im Vergleich miteinander uneinheitlich, obwohl es sich um einen der wohl verbreitetsten sd. Phraseologismen handelt.
Für Zürich sind die negative und die affirmative Variante aufgeführt, für Bern ist nur die negative notiert, für Basel nur die affirmative. Es gibt echte Nennformen und daneben aktualisierte Beispielsätze (für Zürich ist beides vorhanden, für Bern gibt es nur die Beispielvariante, für Basel nur infinitivische Nennformen).[10] In keinem Fall sind die Paraphrasen identisch, besonders störend ist dies beim Berndeutschen Wörterbuch, wo sie deutlich voneinander abweichen ('vertragen sich schlecht' bzw. 'haben nicht die gleichen Ansichten' – das ist wohl nicht dasselbe!). Für Basel ist bei der zweiten Variante noch eine freie Valenz „mit jmdm." angegeben, die sonst nicht vorkommt.

Die Selektionskriterien bezüglich der phraseologischen Klassen sind bei allen Mundartwörterbüchern weitgehend identisch. Phraseologie war und ist offenbar nur in den besonders auffallenden Bereichen interessant, d.h. nur Idiome und Sprichwörter finden Beachtung, während die unauffälligeren Kollokationen kaum je registriert werden.[11] Dabei wären gerade letztere unter kontrastivem Aspekt (Mundart – Mundart bzw. Mundart – Standardsprache) von besonderer Relevanz.

Interessanter als der Nachweis, dass das Idiotikon und Wörterbücher einzelner Mundarten die Phraseologie stiefmütterlich und fehlerhaft behandeln, sind im vorliegenden Zusammenhang die spezifischen Gründe, warum das nationale Wörterbuch im Hinblick auf Phraseologie so unzureichend ist. Hier findet man außer den üblichen Fehlern, die in allen Mundartwörterbüchern anzutreffen sind, vor allem zwei zusätzliche spezifische Aspekte:

1. Phraseologismen werden aus etymologischem Interesse verzeichnet, nicht aber weil man die Phraseologie als solche berücksichtigen wollte. Sie werden herangezogen zur Erklärung von Bedeutungspunkten einzelner Lexeme, also insbesondere dann, wenn der Phraseologismus einen kulturhistorischen Aufschluss gibt, den man aus der Etymologie des Einzelwortes nicht gewinnen kann. Wenn man bedenkt, dass der Effekt der Idiomatisierung gerade die Verdunklung der ursprünglichen Bedeutung der Komponenten des Phraseologismus ist, dann macht es vielfach wenig Sinn, den Phraseologismus als Bedeutungserläuterung eines einfachen Lexems heranzuziehen.

---

[10] In der Seminararbeit von Stephan Schwarz wurden 11 Artikel des Idiotikons untersucht mit Lemmata aus körperlichen Bereichen: *Arm* (Band I), *Hand* (II), *Chopf* (III), *Bluet* (V), *Gsicht* (VII), *Stirn* (XI), *höre(n)* und *ghöre(n)* (II), *sehe(n)* (VII), *schmecke(n)* (IX), *spüre(n)* (X). Von den 224 aufgefundenen Phraseologismen erschienen 155 als Nennformen und 69 nur als aktualisierte Beispiele.

[11] In der Arbeit von Schwarz waren unter den 155 Nennformen nur 3 Kollokationen.

Das ist ein forschungsgeschichtliches Manko, das man bedauern mag, das man den Verfassern des Idiotikons aber natürlich nicht ankreiden kann, da es damals noch keine phraseologische Forschung gab, die andere Gesichtspunkte hätte in den Vordergrund stellen können.

2. Die Differenz zwischen Synchronie und Diachronie war den Verfassern damals nicht in dem Masse bewusst, wie sie für uns heutzutage selbstverständlich ist. Im Vorwort wird z.b. erläutert, dass die Belege für „lebende Mundart" graphisch getrennt werden von den historischen, also den älteren literarischen Belegen. Nun ist die Frage, was „lebende Mundart" damals meinte. Nach dem Vorwort wird desjenige Sprachmaterial als „lebend" erachtet, das aus der Zeit nach 1800 stammt (man beachte: der erste Band erschien 1881!). Wenn man nun noch in Rechnung stellt, dass das ganze Wörterbuch absehbar mehr als 120 Jahre brauchen wird, bis es vollendet ist, kann man sich in etwa vorstellen, als wie „lebendig" die Belege im Idiotikon im Hinblick auf die heutige Sprachsituation gelten können.

Das hat auch Konsequenzen für die Bedeutungserläuterung. Maßgeblich ist nicht primär die aktuelle (bei der Redaktion des jeweiligen Bandes aktuelle) Bedeutung des Phraseologismus, sondern das, was sie an historischen Einsichten für einen Bedeutungspunkt des Lemmas hergibt, unter dem er aufgeführt ist, z.B.:

Ender liess ich m'r d'Hand abhaue(n), weder dass ich...
Aufgeführt unter „Hand" e) 'die Hand im Rechtsleben': „Über das Abhauen der Hand als Kriminalstrafe bes. bei Fälschungen u. Meineid vgl. (...); wohl noch durchschimmernd in RAA., wie (...)Ender liess ich m'r d'Hand abhaue(n), weder dass ich... (Beteuerung)." (Idiotikon II, Sp. 1388)

Die Bedeutungserläuterung in Klammern und das Wort *durchschimmern* geben dem Benutzer natürlich einen Hinweis auf die Diskrepanz zwischen heutiger Bedeutung und historischer Motivation, doch ist das Prinzip der Einordnung gänzlich historisierend. Inwieweit der juristische Tatbestand für synchrone Bedeutung und für die potenzielle Motivierung des Phraseologismus durch heutige SprecherInnen tatsächlich noch relevant ist, müsste untersucht werden.

In Bezug auf phraseologische Spezialsammlungen ist die Frage von Interesse, warum überhaupt Phraseologismen gesammelt werden, und zwar außerhalb linguistischer Motivationen. Phraseologische Sammlungen stellen bis zum heutigen Tag jeweils einen kulturspezifischen Aspekt in den Vordergrund, mit dem die Sammeltätigkeit und die Publikation des Gesammelten motiviert wird: Phraseologismen gelten als kultursemiotische Repräsentanten lokaler oder regionaler Eigenschaften. Dazu ein Beispiel aus der Ost-Schweiz (St. Gallen, Appenzell):

H. Burger: Dialektale Phraseologie – am Beispiel des Schweizerdeutschen

> *'s isch all daa*
> Dass die Sanggaller (...) im großen und ganzen sich bald einmal zufrieden geben und bescheiden, beweisen sie mit einer Redensart, die nach Sinngehalt und lautlicher Gestalt ganz besonders typisch ist. Sie kommentieren nämlich die Unzulänglichkeit des irdischen Daseins, die Tatsache, daß ihnen darin manches vorbehalten und unerreichbar bleibt, zwar mit Bedauern, allein sie lassen es meist dabei nicht bewenden. Gutmütig, wie sie sind, und mit einer leichten Neigung zur Resignation finden sie auch da den Rank zur versöhnlichen und in der Formulierung einfach klassischen Feststellung: *'s isch all daa*! Sie meinen damit, wenn Ihnen auch dies und jenes fehle und sie auf manches, was andere – größere Städte, bessere Leute – haben, verzichten müssen, so sei eben doch noch allerlei vorhanden, was *au nöd nünt*, auch nicht zu verachten sei. Dieses ihr *'s isch all daa* bewährt sich in verschiedensten Lebenslagen, belanglosen wie auch bedeutungsvollen. So kann es vorkommen, dass einer, dem in einem Restaurant anstelle der ausgegangenen Menus nur noch Wurst und Brot serviert werden kann, rasch getröstet mit solch einheimischer Kost, ein *s'isch all daa* von sich gibt. (Bauer 1973, 5f.)

's isch all daa bedeutet (im Appenzell) nach Sonderegger/Gadmer (1999, 227) 'es ist immerhin oder wenigstens dies (womit man sich zufrieden geben muss)'.

Eine spontane Umfrage, die ich bei meinen Studierenden gemacht habe, ergab, dass die jungen Leute aus der Ostschweiz solche Gedankengänge keineswegs durchgehend ablehnen, sondern dass sich manche durchaus damit identifizieren können, dass sie also bestimmte Phraseologismen im Sinne von Autostereotypen auffassen.

Die Perspektive eines Deutschen, der seit längerem in der Schweiz lebt, findet sich bei Christian Scholz (1999 und 2001). Er schaut das Schweizerdeutsche zwar von außen an, kontrastiv zum Deutschen in Deutschland, aber mit viel Intuition für die Innensicht der Schweizer selbst. Das bestätigt ihm im Vorwort zum ersten Bändchen der Schweizer Schriftsteller Thomas Hürlimann:

> Zum einen profitieren wir Deutschschweizer von seinem Brevier. Unser Reden wird durchsichtig, unsere Sprache, merken wir plötzlich, ist mehr als reine Kommunikation – sie sagt etwas aus über unsere Gefühle und unseren Charakter, kurzum: Sie spricht. Und zum andern hilft Christian Scholz seinen Landsleuten, den Deutschen, mit dem Schweizer und seiner Redeweise klarzukommen, das heisst: Er zeichnet einen Wörterplan, nach dem sich der Fremde im Gewirr der deutschschweizer Sprachgassen orientieren kann. (Scholz 1999, 9)

Seine Interpretationen des spezifischen schweizerdeutschen Wortschatzes und besonders der Phraseologie betreffen zu einem großen Teil die schweizerische Kommunikationskultur, mit Maximen wie Zurückhaltung, Vorsicht, Understatement usw. Zwei Beispiele für diese Art der Deutung mögen genügen:

> *Es tunkt mi*[12]
> (...) Man bringt damit (...) zum Ausdruck, dass das Folgende nur eine von vielen anderen Meinungen oder möglichen Ansichten ist. Anders gesagt: Ein zürcherisches „Es tunkt mi" impliziert die Erwartung, dass der Dialogpartner sehr wohl anderer Meinung sein kann. Die Wendung ist sehr viel schwächer gefasst als das hochdeutsche „Ich meine..." oder „Ich glaube..." (Scholz 1999, 44)

> Während es beispielsweise in Norddeutschland üblich ist, in einem Restaurant etwas herrisch einzufordern („Ich krieg die Schweinsmedaillons", „Ich krieg Bratwurst mit Kartoffelsalat" oder „Ich krieg die Gulaschsuppe"), heisst es in der Deutschschweiz sehr viel vorsichtiger „Ich hätt gärn die Chalbsmedaillons", „Ich hätt gärn 200 Gramm Ämitaler". „Ich krieg" impliziert fraglosen Gehorsam. „Ich hätt gern" bekundet einen Bedarf, einen Wunsch. (Scholz 1999, 13f.)

3. Zur „Lebendigkeit" der schweizerdeutschen Phraseologie

Von den Wörterbüchern berücksichtigt nur das Senslerdeutsche Wörterbuch von Schmutz und Haas (2000) die Tatsache, dass bei den heutigen SprecherInnen die Phraseologie-Kenntnis und der Phraseologie-Gebrauch altersspezifisch geschichtet ist. Allerdings ist die empirische Basis der Erhebung sehr schmal.[13] Es resultieren „Lebendigkeitsangaben" mit einer angesichts der empirischen Grundlagen kaum vertretbaren, überdifferenzierten Systematik (Schmutz/Haas 2000,16).[14]

---

[12] „Es dünkt mich."

[13] Aus dem Vorwort: „Aus vorliegenden Sammlungen wurde eine Datenbasis von 11'000 Wörtern erstellt. Daraus wurden 1260 ausgewählt, die in irgendeiner Form Probleme boten. Diese Ausdrücke wurden (...) in den gleichen 13 Ortschaften abgefragt, die schon der Sprachatlas vor bald fünfzig Jahren besucht hatte, und zwar je bei einer älteren Person über 65 und einer Jüngern unter 25 (...). Die Gewährsleute und ihre Eltern sollten möglichst im betreffenden Dorf aufgewachsen sein, sie sollten es nicht für längere Zeit verlassen haben und gegebenenfalls mit einer Person aus dem gleichen Dorf verheiratet sein. (...) Von ihnen allen wollten wir wissen, wie sie die problematischen Wörter aussprechen, was sie für sie bedeuten, ob sie sie noch selber brauchen oder sie nur noch verstehen oder ob sie ihnen gar unbekannt sind." (Schmutz/Haas 2000, 13).

[14] Die Angaben lauten: *ausgestorben, praktisch ausgestorben* (2 bis 4 alte Leute kennen das Wort noch), *bald ausgestorben* (weniger als die Hälfte der älteren Leute kennt das Wort), *veraltet* (selten aktiv genannt, die junge Generation kennt es kaum), *veraltend* (nur von wenigen Jungen passiv gekannt), *älter* (als altmodisch angesehen...), *lebendig* (die meisten Vpn. brauchen das Wort aktiv), *alltäglich* (praktisch alle Vpn...), *neu* (kommt nur bei einigen jüngeren Vpn. aktiv vor).

Ruef (1995), der die bisher umfassendste Erhebung der in schriftlichen Quellen überlieferten schweizerdeutschen Sprichwörter durchführt, gibt leider keinerlei Aufschlüsse über die aktuelle Situation.

Mit anderen Worten: Die eigentlich empirische Erforschung der gegenwärtigen Situation im Bereich der Phraseologie ist erst noch zu leisten (vgl. dazu auch Häcki Buhofer, im Druck). Dafür würde sich ein multi-methodologisches Verfahren anbieten, das aber erst im Rahmen eines größeren Projektes realisiert werden kann: Schriftliche Fragebogenuntersuchungen zur Selbsteinschätzung von Kenntnis und Gebrauch der Phraseologie, mündliche Befragung zur Vertiefung der Resultate der schriftlichen Studie, (teilnehmende und nicht-teilnehmende) Beobachtung zur Erhebung des tatsächlichen Sprachgebrauchs.

Im Folgenden formuliere ich einige Probleme der empirischen Erhebung und stelle ein paar vorläufige Resultate zusammen, die sich in verschiedenen meiner Seminare aus Arbeiten der Studierenden ergeben haben. Das letzte Seminar habe ich zusammen mit Peter Zürrer durchgeführt, dem ich zahlreiche Anregungen und dialektologische Hinweise verdanke.

3.1. Methodologische Probleme

Beobachtungen zum tatsächlichen Sprachgebrauch, gestützt durch Tonband- oder Videoaufnahmen in unterschiedlichsten Situationen mit den entsprechenden Transkriptionen, sind äußerst aufwendig, und das Vorkommen von Phraseologie ist dabei unter Umständen zufällig. Da die schweizerdeutschen Dialekte nach wie vor in erster Linie als gesprochene Sprache existieren, würde man also ein größeres Korpus gesprochener Sprache benötigen, um hier aussagefähige Daten zu gewinnen. Dieses liegt noch nicht vor, und es fragt sich überhaupt, ob man die Vielfalt von Gesprächssituationen in der gleichen Repräsentativität erfassen kann, wie das heute für Korpora geschriebener Texte, zu denen neuerdings das Internet hinzugekommen ist, möglich ist.

Befragungen haben wir bisher erst in schriftlicher Form durchgeführt, da dieses Verfahren mit relativ geringem Zeitaufwand eine Fülle von Daten erbringt. Die schriftliche Befragung muss bei den ältesten Informanten allerdings meist in Gegenwart und mit Unterstützung der VersuchsleiterInnen durchgeführt werden, so dass hier die Grenzen zum mündlichen Interview fließend werden.

Die Auswahl der Items für die Befragung kann nach verschiedensten Prinzipien erfolgen. Wir haben hier ganz verschiedene Verfahren ausprobiert:

- eine Zufallsstichprobe aus dem für das Untersuchungsgebiet maßgebenden Mundartwörterbuch
- eine Auswahl, die sich an Komponenten der Phraseologismen orientiert, z.B. Somatismen mit *Hand*, *Fuß* usw., mit Material des Mundartwörterbuchs
- onomasiologische Felder wie 'faul/fleißig', 'dumm/klug', 'krank/gesund', mit Material des Mundartwörterbuchs.

Zum Teil wurde das lexikographische Material ergänzt durch Material, das sich aus informellen Befragungen heutiger SprecherInnen ergab. In einigen Arbeiten wurde die Auswahl geteilt in eine Gruppe Phraseologismen, die den VersuchsleiterInnen selber geläufig waren, und eine zweite Gruppe, die ihnen nicht oder nur noch entfernt bekannt waren. Eine Ergänzung des lexikographischen Materials empfiehlt sich besonders dort, wo das einschlägige Wörterbuch zu alt ist, als dass es den heutigen Sprachstand auch nur annähernd repräsentieren könnte.

Bei der Formulierung des Items für den Fragebogen ergibt sich das Problem, dass eine linguistisch korrekte Nennform – mit exakter Formulierung von internen und externen Valenzen usw. – nicht unbedingt auch geeignet ist für eine Befragung von Laien. Hier kommt man wohl nicht darum herum, eine aktualisierte Formulierung, eine „Gebrauchsform", zu wählen, bei der alle Leerstellen ausgefüllt sind und der Phraseologismus in einer bestimmten – möglichst unauffälligen – morphosyntaktischen Ausprägung erscheint, z.B.:

Er macht s Chalb mit ere
„Er macht das Kalb mit ihr"
(Bedeutung der Nennform: 'mit jemandem herumalbern' oder 'jemanden veralbern')

Bei der Schreibung der mundartlichen Phraseologismen wurde jeweils um der leichten Lesbarkeit willen eine der standardsprachlichen Orthographie möglichst angenäherte Schreibweise gewählt.

Im Folgenden gebe ich ein Muster für einen Fragebogen, der schriftlich beantwortet worden ist:[15]

---

[15] Aus einer Arbeit von Matthias Friedli, Silvia Mühlethaler, Caroline Senn, Janine Steiner, Michael Weibel zur Mundart von Leerau (Aargau). Wörtliche Übersetzung des Phraseologismus: „Jetzt gehen der Katze die Haare aus".

H. Burger: Dialektale Phraseologie – am Beispiel des Schweizerdeutschen

> *Iez gönd der Chaz d'Hoor us*

1. **Kennen Sie die Redensart (in dieser oder einer ähnlichen Form)?**
   ☐ **Ja** (bitte weiter zu Fragen 2a-d)   ☐ **Nein** (bitte weiter zu Frage 3)

2. **Falls Sie sie kennen:**
   2a **Gebrauchen Sie sie selber?**
   ☐ **Ja** (bitte weiter zu Frage 2c)   ☐ **Nein** (bitte Frage 2b beantworten)

   2b **Falls Sie in Frage 2a "nein" angekreuzt haben, weshalb gebrauchen Sie die Redensart nicht?**

   _____

   2c **Was bedeutet die Redensart?** (Bitte kreuzen Sie jeweils nur EINE Antwort an.)
   ☐ Es wird Frühling
   ☐ Sagt man von jemandem, der älter wird
   ☐ Jetzt muss man etwas unternehmen!
   ☐ Andere Bedeutung:

   _____

   2d **Falls Sie die Redensart in etwas anderer Form kennen, wie lautet diese?**

   _____

   2e **Halten Sie die Redensart für typisch Schweizerdeutsch?**
   ☐ Ja, weil
   _____
   ☐ Nein, weil
   _____
   ☐ Ich weiss nicht

3. **Falls Sie die Redensart nicht kennen (wenn Sie in Frage 1 "nein" angekreuzt haben): Können Sie sich vorstellen, was sie bedeutet?**

   ☐ Ja: _____
   ☐ Nein

Eine der methodologischen Vorentscheidungen, die den Typ der zu erwartenden Resultate maßgeblich beeinflusst, betrifft das Erfragen der Bedeutung des jeweiligen Phraseologismus. Hier bietet sich entweder ein multiple-choice-Verfahren (wie im obigen Fragebogen 2c) an, oder aber eine offene Befragung, bei der die Versuchspersonen[16] die Bedeutung selber paraphrasieren sollen. Bei der multiple-choice-Variante werden die Vpn. darüber informiert, dass eine der möglichen Antworten von den Versuchsleitern als „richtig" angesehen wird. In einer Zusatzzeile können sie jeweils notieren, ob sie den Phraseologismus in einer (leicht) anderen Form oder Bedeutung kennen.

Die Vor- und Nachteile beider Verfahren sind absehbar: Beim multiple-choice-Verfahren besteht die Gefahr des „Ratens", besonders im Falle von gut motivierbaren Phraseologismen. Außerdem ist es – gerade in einer labilen Sprachsituation, wie sie gegenwärtig bei den sd. Dialekten gegeben ist – riskant, eine Paraphrase als die einzig richtige anzubieten. Die Entwicklung von Polysemie und Sprachwandel generell geraten dabei gar nicht erst in den Blick, falls nicht die Vpn. selbst in ihren Zusatzbemerkungen darauf hinweisen.

Eine „offene" Befragung hingegen setzt bei den Informanten ein gewisses Maß an schriftlichen Verbalisierungsfähigkeiten voraus, mit der Konsequenz, dass Informantengruppen mit niedriger Bildung weitgehend ausfallen und somit der Faktor „soziale Schichtung" der Phraseologie-Kenntnis bei dieser Methode kaum gerecht geprüft werden kann.

3.2. Stufen der Lebendigkeit

Die „Lebendigkeit" eines Phraseologismus wird in der Fachliteratur häufig als unproblematisches und nicht genauer problematisiertes Konzept verwendet. Bei näherer Betrachtung verbirgt sich aber sehr Verschiedenes dahinter, z.B. die soziale Geläufigkeit in der ganzen Sprachgemeinschaft/in bestimmten arealen Bereichen/in bestimmten sozialen Gruppen/in bestimmten Altersgruppen, wobei der vage Begriff „Geläufigkeit" wieder zu differenzieren ist hinsichtlich des (bloßen) Sprachwissens („Kennen", „Kenntnis", „Bekanntheit") und des aktiven Gebrauchs („Gebrauchen", „Gebrauch"); daneben aber können auch individuelle Aspekte wie die „Vorstellbarkeit" oder „Motivierbarkeit" der wörtlichen Lesart des Phraseologismus (vgl. Häcki Buhofer/Burger 1994, Burger 1998, 66ff.) gemeint sein.

---

[16] Abkürzungen im Folgenden: Versuchsperson = Vp., Versuchspersonen = Vpn.

Wir haben in unseren Fragebögen versucht, „Lebendigkeit" möglichst differenziert zu operationalisieren. Dabei ergeben sich, ohne Rücksicht auf das Alter der Vpn., drei Stufen von Lebendigkeit, die allerdings nur idealiter abgrenzbar sind, da es sich um eine gleitende Skala handelt:

Stufe I: Geringe bis fehlende Bekanntheit (und damit auch Gebrauch)
Stufe II: Hohe Bekanntheit, nur partieller Gebrauch
Stufe III: Hohe Bekanntheit, hoher Gebrauch.

Auf Stufe I ist der Phraseologismus als nicht mehr lebendig einzustufen. Dass diese Stufe in unseren Studien überhaupt auftritt, ist darauf zurückzuführen, dass die Mundartwörterbücher einen Anteil gänzlich veralteten lexikalischen und phraseologischen Materials enthalten. Stufe III repräsentiert den „lebendigsten" Typ. Wenn eine deutliche Differenz zwischen Bekanntheit und Gebrauch vorliegt (Stufe II), so liegt es nahe, einen Sprachwandel – also allmähliches Veralten des betreffenden Ausdrucks – als Grund zu vermuten. Doch ist dies keineswegs zwingend. Es ist durchaus möglich, dass die Vp. der Auffassung ist, dass der Ausdruck in Situationstypen oder sozialen Kontexten Verwendung findet, mit denen sie wenig Kontakt hat (vgl. unten).

Beispiele aus einer Untersuchung zum Zürichdeutschen[17] (die 32 Items, die ein Tier als Komponente enthalten und den Versuchsleitern hälftig bekannt, hälftig unbekannt sind, stammen aus Weber/Bächtold 1983) mit 137 Vpn. im Alter zwischen 13 und 82 Jahren:

I *Si hät em en Haas i d Chuchi geschickt*
„Sie hat ihm einen Hasen in die Küche geschickt"
'sie hat ihm einen Vorteil verschafft'
(keine Vp. kennt das Item)

II *Er macht s Chalb mit ere*
„Er macht das Kalb mit ihr"
'er albert mit ihr herum'
(Kenntnis über 90 %, Gebrauch knapp 70 %)

III *Er hät en Vogel*
„Er hat einen Vogel"
'er ist verrückt'
(Alle 137 kennen das Item, davon benutzen es 92 %)

Die Zuordnung der Beispiele zu Stufe II bzw. III hängt natürlich davon ab, wo man die Grenzwerte für „hohe Bekanntheit" usw. ansetzen will. Dass das Beispiel-Item

---
[17] Von Andrea Waldburger, Simone Kunz, Annette Wirthlin.

von Stufe III ein Phraseologismus ist, der auch im Hochdeutschen existiert, ist sicherlich kein Zufall (s.u.).

Eine Untersuchung[18] mit Material aus demselben Wörterbuch, die aber eine Zufallsstichprobe verwendet (von 47 Items, die bei Weber/Bächtold 1983 explizit als „Redensart" markiert sind) und auf eine Altersschichtung der Vpn. verzichtet (Vpn. waren nur Schüler der Sekundarstufen I und II sowie Studenten), zeigt sehr deutlich, wie problematisch es ist, ein Mundartwörterbuch, auch wenn es neueren Datums ist, unbesehen als Repräsentanten einer „lebendigen" Mundart zu betrachten.

Anzahl Phraseologismen	Bekanntheit
73 %	unbekannt
27 %	bekannt[19]

Von den als bekannt angegebenen Phraseologismen werden im Durchschnitt nur etwa ein Viertel auch gebraucht. Das Resultat war der Tendenz nach erwartbar, dem Ausmaß nach ist es allerdings unerwartet deutlich.

Die (relativ) bekanntesten Phraseologismen der Stichprobe sind die folgenden:

	bekannt	gebraucht
S Chalb mache „Das Kalb machen" '(mit jdm.) herumalbern'	99 %	45 %
De Foifer und s Weggli wele ha[20] „Den Fünfer (= Geldmünze) und das Brötchen haben wollen" '(von zwei sich ausschließenden Sachen) beide beanspruchen'	95 %	56 %

---

[18] Von Sascha Demarmels, Sandra Hutterli, Karin Nüesch.

[19] Davon 20 % mit der Bedeutung des Wörterbuchs, 6 % mit einer vom Wörterbuch abweichenden Bedeutung, die angekreuzt wurde, 1 % mit einer eigenen Paraphrase. Diejenigen, die eine andere Bedeutung als die vom Wörterbuch angebotene angekreuzt haben, kennen entweder den Phraseologismus der Form nach, verbinden aber nur eine vage Bedeutung damit, oder für sie ist tatsächlich die konstruierte alternative Bedeutung die richtige. Was hier zutrifft, könnte man nur durch eine nachträgliche mündliche Befragung herausfinden.

[20] Im Zürichdeutschen Wörterbuch ist keine eigentliche Nennform verzeichnet. Statt dessen findet sich unter *Föifer* ein aktualisiertes Beispiel (ohne Markierung „Redensart", aber mit Bedeutungserläuterung): *Er mäint, er chön de Föifer und s Weggli haa* 'alles beanspruchen'; unter *Weggli* ist mit Markierung „Redensart" und Bedeutungserläuterung aufgeführt: *Er wott de Föifer und s Weggli* 'er will alles'.

	bekannt	gebraucht
es Büro ufftue „ein Büro aufmachen" 'etwas kompliziert anstellen'	94 %	56 %
kai Aanig ha vo Guuge blaase „keine Ahnung haben vom Guuge (= ein Blasinstrument) blasen" 'überhaupt nichts verstehen'	69 %	25 %
Das isch s Zäni[21] „Das ist ein Zehner" 'Das ist das Maximum'	68 %	20 %

Eine für die gegenwärtige Sprachsituation aufschlussreiche Beobachtung ist, dass diese Ausdrücke sämtlich überregional-schweizerische und nicht nur zürcherische Geltung haben dürften. Ein Ausdruck, nämlich *das Kalb machen*, gilt auch als Helvetismus, also als in der deutschen Schweiz standardsprachlich üblicher Phraseologismus. Aus anderen Studien meiner Seminare wie auch aus Häcki Buhofer (im Druck) geht hervor, dass häufig die „lebendigsten" Phraseologismen solche sind, die – wie das oben erwähnte *einen Vogel haben* – auch standardsprachlich gestützt sind. Beispielsweise stehen in der „Hitliste" der Lebendigkeit in einer Aargauer Gemeinde (Leerau) ganz vorne:

Das isch um kes Hoor besser
„Das ist um kein Haar besser"
(vgl. Duden 1998: *[um] kein Haar* 'um nichts, überhaupt nicht')

Mir lauft s Wasser im Muul zäme
„Mir läuft das Wasser im Mund zusammen"
'Ich bekomme großen Appetit auf etw.'
(vgl. gleichlautend Duden 1998: *jmdm. läuft das Wasser im Mund zusammen*, auch 'jmd. bekommt großes Verlangen nach etw.')[22]

Wenn man bei der Untersuchung der Lebendigkeit auch das Alter der Vpn. einbezieht, dann ergeben sich über alle Untersuchungen hinweg klare Befunde: In der Regel kennen die älteren Vpn. mehr Phraseologismen – wohlgemerkt bezogen auf

---

[21] Das Zürichdeutsche Wörterbuch setzt als Bedeutungspunkt 4 von *Zäni* an: 'Volltreffer, Zentrumsschuss' und gibt darüber hinaus als „Redensart" (mit Bedeutungserläuterung) an: *Das isch s Zäni* 'das Maximum'.

[22] Ein interessanter Fall ist das auch sehr lebendige Item *Er he d'Nase-n immer z'vorderst* „Er hat die Nase immer ganz vorne" 'Er ist sehr neugierig'. In Bezug auf den hd. Ausdruck *die Nase vorn haben* ist das sd. Item ein „falscher Freund". Der hd. Phraseologismus bedeutet 'den Sieg, Erfolg davontragen' (Duden 1998).

das Test-Material, das überwiegend aus Mundartwörterbüchern zusammengestellt wurde – als die jüngeren. Man darf aus den Befunden also nicht schließen – obwohl das auch eine plausible Annahme wäre –, dass ältere Leute grundsätzlich über mehr Phraseologie verfügen als jüngere; wohl aber, dass das Material der Wörterbücher eher einem älteren Sprachstand entspricht als dem aktuellen.

Eine „klassische" Altersverteilung ergibt sich z.B. für

Das schläckt e kä Gäiss ewägg!
„Das schleckt keine Ziege weg"
'Daran ist nichts zu ändern'

Bei der Zürcher Studie mit 137 Vpn. (s.o.):

	13-20jährig	21-40jährig	41-59jährig	über 60jährig
bekannt	25 %	58.1 %	88.9 %	92.0 %

Andere Verteilungen, die es durchaus auch gibt, wären im einzelnen zu diskutieren, was hier nicht geschehen kann.

Bei den meisten Phraseologismen ergibt sich eine Differenz zwischen Kenntnis und Gebrauch, die sehr unterschiedlich ausfallen kann, wie die obigen Beispiele gezeigt haben. Um den Gründen für diese Differenz auf die Spur zu kommen, haben wir in unseren Untersuchungen auch danach gefragt, warum die Vpn. einen bestimmten Phraseologismus, den sie kennen, dennoch nicht selber gebrauchen.

Dabei zeigt sich einerseits ein historischer Aspekt, indem die Vpn. häufig Antworten geben wie „zu altmodisch", andererseits aber auch ein stilistisch-soziolinguistischer Aspekt. So gab es folgende Begründungen zum Item:

Er sprengt ome wie nes jongs Rehli
„Er springt herum wie ein junges Rehlein"
'er ist voller Energie'

Die Jugendlichen sagen z.B. „Ich sage lieber 'hyperaktiv', das andere ist etwas altmodisch", was auf den historischen Aspekt hindeutet, zugleich auf die Tatsache, dass an die Stelle der veraltenden Phraseologie u.U. eine neue Lexik und Phraseologie tritt. In die letztere Richtung weist auch eine Begründung wie „Ich spreche in einer anderen Sprache, käme mir nicht in den Sinn, so etwas zu sagen".

Daneben – und z.T. damit überlappend – werden auch Begründungen gegeben wie „Etwas altmodisch. Zudem komme ich aus Zürich und dort sagt man so etwas eher nicht", die einen urbanen gegenüber einem ruralen Sprachgebrauch markieren, oder Formulierungen, die auf eine individuelle Stilistik hindeuten wie „Ich mache prinzipiell keine Tiervergleiche".

4. Die Schichtung der schweizerdeutschen Phraseologie bei heutigen SprecherInnen

Schweizerdeutsche Phraseologie setzt sich bei heutigen SprecherInnen mindestens aus den folgenden Komponenten zusammen:[23]

1. Regional gebundene Phraseologie, die partiell nur noch der älteren Generation geläufig ist, aber in einzelnen Ausdrücken (Beispiel *'s isch all daa*) durchaus auch noch für Jüngere aktuell ist. Die Jüngeren kennen viele Ausdrücke dieser Gruppe gar nicht mehr; manche Ausdrücke kennen sie zwar, lehnen sie aber für den eigenen Sprachgebrauch ab.

2. Überregionale schweizerdeutsche Phraseologie, die allen Altersgruppen geläufig ist.

3. Schweizerdeutsche Phraseologie, die unter dem Einfluss formal ähnlicher hd. Phraseologismen semantische Veränderungen aufweist. In Häcki Buhofer (im Druck) ist z.B. folgender Fall dokumentiert:

Öppis a d Hand nee („etwas an die Hand nehmen") 'etwas Bewegliches, bes. ein Stück Vieh, das man gekauft oder geerbt hat, abholen; etwas an sich nehmen' wird zu 'sich zielbewusst um etwas kümmern' wie hd. *etwas in die Hand nehmen*.

4. Hochdeutsche Phraseologie, die dem Schweizerdeutschen phonologisch und morphologisch adaptiert ist und somit als *auch* schweizerdeutsch gelten muss.

Wie groß die Gruppen 1-3 sind, darüber gibt es bisher nur Vermutungen. Häcki Buhofer (im Druck) schätzt, dass etwa die Hälfte der in der Deutschschweiz gebrauchten Phraseologie spezifisch schweizerdeutsch ist.[24]

Ob die Phraseologie, die im innerdialektalen Bereich offensichtlich verloren geht, auch durch innerdialektale neue Phraseologie kompensiert wird, ist eine offene und methodisch schwer anzugehende Frage. Mit Befragungen kommt man da wohl kaum weiter, sondern nur mit Beobachtung der tatsächlichen Sprachpraxis. Wir haben begonnen, mit Aufnahmen von Spontansprache bei Jugendlichen dieser Frage nachzugehen. Die ersten Resultate zeigen aber ein ähnliches Bild, wie es sich aus jüngeren deutschen Untersuchungen zur Jugendsprache ergibt: dass die Besonderheiten weniger in Lexik und Phraseologie als vielmehr im „Stil" der Konversation zu finden sind.

---

[23] Zur psycholinguistischen Gliederung des Wortschatzes vgl. Häcki Buhofer 2001.

[24] Korhonen (1995, 183) kommt in Bezug auf sein südwestdeutsches Belegmaterial zum Schluss, dass „sich ca. zwei Drittel der (...) Idiombelege weder syntaktisch noch lexikalisch, noch semantisch von der Gemeinsprache unterscheiden". Die Belege entstammen dem Korpus der Tübinger Arbeitsstelle „Sprache in Südwestdeutschland".

Literatur

Bauer, Hermann (1973): *'s isch all daa. drei Dutzend bemerkenswerte Sanggaller Redensarten* (ohne Ort).

Börlin, Rolf (1987): *Die schweizerdeutsche Mundartforschung 1960-1982. Bibliographisches Handbuch.* Aarau [u.a.]: Sauerländer [= Reihe Sprachlandschaft Bd. 5].

Burger, Harald (1998): „Helvetismen in der Phraseologie – Vorkommen und stilistische Funktionen." In: Hartmann (Hrsg.) (1998), 49-80.

Duden (1998): *Duden. Redewendungen und sprichwörtliche Redensarten. Wörterbuch der deutschen Idiomatik.* Bearb. von Günther Drosdowski und Werner Scholze-Stubenrecht. Mannheim [u.a.]: Dudenverlag.

Földes, Csaba (1996): *Deutsche Phraseologie konstrastiv – intra- und interlinguale Zugänge.* Heidelberg: Groos.

Von Greyerz, Otto; Bietenhard, Ruth (2001): *Berndeutsches Wörterbuch: Für die heutige Mundart zwischen Burgdorf, Lyss und Thun.* 7. Auflage Muri: Cosmos.

Häcki Buhofer, Annelies; Burger, Harald (1994): „Phraseologismen im Urteil von Sprecherinnen und Sprechern." In: Sandig (Hrsg.) (1994), 1-33.

Häcki Buhofer, Annelies (im Druck): „Schweizerdeutsche Phraseologie – Perspektiven der Veränderung." In: Palm Meister, Christine (Hrsg.): EUROPHRAS 2000. Akten der Internationalen Tagung zur Phraseologie vom 15.-18. Juni 2000 in Aske, Schweden.

Hartmann, Dietrich (Hrsg.) (1998): *'Das geht auf keine Kuhhaut' – Arbeitsfelder der Phraseologie.* Bochum: Brockmeyer [= Studien zur Phraseologie und Parömiologie 16].

Idiotikon = *Schweizerisches Idiotikon: Wörterbuch der schweizerdeutschen Sprache.* Band I-XVI. Frauenfeld 1881 ff.

Korhonen, Jarmo (1995): „Besonderheiten der Verbidiomatik in der gesprochenen Sprache. Dargestellt am Beispiel südwestdeutscher Mundarten." In: Korhonen (Hrsg.) (1995), 171-187.

Korhonen, Jarmo (Hrsg.) (1995): *Studien zur Phraseologie des Deutschen und des Finnischen I.* Bochum: Brockmeyer [= Studien zur Phraseologie und Parömiologie 7].

Piirainen, Elisabeth (2000): *Phraseologie der westmünsterländischen Mundart. Teil 1: Semantische, kulturelle und pragmatische Aspekte dialektaler Phraseologismen. Teil 2: Lexikon der westmünsterländischen Redensarten.* Baltmannsweiler: Schneider Verlag Hohengehren [= Phraseologie und Parömiologie 2 und 3].

Piirainen, Elisabeth; Elling, Wilhelm (1992): *Wörterbuch der westmünsterländischen Mundart.* Vreden: Rehms-Druck.

Ruef, Hans (1995): *Sprichwort und Sprache. Am Beispiel des Sprichworts im Schweizerdeutschen.* Berlin/New York: de Gruyter [= Studia Linguistica Germanica 36].

Sandig, Barbara (Hrsg.) (1994): *Europhras 92 – Tendenzen der Phraseologieforschung.* Bochum: Brockmeyer [= Studien zur Phraseologie und Parömiologie 1].

Schmutz, Christian; Haas, Walter (2000): *Senslerdeutsches Wörterbuch.* Freiburg (Schweiz): Paulusverlag.

Scholz, Christian (1999): *Schweizer Wörter. Mundart und Mentalität.* 3. Aufl. Zürich: Nimbus.

Scholz, Christian (2001): *Neue Schweizer Wörter. Mundart und Alltag.* Frauenfeld [u.a.]: Huber.

Sonderegger, Stefan (1962): *Die schweizerdeutsche Mundartforschung 1800-1959. Bibliographisches Handbuch mit Inhaltsangaben.* Frauenfeld: Huber [= Beiträge zur schweizerdeutschen Mundartforschung Bd. XII].

Sonderegger, Stefan; Gadmer, Thomas (1999): *Appenzeller Sprachbuch.* Appenzell und Herisau: Appenzeller Verlag.

Suter, Rudolf (1984): *Baseldeutsch-Wörterbuch.* Basel: Merian [= Grammatiken und Wörterbücher des Schweizerdeutschen 9].

Weber, Albert; Bächtold, Jacques M. (1983): *Zürichdeutsches Wörterbuch.* 3. Aufl. Zürich: Hans Rohr [= Grammatiken und Wörterbücher des Schweizerdeutschen 3].

Zum kulturellen Aspekt der Phraseologie des Lëtzebuergeschen

Natalia Filatkina (Luxemburg)

Culture and language coexist in a dialogue: the subject of speech and his addressee are always the subjects of culture, that is why the use of the language is normally in harmony with the respective cultural code, and being "culturally deaf" is usually accompanied by being "linguistically deaf".

(Telija 1998, 786)

1. Zur Sprachsituation in Luxemburg und ihrer Widerspiegelung in der Phraseologie
2. Zum Stand der Erforschung der luxemburgischen Phraseologie
2.1 Zielsetzung der vorliegenden Studie
2.2 Zum Analyseverfahren der luxemburgischen Phraseologie
3. Kulturelle Besonderheiten einiger Zielkonzepte der luxemburgischen Phraseologie
3.1 'Armut' in der luxemburgischen Phraseologie
3.1.1 'Weinbau' als Ausgangskonzept
3.1.2 'Nahrung' als Ausgangskonzept
3.2 'Trunkenheit' in der luxemburgischen Phraseologie
3.2.1 'Nahrung' als Ausgangskonzept
3.2.2 'Weinbau' als Ausgangskonzept
3.3 'Dummheit' in der luxemburgischen Phraseologie
3.3.1 'Nahrung' als Ausgangskonzept
3.3.2 Personennamen und Toponyme
4. Schlussfolgerungen und Ausblick
Literatur

Dieser Aufsatz ist ein Teil des derzeitig laufenden Forschungsprojektes zu einigen Teilbereichen der luxemburgischen Phraseologie, die nur selten den Gegenstand wissenschaftlicher Untersuchungen bildete. Angesichts der Tatsache, dass Lëtzebuergesch aus linguistischer Sicht eine Terra incognita darstellt, sei hier kurz auf die Besonderheiten der sprachlichen Landschaft in Luxemburg eingegangen, die sich in vollem Maße auch in der Phraseologie verfolgen lassen.

1. Zur Sprachsituation in Luxemburg und ihrer Widerspiegelung in der Phraseologie

Sprachgeographisch stellt Lëtzebuergesch einen westmoselfränkischen Dialekt des Deutschen dar; es war lange als solcher in linguistischen Vorarbeiten zugeordnet und im Sprachbewusstsein der LuxemburgerInnen verankert. Die Sprachgeschichte des Lëtzebuergeschen ist grundlegend von zwei voneinander abhängenden und einander beeinflussenden Entwicklungstendenzen geprägt (Gilles 1998, 35): dem funktionalen Aufschwung (Aus- bzw. Aufbau, Emanzipierung) einerseits und der Koinésierung (Nivellierung diatopischer Variationen in vier innerluxemburgischen Dialekten zu Gunsten des Zentrallëtzebuergeschen des Alzettetals (vgl. Gilles 2000, 201) andererseits.

Erst mit der Nationalstaatsgründung im Jahre 1839 gewann Lëtzebuergesch erheblich an Prestige.[1] Die geographische Lage Luxemburgs zwischen dem germanischen und romanischen Kulturraum führte zur Herausbildung und Etablierung einer unikalen mehrsprachigen Situation, in der allen drei Sprachen historisch spezifische Gebrauchsdomänen zugeschrieben wurden, die erst 1984 im Sprachengesetz verankert wurden. Lëtzebuergesch ist dabei die alleinige Nationalsprache des Landes und das mündliche Kommunikationsmedium unter LuxemburgerInnen, deren Muttersprache es darstellt. Im Gegensatz dazu werden Deutsch und Französisch in der Schule gelernt und haben im Sprachbewusstsein der LuxemburgerInnen den Status von Fremdsprachen. Durch das Sprachengesetz wurde Lëtzebuergesch außerdem neben Französisch (rechtlich verbindliche Sprache vor allem der Legislative) und Deutsch zur dritten offiziellen Sprache des Landes erhoben (Loi, 196). Die wachsende Präsenz des Lëtzebuergeschen in Medien (Presse und Fernsehen) und im politischen Leben (Parlamentsdebatten, öffentliche Reden sowie Geschäftskorrespondenz auf Lëtzebuergesch sind keine Ausnahmen mehr) erlaubt es, diese neue westgermanische Kleinsprache als einen unabdingbaren Teil des gesellschaftlichen Lebens in Luxemburg zu betrachten. Die Orthographiereform vom August 1999 sowie der Versuch der lexikographischen Kodifizierung der Sprache[2] lassen die Vermutung zu, dass die Gebundenheit des Lëtzebuergeschen an das Medium Mündlichkeit zukünftigen Änderungen unterliegen wird.

Diese Mehrsprachigkeitssituation kann in vollem Maße in der luxemburgischen Phraseologie verfolgt werden. Mit Hilfe des Begriffsapparates der kontrastiven Phraseologieforschung können totale Äquivalente mit dem Hochdeutschen (dt.) ermittelt werden. Parallel zu diesen totalen Äquivalenten weist das

---

[1] In dieser Zeit sind auch die Entstehung der Literatur auf Lëtzebuegesch (erwähnenswert wären die Werke von Michel Lentz, Michel Rodange und Edmont de la Fontaine) sowie die ersten Orthographieversuche zu datieren.

[2] Ein neues Wörterbuch ist derzeit in Bearbeitung.

Lëtzebuergesche (lëtz.) analoge Bildungen auf, die den Einfluss des Französischen (frz.) veranschaulichen. Er manifestiert sich in Form eines Fremdwortes (1), einer Lehnbildung (2) oder Lehnübersetzung (3).

(1) lëtz. *keng Lumière sinn* – frz. *ne pas être une lumière*
    lëtz. *keng grouss Luucht sinn* – dt. *kein großes Licht sein*
(2) lëtz. *Plomme loossen* – frz. *laisser les plumes*
    lëtz. *Fiedere loossen* – dt. *Federn lassen*
(3) lëtz. *sech mam Fanger an d'A fueren/rennen* – frz. *se mettre/se fourrer le doigt dans l'oeil*
    lëtz. *sech selwer an de Fanger schneiden* – dt. *sich in den Finger schneiden*

Diese durch den Sprachkontakt bedingten parallelen Bildungen erweisen sich als synonym und gehören im Bewusstsein der MuttersprachlerInnen im gleichen Maße zum Bestand der luxemburgischen Phraseologie. Ob der eine oder andere Phraseologismus verwendet wird, hängt vom individuellen Stil der SprecherInnen ab und unterliegt keinen allgemeinen Gesetzmäßigkeiten.

Zahlreich sind Fälle der strukturellen und semantischen Variation Lëtzebuergesch – Deutsch, die einerseits sprachkontaktbedingt sind und deren Untersuchung andererseits weitere Erkenntnisse für die historische und dialektale Phraseologieforschung liefern könnte. Die Analyse ihrer Besonderheiten muss hier aus Platzgründen ausgeklammert bleiben, es seien jedoch einige Beispiele herausgegriffen.

(4) Semantische Äquivalenz bei strukturellen Unterschieden:

(4a) lëtz. *sech Hals iwwer Kapp/iwwer Kapp (Kopp) an Hals/iwwer Kapp an Aarsch/ Kapp iwwer Aarsch tommelen* „sich Hals über Kopf/über Kopf und Hals/über Kopf und Arsch/Kopf über Arsch beeilen"
dt. *Hals über Kopf*

(4b) lëtz. *en huet Aen an Mond ofgerass/opgerappt* „er hat Augen und Mund aufgerissen"
dt. *die Augen aufreißen; Mund und Nase aufreißen*

(5) Strukturelle Äquivalenz bei semantischen Unterschieden:

(5a) lëtz. *eng am Been hunn* „eine im Bein haben" 'betrunken sein'
dt. *etwas am Bein haben* 'etwas noch bezahlen müssen, als Verpflichtung haben'; *etwas ans Bein binden* 'etwas drangeben, einbüßen'; *jmdm./sich etwas ans Bein binden* 'jmdm./sich etwas aufbinden'

(5b) lëtz. *um héiche Päerd sinn* „auf dem hohen Pferd sein" 1. 'wütend sein' 2. 'hochmütig, überheblich sein'
dt. *auf dem hohen Ross sitzen* 'hochmütig, überheblich sein'

Beispiele für Nulläquivalenz, die durch die Besonderheiten der inneren Form der luxemburgischen Phraseologismen entsteht, werden exemplarisch weiter unten betrachtet. An dieser Stelle sind die wesentlichen Züge einiger bereits existierender Untersuchungen zur Phraseologie des Lëtzebuergeschen darzustellen.

2. Zum Stand der Erforschung der luxemburgischen Phraseologie

Die Landschaft der Untersuchungen zur luxemburgischen Phraseologie ist meistens durch ein- sowie mehrsprachige phraseologische Sammlungen, Studien zur Erschließung der in der Phraseologie tradierten Besonderheiten der nationalen Mentalität und kontrastive Untersuchungen geprägt.

Bereits für den Anfang des 20. Jahrhunderts liegen zahlreiche phraseologische Sammlungen vor, in denen Phraseologie im engen Sinne ohne klare Abgrenzung zwischen Idiomatischem und Nicht-Idiomatischem als Bestandteil der Parömiologie betrachtet wird. Solche Auflistungen wurden regelmäßig in der Rubrik „Volkskundliches" in Zeitschriften publiziert.

Die ersten Versuche, die luxemburgische Phraseologie umfangreich und vollständig zu erfassen, unternahmen Edmont de la Fontaine (Dicks) (1923/1982) und Nikolas Pletschette (1933/51). Gemeinsam ist beiden Sammlungen die Tatsache, dass Redewendungen mit unterschiedlichem Grad an Idiomatizität und Festigkeit im ersten Teil alphabetisch ohne Beschränkung auf einen spezifischen Bereich aufgelistet werden, die im Weiteren in Redensarten mit einem menschlichen Körperteil, Vergleiche, Alliterationen und Assonanzen unterteilt sind. In der Sammlung von Dicks fehlen die semantischen Erläuterungen völlig, Pletschette führt sie auf Deutsch und sporadisch auf Lëtzebuergesch an. Den Gebrauch des Lëtzebuergeschen erklärt er im Vorwort zur zweiten Auflage mit den Schwierigkeiten, die eigenständige Bildlichkeit dieser Sprache ins Deutsche zu übertragen (Pletschette 1951, 2).

Dieses Verfahren wurde jedoch nicht bei den Bedeutungsdefinitionen der Phraseologismen in das aus den gleichen Jahren stammende Luxemburger Wörterbuch (LWB 1950-1971) übernommen, in dem die Phraseologismen im Hinblick auf ihre Semantik, Registermarkierung, diatopischen Unterschiede und Frequenz im damaligen modernen Usus unzureichend repräsentiert sind.

Ähnliche Aufbauprinzipien bestimmen in der gegenwärtigen Etappe den phraseologischen Sammelband von Laure Wolter (1996). Wie aus dem Vorwort ersichtlich ist, beruht er zum großen Teil auf der oben erwähnten Sammlung und der muttersprachlichen Kompetenz der Verfasserin. Die zweite Auflage erhebt jedoch den Anspruch, die Redewendungen, die der Mehrheit der Bevölkerung nicht mehr verständlich sind, ins Korpus nicht aufgenommen zu haben. Die Auswahlkriterien der entsprechenden Spracheinheiten bleiben jedoch unklar. Das phraseologische Material ist alphabetisch angeordnet und mit Bedeutungserklärungen auf Lëtzebuergesch versehen.

Ein anderes Verfahren zur Beschreibung der luxemburgischen Phraseologie findet sich in den Arbeiten von Nicolas Ries (1909) und Carlo Hemmer (1939), die das Bestreben, anhand der phraseologischen Analyse Besonderheiten des nationalen Charakters aufzudecken, verbindet. Während in Hemmer (1939) die Phraseologie eher am Rande, oft ohne klare Abgrenzung von dem lexikalischen Bestand (als Teil des Kapitels „Aus der Fülle des Wortschatzes") und anhand eines Bereiches („Von den leiblichen Genüssen des Lebens") behandelt wird, stellt Ries (1909) die erste umfangreiche sprichwörtliche Sammlung der luxemburgischen Sprache dar und kann als Vorläufer der modernen ethnolinguistischen Studien betrachtet werden. Den Ausgangspunkt seiner Ausführungen bildet das alltägliche Leben der damaligen bäuerlichen Gesellschaft, die laut Ries schwere körperliche Arbeit, Armut, Gerechtigkeitssinn und Rechtsempfinden, Frömmigkeit und Sittlichkeit sowie besondere Gastfreundschaft und Trinksitten prägen.

Diese Tradition wird teilweise in den Arbeiten von Fernand Hoffmann fortgesetzt. Obwohl am Rande, wird der Phraseologie und Parömiologie in der Monographie von Hoffmann (1974) ein Kapitel gewidmet und zur Beschreibung des nationalen Charakters herangezogen. Dabei hebt Hoffmann die besondere bildliche Kraft des Lëtzebuergeschen hervor, „die nicht nur der Erkenntnis des eigenen Wesens dient, sondern den Sinn für das Sprachliche im Allgemeinen schärft" (Hoffmann 1974, 87ff.). Die dort angeführten Phraseologismen und Sprichwörter veranschaulichen Charaktereigenschaften wie „mit Ironie übertünchte Gefühlsscheu", „Traditionsliebe und Konformismus", „Realismus bis zur Gefühlskälte", „Misstrauen", „kein Respekt vor Obrigkeit und Hierarchie", die laut Hoffmann den Kern des typisch luxemburgischen nationalen Charakters konstituieren. Die nationalpsychologischen Ableitungen aus Phraseologismen und Parömien stellen aus ethnolinguistischer Sicht eine interessante Forschungsrichtung dar, scheinen aber in diesem Fall im Hinblick auf ihre wissenschaftliche Begründung, empirische Überprüfung und Subjektivität der daraus gezogenen Schlussfolgerungen fraglich zu sein. Obwohl am Anfang des Kapitels die Aufdeckung der Bildlichkeit der luxemburgischen phraseologischen Wendungen als ein Forschungsdesiderat proklamiert wird, geht der Verfasser in seinen Ausführungen kaum darauf ein; er beschränkt sich vielmehr auf eine einfache Aufzählung einzelner fester Redewendungen, die der Versprachlichung der oben aufgelisteten Charaktereigenschaften dienen.

Schließlich wird die luxemburgische Phraseologie in einer Reihe weiterer Untersuchungen aus dem Blickwinkel der kontrastiven Phraseologieforschung betrachtet. Myriam Mersch (1997) setzt sich zum Ziel, 539 luxemburgische Redewendungen „auf ihre lexikalische Etymologie und Äquivalenz mit den lange Zeit in-dominanten Nachbarsprachen Deutsch und Französisch zu untersuchen" (Mersch 1997, 31). Im Hinblick auf die Notwendigkeit der phraseologischen

Sammlungen, die als Grundlage für weitere Untersuchungen benutzt werden könnten, hat sich diese Arbeit große Verdienste erworben. Sie kann außerdem als der erste Versuch einer dreisprachigen Phraseologismensammlung (Lëtzebuergesch vs. Deutsch vs. Französisch) betrachtet werden. Bedenklich scheint jedoch die Arbeitsmethode zu sein: Bei der Ermittlung von Äquivalenztypen (Mersch 1997, 32ff.) bilden ausschließlich Struktur und aktuelle Bedeutung der zu analysierenden Redewendungen die Vergleichsbasis, wobei auf ihre stilistischen und pragmatischen Aspekte sowie Besonderheiten der Motivationsgrundlage verzichtet wird. Über die Auswahlkriterien der Redewendungen im zusammengetragenen Korpus sowie die Prinzipien ihrer semantischen Definition macht die Arbeit keine Aussagen.

Kontrastiv wird die luxemburgische Phraseologie in der Arbeit von Fernande Krier (1999) behandelt, die auf den Protokollen der öffentlichen Sitzungen der luxemburgischen Abgeordnetenkammer basiert. Als gemeinsames Ergebnis der beiden Studien kann festgehalten werden, dass das Lëtzebuergesche zahlreiche idiomatische Wendungen mit dem ihm verwandten Hochdeutschen teilt, während sich der Einfluss des Französischen auf einige Wortpaare und satzwertige Formeln (besonders im Gebrauch in der Abgeordnetenkammer) erstreckt.

2.1 Zielsetzung der vorliegenden Studie

Die oben in ihren wesentlichen Zügen zusammengefassten Untersuchungen, Literatur und Pressetexte auf Lëtzebuergesch sowie die Beobachtung der real vorkommenden Sprache dienten als Quelle des phraseologischen Materials für die vorliegende Studie. Im Unterschied zu allen bereits existierenden Arbeiten scheint es wichtig, die erste Bestandsaufnahme des phraseologischen Materials durchzuführen, den Bekanntheitsgrad der (hauptsächlich aus schriftlichen Quellen) exzerpierten Phraseologismen zu ermitteln, in die bildliche Welt der luxemburgischen Phraseologie vorzudringen sowie Besonderheiten der kognitiven Verarbeitung einiger der durch Phraseologismen abgedeckten Konzepte festzustellen. An dieser Stelle ist zu bemerken, dass der vorliegenden Analyse zwei Studien zum Bekanntheitsgrad der Phraseologismen zu Grunde liegen,[3] deren Notwendigkeit sich bereits aus der Definition eines Phraseologismus ergibt.[4]

---

[3] Zunächst wurde LuxemburgerInnen mit Muttersprache Lëtzebuergesch ab dem 15. Lebensjahr (insgesamt 372 ProbandInnen) ein Fragebogen postalisch zugeschickt. Angesichts der Unterrepräsentiertheit der jüngeren Generation in dieser Pilotstudie wurden Studierende (15 bis 20 Jahre) in sieben Lyzeen und Gymnasien im gesamten Territorium Luxemburgs (486 ProbandInnen) befragt (ausführlicher zum Projektverlauf in Filatkina (im Druck).

[4] Geläufigkeit wird als eines der Hauptmerkmale der phraseologischen Einheiten in Burger (1998, 16f.) hervorgehoben.

Die empirische Absicherung des Materials scheint im Hinblick auf die oben aufgelisteten Ziele der vorliegenden Untersuchung notwendig: Theoretische Schlussfolgerungen über die bildliche Grundlage (Motivation) sowie Besonderheiten der kognitiven Verarbeitung einiger Konzepte, die anhand der Analyse der im Verschwinden begriffenen Phraseologismen gezogen werden, sind nicht aussagekräftig und würden das durch die Phraseologie zur Sprache gebrachte Realitätsbild verfälschen. Dennoch ist der vollständige Verzicht auf die veralteten Phraseologismen m.E. nicht berechtigt: Sie erlauben die Dynamik der sprachlichen Konzeptualisierung aufzudecken und schärfen den Blick für die Spezifik der heutigen luxemburgischen Phraseologie.

Die beiden durchgeführten MuttersprachlerInnen-Befragungen ermöglichen eine eindeutige Abgrenzung der veralteten Belege von den heute allgemein bekannten Phraseologismen bis zu phraseologischen Neologismen. Angesichts der mangelhaften Kodifizierung der luxemburgischen Phraseologie (s. oben unter 2) erweisen sich die InformantInnen-Befragungen in der gegenwärtigen Etappe als die wichtigste Grundlage für ihre semantische, pragmatische, stilistische und metaphorische Interpretation. Die muttersprachliche Kompetenz der ProbandInnen sowie ihre detaillierte Kenntnis der eigenen Kultur bilden die Quellen, auf die die vorliegende Untersuchung angewiesen ist und derer sie sich bedient.

2.2 Zum Analyseverfahren der luxemburgischen Phraseologie

Das Postulat, dass Sprachen die materielle, soziale und geistige Kultur der entsprechenden Gesellschaften widerspiegeln und somit ihre Erfahrungen tradieren, genießt eine lange linguistische Tradition und wurde in der einschlägigen Literatur mehrmals nachgewiesen. Den weiteren Ausführungen liegt die in (Telija/Bragina/Oparina/Sardomirskaya 1998, 57) vorgeschlagene Kulturdefinition als „the ability of members of a speech community to orientate themselves with respect to social, moral, political, and so on values in their empirical and mental experience" zu Grunde. Kultur tradiert somit die Summe der Lebensausdrücke einiger zu einer bestimmten Gesellschaft gehörenden Individuen und bildet ihr kollektives Gedächtnis.

Den phraseologischen Subsystemen wird dabei eine besondere Rolle beigemessen. Kultursemiotische Untersuchungen zu phraseologischen Systemen verschiedener europäischer sowie nicht-europäischer Sprachen und Dialekte (Piirainen 2000; Telija 1996) liefern konkrete Beweise für das bis in das 19. Jahrhundert zurückreichende Postulat über das Verhältnis zwischen Sprache und Kultur, und arbeiten Instrumentarien zur Beschreibung dieses Verhältnisses aus (Telija 1998, 58ff.).

Die Instrumentarien ergeben sich aus der Natur der Phraseologie als sekundärem semiotischen System, dessen Einheiten – Phraseologismen – einerseits spezifische, die Besonderheiten jeder einzelnen Kultur reflektierende Zielkonzepte versprachlichen, andererseits kulturgeprägte Konstituenten und Ausgangsdomänen in ihrer Struktur erhalten, die ihre metaphorische (und insbesondere symbolische) Motivation gestalten.

Die Konzeptanalyse erlaubt die für die bestimmten Sprachgemeinschaften relevanten Zieldomänen zu ermitteln, die dort im Unterschied zu anderen Sprachen reichlicher phraseologisch belegt sein können, vgl. dazu das Konzept 'Frömmigkeit' im westmünsterländischen Dialekt (Piirainen 2000, 157ff.). Das Vorkommen dieser Domänen in den Phraseologien anderer Sprachen ist nicht auszuschließen, die quantitative Dominanz kann ihre Wichtigkeit in der jeweiligen Kultur widerspiegeln und ihre Betrachtung als „Ethnokonzept" rechtfertigen.

Nach der ersten Sichtung des luxemburgischen Materials hat sich jedoch die Vermutung nach der Existenz der spezifisch luxemburgischen „Ethnokonzepte" nicht bestätigt. Im Gegenteil weist diese kleinere Sprache bezüglich einiger Universalien Parallelen mit den Phraseologien anderer europäischer Sprachen auf: das Übergewicht an Negativem veranschaulichen z.B. die Zieldomänen 'Armut', 'Trunkenheit' und 'Dummheit', die im Luxemburgischen am stärksten phraseologisch belegt sind und deren Besonderheiten in der vorliegenden Untersuchung exemplarisch angesprochen werden.

Im Gegensatz dazu ist im Lëtzebuergeschen die Zahl der Phraseologismen mit den Deskriptoren 'fleißig sein', 'viel und schwer arbeiten' und 'müde sein nach schwerer physischer Arbeit' auffallend hoch, wobei Idiome mit der Bedeutung 'faul sein' in der zusammengestellten Datenbank unterrepräsentiert sind. Diese Beobachtung wird durch die empirischen Ergebnisse der Umfrage zum Bekanntheitsgrad der luxemburgischen Phraseologismen gestützt: Auf die genannten Felder entfällt die beste allgemeine Kenntnis der vorgelegten Phraseologismen, die meisten im aktiven Teil des Fragebogens hinzugeschriebenen Idiome entstammen demselben Bereich. Diese Werte weisen weder geschlechtsspezifische noch altersbedingte Unterschiede auf und bedürften weiterer Interpretationen besonders im Hinblick darauf, dass das phraseo-semantische Feld 'Fleiß' laut Angaben in Gréciano (1992, 38) nicht zu den aktivsten Leitbegriffen des Deutschen oder Französischen gehört.

Die ethnokulturelle Spezifik des Lëtzebuergeschen scheint viel mehr auf der Ebene der Ausgangsdomänen zu liegen. Im Rahmen dieses Aufsatzes wird dies anhand der beiden in der luxemburgischen Phraseologie produktiven Ausgangsdomänen 'Nahrung' und 'Weinbau' bei der Konzeptualisierung solcher Begriffe wie 'Armut', 'Trunkenheit' und 'Dummheit' veranschaulicht. Während 'Nahrung' keine spezifisch luxemburgische Ausgangsdomäne darstellt, ist die Produktivität der Domäne 'Weinbau' durch die Besonderheiten des regionalen

Naturraums sowie der luxemburgischen Landwirtschaft bedingt. Wie aus der vorliegenden Analyse ersichtlich wird, zeichnet sich dennoch die auch in den Phraseologien anderer Sprachen hochfrequente Domäne 'Nahrung' in einigen Fällen durch eine spezifische Bildlichkeit aus. Obwohl uns dieses Herangehen zur Berücksichtigung des historischen Hintergrundes zwingt,[5] bildet nicht die diachrone Rekonstruktion der luxemburgischen Kultur und Mentalität zu einem bestimmten Zeitpunkt in der Geschichte den Gegenstand der vorliegenden Untersuchung, sondern die in der Phraseologie tradierten und in der modernen Gesellschaft lebendigen Elemente dieser Kultur.

Erkenntnisse über die Rolle der Kultur bei der Interiorisierung der Wirklichkeit können außerdem durch die Analyse der konzeptuellen Metaphern erworben werden. Die kognitive Metapherntheorie hat sich bereits ausführlich mit der Strukturierung der außersprachlichen abstrakten Konzepte mittels anderer (konkreterer) Begriffe auseinandergesetzt und einzelne konzeptuelle Modelle ausgearbeitet. Zur Aufdeckung der metaphorischen Motivation stellen sie (obwohl nur für einen begrenzten Bereich der Idiomatik) ein geeignetes Mittel dar, dessen sich die vorliegende Untersuchung bedient. In der einschlägigen Literatur wurde bereits mehrmals darauf hingewiesen, dass die konzeptuellen Metaphern – überprüft am Material nur einiger weniger Sprachen – vorschnell als universal proklamiert wurden. Der mögliche Grund dafür liegt m.E. in ihrem abstrakten Charakter, der die prinzipielle Universalität des menschlichen Denkprozesses reflektiert.

Ziel der vorliegenden Untersuchung ist es zu zeigen, dass das den konzeptuellen Metaphern zu Grunde liegende Weltwissen neben universalen Charakteristika einige kulturgeprägte Züge aufweist. Um zur Terminologie von Dobrovol'skij (2001, 90f.) zu greifen: Einzelne Sprachen erheben innerhalb einer konzeptuellen Metapher kulturbedingt unterschiedliche Phänomene zu symbolartigen Entitäten. Die oben erwähnten Erkenntnisse der kultursemiotischen Interpretationen einzelner Konstituenten sowie Ausgangsdomänen relativieren den universalen Charakter der konzeptuellen Metaphern. Sie unterstreichen die Notwendigkeit, diese abstrakten Muster durch „kleinräumige, detailliertere Modelle" (Burger 1998, 91) zu ersetzen und erlauben, die konkreten historischen Bedingungen ihrer Entstehung und Entwicklung und somit die Dynamik des phraseologischen Systems zu verfolgen.

---

[5] So heißt es in (Telija 1998, 786): „The subject of culture and language 'lives' in history, which precipitates the fact that culture, as well as language, is not only 'ergon', but also 'energeia' (in Humboldt's terminology). Thanks to this feature *synchronism interacts with diachronism, statistics with dynamics, tradition with evolution* in the transfer of culture across generations."

3. Kulturelle Besonderheiten einiger Zielkonzepte der luxemburgischen Phraseologie

3.1 'Armut' in der luxemburgischen Phraseologie

'Weinbau' und 'Nahrung' bilden die beiden am weitesten verbreiteten Ausgangsdomänen dieses Konzeptes und veranschaulichen die Veränderungen auf der gesellschaftlichen Werteskala bei der Versprachlichung von 'Armut' mittels der Phraseologie.

3.1.1 'Weinbau' als Ausgangskonzept

Traditionen, die mit Weinbau und Weinproduktion verbunden sind, sowie die im Alltag gebräuchlichen Gegenstände, bilden die Motivationsgrundlage zahlreicher luxemburgischer Phraseologismen, vgl. dazu die Komponente *Hatt* ('Hotte') in den Beispielen (6) bis (8). Die Hotte stellte einen Tragkorb aus Tannenholz oder Eisenblech dar, der von den Winzern auf dem Rücken getragen und beim Traubenpflücken oder beim Schleppen von Erde und Mist in die Weinberge benutzt wurde. Diese Funktion (Hotte als Tragkorb) wird in den Phraseologismen (6) bis (8) für die Versprachlichung der Armut umgedeutet: Eine mit der Hotte gehende Person verdient ihren Lebensunterhalt, indem sie bettelt (6). Das Fehlen zweier der üblichsten Gegenstände – des Weinglases (*Patt*) und der Hotte (*Hatt*) – kennzeichnet in (7) den Zustand der äußersten Verarmung.[6] In die Metaphorik des in (8) angeführten Phraseologismus ragt die Vorstellung vom Brot hinein, dessen ausreichende Quantität als Symbol des Reichtums fungierte. Der Backofen in der Hotte versinnbildlicht m.E. einerseits das Fehlen des eigenen Zuhauses, andererseits die Gezwungenheit, durch Betteln das eigene Brot zu verdienen. Eine analoge Kontamination von zwei Bildspenderbereichen – *Hotte* und *Brot* – bildet die Motivationsgrundlage des Phraseologismus (9).

(6) *e geet mat der Hatt* „er geht mit der Hotte" 'er bettelt'

(7) *si hu kee Patt a keng Hatt méi* „sie haben kein Glas Wein und keine Hotte mehr" 'sie sind verarmt, sie wohnen in ärmlichen Verhältnissen'

(8) *déi huet de Bakuewen an der Hatt* „die hat den Backofen in der Hotte" 'sie bettelt'

(9) *een aarme Mann bei enger Hatt voll Kuuschten* „ein armer Mann mit einer Hotte voller Brotkrusten"

---

[6] *Patt* wird außerdem zur Versprachlichung anderer, mit Finanzen zusammenhängender Zielkonzepte verwendet, vgl. z.B. *bei engem Patt vergruechten* „bei einem Glas Wein eintrocknen" 'aus Geiz nur ein Glas Wein trinken'.

Wie sich im Laufe der empirischen Studien zum Bekanntheitsgrad der luxemburgischen Phraseologismen herausgestellt hat, sind die Idiome mit der Komponente *Hotte* dem größten Teil der Bevölkerung nicht mehr geläufig. Eine Erklärung dafür liefert die Tatsache, dass diese Idiome ihre Bilder aus dem agrarischen Bereich rekrutieren, der im heutigen luxemburgischen Alltag immer mehr an Bedeutung verliert und verdrängt wird.[7] Die Hotte als ein üblicher, im Weinbau gebräuchlicher Gegenstand hat keine allgemeine Bekanntheit mehr.

3.1.2 'Nahrung' als Ausgangskonzept

Die sich verändernden Lebensverhältnisse finden ihren Niederschlag auch in den Phraseologismen, deren Bildlichkeit das Ausgangskonzept 'Nahrung' konstituiert. Von den anderen Armuts-Phraseologismen lassen sie sich mit Hilfe der konzeptuellen Metapher ARMUT IST MANGEL AN NAHRUNG abgrenzen. Im Lëtzebuergeschen strukturieren sie einerseits Phraseologismen mit der Bedeutung 'nichts zu essen haben', andererseits versinnbildlicht der Mangel an qualitativ guter, sättigender Nahrung den Zustand der materiellen Not. In einer Reihe von Phraseologismen, die sich im Laufe der Umfrage als veraltet erwiesen haben, kommt die in der modernen Gesellschaft nicht mehr in demselben Umfang relevante Einstellung zum Brot als zum wichtigsten und heiligsten Lebensmittel und die damit verbundene Alltagskultur zum Vorschein. So stellt das Fehlen der trockenen Brotkrusten in Beispiel (10) symbolisch den ärmlichen Zustand dar: Die Brotkrusten gehören nicht auf den Tisch eines wohlhabenden Menschen. Die Konstituente *dréchen* 'trockene' kann hier als ein zusätzliches Steigerungsmittel betrachtet werden, durch ihr Einfügen in die Struktur dieses Idioms wird der ärmliche Zustand hyperbolisiert.

(10) *en huet keng dréche Kuuscht* „er hat keine trockene Brotkruste" 'er ist sehr arm'

Das häufige Vorkommen der Konstituente *Brot* beschränkt sich nicht auf die luxemburgische Idiomatik und bildet nicht ihr spezifisches Merkmal. Es ist wohl auf die zentrale Stellung des Brotes als Symbol und geheiligter Gegenstand im Christentum zurückzuführen. Wie ethnolinguistischen Studien zum luxemburgischen Alltag Ende des 19. bis Anfang des 20. Jahrhunderts zu entnehmen ist, zeugte ein Brotlaib auf dem Bauerntisch von Wohlstand und Gastfreundlichkeit des Hauses. So weist Fontaine (1983, 104) auf den alten luxemburgischen Brauch

---

[7] Vgl. dazu auch die Phraseologismen *e krut eng Faarf wéi eng Hatt* „er hat eine Farbe wie eine Hotte" 'er ist gelb und bleich' oder *de roude Wäin am Gesiicht hunn* „den roten Wein im Gesicht haben" 'rot im Gesicht sein', auf die mich ProbandInnen der in der Umfrage ältesten Altersgruppe (älter als 50) hingewiesen haben, die jedoch der jüngeren Generation völlig unbekannt waren.

hin, einen Brotlaib auf dem Tisch in jeder Bauernstube zu haben, „von dem sich jeder Eintretende soviel abschneiden konnte, wie er wollte". Als Zeichen des Wohlstandes galt das Tragen von Brotscheiben in der Tasche. Auch bei der Heirat galt das Verfügen über Brot als Maßkriterium, nach dem der Reichtum des Erwählten beurteilt wurde (Tousch 1985, 55).[8]

Den weiteren Phraseologismen liegt ein anderes Weltwissen zu Grunde: Kartoffeln gehörten in Luxemburg genauso wie das Brot zu den wichtigsten Lebensmitteln und wurden traditionell mit Speck gebraten, was die Besonderheiten der nationalen Küche bildete. Nach Aussagen der MuttersprachlerInnen wurde den Kartoffeln auf solche Weise ein besonderer Geschmack verliehen. Speck sicherte außerdem die schnelle und anhaltende Sättigung, die angesichts der ärmlichen Lebensverhältnisse der luxemburgischen Bauern im letzten Jahrhundert einen unabdingbaren Bestandteil des Alltags ausmachte. Als *plakeg* ('nackt') wurden die ohne Fett gebratenen Kartoffeln bezeichnet. Die aktuelle Bedeutung des in (11) angeführten Phraseologismus kann auf Grund der Vorstellung erklärt werden, dass sich eine arme Person Kartoffeln mit Fett nicht leisten kann.

(11) *si hunn nëmme plakeg Gromperen um Dësch* „sie haben nur nackte Kartoffeln auf dem Tisch" 'sie sind sehr arm'

Im Rahmen des Ausgangskonzeptes 'Nahrung' kann auch der Phraseologismus (12) interpretiert werden, indem Wasser im Gegensatz zu Öl und Fett als ein weiteres Symbol der Armut auftritt. Duden (1998, 784) verzeichnet dazu den standarddeutschen Phraseologismus *hier/dort wird auch nur mit Wasser gekocht* 'hier/dort geht es auch nicht anders zu als überall', dessen Semantik sich laut Angaben des Wörterbuchs auch ursprünglich auf die wirtschaftlichen Verhältnisse ärmerer Leute bezieht. Während diese ältere Bedeutung im Standarddeutschen nicht mehr existiert, ist sie im Luxemburgischen noch greifbar.[9] Gestützt wird diese semantische und bildliche Besonderheit durch das alte luxemburgische Sprichwort *alles vergeet, nëmmen d'Waasserzoppen net* „alles vergeht, nur die Wassersuppen nicht". Die ausschließlich mit Wasser gekochte Suppe stellt hier ein Quasisymbol für die alltägliche Speise der armen Leute dar und wird meta-

---

[8] Diese Einstellung wird in zahlreichen luxemburgischen Phraseologismen tradiert, vgl.: *säi Brout ass gebak/hien huet säi Brout gebak* „sein Brot ist gebacken/er hat sein Brot gebacken" 'er hat eine gesicherte Lebensstellung'; *du hues däi Brout mat Féiss gestouss* „du hast dein Brot mit Füßen gestoßen" 'du hast dich vom Glück abgewendet'; *e verkeeft sech d'Brout aus dem Schaf* „er verkauft sich das Brot aus dem Schrank" 'er tätigt einen unvernünftigen Verkauf'.

[9] Das Festhalten an altertümlichen, auf den früheren Entwicklungsstufen des Deutschen vorkommenden Konstituenten in der Struktur, in veralteten Bedeutungen und Bildspenderbereichen bildet eine weitere Besonderheit der luxemburgischen Phraseologie, die zusätzlicher Untersuchungen bedarf und an dieser Stelle außer Acht bleiben muss.

phorisch der Fleischbrühe gegenübergestellt. Durch die Behauptung, dass die Gezwungenheit, sich in der Ernährung auf die Wassersuppe zu beschränken, niemals endet, wird die Vorstellung von Armut als einem dauerhaften Zustand evoziert. Die ärmlichen Verhältnisse, die in Luxemburg bis in das letzte Jahrhundert herrschten, liefern eine Erklärung dafür.

(12) *si kache mat Waasser* „sie kochen mit Wasser" 'sie sind sehr arm'

Wie bereits mit den Beispielen (6) bis (12) veranschaulicht wurde, erweisen sich diese Phraseologismen als nicht mehr gebräuchlich und überschritten in der oben erwähnten Umfrage nicht die 50%ige Bekanntheitsmarke.[10] Bei der Aufforderung, ähnliche Redewendungen anzuführen, mit denen die ProbandInnen den Zustand der Armut zum Ausdruck bringen, wurden unter anderem vor allem folgende Paarformeln[11] genannt, die der konzeptuellen Metapher ARMUT IST MANGEL AN NAHRUNG zuzuordnen sind und deren Bedeutung als 'sehr arm sein' paraphrasiert werden könnte:

(13) *näischt ze räissen an näischt ze bäissen hunn* „nichts zu reißen und nichts zu beißen haben"

(14) *näischt ze haen an näischt ze knaen hunn* „nichts zu hauen und nichts zu kauen haben"

(15) *näischt driwwer an näischt drënner hunn* „nichts drüber und nichts drinnen haben"

(16) *näischt am Leif an näischt drop hunn* „nichts im Leibe und nichts drauf haben"

Die Zahl der Paarformeln bei der Versprachlichung der Armut ist im Luxemburgischen auffallend groß. Ihre Prominenz in diesem Zielkonzept lässt sich m.E. durch ihre erhöhte Expressivität erklären. In den Beispielen (6) bis (12) wird der Zustand der finanziellen Not durch Komponenten wie *dréchen* (10) oder *plakeg* (11) gesteigert, die die groteske Metaphorizität der luxemburgischen Phraseologismen konstituieren und somit ihre Expressivität unterstreichen. Mit dem Verlust dieser Bildspenderbereiche (Brot bzw. Kartoffeln als Symbol des Reich-

---

[10] In den Fällen, in denen sie von den jungen Versuchspersonen als bekannt und mit richtiger Bedeutungserklärung angegeben wurden, waren Randbemerkungen wie „Ich kenne das von meiner Großmutter" oder „Ich glaube, das von meinen Großeltern mal gehört zu haben, gebrauche es aber selbst nie" zu finden.

[11] Vgl. die phraseologischen Paarformeln mit anderen Motivationsgrundlagen: ARMUT IST MANGEL AN GELDMITTELN: *hien huet kee Rouden a kee Wäissen* „er hat keinen Roten (Kupferpfennig) und keinen Weißen (Silberpfennig)", *hien huet kee Su a kee Frang/kee Frang a kee Su* „er hat keinen Sou (5 Centimes) und keinen Franken/keinen Franken und keinen Sou"; ARMUT IST MANGEL AN KLEIDUNG: *keng Lomp a keng Lak hunn* „keinen Fetzen und kein Laken haben"; ARMUT IST BESCHRÄNKUNG DER FREIHEIT: *sech weder réiren nach kéire können* „sich weder rühren noch kehren können".

tums) an Aktualität im modernen Alltag greift das Luxemburgische zu anderen Intensivierungsmitteln wie etwa den Paarformeln.[12]

In dieses generelle Modell ARMUT IST MANGEL AN NAHRUNG fügen sich einige neue Phraseologismen. Während der zweiten Studie zur phraseologischen Kompetenz haben uns die jüngeren ProbandInnen auf das ihnen geläufige Idiom *all sonndes ësst hie Kaviar* „sonntags isst er Kaviar" hingewiesen, mit dem sie den Zustand des Reichtums zum Ausdruck bringen. Kaviar war in Luxemburg genauso wie in ganz Westeuropa nicht bekannt und konnte dementsprechend nicht als Quasisymbol des Wohlstandes im Bewusstsein der MuttersprachlerInnen fungieren. Dieses Idiom ist wohl als Neologismus anzusehen; über seine allgemeine Bekanntheit bzw. Geläufigkeit können hier jedoch keine Aussagen gemacht werden.

Die Ausgangsdomäne 'Nahrung' erweist sich außerdem im kontroversen Konzept des Reichtums als prominent und liegt der konzeptuellen Metapher REICHTUM IST ÜBERFLUSS AN NAHRUNG zu Grunde. Im Lëtzebuergeschen werden reiche Leute als *déi Décken*, oder *déi déck Härren* bezeichnet. Eine Person, die über viel Geld verfügt, ist *en décke Fritz, en décken Hond* oder *e Fetten*. Piirainen (2000, 134f.) führt die analogen westmünsterländischen Belege auf die Vorstellung zurück, dass „die Verfügbarkeit über Nahrung, die auch zu einer korpulenten Figur führen kann, gleichzusetzen ist mit Reichtum". *Déck* in der Bedeutung von 'reich' erstreckt sich auf weitere Phraseologismen: jemand, der keine finanzielle Not kennt, ist *déck do*. Eine gesicherte und gut bezahlte Stelle ist *en décke Plaz* und ihr Inhaber *huet et déck*. Das Bild eines dicken vollgestopften Geldbeutels als Symbol des Reichtums wird im Phraseologismus *en huet en décke Batz Geld* „er hat einen dicken Batzen Geld" 'er hat viel Geld' evoziert.

Als *en Décken* wird auf Lëtzebuergesch nicht nur eine reiche, sondern eine mächtige Person bezeichnet. Vgl. dazu den Phraseologismus (17), in dem sich die Komponente *Décken* „Dicker" vor allem auf eine mächtige Person mit vielen Kontakten und nützlichen Beziehungen bezieht.[13]

---

[12] Die Gesetzmäßigkeiten ihrer Bildung sowie das funktionale Potenzial bedürfen weiterer Untersuchungen. Außer Zweifel bleibt ihre Rolle bei der Gestaltung der erhöhten Expressivität und dem Drang nach Übertreibung im Luxemburgischen, vgl. dazu die tautologischen Paarformeln des Typs *nakeg a plakeg* „nackt und nackt". Die Neigung zur Übertreibung und zum Wortspiel bezeichnet Piirainen (1991, 42) als ein bedeutendes Merkmal der dialektalen Phraseologie.

[13] Im Gegensatz dazu ist eine Person, die „keinen hat und keinen kennt" nicht nur machtlos und hilflos, sondern auch arm, vgl. *hien huet keen a wees keen* „er hat keinen und kennt keinen" 'er ist verarmt, ihm ist nicht zu helfen'. Obwohl Reichtum angestrebt wird, tradieren einige Phraseologismen eine negative Einstellung dazu, die vor allem durch Hervorhebung der Unkompliziertheit des Reichwerdens strukturiert wird, vgl. *d'Geld kënnt em ënnert den Daach erageschneit* „das Geld

(17) *en Décken an der Hand hunn* „einen Dicken in der Hand haben" 'gute Beziehungen haben, nützliche Leute kennen'

Einige dieser Phraseologismen verfügen über Äquivalente im Standarddeutschen: *es dicke haben; dick* in der Bedeutung 'reich' kommt in Ausdrücken wie *ein dickes Auto fahren* und ähnlichem vor. Jedoch erweist sich dies den Angaben der oben genannten Umfrage zu luxemburgischen Phraseologismen zufolge als Scheinäquivalenz: Während diese Belege im Standarddeutschen ausschließlich mit der Markierung „umgangssprachlich" zu versehen sind, stufen sie die luxemburgischen MuttersprachlerInnen in der überwiegenden Mehrheit der Fragebögen als neutral ein (Filatkina im Druck), was vermutlich als Phänomen der Mündlichkeit zu deuten ist. Im Hinblick auf die funktionale Umschichtung und stilistischen Besonderheiten der luxemburgischen Phraseologie fehlt es noch weitgehend an Untersuchungen.

3.2 'Trunkenheit' in der luxemburgischen Phraseologie

3.2.1 'Nahrung' als Ausgangskonzept

Während diese Ausgangsdomäne bei der Versprachlichung der finanziellen Not an Metaphorizität eingebüßt hat, gehört sie bei der Konzeptualisierung der Trunkenheit zu den prominentesten. Dazu die Beispiele (18) bis (20), die mit der Paraphrase 'betrunken sein' zu versehen sind.

(18) *de Bauch voll hunn* „den Bauch voll haben"

(19) *de Panz voll hunn* „den Pansen voll haben"

(20) *de Batti/de Mätti gutt gelueden/voll hunn* „den Batti/Mätti gut geladen/voll haben"

Der Phraseologismus (18) enthält die Komponente *Bauch* als Behälter des Alkohols im Körperinneren, die explizit genannt wird und den Zustand der Trunkenheit versinnbildlicht. Beispiel (19) ist in doppelter Hinsicht metaphorisch: Zum einen evoziert es dieselbe Vorstellung von Trunkenheit, die in diesem Beleg im Bauch situiert wird, zum anderen wird die Komponente *Bauch* durch den Tier-

---

wird ihm unter das Dach geschneit", *e kritt d'Suen an den Aarsch geblosen* „er bekommt die Geldstücke an den Arsch geblasen". Das Reichwerden erfordert von dem Menschen keine zusätzlichen Anstrengungen und ist meistens eine Glückssache: Während eine Person passiv bleibt, wird ihr das Geld unter das Dach „eingeschneit" oder „an den Arsch geblasen". Glück wird seinerseits in luxemburgischen Sprichwörtern als eine hauptsächlich reiche Menschen kennzeichnende Eigenschaft betrachtet, vgl. dazu *Den Däiwel mécht seelen op e klenge Koup* „der Teufel macht selten auf einen kleinen Haufen", in dem „der kleine Haufen" ärmliche Verhältnisse symbolisiert.

somatismus *Panz* ('Pansen') ersetzt. Laut Aussagen der MuttersprachlerInnen scheint dieser Bezug zur Tierwelt jedoch verblasst zu sein, die Komponente *Panz* wird vor allem mit dem menschlichen Bauch assoziiert. Auf den freien Austausch von Somatismen des Menschen und Tiersomatismen in der Phraseologie des Westmünsterländischen geht Piirainen (2000, 388ff.) ausführlich ein und betrachtet die hohe Produktivität der Phraseologismen theriophorer Herkunft als ein wichtiges Merkmale dialektaler Phraseologie. Das Lëtzebuergesche liefert dazu einerseits ausreichend Beispiele, obwohl andererseits die Herkunft der Somatismen aus der Tierwelt nicht immer eine psychologische Realität besitzt.[14]

Kognitiv interessant ist auch Beispiel (20). Die Komponenten *Batti* und *Mätti* stellen Ableitungen von den männlichen Vornamen *Baptist* (LWB, 71) und *Mathias* (LWB, 121) dar, beziehen sich in dem phraseologischen Beleg auf den menschlichen Bauch und dienen der Versprachlichung der Trunkenheit. Die Motivation der beiden Phraseologismen ist von der konzeptuellen Metapher SICH BETRINKEN IST SICH SATT ESSEN geprägt, die durch ein weniger bildliches Beispiel in der Bedeutung 'betrunken sein' gestützt wird, vgl.: *sat sinn (wéi eng Béi)* „satt sein (wie eine Biene)".

Ein weiteres Beispiel, das die Lebendigkeit der Ausgangsdomäne 'Nahrung' im oben genannten Konzept veranschaulicht, liefert der Phraseologismus (21); ihm kann den Umfragen zufolge ein Bekanntheitswert von 80% zugeschrieben werden. Bei der Erschließung der Bildlichkeit haben ihn die MuttersprachlerInnen auf den alten Brauch der Fleischkonservierung zurückgeführt, indem das Fleisch bis zum Fertigwerden einige Tage in der Salzlake hängen sollte. Die Ähnlichkeit des Sich-Nicht-Bewegen-Könnens zwischen dem Fleisch und der Person, die zu viel Alkohol zu sich genommenen hat, konstituiert die Bildlichkeit des Beispiels (21).

(21) *am Solper leien/en huet d'Aen nach am Solper leien* „in der Salzlake (Pökel) liegen/seine Augen liegen noch in der Salzlake (Pökel) 'betrunken sein'

---

[14] Vgl. *vreckt si wéi de futtist Hénkel* „tot sein wie der *kaputteste Henkel" 'sehr müde sein'; die Komponente *vreckt* führt auf das Verb *vrecken* 'sterben (von Tieren)' zurück. Dieser Bezug ist für die meisten befragten MuttersprachlerInnen nicht mehr evident. Das Beispiel liefert einen weiteren Beweis für die erhöhte Expressivität und die Tendenz zur Übertreibung: durch die Verbindung der Konstituente *vreckt* mit dem Superlativ *futtist* entsteht ein groteskes Bild. Der freie Austausch der anthropomorphen und theriophoren Somatismen veranschaulicht das Idiom *(de ganzen Dag) um Réck/op der Panz/op dem Pelz/op der fauler Haut leien/eng liddereg Panz sinn* „(den ganzen Tag) auf dem Rücken/auf dem Panzen/ auf dem Pelz/auf der faulen Haut liegen/ein fauler Pansen sein" 'sehr faul sein'. Die lexikalischen Varianten unterscheiden sich nicht in ihrer aktuellen Bedeutung und Stilistik, die theriophore Herkunft einzelner Konstituenten fällt den MuttersprachlerInnen nicht auf.

3.2.2 'Weinbau' als Ausgangskonzept

In anderen Phraseologismen bildet der Prozess des Aufladens einer Hotte die bildliche Grundlage: in (22) wird er metaphorisch mit dem Auffüllen des Körpers verglichen, wobei in (23) nach Aussagen der MuttersprachlerInnen die Komponente *Hatt* metonymisch auf den ganzen Körper (ohne Fokussierung auf irgendein Organ) projiziert wird und das Resultat des übermäßigen Alkoholkonsums vergegenständlicht. Dies wird auch durch die Angaben des LWB gestützt: die Hotte wird dort in den metaphorischen Bedeutungen 'Kopf' bzw. 'Schlund' sowie 'Bauch' kodifiziert. Ohne jeglichen Bezug auf den menschlichen Körper kommt die Konstituente *Hatt* im Idiom *en huet eng al Hatt un* „er hat eine alte Hotte an" 'er ist betrunken' vor, das aus heutiger Sicht opak zu sein scheint und den meisten der befragten MuttersprachlerInnen nicht mehr geläufig ist.

(22) *en huet seng Hatt gelueden* „er hat seine Hotte geladen" 'er ist betrunken'

(23) *en huet eng an der Hatt* „er hat eine in der Hotte" 'er ist betrunken'

In einer Reihe geläufigerer Phraseologismen wird *Hatt* durch andere Komponenten verdrängt, die bei MuttersprachlerInnen dasselbe Framewissen evozieren und denen eine analoge konzeptuelle Metapher DER KÖRPER IST EIN GEFÄSS zu Grunde liegt, vgl. Beispiel (24) in der Bedeutung 'betrunken sein':

(24) *eng am Kessel/Biz/Kächer/Bidon/Këscht hunn* „eine im Metallgefäß/Metallkrug/ Köcher/in der Milchkanne/Kiste haben"

In den anderen Phraseologismen des Konzeptes 'Trunkenheit', deren Bildlichkeit ebenfalls auf die Ausgangsdomäne 'Weinbau, Weinkultur' zurückgeht, wird die aktuelle Bedeutung durch die im Lëtzebuergeschen phraseologisch hochproduktive Komponente *Patt* ('Glas Wein') konstituiert, vgl.: *e Patt huelen* „ein Glas Wein nehmen" 'ein Glas trinken gehen', *en huelt gär e Patt* „er nimmt gern ein Glas Wein" 'er trinkt gern' oder *e ka kee volle Patt gesinn/e ka kengem e volle Patt verzeien* „er kann kein volles Glas sehen/er kann keinem ein volles Glas Wein verzeihen", die mit der Paraphrase 'er trinkt gern' zu versehen sind, oder *en huet e Patt zevill* „er hat ein Glas zu viel" 'er ist betrunken'.[15]

Während das Luxemburgische bei der Versprachlichung von 'Armut' das stilistische Mittel der Hyperbel bevorzugt (vgl. (10-11), (13-16) sowie Anmerkung 12), neigt es bei 'Trunkenheit' zur Untertreibung, Litotes. Dadurch werden unterschiedliche Einstellungen zu den beiden Zuständen zur Sprache gebracht. Mit Hilfe der grotesken Bilder bzw. Paarformeln wird die äußerste Armut inten-

---

[15] Der Prozess des Weintrinkens wird im Phraseologismus *hien drénkt all Dag säi Pättche Wäin* „er trinkt den ganzen Tag sein Gläschen Wein" zur Versprachlichung der Zeitvergeudung und Faulheit herangezogen.

siviert und stark emotional gefärbt, wobei die Untertreibung bei Trunkenheit der Ironisierung dient.

3.3 'Dummheit' in der luxemburgischen Phraseologie

Wie die anderen oben analysierten Begriffe liefert das Zielkonzept 'Dummheit' weitere Belege für die ethnokulturelle Spezifik der luxemburgischen Phraseologie. Von besonderem Interesse sind hier Phraseologismen, die ihre Metaphorizität aus dem Bereich 'Nahrung' schöpfen. Im Unterschied zu den beiden oben betrachteten Zielkonzepten erweist sich die Ausgangsdomäne 'Weinbau' für die Versprachlichung der Dummheit als nicht relevant. Stattdessen bedient sich die luxemburgische Phraseologie in großem Maße der Personennamen und Toponyme, die stereotypisierte Sichtweisen tradieren. Angesichts ihrer hohen Produktivität bei der Versprachlichung der Dummheit werden sie im Folgenden zur Analyse herangezogen.

3.3.1 'Nahrung' als Ausgangskonzept

Im Rahmen dieses Ausgangskonzeptes werden vormalige Vorgehensweisen der Nahrungszubereitung in einigen Phraseologismen tradiert. Dazu sei Beispiel (25) betrachtet:

(25) *eng mat der Broutschéiss hunn* „eine mit der Brotschiebe haben" 'verrückt, dumm, blöd sein'

Der Metaphorizität dieses Phraseologismus liegt das Szenario des Brotbackens zu Grunde, das vor allem durch die Konstituente *Broutschéiss* 'Brotschiebe' (Brett an einem Stiel, das zum Einschieben des Brotes benutzt wurde) evoziert wird. Für die älteren ProbandInnen hat dieses Bild psychologische Realität, während für die jüngeren die Konstituente *Broutschéiss* völlig lexikalisiert zu sein scheint. Trotz der Tatsache, dass diese Art des Brotbackens im modernen Leben an Aktualität verloren hat, überschritt der Phraseologismus (25) in beiden Umfragen die 95%ige Bekanntheitsmarke und verfügt somit über die intersubjektive Präsenz im mentalen Lexikon der MuttersprachlerInnen.

Die metaphorische Motiviertheit kann mit Hilfe der konzeptuellen Metapher DUMMHEIT IST EINE KOPFVERLETZUNG erschlossen werden. Bei der Versprachlichung der mangelhaften geistigen Fähigkeit erweist sich dieses Modell als produktiv, indem die für die luxemburgische Wirklichkeit nicht mehr relevante Brotschiebe durch andere Alltagsgegenstände (nicht nur aus dem Ausgangskonzept 'Nahrung') ersetzt wird. Vgl. dazu die Beispiele in (26), deren Bedeutung als 'verrückt, dumm, blöd sein' paraphrasiert werden kann:

(26) *en huet eng mat der Pan/Schëpp/Hummer/Dänn/Ratsch/Rëssel/Schossel* „er hat eine mit der Pfanne/Schaufel/dem Hammer/der Fichte/Drehknarre/Kinderrassel/Schüssel"[16]

Dieses Idiom veranschaulicht (wie Beispiel (24)) eine weitere Besonderheit der luxemburgischen Phraseologie, die in der erhöhten lexikalischen sowie grammatischen Variation besteht und die hier nur angesprochen werden kann. Auf dieses Phänomen wurde bereits in Piirainen (1994, 447) hingewiesen, es wurde dort als ein bedeutendes Merkmal der dialektalen Phraseologie aufgezeigt. Angesichts seiner dialektalen Provenienz und der Gebundenheit an die Domäne 'Mündlichkeit' liefert auch das Luxemburgische ausreichend Material für die Bestätigung dieser Hypothese. Untersuchungen zu semantischen, strukturellen sowie stilistischen Besonderheiten der Varianten stehen jedoch noch aus.

Das gleiche Framewissen über das Brotbacken evozieren die Beispiele (27) und (28): mit dem Bekanntheitsgrad von 97% gehören sie zu den geläufigsten Phraseologismen des Lëtzebuergeschen.

(27) *en ass nëmmen hallef gebak* „er ist nur zur Hälfte gebacken" 'er ist dumm'

(28) *en ass net ferm gebak* „er ist nicht ganz gebacken" 'er ist dumm'

In Bezug auf das Hochdeutsche bemerkt Piirainen (2000, 145f.):

Für 'dumm sein, nicht ganz zurechnungsfähig sein' findet sich im Hochdeutschen die Wendung *nicht ganz gar sein*. Mit diesem Idiom verbinden sich nur recht schwache bildliche Vorstellungen; um welche Art des Garwerdens es sich handeln könnte (in einem Kochtopf, in einem Ofen), ist der inneren Form des Idioms nicht zu entnehmen. Ein wenig bildlicher ist die „saloppe" Variante *nicht ganz gebacken sein*, in der der Vorgang des Backens noch anklingt.

---

[16] Bei den Bedeutungsangaben zu *en huet eng mat der Pan* haben die ProbandInnen auf die Polysemie hingewiesen: Neben der in (26) genannten Bedeutung dient dieses Idiom zur Benennung des Zustandes der Trunkenheit. Das konzeptuelle Mapping von 'Dummheit' und 'Trunkenheit' kann in zwei weiteren, heute jedoch veralteten, Phraseologismen verfolgt werden: *et huet em an d'Füscht gereent* „es hat ihm auf den Dachfirst (übertragen für 'Kopf') geregnet" 1. 'er ist irre, blöd, dumm', 2. 'er ist leicht betrunken' und *tibbi sinn* „*tibbi sein" 1. 'betrunken sein', 2. 'närrisch, nicht ganz bei Verstand sein'. Neben diesen polysemen Phraseologismen deckt die Analyse der metaphorischen Motivation der Idiome beider Konzepte weitgehende Parallelen in der mentalen Verarbeitung auf. So wird 'Dummheit' genauso wie 'Trunkenheit' als FALSCHER INHALT IM KOPF, als BEEINTRÄCHTIGUNG DES KOPFES und ABWEICHENDES BENEHMEN konzeptualisiert. Sowohl eine dumme als auch eine betrunkene Person wird mit einem Tier verglichen.

Für den westmünsterländischen Dialekt eruiert Piirainen (2000, 145f.) die konzeptuelle Metapher DUMMHEIT IST UNZUREICHENDES GARWERDEN und weist auf die hohe Produktivität und reiche, durch die ländliche Realienwelt geprägte Metaphorik der Phraseologismen dieser Gruppe hin. In der luxemburgischen Phraseologie ist dieses Modell mit den beiden erwähnten Idiomen jedoch nur schwach ausgeprägt. Wie im westmünsterländischen Dialekt evozieren sie eindeutig die Vorstellung vom Brotbacken, die in den entsprechenden hochdeutschen Idiomen nicht nachgewiesen werden kann. Ein weiterer Unterschied besteht m.E. in der stilistischen Färbung: Während die Phraseologismen des Hochdeutschen diastratisch niedrig markiert sind, werden die luxemburgischen Idiome von den MuttersprachlerInnen als neutral eingestuft (vgl. auch (17)).

Die Bezeichnungen luxemburgischer Gerichte bilden eine weitere Quelle, aus der die Phraseologismen des Zielkonzeptes 'Dummheit' schöpfen und die der konzeptuellen Metapher DUMMHEIT IST ABWEICHENDER KOPFINHALT zuzuordnen sind, vgl. (29) und (30):

(29) *Stoffi am Kapp hunn* „weißen Käse im Kopf haben" 'dumm sein'
(30) *hien huet Träipen, wou déi aner Hiren hunn* „er hat Eingeweide, wo die anderen Gehirn haben" 'er ist dumm'

Stoffi ('weicher Käse') ist als eine Speise besonders im Norden des Landes verbreitet, was sich in Kenntnis und Verständnis dieses Phraseologismus während der oben erwähnten Umfrage widerspiegelte. Besonders signifikant sind die Unterschiede im Bekanntheitsgrad bei den Jugendlichen: in Wiltz und Diekirch (im Norden Luxemburgs) erreicht der Bekanntheitsgrad entsprechend 74% und 58%, während diese Werte in Luxemburg-Stadt (Zentrum) bei 21% und in Esch-sur-Alzette (Süden) bei nur noch bei 14% liegen.

Dem in (30) angeführten Phraseologismus liegt dieselbe Ausgangsdomäne zu Grunde: ursprünglich gehörten *Träipen* ('Eingeweide') als ein traditionelles Gericht an verschiedenen Feiertagen (besonders an Weihnachten) auf den Tisch (vgl. Tousch 1985, 308). Als Gericht kommen sie in einer Reihe weiterer luxemburgischer Phraseologismen zum Ausdruck, vgl. *klor si wéi en Träipebritt* „klar sein wie Blutwurstbrühe". In Bezug auf Phraseologismus (30) wäre jedoch eine andere Interpretation möglich: Eingeweide als das zum Denken am wenigsten geeignete Organ wird dem Gehirn gegenübergestellt. Eine Person, die anstelle von Gehirn Eingeweide im Kopf hat, kann nicht eine adäquate geistige Tätigkeit ausüben und ist als dumm zu bezeichnen.

3.3.2 Personennamen und Toponyme

Eine weitere Besonderheit der luxemburgischen Phraseologie besteht in der hohen Produktivität der (besonders männlichen) Personennamen, die bereits anhand einiger Beispiele veranschaulicht werden konnte, indem in Phraseologismus (20) die Konstituenten *Mätti* und *Bätti* auf die männlichen Vornamen zurückzuführen sind und phraseologisch als Bauch, Kopf bzw. Schlund umgedeutet werden.

Anhand des Konzeptes 'Dummheit' lassen sich vor allem die durch die luxemburgische Phraseologie tradierten, ethnokulturell markierten Stereotypisierungen verfolgen. Auffallend groß ist die Anzahl der Belege, in denen der Zustand der mangelnden intellektuellen Fähigkeit personifiziert wird. Dazu einige Beispiele:

(31) *sech de Batti/de Stoffel/den Hännes stellen* „sich stellen wie Baptist/Stoffel/Hans" 'dumm sein'

(32) *den dafe/douwe Jang sinn* „der taube Johann sein" 'dumm sein'

Die Komponenten *Batti, Stoffel* und *Hännes* gehen auf die männlichen Vornamen *Baptist* (LWB, 71), *Stoffel* (LWB, 285) und *Hans* (LWB, 114) in ihrer geläufigen luxemburgischen Lautform zurück. Diese Phraseologismen veranschaulichen somit, dass der Zustand der Dummheit im Lëtzebuergeschen durch den Gebrauch der entsprechend markierten Vornamen in ihren appellativen Funktionen zum Ausdruck gebracht wird. Die ihre bildliche Grundlage konstituierende stereotypisierte Vorstellung (die Personen mit solchen Namen benehmen sich dumm bzw. verrückt) war den befragten MuttersprachlerInnen durchaus bewusst. Der in (32) angeführte Phraseologismus erweist sich in doppelter Hinsicht als metaphorisch: Zum einen verweist der geläufige männliche Vorname *Jang* (*Johann*, LWB, 115) auf die ungenügende geistige Entwicklung einer Person, zum anderen wird ein Mangel der physischen Entwicklung (die Taubheit) auf Dummheit projiziert. Eine dumme Person ist somit nicht nur die, die einen markierten Namen trägt, sondern auch die, die physisch ungenügend entwickelt ist. Im Lëtzebuergeschen lassen sich andere Dummheits-Phraseologismen finden, deren Motivation durch die Vorstellung über die physische Unterentwicklung konstruiert wird. Verallgemeinernd wird in solchen Belegen Dummheit als mangelhafter sensorischer Apparat konzeptualisiert. Dieselbe konzeptuelle Metapher strukturiert nach Feyaerts (1999, 149ff.) den abstrakten Zustand der Dummheit im Deutschen. Feyaerts (1997, 285) betrachtet sie als die vorherrschende in der Struktur dieses Konzeptes. In Bezug auf das Lëtzebuergesche ist zu bemerken, dass sich dieses Modell als nicht prominent erweist und durch den stereotypisierten Namengebrauch verdrängt wird. Die markierten Personennamen werden im Luxemburgischen zu Quasisymbolen erhoben, wobei sie als Ausgangsdomäne für das Deutsche in den oben zitierten Quellen nicht in Betracht gezogen werden.

Einen interessanten Kontaminationsfall stellt der Phraseologismus (33) dar. Die Konstituente *Dommeneksmillen* ('Dominiksmühle') bezieht sich einerseits auf einen Flurnamen mit der gleichnamigen Mühle (Erpelding 1980, 12), andererseits (und vor allem) wird hier mit der lautlichen Ähnlichkeit zwischen dem Personennamen *Dommenek* und dem Adjektiv *domm* 'dumm' gespielt, wodurch die mangelnde intellektuelle Entwicklung verschleiernd umschrieben wird.

(33) *vun der Dommeneksmille sinn* „von der Dominiksmühle sein" 'dumm sein'

Dieses Wortspiel erlaubt es, das Idiom (33) mit den Beispielen (31) und (32) gleichzusetzen, indem ihre innere Form mit Hilfe der konzeptuellen Metapher DUMMHEIT IST TRAGEN EINES MARKIERTEN NAMENS erklärt werden kann. Andererseits ragt durch das Toponym *Dommeneksmillen* die Vorstellung von DUMMHEIT ALS MARKIERTER HERKUNFT in die Motivation dieses Phraseologismus hinein (vgl. Feyaerts 1999, 159ff.). Wie im Hochdeutschen ist diese konzeptuelle Metapher in der luxemburgischen Phraseologie verbreitet, die jedoch ihre Bilder aus der einheimischen Landschaft schöpft, vgl. (34):

(34) *en Éisleker Klazkapp sinn* „ein Öslinger Dummkopf sein" 1. 'dumm sein'; 2. 'stur sein'

Ösling bildet den sich im Norden Luxemburgs befindlichen, hauptsächlich agrarischen und in den Augen der einheimischen Bevölkerung am wenigsten entwickelten Teil des Landes. Obwohl sich Luxemburg nur auf ein kleines Territorium erstreckt, gilt Ösling in der Vorstellung der LuxemburgerInnen als ein weit entferntes, peripheres Gebiet. Seine geografische Lage und der überwiegend agrarische Charakter liefern die bildliche Grundlage für die symbolische Stereotypisierung (Riesel 1970, 315) in Bezug auf die Einwohner Öslings. In Anlehnung an die bildschematische Struktur Zentrum-Peripherie ist die von der Peripherie kommende Person als weniger fortschrittlich und intelligent bzw. als stur und provinziell abzustempeln. Das eigene, im Zentrum angebrachte Wertesystem gilt bei solcher Stereotypisierung als maßgebendes Modell für die Beurteilung der „Nicht-von-hier-Stammenden".

Mit gewissem Vorbehalt können die Phraseologismen mit der Konstituente *Dabo* diesem Modell zugeordnet werden, vgl. dazu Beispiel (35):

(35) *den Dabo eraushänken/markéieren/erausloosen* „den Dabo heraushängen/markieren/herauslassen" 'sich blöd, dumm benehmen'

Diachron gesehen handelt es sich hier laut (FEW, 323) um eine Entlehnung aus dem Mittel- bzw. Neufranzösischen: Diese Komponente in der Bedeutung 'celui qui donne, qui paie' führt das Wörterbuch auf die gleichlautende Form des lateinischen Verbs *dabo* „ich werde geben" in den Worten Christi *tibi dabo claves regni coelorum* zurück. Im lothringischen Dialekt wird die Konstituente *dabo* phraseologisiert (vgl. *être le dabo de qn.*) und erfährt dort einen weiteren Bedeutungswandel, indem sie personifiziert und auf eine betrogene, getäuschte Person bezogen wird. In der Kombination *tibi-dybô* wird sie zur Bezeichnung einer dummen Person gebraucht. Diese aktuelle Bedeutung zeichnet auch den luxemburgischen Phraseologismus (35) aus, der jedoch strukturell von der lothringischen Entsprechung abweicht und expressivere lexikalische Varianten aufweist, vgl. (36):

(36) *en Dibbidabo/en (dräi) gediebelten Dabo/en (Herr-)Gottesdabo sinn/erausloossen* „ein *Dibbidabo/ein (dreimal) gefalteter Dabo/ein (Herr-)Gottesdabo sein/einen *Dibbidabo/einen (dreimal) gefalteten Dabo/einen (Herr-)Gottesdabo herauslassen"

Diese Komponente ist außerdem in zahlreichen luxemburgischen Sprichwörtern belegt, in denen die Unvergänglichkeit der Dummheit als Charakteristik eines Menschen hervorgehoben wird, vgl.: *Wien als Iesel fortgeet, kënnt als Dabo erëm* „Wer als Esel fortgeht, kommt als Dabo zurück" oder *Schéck en Iesel fort, kënnt en Dabo erëm* „Schick einen Esel fort, kommt ein Dabo zurück".

Die etymologischen Ausführungen liefern jedoch keine Erklärungen für die Motivation dieser Phraseologismen. Aus synchroner Sicht wäre die Zurückführung der Konstituente *Dabo* auf den geographischen Namen der Grafschaft Daugsburg (frz. *Dabo*) in Lothringen (Dauzat/Rostaing 1963, 237) denkbar. Die Wahrscheinlichkeit eines Zusammenhangs zwischen dem frz. Substantiv *dabo* und dem Toponym *Dabo* sei dahingestellt. Zieht man dies dennoch in Betracht, so wäre die Interpretation der Motivation dieser Idiome mit Hilfe der konzeptuellen Metapher DUMMHEIT IST EINE MARKIERTE HERKUNFT möglich: Eine aus Dabo stammende Person wird als dumm bezeichnet. In Beispiel (37) werden die quasisymbolischen Funktionen von *Dabo* auf eine zweite Person erweitert: als *Dabo* (und somit als dumm) ist nicht die aus dem *Dabo*-Gebiet stammende oder sich wie ein *Dabo* benehmende Person zu bezeichnen, sondern die, die eine bestimmte Verbindung mit der *Dabo-Person* hat, z.B. ihr aus der Hotte gefallen ist.

(37) *dem Dabo aus der Hatt gefall/gespronge sinn* „dem Dabo aus der Hotte gefallen/gesprungen sein" 'dumm, blöd, verrückt sein'

In dem luxemburgischen Phraseologismus *Säi Virnumm ass Schwitz, a säi Familiennumm ass Dabo* „Sein Vorname ist Schwitz, und sein Familienname ist Dabo" ist die weitere Umdeutung von *Dabo* zu verfolgen, indem sich diese Komponente auf den Nachnamen bezieht und den oben bereits erwähnten stereotypisierten Namensgebrauch in der luxemburgischen Phraseologie veranschaulicht. In dem Ausdruck *en Dabo maachen* wird *Dabo* deonymisiert und bezieht sich auf eine dumme, unbedachte Tat bzw. auf einen Fehler.

4. Schlussfolgerungen und Ausblick

Dieser Beitrag ist als ein erster Versuch einer Analyse der Phraseologie des Lëtzebuergeschen zu betrachten, der ihre Spezifik auf der bildlichen Ebene exemplarisch aufdeckt. Aus der Sicht der Erforschung von Kleinsprachen, deren linguistische Erfassung auf keine lange Tradition zurückblickt, erweist sich die empirische Materialabsicherung als besonders notwendig. Die InformantInnen-Befragungen stehen außerdem bei der Analyse der phraseologischen Semantik in neuem Licht. Sie evaluieren nicht nur den Bekanntheitsgrad der aus den schriftlichen Quellen exzerpierten Phraseologismen. Das Kulturwissen, das den ProbandInnen gleichzeitig zu entlocken ist, stellt vielmehr ein Mittel der individuellen semantischen Interpretation dar und ist angesichts der mangelhaften Erfassung der luxemburgischen Phraseologie in lexikographischen Werken als einzig mögliche zu betrachten.

Dies wurde anhand der beiden produktiven Ausgangsdomänen 'Nahrung' und 'Weinbau' veranschaulicht. Sie wurden auf ihre Rolle bei der Tradierung kulturgeprägter Besonderheiten in drei Zielkonzepten ('Armut', 'Trunkenheit' und 'Dummheit') untersucht. Die Prominenz der Domäne 'Weinbau' erklärt sich aus den landschaftlichen und naturräumlichen Bedingungen der untersuchten Region. Obwohl 'Nahrung' als Ausgangsdomäne keine spezifisch luxemburgische Erscheinung darstellt, konnten auf der Ebene der konkreten Metaphern und Quasisymbole einige Unterschiede zur standarddeutschen Phraseologie aufgedeckt werden. So kann ihre Dynamik bei der konzeptuellen Verarbeitung der Armut verfolgt werden, die die Veränderungen auf der gesellschaftlichen Werteskala reflektiert. Die auffallend große Zahl an Phraseologismen mit dem Deskriptor 'Trunkenheit', die auf diesen Bildspenderbereich zurückgehen, ermöglicht es, die konzeptuelle Metapher SICH BETRINKEN IST SICH SATT ESSEN herauszuarbeiten, die in der standarddeutschen Phraseologie nicht bekannt ist. Im Konzept 'Dummheit' sind einige Phraseologismen auf diesen Bereich zurückzuführen, er wird jedoch von der Stereotypisierung mittels onymischer Phraseologismen verdrängt. Deren häufiges Vorkommen bildet eine weitere Besonderheit der luxemburgischen Phraseologie und bedarf zusätzlicher Untersuchungen.

Ein Forschungsdesiderat sind ferner die stilistischen Mittel der Gestaltung der Metaphorizität. Die Beantwortung der Frage, inwiefern das Lëtzebuergesche hier eigene Wege geht, bleibt zukünftigen Studien vorbehalten.

Im Hinblick auf die moselfränkische Provenienz des Lëtzebuergeschen kann die Erforschung der Metaphorik seiner Idiomatik weitere Erkenntnisse für die dialektale Phraseologie liefern. Die Analyse der altertümlichen Bilder und aktuellen Bedeutungen, die im heutigen Lëtzebuergeschen noch greifbar sind und Parallelen zu früheren Entwicklungsstufen des Deutschen aufweisen, versprechen interessante Ergebnisse aus der Perspektive der historischen Phraseologie.

Literatur

Baur, Rupprecht S.; Chlosta, Christoph; Piirainen, Elisabeth (Hrsg.) (1999): *Wörter in Bildern – Bilder in Wörtern. Beiträge zur Phraseologie und Sprichwortforschung aus dem Westfälischen Arbeitskreis.* Baltmannsweiler: Schneider Verlag Hohengehren [= Phraseologie und Parömiologie 1].

Burger, Harald (1998): *Phraseologie. Eine Einführung am Beispiel des Deutschen.* Berlin: Erich Schmidt Verlag.

Cowie, Antony P. (ed.) (1998): *Phraseology. Theory, Analysis, and Applications.* New York: Oxford University Press.

Dauzat, A.; Rostaing, Ch. (1963): *Dictionnaire etymologique des noms de lieux de France.* Paris: Larousse

Dobrovol'skij, Dmitrij (2001): „Zur Motivation in der Idiomatik." In: Häcki Buhofer/ Burger/Gautier (Hrsg.) (2001); 89-98.

Duden (1998): *Duden. Redewendungen und sprichwörtliche Redensarten. Wörterbuch der deutschen Idiomatik.* Bearb. von Günther Drosdowski und Werner Scholze-Stubenrecht. Mannheim [u.a.]: Dudenverlag.

Eismann, Wolfgang (Hrsg.) (1998): *EUROPHAS 95. Europäische Phraseologie im Vergleich: Gemeinsames Erbe und kulturelle Vielfalt.* Bochum: Brockmeyer [= Studien zur Phraseologie und Parömiologie 15].

Erpelding, Emile (1980): „Kleines Luxemburger Mühlenlexikon." In: *Bulletin linguistique et ethnologique 22.* Luxembourg: Pierre Linden.

FEW = von Wartburg, Walter: *Französisches Etymologisches Wörterbuch.* 3. Band, Tübingen: J.C.B. Mohr (Paul Siebeck) 1948.

Feyaerts, Kurt (1997): *Die Bedeutung der Metonymie als konzeptuellen Strukturprinzips. Eine kognitiv-semantische Analyse deutscher Dummheitsausdrücke.* Leuven: Katholieke Universiteit Leuven.

Feyaerts, Kurt (1999): „Die Metonymie als konzeptuelles Strukturprinzip: Eine kognitiv-semantische Analyse deutscher Dummheitsausdrücke." In: Baur/Chlosta/Piirainen (Hrsg.) (1999); 139-176.

Filatkina, Natalia (im Druck): „Phraseologismen im heutigen Luxemburgischen. Ergebnisse einer empirischen Pilotstudie". [Erscheint in: *Bulletin linguistique et ethnologique 30.* Luxembourg: Institut Grand-Ducal].

Fontaine, Edmont de la (Dicks) (1923/1982): *Die Luxemburger Sprichwörter und sprichwörtliche Redensarten.* Gesamtwerk, 3. Band, Luxemburg: Imprimerie Saint-Paul S.A., Luxembourg

Fontaine, Edmont de la (Dicks) (1983): *Luxemburger Sitten und Bräuche.* Luxembourg: Édition J.-P. Krippler-Muller.

Gilles, Peter (1998): „Die Emanzipation des Lëtzebuergeschen aus dem Gefüge der deutschen Mundarten." In: *Zeitschrift für Deutsche Philologie 117*; 20-35.

Gilles, Peter (2000): „Die Konstruktion einer Standardsprache. Zur Koinédebatte in der luxemburgischen Linguistik." In: Stellmacher (Hrsg.) (2000); 200-212.

Gréciano, Gertrud (1992): „Leitbegriffe und Leitbilder in der deutschen Phraseologie." In: *Fremdsprachen lehren und lernen 21*; 33-45.

Häcki Buhofer, Annelies; Burger, Harald; Gautier, Laurent (Hrsg.) (2001): *Phraseologiae Amor. Aspekte europäischer Phraseologie.* Baltmannsweiler: Schneider Verlag Hohengehren [= Phraseologie und Parömiologie 8].

Hemmer, Carlo (1939): *1000 Worte Luxemburgisch.* Bibliothèque Nationale Luxembourg.
Hoffmann, Fernand (1974): *Standort Luxemburg.* Luxemburg: Sankt-Paulus Druckerei.
Krier, Fernande (1999): „Idiomverwendung in der luxemburgischen Abgeordnetenkammer." In: *Zeitschrift für Dialektologie und Lingusitik 3*; 280-295.
Loi = „Loi sur le régime des langues." In: *Mémorial. Journal officiel du Grand-Duché de Luxembourg – Amtsblatt des Großherzogtums Luxemburg. Recueil de législation*, vol. A, Nr. 1-115, Luxembourg 1984.
LWB = *Luxemburger Wörterbuch* (1950-1971). 5 Bände. Luxemburg: P. Linden, Hofbuchdrucker
Mersch, Myriam (1997): *Bleiwe wat mir sinn. Luxemburger „Riedensaarten" zwischen deutschen "Redewendungen" und französischen „locutions".* Diss. Leopold-Franzens-Universität Innsbruck.
Piirainen, Elisabeth (1991): „Phraseologismen im Westmünsterländischen. Einige Unterschiede der westmünsterländischen Phraseologie im Vergleich zum Hochdeutschen." In: *Niederdeutsches Wort. Beiträge zur niederdeutschen Philologie 31*; 33-76.
Piirainen, Elisabeth (1994): „Niederdeutsche und hochdeutsche Phraseologie im Vergleich." In: Sandig (Hrsg.) (1994); 463-496.
Piirainen, Elisabeth (2000): *Phraseologie der westmünsterländischen Mundart. Semantische, kulturelle und pragmatische Aspekte dialektaler Phraseologismen.* Teil 1. Bochum: Schneider Verlag Hohengehren [= Studien zur Phraseologie und Parömiologie 2].
Pletschette, Nikolas (1933/1951): *Biller aus der Lötzeburger Spröch. Riédensarten a Wirder.* Letzeburg: Drock P. Linden.
Ries, Nikolas (1909): *Die Luxemburger Sprichwörter. Eine kulturgeschichtlich-psychologische Untersuchung.* Diekirch: Buchdruckerei J. Schroell.
Riesel, Elise (1970): *Der Stil der deutschen Alltagsrede.* Leipzig: Philipp Reclam jun.
Sandig, Barbara (Hrsg.) (1994): *EUROPHRAS 92. Tendenzen der Phraseologieforschung. Studien zur Phraseologie und Parömiologie.* Bochum: Brockmeyer [= Studien zur Phraseologie und Parömiologie 1].
Stellmacher, Dieter (Hrsg.) (2000): *Dialektologie zwischen Tradition und Neuansätzen. Beiträge der internationalen Dialektologen-Tagung, Göttingen 19-21. Oktober 1998.* Stuttgart: Franz Steiner Verlag.
Telija, Veronica N. (1996): *Russkaja fraźeologija. Semantičeskij, pragmatičeskij i lingvokul'turologičeskij aspekty.* Moskva: Yažyki russkoi kul'tury.
Telija, Veronica N. (1998): „Phraseological Entities as a Language of Culture (Methodological Aspects)." In: Eismann (Hrsg.) (1998); 783-794.
Telija, Veronica; Bragina, Natalya; Oparina, Elena; Sardomirskaya, Irina (1998): „Phraseology as a Language of Culture: Its Role in the Representation of a Cultural Mentality." In: Cowie (ed.) (1998); 55-79.
Tousch, Pol (1985): *Von Bräuchen, Sitten und Aberglauben. Ein Luxemburger Lexikon.* Luxembourg: RTL Edition.
Wolter, Laure (1996): *5000 Riedensaarten, Ausdréck a Vergläicher.* 2. Oplo, Lëtzebuerg: Sankt-Paulus-Dréckerei.

Klein, aber oho! Symbole und Metaphern in der slowenischen Tierphraseologie am Beispiel der Konzepte AMEISE, BIENE, WESPE und FLIEGE

Tatjana Schauer-Trampusch (Brüssel/Graz)

nehein geschepfe ist sô frî
sîn bezeichne anderz, dan si sî
(Freidank, 13. Jh.)

0   Vorbemerkungen zur slowenischen (Tier)phraseologie
1   Symbole und Metaphern in der Phraseologie
2   Klein, aber oho! – die Fallbeispiele
2.1   Das Konzept AMEISE – MRAVLJA
2.2   Das Konzept BIENE – ČEBELA
2.3   Das Konzept WESPE – OSA
2.4   Das Konzept FLIEGE – MUHA
3   Schlussbetrachtungen
Literatur

0   Vorbemerkungen zur slowenischen (Tier)phraseologie

Unter den phraseologischen Einheiten[1] bildet eine der größten Konstituentengruppen in zahlreichen Sprachen[2] diejenige mit Tierbezeichnungen (vgl. Dobrovol'skij/Piirainen 1997, 158), so auch im Slowenischen. Die in der slowenischen Phraseologie auftretenden Tiere gehören – wie in anderen Sprachen auch – in zoologischer Hinsicht den unterschiedlichsten systematischen Kategorien an

---

[1] Unter den Terminus „phraseologische Einheit" werden im Rahmen dieses Beitrags idiomatische und teilidiomatische Phraseologismen, Parömien und Routineformeln subsumiert. Die zu analysierenden phraseologischen Einheiten werden in der Grundform angeführt, sofern dies möglich und sinnvoll ist. Die literalen Übersetzungen ins Deutsche sind in „doppelte", die Bedeutungsexplikationen in 'einfache' Anführungsstriche gesetzt.

[2] Vgl. dazu Fleischer (1997, 184), der die „Sachgruppe" der Tierbezeichnungen als eine Gruppe betrachtet, „die in reichem Maße Komponenten phraseologischer Konstruktionen geliefert hat und noch liefert."

(z.B. zu den Rindern, Katzen, Vögeln, Hunden, Kriechtieren, Insekten usw.), in Bezug auf ihre „(natürlichen) Lebensräume" könnte man sie – einem anthropozentrischen Weltbild folgend – je nach der Nähe bzw. Ferne zu menschlichen Lebensbereichen z.B. in „Haustiere", „Tiere auf dem Bauernhof", „Tiere in Wald und Feld", „exotische Tiere", ja sogar in „mythologische Tiere" unterteilen (vgl. Rakusan 2000, 267f.).

Aufgrund des Umfangs und der Vielfalt phraseologischer Einheiten mit Tierkonzepten verwundert es kaum, dass diese in der Phraseologie verschiedener Sprachen immer wieder nachhaltiges Forscherinteresse wecken. Die bislang umfangreichsten Arbeiten zur slowenischen Tierphraseologie stammen von Keber (1996; 1998), der in seinem zweibändigen Buch *Živali v prispodobah* („Tiere in Gleichnissen") insgesamt 55 durchaus amüsant zu lesende Tiergeschichten für eine breite Leserschaft aufbereitete.[3] Keber untersucht slowenische Tierbezeichnungen in erster Linie auf ihre Metaphorik, Symbolik und Phraseologie hin und vergleicht letztere mit phraseologischen Einheiten anderer europäischer Sprachen (vgl. Keber 1998, 5).[4] Hierbei ist zu vermerken, dass er sich in seinem breit angelegten, nach eigenen Angaben eher populärwissenschaftlichen, Werk nicht ausschließlich auf die Darstellung phraseologischer Einheiten mit Tierkomponenten beschränkt, er führt in den Sprach- und Textbeispielen auch Einzellexeme und Termini an, die sich metaphorisch oder symbolisch deuten lassen.

Darüber hinaus ist auf Beiträge von Eismann (1992; 1996) zur historischen Phraseologie[5] am Beispiel eines slowenischen Tierphraseologismus zu verweisen sowie auf Arbeiten von Karničar (1992) und Trampusch (1999), die sich mit Problemen des intra- und interlingualen Vergleichs in der Tierphraseologie beschäftigen.

In Bezug auf phraseologische Wörterbücher als mögliche Quellen sei darauf hingewiesen, dass sich die lexikographische Situation in der slowenischen Phraseologie gegenwärtig als nicht besonders günstig darstellt, zumal es dem Slowenischen noch an einem einsprachigen phraseologischen Wörterbuch fehlt. Die Forschung verfügt hingegen über einige zwei- und mehrsprachige phraseolo-

---

[3] Keber (1996, 7) führt aus, dass er in seinen 55 Tiergeschichten insgesamt 85 Tierbezeichnungen untersucht hat. Weitere Beiträge des Autors zur (Tier-)Phraseologie sind im Literaturteil des ersten Bands zu finden.

[4] Es werden kaschubische, polnische, slowakische, tschechische, russische, serbische, kroatische, bulgarische, englische, französische, lateinische, deutsche, spanische und italienische phraseologische Einheiten angeführt.

[5] Eismann (1992, 3-18) versucht anhand des slowenischen Tierphraseologismus *iti rakom žvižgat* „zu den Krebsen pfeifen gehen" in der gegenwärtig geläufigen Bedeutung 'vergeblich sein; sterben, sich erschlagen' die ursprüngliche, urslawische Bedeutung der phraseologischen Einheit zu rekonstruieren, welche er mit 'verloren gehen, verschwinden' anführt.

gische Wörterbücher, insbesondere seien das fünfsprachige von Pavlica (1960)[6], das kroatisch-slowenische von Menac/Rojs (1992)[7], das deutsch-slowenische von Jenko (1994)[8] sowie das slowenisch-italienische von Fabjan Bajc (1995) erwähnt. Ein einsprachiges Wörterbuch der Phraseologie stellt aber nach wie vor ein großes Desideratum in der Slowenistik dar (vgl. Petermann 1998, 642).

Im vorliegenden Beitrag wird aufgrund des Fehlens eines solchen Wörterbuchs als Materialbasis für die Exzerpierung der phraseologischen Einheiten mit Tierkonzepten das allgemeine einsprachige Wörterbuch der slowenischen Schriftsprache herangezogen, der *Slovar slovenskega knjižnega jezika* (1994),[9] in Folge SSKJ genannt, in dem sich reiches phraseologisches Material findet.[10] Die Frage der Geläufigkeit der hier behandelten phraseologischen Einheiten mit Tierkonzepten beurteilte ich im Wesentlichen aufgrund meiner muttersprachlichen Kompetenz im Slowenischen.

Bezüglich einer allgemeinen Definition des zu untersuchenden Sprachmaterials wird eine Mischklassifikation (vgl. Burger 1998, 49f.) nach den Merkmalen der Mehrgliedrigkeit, der relativen Festigkeit und Reproduzierbarkeit sowie der relativen Idiomatizität angestrebt (vgl. u.a. Burger/Buhofer/Sialm 1982, 30ff.; Palm 1995, 7ff.). Eine phraseologische Einheit ist demnach eine relativ feste, aus mindestens zwei Komponenten bestehende reproduzierbare Lexemverbindung, die über eine ganzheitliche Bedeutung verfügt, d.h., ihre Bedeutung stellt eine jeweils andere als die Summe der Bedeutungen ihrer einzelnen Konstituenten dar, wobei die oberste formale Grenze phraseologischer Einheiten die Ein-Satz-Struktur bildet. Diese durchaus weit gefasste Begriffsdefinition ermöglicht es, ein relativ umfangreiches und vielfältiges Sprachmaterial in die Korpusanalyse aufzunehmen, da es einerseits den Kernbereich der Tierphraseologie umfasst, andererseits aber auch phraseologische Einheiten in Ein-Satz-Struktur

---

[6] Suhadolnik (1960/61, 200-205) meint in seiner Rezension, dass sich dieses Wörterbuch nicht für wissenschaftliche Zwecke eigne, da der Text zu viele Eigenwilligkeiten beinhalte und sich nicht auf Quellen stütze. Das Wörterbuch umfasst ungefähr 1000 slowenische Stichwörter in alphabetischer Anordnung mit rund 4000 phraseologischen Einheiten.

[7] Vgl. dazu die ausführliche Rezension von Kržišnik (1995/96, 157-166).

[8] Vgl. Jenko (1994, 9ff.). Im Wörterbuch finden sich rund 1000 deutschsprachige ins Slowenische übertragene phraseologische Einheiten.

[9] In dieser einbändigen Ausgabe wird der Inhalt des von 1970 bis 1991 erschienenen fünfbändigen Wörterbuchs in ungekürzter Fassung wiedergegeben. Vgl. dazu auch das Vorwort zum SSKJ (1994, o.S.). Die mit der lexikographischen Repräsentation der Phraseologie im SSKJ verbundenen Probleme sind nicht Thema dieses Beitrags, diesbezüglich sei aber insbesondere auf Aufsätze von Kržišnik (1987/88) und Petermann (1988) hingewiesen.

[10] Dieser Ansicht sind auch Kržišnik (1987/88, 161) und Petermann (1988, 304).

Berücksichtigung finden, wie etwa Routineformeln und Sprichwörter, in denen Tierkonzepte auftreten.

Bevor im Folgenden zu den Fallbeispielen übergegangen werden kann, erscheint es wichtig zu sein, einige theoretische Überlegungen zu Symbolen und Metaphern in der Sprache bzw. der Phraseologie als ihrem Teilbereich anzustellen.

1 Symbole und Metaphern in der Phraseologie

Symbole sind von großer Bedeutung in unterschiedlichen kulturellen Kenntnissystemen, wie den Legenden und Fabeln, den Märchen und Mythen, der Kunst und Literatur, der Philosophie und dem Volksglauben, um nur einige zu nennen. „Ein weiteres Zeichensystem, in dem Symbole eine Rolle spielen, ist die Sprache, eines ihrer Subsysteme ist die Phraseologie." (Dobrovol'skij/Piirainen 1997, 13) Dobrovol'skij/Piirainen (1997, 60) zufolge bezeichnet ein Sprachsymbol

> ein Element des primären Zeichensystems (z.B. ein Wort der natürlichen Sprache) [...], das in der primären Lesart auf eine dingliche Entität verweist, auf der anderen Seite als bereits semiotisierte Einheit in bestimmten Kontexten eine sekundäre („symbolische") Funktion erhält.

Von Symbolen in phraseologischen Einheiten kann demnach gesprochen werden, wenn ein in sekundärer, figurativer Bedeutung verwendetes Wort einer natürlichen Sprache mit bestimmten kulturellen Kenntnissystemen korreliert: „Hence, we speak about 'symbols' in phrasemes in cases in which a word is used in its secondary, figurative meaning which has correspondences in codes other than natural language, i.e. in codes of culture." (Dobrovol'skij/Piirainen 1999, 62) Voraussetzung für eine Untersuchung von Tierkonzepten, die als Sprachsymbole interpretiert werden können, ist jedoch deren Herauslösbarkeit aus der phraseologischen Einheit als solcher, d.h., ein Konzept wie WOLF muss zunächst isoliert werden können, bevor es als Symbol interpretiert werden kann (vgl. Dobrovol'skij/Piirainen 1997, 94ff.). In der Phraseologie der von Dobrovol'skij und Piirainen untersuchten Sprachen[11] steht WOLF symbolisch z.B. für 'Hunger, Gier', 'Boshaftigkeit, Aggressivität' und 'Gefahr'. BÄR kann in denselben Symbolfunktionen auftreten, das Konzept kann darüber hinaus auch als Symbol für 'etwas Schlechtes' sowie für 'Kraft, Stärke' und 'Plumpheit' interpretiert werden. HUND steht in phraseologischen Einheiten in erster Linie für 'Minderwer-

---

[11] Es handelt sich dabei um folgende Sprachen: Deutsch, Niederländisch, Englisch, Westmünsterländisch (= ein niederdeutscher Dialekt), Russisch, Finnisch und Japanisch.

tigkeit' und SCHLANGE für 'Falschheit, Boshaftigkeit' und 'Gefahr' (vgl. Dobrovol'skij/Piirainen 1997, 163ff.).

Von Symbolen in der Sprache bzw. in phraseologischen Einheiten sind Metaphern zu unterscheiden, die auf einer „bildlichen Grundlage" beruhen und dem „Pol der Ikonizität näher [stehen] als die Symbole." (Dobrovol'skij/Piirainen 1997, 38) Für die Tierphraseologie ist dies insofern von Bedeutung, als gerade Tiersymbole „dem Pol der Ikonizität am nächsten [stehen]" (Dobrovol'skij/ Piirainen 1997, 126). Insbesondere in der Klasse der komparativen Phraseologismen, bei welchen die Tierkonzepte zum Großteil als semantische Verstärker dienen (z.B. *delati kot mravlja* „arbeiten wie eine Ameise" 'sehr fleißig arbeiten'), finden sich Entitäten, die sowohl über eine symbolische als auch über eine metaphorische bzw. ikonische Funktion verfügen können (vgl. Dobrovol'skij/ Piirainen 1999, 68f.).

Für die in ikonischer Funktion auftretenden komparativen Phraseologismen mit Tierkonzepten kann die Metapher DER MENSCH IST EIN TIER angenommen werden. Rakusan (2000, 266) zufolge handelt es sich hierbei um eine „ancient metaphor which expresses human nature through its comparison to other living creatures." Ähnlich äußert sich Landfester (2000, 142): Die „Anthropomorphisierung" der Tierwelt, in der Tiere „zu Spiegelbildern menschlichen Handelns werden", „gehört wahrscheinlich zu den ältesten Wahrnehmungsmustern des Menschen überhaupt."

Nach Lakoff/Johnson (1998, 13) besteht das „Wesen der Metapher [...] darin, dass wir durch sie eine Sache oder einen Vorgang in Begriffen einer anderen Sache bzw. eines anderen Vorgangs verstehen und erfahren können." Bedeutsam erscheint in diesem Zusammenhang die Feststellung, „dass Metaphern das Resultat von Konzeptualisierungen sind, von empirisch-vergleichenden Verstehensstrukturen, mit deren Hilfe der Mensch seine Umwelt versprachlicht" (Palm 1995, 15), mit deren Hilfe der Mensch seine Umwelt verbildlicht, könnte man anfügen. Demnach vermögen in Metaphern wiedergegebene Inhalte die Relation des Menschen zur ihn umgebenden Umwelt widerzuspiegeln, gleichzeitig sind sie interpretierbar und können neue Realitäten schaffen.

Im Unterschied zur Metapher beinhaltet ein Symbol in phraseologischen Einheiten eine Art semantisches „Surplus", da es Parallelen zu verschiedenen kulturellen Kenntnissystemen aufweisen kann (vgl. Dobrovol'skij/Piirainen 1997, 27). Die Übergänge zwischen Symbolen und Metaphern in der Sprache respektive in der Phraseologie stellen sich jedoch in zahlreichen Fällen als fließend dar, ein Umstand, dem bei der Interpretation von phraseologischen Einheiten Rechnung getragen werden sollte. Während nach Dobrovol'skij/Piirainen (1997, 93) aus dem Bereich der Phraseologie nur die Klassen der Idiome und Parömien symbolrelevant sind, ist anzunehmen, dass für die Ermittlung der ikonischen Funktionen von phraseologischen Einheiten auch andere phraseologische Teilklassen in Betracht kommen.

Die mitunter zahlreichen Parallelen, die bestimmte Tierkonzepte in kulturellen Kenntnissystemen aufweisen, lassen darauf schließen, dass die „realen" Tiere in Leben und Wirkungsbereich des Menschen eine derart wichtige Rolle spielten, dass er sie gleichsam zu Symbolen erhob. In diesem Zusammenhang ist auf ein in der Psychoanalyse beobachtetes und formuliertes Phänomen zu verweisen, nämlich auf die grundlegende Fähigkeit des Menschen, Symbole zu bilden. Die bewusste Anwendung von Symbolen, etwa in Religionen, oder deren unbewusste Produktion z.B. in Träumen stellen jeweils wichtige Aspekte einer „psychologischen Tatsache" dar (Jung 1999, 21).

In Sprachbildern verfestigte Tierkonzepte bilden insofern – gemeinsam mit Pflanzen, Steinen, Farben, Zahlen und unzähligen anderen „Objekten", die in figurativer, symbolischer und/oder metaphorischer Bedeutung auftreten können – einen Teil eines größeren Ganzen, schließlich ist die Welt voller Zeichen und Symbole. Diese können „innere Bilder", Archetypen eines Kollektivs darstellen, derer sich eine einzelne Person bedient, ohne immer deren (mögliche) Bedeutungen genau zu kennen. Jung zufolge, der Träume als Ausdrucksmittel der menschlichen Fähigkeit zur Symbolbildung untersuchte, „zeigen viele Träume Bilder und Assoziationen, die primitiven Vorstellungen, Mythen und Riten analog sind." (Jung 1999, 47) Diese seien mitnichten „archaische Überreste", „sondern immer noch wirksam und gerade wegen ihrer „historischen" Natur besonders wertvoll [...]." (Jung 1999, 49) Wenn aber solche Assoziationen in Träumen eine bestimmte Wirksamkeit entfalten, kann man wohl erst recht davon ausgehen, dass dies auch in der Sprache bzw. in der Phraseologie als ihrem Teilsystem der Fall ist.

Im Folgenden wird der Versuch unternommen, einige Tierkonzepte in symbolischer und bzw. oder metaphorischer Lesart zu interpretieren. Dabei wird vor allem auf das Instrumentarium von Dobrovol'skij/Piirainen (1997, 1998, 1999) rekurriert, die sich der Kultursemiotik der Moskauer/Tartuer Schule sowie der Kognitiven Semantik im Sinne Lakoffs verpflichtet fühlen. Die einzelnen Kapitel sind in der Weise aufgebaut, dass die Tierkonzepte in phraseologischen Einheiten zunächst in symbolischer Lesart interpretiert werden, sodann werden Korrelate der Tierkonzepte in kulturellen Kenntnissystemen thematisiert, in einem weiteren Schritt werden die ikonischen Funktionen der Tierkonzepte in phraseologischen Einheiten herausgearbeitet und zum Schluss wird eine Zusammenfassung der möglichen Interpretationen gegeben.

2 Klein, aber oho! – die Fallbeispiele

Das Hauptanliegen dieser Studie ist es, vorläufige Untersuchungsergebnisse[12] zu Symbolik und Metaphorik in der slowenischen Tierphraseologie anhand der exemplarisch ausgewählten Konzepte AMEISE – MRAVLJA, BIENE – ČEBELA, WESPE – OSA und FLIEGE – MUHA zu diskutieren. Den Ausschlag für die Untersuchung dieser Tierkonzepte gab in erster Linie die Überlegung, dass es sich bei den „realen" Tieren um – zumindest auf den ersten Blick – relativ unscheinbare Wesen handelt, die in unserer (urbanisierten) Welt, teilweise aber auch „in der freien Natur" bzw. in ihren „natürlichen Lebensräumen" oder aber „auf dem Land" gegenwärtig kaum mehr bzw. immer weniger wahrzunehmen sind. Als phraseologisch gebundene Konzepte stehen sie jedoch mit – für den Menschen und seine Alltagssprache – bedeutsamen semantischen Eigenschaften wie Fleiß, Faulheit, Zorn, Aufdringlichkeit, Trunkenheit, Tod u.a. in Verbindung.

2.1 Das Konzept AMEISE – MRAVLJA

Die zentrale Symbolfunktion des Konzepts MRAVLJA in den im SSKJ aufgeführten phraseologischen Einheiten ist mit 'Fleiß, Emsigkeit' verbunden, vgl. (1-2):

(1) *delati kot mravlja*
„arbeiten wie eine Ameise" 'sehr fleißig arbeiten'
(2) *biti priden kot mravlja*
„fleißig wie eine Ameise sein" 'sehr fleißig sein'

Das Konzept MRAVLJA verfügt über eine Reihe von Parallelen in kulturellen Kenntnissystemen, wobei im Folgenden lediglich auf einige hingewiesen werden soll.

In der Bibel finden sich im Buch der Sprichwörter (Spr 6,6-8; 30,24f.) Verweise auf die Emsigkeit und die Klugheit, mit der die Ameise im Sommer ihre Vorräte anlegt. Auf römischen Münzen fungiert die Ameise ebenfalls als Symbol des Fleißes (vgl. Lurker 1991, 32). In diesem Zusammenhang ist auf die Fähigkeit der Ameisen zu verweisen, organisierte Gesellschaften zu bilden, in welchen das einzelne Tier bestimmte Funktionen erfüllt. Aristoteles erblickte aufgrund dieser Eigenschaft in Ameisen und Bienen (s. 2.2 BIENE) gar „politische" Wesen (Meyer 2000a, 391).

---

[12] Daher kann naturgemäß kein Anspruch auf Vollständigkeit erhoben werden. Im Rahmen meiner Dissertation plane ich, das Gros der gegenwärtig geläufigen phraseologischen Einheiten mit Tierkonzepten, die sich im einsprachigen Wörterbuch der slowenischen Schriftsprache verzeichnet finden, auf ihre Symbolik und Metaphorik hin zu untersuchen.

Auf der anderen Seite erscheint es möglich, MRAVLJA in den genannten phraseologischen Einheiten als ikonisch motiviert zu interpretieren, man denke an das rege Treiben in einem Ameisenhaufen oder an die Ameisen auf der Suche nach Nahrung als ungebetene Gäste in menschlichen Behausungen. Da wie dort kann das zu beobachtende unermüdliche Kommen und Gehen der „realen" Tiere mit der primären Bedeutung 'Fleiß' in Verbindung gebracht werden.[13] In der frühen Neuzeit z.B. gehörten die Ameisen zu jenen „Schädlingen", „die die europäischen Menschen [...] erheblich belasteten" (Meyer 2000a, 307), d.h., sie brachen massenweise in menschliche Lebensbereiche ein, um an Nahrungsmittel heranzukommen, daher ist – nicht nur für jene Zeit – eine engere, für den Menschen nicht unbedingt positive, Beziehung zum „realen" Tier anzunehmen. Der Mensch hatte somit reichlich Gelegenheit, die Ameisen und deren Verhalten zu beobachten. Heute werden die Ameisen vor allem als nützliche Saubermacher in ihren natürlichen Lebensräumen, den Wäldern, Wiesen und Feldern, geschätzt (vgl. Keber 1998, 133).

Es kann daher festgehalten werden, dass das Konzept MRAVLJA in phraseologischen Einheiten sowohl in symbolischer Lesart, gestützt durch die Interpretationen der Ameise in kulturellen Kenntnissystemen wie der christlichen Exegese und der Schriften antiker Autoren, als auch in ikonischer Lesart als Element eines auf Beobachtung gründenden Weltwissens, die semantische Haupteigenschaft 'Fleiß, Emsigkeit' beinhaltet.

2.2 Das Konzept BIENE – ČEBELA

Wie MRAVLJA steht auch ČEBELA in phraseologischen Einheiten symbolisch primär für 'Fleiß, Emsigkeit':

(3) *biti priden kot čebela*
„fleißig wie eine Biene sein" 'sehr fleißig sein'

Das Konzept verfügt über zahlreiche Korrelate in kulturellen Kenntnissystemen und ist mit einer überaus reichhaltigen Symbolik verbunden. Demgegenüber finden sich für das männliche Pendant der Biene, die Drohne, nur wenige Entsprechungen in kulturellen Kenntnissystemen. TROT – DROHNE tritt, wie unten näher ausgeführt, in phraseologischen Einheiten primär als Symbol für 'Faulheit' auf:

(4) *biti len kot trot*
„faul wie eine Drohne sein" 'sehr faul sein'

---

[13] Vgl. Keber (1998, 129), der meint, dass die Ameisensymbolik die wichtigsten Eigenschaften des realen Tieres gut widerspiegeln würde.

Bereits bei den Sumerern fungiert die Biene als Symbol für das Königtum, in Unterägypten tragen die Herrscher den Beinamen „Fürst Biene", bei Aristoteles gilt sie als „Symbol für die natürliche Geselligkeit des Menschen, und in der Patristik dient der B[ienen]staat als Vorbild für den idealen Staat der Menschen." (Lurker 1991, 91) In Homers *Odyssee* werden die zu einer Heeresversammlung zusammenströmenden Völker Griechenlands mit einem Bienenschwarm verglichen, Adaptationen des homerischen Gleichnisses finden sich in den *Argonautika* des Apollonios Rhodios und in Aischylos' *Persern* (vgl. Küppers 2000a, 61ff.). Bei Hesiod werden Beschreibungen von Bienenstöcken, den Arbeiterinnen und den Drohnen, die er mit faulen Weibern vergleicht, wiedergegeben (vgl. Keber 1996, 21). Die Biene, die den Winter im Bienenstock verbringt und im Frühjahr von neuem sichtbar in Erscheinung tritt, wird dadurch zum Symbol für Tod und Auferstehung, wie etwa bei den Germanen, wo sie als Seelentier fungiert (vgl. Lurker 1991, 92). Im vierten Buch von Vergils *Georgica* wird die Bienenzucht symbolhaft für „Werden, Leben, Vergänglichkeit und Tod" behandelt, zur Veranschaulichung werden unter anderem zwei mythologische Bilder herangezogen, in welchen die Bugonie, die „Erzeugung von Bienen aus Rinderkadavern", thematisiert wird (Küppers 2000b, 125):

> das von Aristaeus, der nach dem Verlust seiner Bienen diese künstlich aus Rinderleichen wieder erzeugte und so neues Leben schuf, und das in diesen Mythos eingelegte Bild von Orpheus und Eurydike, das gerade durch die vergilische Gestaltung an dieser Stelle zum Paradigma schlechthin innerhalb der europäischen Kulturtradition für Verlust durch den Tod, Wiedergewinnung des Lebens sowie erneuten, schmerzhaften Verlust werden sollte.

In Ovids poetischer Weltdeutung aus dem Mythos heraus, den *Metamorphosen*, „erklärt Pythagoras die Verwandlung als Grundprinzip allen Seins" und führt ebenfalls die Bugonie der Bienen als ein Zeugnis dieses Grundprinzips an (Küppers 2000b, 127f.).

Im Christentum trifft man auf die Biene als Symbol der Auferstehung, der Jungfräulichkeit und der Jungfraumutter Maria. Die aus Bienenwachs hergestellte Osterkerze gilt als ein Sinnbild Christi. Schließlich dient der Bienenstock als Attribut des Heiligen Ambrosius und des Bernhard von Clairvaux, denn ihre Worte sind „süßer Honig" vom Reich Gottes. Diese Symbolvorstellung findet sich bereits bei den Dichtern der Antike, die des Öfteren mit Bienen verglichen werden (Lurker 1991, 92). So wird Platon wegen seiner Redegabe als „die Biene von Athen" bezeichnet. Der Legende nach soll sich ihm, als er noch in der Wiege lag, ein Bienenschwarm auf den Mund gesetzt haben (vgl. Keber 1996, 21f.). Aufklärung und Humanismus brachten eine in der Tendenz nicht sehr auf Mitgefühl ausgerichtete Grundeinstellung den Tieren gegenüber. Hobbes z.B. wandte sich gegen „die aristotelische Auffassung, neben den Menschen die Ameisen, die Bienen und andere Tiere als 'politische' Wesen zu bezeichnen"

(Meyer 2000a, 391), denn mit Tieren als nicht vernunft- und sprachbegabten Wesen könne man keine Verträge schließen und ihre Gemeinschaften würden keine Staaten bilden (vgl. Meyer 2000a, 390f.). Im 17. Jahrhundert schließlich begannen die Puritaner in Großbritannien den aus dem Hebräischen stammenden Vornamen *Deborah*, aus dem die Bedeutung „Biene, brav" hergeleitet wird, gerade wegen seiner Symbolik zu verwenden (vgl. Keber 1996, 28).

Die symbolischen Funktionen von ČEBELA und TROT lassen sich in modernen kulturellen Kenntnissystemen, wie dem Zeichentrickfilm, nachvollziehen, anschaulich z.B. in der Serie *Biene Maja*, in der Geschichten von der klugen und braven Biene Maja und ihrem Freund, dem faulen, etwas einfältigen Willi, erzählt werden (nach der äußerst erfolgreichen Erzählung „Die Biene Maja und ihre Abenteuer" von Waldemar Bonsels, erschienen 1912). In unserem Kulturkreis wurden Generationen von Kindern von dieser Zeichentrick-Serie geprägt. Die (symbolischen) Vorstellungen, die mit dieser Serie verbunden werden, sind durchaus noch im Bewusstsein der heute etwa Dreißigjährigen vorhanden.

Eine ikonische Lesart der mit 'Fleiß, Emsigkeit' und 'Faulheit' verbundenen Beispiele aufgrund des Verhaltens der „realen" Tiere erscheint ebenfalls gerechtfertigt, was sich bereits bei der Darstellung der in kulturellen Kenntnissystemen vorhandenen Symbole angedeutet findet. Reiches Erfahrungswissen über die Bienen konnte sich der Mensch vor allem durch die wirtschaftliche Nutzung der Bienen zur Honiggewinnung und Herstellung von Bienenwachs aneignen: Bereits in der griechischen und römischen Antike soll die Bienenzucht weit verbreitet gewesen sein (vgl. Keber 1996, 21), und im Mittelalter bot die Imkerei „nicht nur fast den einzigen Süßstoff, sondern auch ein Konservierungsmittel und das begehrte Wachs" (Dinzelbacher 2000, 182). Anfang des 20. Jahrhunderts wurden die Bienen auch für wissenschaftliche Zwecke entdeckt, so untersuchte Karl von Frisch, der 1973 gemeinsam mit Konrad Lorenz und Nikolaas Tinbergen den Nobelpreis für Medizin erhielt, deren Orientierung und Tanzsprache (vgl. Meyer 2000b, 512).

Zusammenfassend ist festzuhalten, dass die zahlreichen Parallelen des Konzepts ČEBELA und teilweise des Konzepts TROT in kulturellen Kenntnissystemen folgende Interpretationen zulassen: Die Tierkonzepte treten in phraseologischen Einheiten in der Tat als zu Sprachsymbolen verdichtete Entitäten auf. Auf der anderen Seite können sie jedoch auch in ikonischer Lesart, auf alltäglichem Erfahrungswissen gründend, als „reale" Tiere mit den semantischen Haupteigenschaften 'Fleiß, Emsigkeit' und 'Faulheit' verbunden werden.

2.3 Das Konzept WESPE – OSA

Demgegenüber begegnet OSA in phraseologischen Einheiten in erster Linie in ikonischer Funktion, das Konzept ist primär mit 'Zorn, Wut, Reizbarkeit' und 'Aufdringlichkeit, Aggression', aber auch mit 'schnellem, abruptem Handeln' verbunden, vgl. (5-7):

(5) *biti hud/razdražen kot osa*
„böse, zornig, wütend/gereizt wie eine Wespe sein" 'sehr böse, zornig, wütend/gereizt sein'

(6) *biti siten kot osa*
„lästig wie eine Wespe sein" 'sehr lästig sein'

(7) *kot bi ga osa pičila*
„als ob ihn eine Wespe gestochen hätte" 'sehr schnell (etwas tun)'

In der Tat handelt es sich beim „realen" Tier um ein Insekt, das auf den Menschen den Eindruck erweckt, als sei es leicht reizbar und aggressiv, vor allem durch die Verhaltensweise des schnellen Stechens (vgl. Keber 1998, 158).

Bei OSA muss natürlich auf die Ähnlichkeit mit dem Konzept HORNISSE – SRŠEN hingewiesen werden. Hornisse und Wespe sind nicht nur in zoologischer Hinsicht miteinander verwandt, es verbindet sie auch in der Phraseologie einiges, wie die folgenden Beispiele (8-9) zeigen.

(8) *biti hud kot sršen*
„böse, zornig, wütend wie eine Hornisse sein" 'sehr böse, zornig, wütend sein'

(9) *kot bi ga sršeni podili*
„als ob er von Hornissen gejagt würde" 'schnell, erschrocken etwas tun'

Um eine ikonische Funktion anderer Art, nämlich um das äußere Erscheinungsbild der Wespe, handelt es sich in der phraseologischen Einheit (10). Die physische Ähnlichkeit mit einer Wespe wird in ikonischer Lesart vor allem auf die Taille einer Frau bezogen verwendet.

(10) *biti preščipnjena kakor osa*
„durchgezwickt wie eine Wespe sein" 'eine sehr schlanke Taille haben'

Der Phraseologismus (11) ist ebenfalls metaphorisch motiviert, das Bild selbst beruht auf einer in der Natur möglichen Beobachtung: Da die Wespe in der Regel in einem Wespennest lebt, ist es ein Leichtes, sich vorzustellen, was passiert, wenn man in ein Wespennest sticht. Die phraseologische Einheit kann in derselben Bedeutung auch mit dem Konzept HORNISSE – SRŠEN auftreten (12), wobei dieses darüber hinaus für 'Unzufriedenheit' und 'Gereiztheit' stehen kann (13).

(11) *dregniti v osje gnezdo*
„in ein Wespennest stechen" 'eine große, massenhafte Aufregung verursachen'

(12) *dregniti v sršenovo/sršenje gnezdo*
„in ein Hornissennest stechen" 'eine große, massenhafte Aufregung verursachen'
(13) *priti v sršenje gnezdo*
„in ein Hornissennest gelangen" 'unter unzufriedene, gereizte Menschen gelangen'
(14) *sršenovo gnezdo*
„ein Hornissennest" 'wo unzufriedene, gereizte Menschen sind'

Bereits im Lateinischen wurde *irritare crabrones* „die Hornissen reizen" sprichwörtlich verwendet, Röhrich (1999, 1720) zufolge könnte es sich bei der deutschsprachigen phraseologischen Einheit *in ein Wespennest greifen (stechen)* um eine Lehnübersetzung aus dem Lateinischen handeln, was wohl auch für das Slowenische anzunehmen ist, zumal (12) *dregniti v sršenovo gnezdo* aufgrund des Konzepts SRŠEN auf einen noch direkteren Zusammenhang mit dem lateinischen Sprichwort als der gegenwärtig im Deutschen geläufige Phraseologismus hinweist.

Das Konzept OSA in phraseologischen Einheiten verfügt über so gut wie keine (symbolischen) Korrelate in kulturellen Kenntnissystemen, die hier angeführten Beispiele sind vor allem auf der Grundlage von beobachtbaren Eigenschaften und Verhaltensweisen der Tiere interpretierbar (vgl. Keber 1998, 158).

2.4 Das Konzept FLIEGE – MUHA

Das Konzept MUHA findet sich nach Aussage des SSKJ in zahlreichen phraseologischen Einheiten,[14] die, wie es scheint, in erster Linie in ikonischer Lesart interpretiert werden können, worauf im Folgenden ausführlich eingegangen wird. Zuvor aber werden – wie in den vorangehenden Beispielen – einige Parallelen zu MUHA in kulturellen Kenntnissystemen gezogen.

In der Symbolik ist die Fliege in überwiegendem Maß negativ konnotiert, nicht negative bzw. neutrale symbolische Funktionen der Fliege sind selten. In der finnischen Mythologie z.B. tritt die Fliege neben dem Schmetterling als Seelentier auf (vgl. Lurker 1991, 343). Während Homer in der *Odyssee* die sich sammelnden Völker Griechenlands mit einem Bienenschwarm vergleicht (s. 2.2 BIENE), wird ihr Auszug aus der Heeresversammlung – auf einer Naturbeobachtung gründend – u.a. „mit Fliegenschwärmen, die im Stall um die Milch herum-

---

[14] Der Phraseologismus *vzeti koga na muho* „jmdn. auf die Fliege (d.h. aufs Korn) nehmen" 'jmdn. zum Gegenstand der Angriffe, Anklagen, Scherze, des Interesses machen' wird in der Analyse nicht berücksichtigt, da MUHA nicht das Tier, sondern das auf dem Gewehrlauf befestigte Visierkorn bezeichnet. Ebenfalls unberücksichtigt bleibt die phraseologische Einheit *modna muha* „Modefliege (d.h. Modemarotte)" 'eine ungewöhnliche, Aufmerksamkeit erregende, Modeneuheit'.

schwirren" assoziiert, „wobei insgesamt in auffälliger Weise visuelle und akustische Phänomene betont werden." (Küppers 2000a, 62)

Im Mittelalter ist die Fliege ausschließlich mit negativer Symbolik besetzt, sie verkörpert das Prinzip des Bösen, Diabolischen. Durch die christliche Religion, die alle Lebensbereiche durchdrungen hatte, wurde das Verhältnis des Menschen zum Tier maßgeblich beeinflusst. Im *Alten Testament* werden unter anderem Hunde, Schweine, Raubvögel und Reptilien als unreine Tiere bezeichnet, ihr Verzehr wie die Berührung ihrer Kadaver sind verboten. Tiere wie Fliegen, Frösche, Heuschrecken u.a. wurden nach alttestamentlicher Überlieferung von Gott „nur zur Bestrafung der Menschen geschaffen" (Dinzelbacher 2000, 266). Im *Neuen Testament* (Mt 12, 24-27) wird der oberste Dämon als Beelzebub bezeichnet, das Wort wird als „Herr der Fliegen" gedeutet, in Goethes *Faust II.* tritt auch Mephisto als solcher in Erscheinung (vgl. Lurker 1991, 342). Die Fliege wird z.B. von der Heiligen Coletta von Corbie, einer franziskanischen Reformerin, konkret mit dem Teufel assoziiert. Die Heilige berichtet ihrem Beichtvater, dass sie von Dämonen, die die Gestalt von Fliegen oder anderen Tieren annehmen können, heimgesucht wird; dadurch würde ihr Gott ihre Heiligkeit offenbaren, da nur sie die Tierdämonen sehen könne (vgl. Dinzelbacher 2000, 227).

Fliegen gehören zu den am weitest verbreiteten Insekten, sie sind überall dort zu finden, wo der Mensch lebt. Sie sind Überträger einer Reihe ansteckender Krankheiten wie Typhus, Cholera, Diarrhöe oder Malaria (vgl. Keber 1996, 235). Fliegen werden aber nicht nur als Krankheitsüberträger, sondern durch ihre bloße Existenz als Plage für Mensch und Tier betrachtet.

In Übereinstimmung mit dieser Einschätzung der Fliege ist eine der semantischen Haupteigenschaften von MUHA in phraseologischen Einheiten mit 'Aufdringlichkeit'[15] verbunden, vgl. (15). Eine spezifische Art Fliege, die dem Vieh zu schaffen macht, ist die Rossfliege (16), die ebenfalls als phraseologische Komponente vorkommt und für 'Aufdringlichkeit' steht. Die phraseologische Einheit (17) ist sehr umgangssprachlich und pejorativ.

(15) *biti siten kot muha*
„lästig wie eine Fliege sein" 'sehr lästig sein'

(16) *biti siten kot podrepna muha*
„lästig wie eine Rossfliege sein" 'sehr lästig sein'

(17) *podrepna muha*
„eine Rossfliege" 'ein sehr aufdringlicher, lästiger Mensch'

---

[15] Mit 'Aufdringlichkeit' sind auch *biti siten kot obad, osa* „lästig wie eine Bremse, eine Wespe sein" 'sehr lästig sein' verbunden (s. OSA).

Die bisweilen in Massen auftretende „vierte ägyptische Plage" steht darüber hinaus für 'schnelle, starke Vermehrung' und – auch aufgrund ihrer kurzen Lebensdauer – für 'massenhaftes Sterben' (18-19).

(18) *množiti se kot muhe*
    „sich vermehren wie die Fliegen" 'sich stark, schnell vermehren'
(19) *umirati kot muhe*
    „sterben wie die Fliegen" 'in sehr hoher Zahl, haufenweise sterben'

Ebenfalls in auf Naturbeobachtung basierender ikonischer Lesart lassen sich die Vergleiche, die das Konzept mit 'Trunkenheit' in Verbindung bringen, interpretieren, wobei das scheinbar ziellose Fliegen des Insekts mit einem betrunkenen Menschen verglichen wird (20-21).

(20) *biti pijan kot muha*
    „betrunken wie eine Fliege sein" 'sehr, stark betrunken sein'
(21) *muha pijana*
    „betrunkene Fliege"

Auf einer ähnlichen Vergleichsrelation gründet sich das 'ziellose Handeln' eines Menschen (22):

(22) *kot pijana muha*
    „wie eine betrunkene Fliege (etwas tun)" 'plan-, ziellos, schlaff (etwas tun)'

Des Weiteren kann der Konzeptbereich MUHA in ikonischer Lesart mit 'etwas Unbedeutendem, Unwichtigem, Schwachem' in Verbindung gebracht werden. Durch diese Eigenschaften zeichnet sich die folgende phraseologische Einheit aus:

(23) *biti muha proti komu*
    „eine Fliege gegen jmdn. sein" 'sehr unwichtig sein; sehr schwach, schwächlich im Vergleich zu jmdm. sein'

Diesem Bild liegt neben der Kleinheit, Unscheinbarkeit wohl auch das geringe Gewicht der Fliege zugrunde.

In den folgenden Beispielen (24-25) begegnet MUHA als fester, aus den phraseologischen Einheiten nicht herauslösbarer, Bestandteil der Sprachbilder und ist daher in ikonischer Lesart zu interpretieren. Die metaphorischen Bezüge (die Wissensstrukturen über „Ähnlichkeiten" mit Fliegen) können unterschiedlicher Art sein: das Wissen darüber, dass Fliegen als schwache, wehrlose Kreaturen von dem Menschen mit Leichtigkeit erschlagen werden können (24-25), dass sie von Honig (26) oder anderen Speisen (27) angelockt werden und darin umkommen können, dass der Kontakt mit ihnen wie ein Stich wirken kann (28) usw. Auch eine alte, im Sprichwort verfestigte, aber aus synchronischer Sicht kaum nachvollziehbare Vorstellung (29) ist hierhin zu stellen.

(24) *še muhe ne bi ubil/a*
„er/sie würde nicht einmal eine Fliege töten" 'er/sie ist sehr ruhig, sehr friedfertig'
(25) *ubiti/zadeti dve muhi na en mah*
„zwei Fliegen mit einem Schlag töten/treffen" 'mit einer Handlung zwei Angelegenheiten gleichzeitig erledigen'
(26) *iti na kaj kot muhe na med*
„auf etwas gehen wie die Fliegen auf den Honig" 'jmd. fühlt sich von etwas angezogen, etwas ist interessant für jmdn.'
(27) *vrteti se kot muha v močniku*
„sich drehen wie eine Fliege im Brei" 'sich erfolglos bemühen, aus einer misslichen, unangenehmen Lage wieder herauszukommen'
(28) *koga piči prime kaka muha*
„jmd. wird von einer Fliege gestochen erfasst" 'wenn jmd. Lust verspürt (etwas zu tun); wenn jmd. unzufrieden ist (dann tut er etwas)'
(29) *v sili še hudič muhe žre*
„in der Not frisst sogar der Teufel Fliegen" 'in der Not muss man sich mit dem, was man erhalten kann, zufrieden geben'

Auf der Opposition KLEIN : GROSS basiert der in den europäischen Sprachen verbreitete, teilweise aus unterschiedlichen Konstituenten bestehende (vgl. Keber 1996, 238; 1998, 238f.), Phraseologismus-Typ (30). Nicht nur SLON – ELEFANT, sondern auch MUHA kann im Slowenischen durch ein anderes Tierkonzept, nämlich KOMAR – MÜCKE ersetzt werden (31). Auch hier ist das Bild als Ganzes entscheidend für die Interpretation.

(30) *delati iz muhe slona/konja*
„aus einer Fliege einen Elefanten/ein Pferd machen" 'stark übertreiben'
(31) *delati iz komarja slona*
„aus einer Mücke einen Elefanten machen" 'stark übertreiben'

Wenn die aktuelle Bedeutung einer phraseologischen Einheit mit dem Konzept MUHA 'etwas Positives, Gutes' umfasst, so nur in der Negation der Aussage ('Abwesenheit von Fliegen'), wie in Beispiel (32). Hier zeigt sich zugleich das Konzept der 'Wertlosigkeit' von MUHA, wie der Phraseologismus (33) ohne Negation erkennen lässt.

(32) *ne biti od muh*
„nicht von den Fliegen sein" 'jmd. ist geschickt, erfinderisch; etwas ist wichtig, gut, hoch, schwierig, stark'
(33) *biti od muh* „von den Fliegen sein" 'nichts wert sein'

MUHA ist in metaphorischen Lesarten des Weiteren mit 'Schlauheit, List' sowie mit 'seltsamen, unangemessenen Ideen' verbunden. Dabei kann für die folgenden phraseologischen Einheiten die konzeptuelle Metapher DER MENSCH IST EIN GEFÄSS angenommen werden, d.h., der Mensch wird als Gefäßobjekt mit einer bestimmten Füllung betrachtet (vgl. Lakoff/Johnson 1998; 39ff.). In Beispiel (36) erweist sich MUHA als ein Fremdkörper im Kopf, so dass sich Metaphern wie INADÄQUATES DENKEN IST EINE STÖRUNG IM KOPF oder der VERSTAND IST EIN BEHÄLTER (MIND IS A CONTAINER) eruieren lassen.

(34) *biti poln muh/biti vseh muh poln*
„voller Fliegen sein/voll mit allen Fliegen sein" 'sehr schlau, durchtrieben, listig sein'

(35) *imeti (čudne) muhe*
„(seltsame) Fliegen haben" 'eigene, seltsame, übermütige Gedanken, Ideen, Pläne haben'

(36) *poditi komu muhe iz glave*
„jmdm. die Fliegen aus dem Kopf verscheuchen" 'jmdn. von seinen unangemessenen Gedanken, Ideen, Plänen, Ansprüchen abbringen'

Schließlich wird die Abwesenheit von MUHA mit dem 'Sterben', dem 'Tod' in Verbindung gebracht (37). Das Konzept MUHA ist wiederum stark negativ konnotiert (s.o.), als besonders lästiges, die Lebensqualität des Menschen beeinträchtigendes Wesen. Erst der Tod erlöst von diesen Leiden zu Lebzeiten des Menschen. Die phraseologische Einheit (37) ist daher als Euphemismus zu betrachten, der das Denotat ('sterben') in beschönigender, verharmlosender Absicht als etwas Positives darstellt (im Sinne von 'frei oder erlöst sein von den quälenden Fliegen'). Zugleich ist festzuhalten, dass es sich hier vermutlich um ein eigenständiges Konzept des Slowenischen handelt, das in den meisten der bisher untersuchten west- und nordeuropäischen Sprachen keine Entsprechung hat.

(37) *biti tam, kjer ni muh*
„dort sein, wo es keine Fliegen gibt" 'sterben'

Abschließend kann festgehalten werden, dass MUHA in phraseologischen Einheiten über keine symbolischen Korrelate in kulturellen Kenntnissystemen verfügt, MUHA tritt in phraseologischen Einheiten nicht etwa als Symbol des Bösen, Diabolischen auf.[16] MUHA erscheint in phraseologischen Einheiten in erster Linie als das „reale" Tier. Die mit dem Konzept verbundenen Eigenschaften und Phänomene lassen sich demnach in ikonischer Lesart durch Elemente des Wissens über die Welt, über das Verhalten und die Einschätzung des „realen" Tieres „in der Welt" interpretieren.

---

[16] Vgl. dazu Dobrovol'skij/Piirainen (1997, 211). Im europäischen Kulturkreis gilt z.B. das Konzept SCHLANGE als Symbol des Bösen schlechthin.

3 Schlussbetrachtungen

Zusammenfassend kann festgehalten werden, dass die Tierkonzepte in phraseologischen Einheiten positive und negative symbolische und/oder metaphorische Bedeutungsträger verkörpern können, wobei festgestellt werden kann, dass in der vorliegenden Studie die negativen semantischen Eigenschaften überwiegen. Zum Teil ist das in der Auswahl der Tierkonzepte begründet, denn bei Insekten ist a priori eher eine negative Mensch-Tier-Beziehung anzunehmen als bei anderen Tieren. Die Konzepte MRAVLJA und ČEBELA stellen hierbei Ausnahmen dar, beide können symbolisch und metaphorisch mit der positiv konnotierten semantischen Haupteigenschaft 'Fleiß, Emsigkeit' in Verbindung gebracht werden. Bei OSA und MUHA sowie den teilweise behandelten Konzepten TROT und SRŠEN überwiegen hingegen die negativen symbolischen und/oder ikonischen Funktionen. Dies bestätigt die in der Phraseologie immer wieder hervorgehobene Tendenz, dass mit phraseologischen Einheiten „vorwiegend negative menschliche Verhaltensweisen" (Palm 1995, 36) bezeichnet werden.

In jenen phraseologischen Einheiten, in denen die Tierkonzepte ausschließlich in ikonischer bzw. metaphorischer Lesart vorkommen, handelt es sich in den phraseologischen Einheiten eher um die „realen" Tiere mit ihren Erscheinungsweisen und Verhaltensweisen. In jenen phraseologischen Einheiten, in denen die symbolischen Funktionen der Tierkonzepte im Vordergrund stehen, treten die Tiere weniger als Tiere „in der Welt" auf, denn als sekundär semiotisierte Tierkonzepte. In der vorliegenden Studie waren – abgesehen von MRAVLJA und ČEBELA – primäre Symbolfunktionen der Tierkonzepte in phraseologischen Einheiten nicht auszumachen. Jedoch sei bei MRAVLJA und ČEBELA einschränkend ergänzt, dass in den phraseologischen Einheiten durch die Möglichkeit einer ikonischen Interpretation auch die „realen" Tiere im Konzeptbereich vorhanden sind.

Abschließend sei noch einmal darauf hingewiesen, dass bei einem Teil der untersuchten phraseologischen Einheiten mit Tierkonzepten in der Tat eine enge Beziehung zwischen – in kulturellen Kenntnissystemen verankerten – Sprachsymbolen und auf Erfahrungs- und Weltwissen beruhenden Metaphern anzunehmen ist: „Ikonisches und Symbolisches in Phraseologismen schließt einander nicht aus." (Dobrovol'skij/Piirainen 1997, 127) Eine Reihe von phraseologischen Einheiten kann demnach gleichzeitig in ikonischer und symbolischer Lesart interpretiert werden, d.h., eine „Grenzziehung zwischen Weltwissen und Sprachwissen ist in vielen Fällen kaum möglich" (Dobrovol'skij/Piirainen 1997, 111). Die Herausarbeitung der zentralen symbolischen und bzw. oder ikonischen Motivationsbasen in der Tierphraseologie und eine Thematisierung ihres allfälligen Zusammenwirkens erscheinen für die Interpretation der Tierkonzepte jedenfalls von großer Bedeutung.

Literatur

Burger, Harald (1998): *Phraseologie. Eine Einführung am Beispiel des Deutschen.* Berlin: Erich Schmidt.

Burger, Harald; Buhofer, Annelies; Sialm, Ambros (1982): *Handbuch der Phraseologie.* Berlin/New York: de Gruyter.

Dinzelbacher, Peter (2000): „Mittelalter." In: Dinzelbacher (Hrsg.) (2000); 181-292.

Dinzelbacher, Peter (Hrsg.) (2000): *Mensch und Tier in der Geschichte Europas.* Stuttgart: Kröner.

Dobrovol'skij, Dmitrij; Piirainen, Elisabeth (1997): *Symbole in Sprache und Kultur. Studien zur Phraseologie aus kultursemiotischer Perspektive.* Bochum: Brockmeyer [= Studien zur Phraseologie und Parömiologie 8].

Dobrovol'skij, Dmitrij; Piirainen, Elisabeth (1998): „On symbols. Cognitive and cultural aspects of figurative language." In: *Lexicology. An international journal on the structure of vocabulary 4;* 1-34.

Dobrovol'skij, Dmitrij; Piirainen, Elisabeth (1999): „'Keep the Wolf from the Door'. Animal Symbolism in Language and Culture." In: *Proverbium. Yearbook of International Proverb Scholarship 16;* 61-93.

Eismann, Wolfgang (1992): „Bemerkungen zur historischen Phraseologie am Beispiel eines slowenischen Phraseologismus." In: *Anzeiger für slavische Philologie 21;* 3-18.

Eismann, Wolfgang (1996): „O historijskoj slavenskoj frazeologiji." In: *Radovi Zavoda za slavensku filologiju 30-31;* 43-54.

Eismann, Wolfgang (Hrsg.) (1998): *EUROPHAS 95. Europäische Phraseologie im Vergleich: Gemeinsames Erbe und kulturelle Vielfalt.* Bochum: Brockmeyer [= Studien zur Phraseologie und Parömiologie 15].

Fabjan Bajc, Diomira (1995): *Dve muhi na en mah. Slovensko-italijanski frazeološki slovar.* Gorica: Goriška Mohorjeva družba.

Fleischer, Wolfgang (1997): *Phraseologie der deutschen Gegenwartssprache.* Tübingen: Max Niemeyer.

Jenko, Elizabeta M. (1994): *Sich auf die Socken machen/vzeti pot pod noge. Deutsch-slowenisches Wörterbuch der Redewendungen mit einer kontrastiven Studie.* Klagenfurt: Drava.

Jung, Carl Gustav (1999): „Zugang zum Unbewussten." In: Jung et al. (Hrsg.) (1999); 18-103.

Jung, Carl Gustav et al. (Hrsg.) (1999): *Der Mensch und seine Symbole.* 5. Auflage, Zürich-Düsseldorf: Walter Verlag [Jung, Carl Gustav et al. (Hrsg.) (1964): *Man and his Symbols.* London: Aldus Books Limited].

Karničar, Ludvik (1992): „Die Tierwelt in den Kärntner slowenischen Mundarten." In: *Anzeiger für slavische Philologie 21;* 39-53.

Keber, Janez (1996): *Živali v prispodobah 1.* Celje: Mohorjeva družba.

Keber, Janez (1998): *Živali v prispodobah 2.* Celje: Mohorjeva družba.

Kržišnik, Erika (1987/88): „Frazeološko gradivo v Slovarju slovenskega knjižnega jezika." In: *Slava 2;* 143-162.

Kržišnik, Erika (1995/96): „Zbirka Mali frazeološki rječnici in Hrvatsko-slovenski frazeološki rječnik." In: *Jezik in slovstvo 3;* 157-166.

Küppers, Jochem (2000a): „Griechische Antike. Literatur." In: Dinzelbacher (Hrsg.) (2000); 59-69.
Küppers, Jochem (2000b): „Römische Antike. Literatur." In: Dinzelbacher (Hrsg.) (2000); 118-130.
Lakoff, George; Johnson, Mark (1998): *Leben in Metaphern. Konstruktion und Gebrauch von Sprachbildern.* Heidelberg: Carl-Auer-Systeme [Lakoff, George; Johnson, Mark (1980): *Metaphors we live by.* Chicago: University of Chicago Press].
Landfester, Manfred (2000): „Römische Antike. Epochentypische Grundeinstellung." In: Dinzelbacher (Hrsg.) (2000); 140-144.
Lurker, Manfred (Hrsg.) (1991): *Wörterbuch der Symbolik.* 5. Auflage, Stuttgart: Kröner.
Menac, Antica; Rojs, Jurij (1992): *Hrvatsko-slovenski frazeološki rječnik.* Zagreb [= Mali frazeološki rječnici 7].
Meyer, Heinz (2000a): „Frühe Neuzeit." In: Dinzelbacher (Hrsg.) (2000); 293-403.
Meyer, Heinz (2000b): „19./20.Jahrhundert." In: Dinzelbacher (Hrsg.) (2000); 404-568.
Palm, Christine (1995): *Phraseologie. Eine Einführung.* Tübingen: Gunter Narr.
Pavlica, Josip (1960): *Frazeološki slovar v petih jezikih. Rječnik slovenačkih, hrvatskosrpskih, latinskih, njemačkih, francuskih i engleskih fraza.* Ljubljana.
Petermann, Jürgen (1988): „Frazeologija v Slovarju slovenskega knjižnega jezika (I-IV). Nekaj osnovnih vprašanj vloge frazeologije v slovarju." In: *Obdobja 8*; 301-310.
Petermann, Jürgen (1998): „Slowenisch-kroatische Phraseologiebeziehungen im Spiegel der Lexikographie." In: Eismann (Hrsg.) (1998); 641-661.
Rakusan, Jaromira (2000): „Language constructs of animals and men in two cultures: Czech vs. English similes with animals in comparatum." In: *MULTILINGUA. Journal of cross-cultural and interlanguage communication 19*; 265-279.
Röhrich, Lutz (1999): *Lexikon der sprichwörtlichen Redensarten.* 4. Auflage, Freiburg/Basel/Wien: Herder.
Slovar slovenskega knjižnega jezika I – V (1970; 1975; 1979; 1985; 1991). Ljubljana: DZS.
SSKJ = *Slovar slovenskega knjižnega jezika* (1994). Ljubljana: DZS.
Suhadolnik, Stane (Rezension) (1960/61): „Josip Pavlica: Frazeološki slovar v petih jezikih." In: *Jezik in slovstvo 6*. Ljubljana; 200-205.
Sveto pismo Stare in Nove zaveze. Slovenski standardni prevod iz izvirnih jezikov (1997), 2. Auflage. Ljubljana: Svetopisemska družba Slovenije.
Trampusch, Tatjana (1999): „Živalska frazeologija v govoru vasi Dob pri Pliberku na avstrijskem Koroškem." In: *Slovenski jezik/Slovene Linguistic Studies 2*; 109-127.

> E. Piirainen; I.T. Piirainen (Hrsg.) (2002)
> *Phraseologie in Raum und Zeit*
> Baltmannsweiler; 77-99.

Zur Entstehung und Entwicklung von Paarformeln im Deutschen

Dagmar Hüpper, Elvira Topalovic, Stephan Elspaß (Münster)

1. Ziel der Untersuchung
2. Terminologische Vorklärungen
3. Paarformeln in der Textsorte ‚Eid': Zwischen Sprache der Nähe und Sprache der Distanz
4. Analyse
4.1 *treu und hold*
4.2 *arm und reich*
5. Schlussfolgerungen
Literatur

1. Ziel der Untersuchung

Die Paarformel als prototypische phraseologische Klasse mit langer Forschungstradition soll in dieser Studie aus einer diachronischen und empirisch gestützten Perspektive untersucht werden – eine Sicht, die nicht selten außer Acht gelassen wird. Dabei spielen auch Fragen des Sprachgebrauchs eine nicht unwesentliche Rolle. Im Vordergrund stehen Phraseologisierungsprozesse, die aus methodischen und praktischen Gründen auf der Grundlage von Eidestexten diskutiert werden: Erstens hat die Textsorte ‚Eid', die aus der Rechtspraxis stammt, eine lange und recht kontinuierliche Überlieferungstradition, und zweitens können Eide aufgrund ihrer eigenen (Textsorten-)Genese in geradezu idealer Weise Auskunft geben über Entstehungsprozesse von Paarformeln an der Schnittstelle von Mündlichkeit und Schriftlichkeit.

2. Terminologische Vorklärungen

Hinsichtlich der Begrifflichkeit in diesem Bereich der Sprachformeln stützen wir uns auf die Ansätze im „Handbuch der Phraseologie" (Burger/Buhofer/Sialm 1982), möchten darüber hinaus jedoch genauer zwischen „Paarformel", „Wortpaar" und „Zwillingsformel" unterscheiden und dies als Vorschlag zur terminologischen Präzisierung in die Diskussion bringen. Diese Differenzierung ergibt sich nicht zuletzt aus der historischen Entstehung und Entwicklung dieser Phraseologismen:

- Von Paarformeln („irreversible binomials") sprechen wir, wenn zwei verschiedene Wörter der gleichen Wortart durch eine Konjunktion (oder eine Präposition) usuell miteinander verbunden sind und die Reihenfolge der beiden verbundenen Wörter weitgehend festgelegt ist. Für die prototypischen idiomatischen Paarformeln ist kennzeichnend, dass sie nicht zwei Denotate bezeichnen, sondern auf einen Gesamtbegriff deuten, wie in *Himmel und Erde (in Bewegung setzen)* 'alles'. Gänzlich irreversibel sind Paarformeln, wenn so genannte unikale Komponenten beteiligt sind, wie in *gang und gäbe, Kind und Kegel.* Ein weiteres Kennzeichen vieler Paarformeln sind bestimmte morphosyntaktische Besonderheiten, z. B. der Ausfall von Artikeln und auch Präpositionen bei substantivischen Paarformeln wie in *über Stock und Stein.*

- Als Wortpaare („binomials") bezeichnen wir lexikalische Ketten, die nach dem gleichen Strukturmuster wie Paarformeln gebildet sind, also *x und/oder/wie y,* auch *weder x noch y,* wobei *x* und *y* der gleichen Wortart angehören. Hier sind zwei Stufen zu unterscheiden:

    a) Wortpaare können jederzeit okkasionell nach dem bekannten produktiven Strukturmuster gebildet werden, vgl. etwa *Entstehung und Entwicklung.* Man könnte den Typus Wortpaar deswegen auch im weitesten Sinne zu den „modellierten Bildungen" (Häusermann 1977, 30) bzw. „Modellbildungen" (Burger/Buhofer/Sialm 1982, 35) zählen.

    b) Für historische Sprachstände sind diejenigen Wortpaare von besonderem Interesse, bei denen zunächst allein der Begriff über lange Zeit stabil ist. Man könnte daher zutreffend von Begriffspaaren sprechen. Im Gegensatz zu den Paarformeln bleibt jedoch die Reihenfolge der beiden verknüpften Wörter und auch die morphosyntaktische Veränderbarkeit der Gesamtkonstruktion noch relativ frei; sogar die lexikalische Besetzung ist innerhalb eines engen semantischen Paradigmas noch variabel, vgl. althochdeutsch *gomman ioh wîb, wîb oder man, wîben unde mannan,* neuhochdeutsch (nhd.) *Mann und Frau* bzw. auch *Frau und Mann* (s. u.). Diese

Wortpaare stehen historisch zwischen den rein okkasionellen Bildungen und den Paarformeln.

Erst wenn Wortpaare in einer bestimmten lexikalischen Besetzung, in einer präferierten Reihenfolge und gegebenenfalls auch Morphosyntax ihrer Komponenten usuell werden, sind sie als „formelhaft" zu betrachten und den phraseologischen Paarformeln zuzurechnen.[1]

- Von Zwillingsformeln sprechen wir dagegen, wenn zwei identische Wörter durch Konjunktion oder Präposition verbunden sind, z.B. *durch und durch, nach und nach, Schulter an Schulter*. Bei ihnen entfällt das Merkmal der Irreversibilität wegen der Identität der beiden Wörter. Daher sollte die Bezeichnung „Zwillingsformeln" für diese Gruppe reserviert bleiben. Sie ist nicht Gegenstand unserer Untersuchung, zumal sie sich auch mit Blick auf ihre Entstehungsbedingungen wesentlich von den Paarformeln unterscheiden.

- Nicht berücksichtigt werden hier neben den Zwillingsformeln auch die synonymen Wortpaare, die vor allem Werner Besch (1993 u. ö.) an frühneuhochdeutschem Material untersuchte (Beispiele: *siech und krank, arbeiten und schaffen, schmertz und sere*).

Kennzeichen der „echten" Paarformeln bleiben somit vor allem die feste Reihenfolge der beiden gekoppelten Wörter. Wird diese umgekehrt, entstehen ungrammatische Verbindungen oder Verbindungen mit einer anderen Bedeutung.

Anlass zu unserer Untersuchung gaben die in verschiedenen jüngeren Arbeiten postulierten Prinzipien für die Bevorzugung bzw. Festlegung dieser Reihenfolgen. Zuletzt hat Gereon Müller (1997) in einem umfassenden Ansatz versucht, über die Optimalitätstheorie Regularitäten für die Reihenfolgebeschränkungen zu finden. Müller geht davon aus, dass die von ihm formulierte

---

[1] Der für unseren Ansatz zentrale Unterschied zwischen Wortpaaren und Paarformeln ließe sich durch eine Einordnung in Feilkes (1996, 211ff., insbes. 217) Klassifikation „Idiomatischer Prägungen" noch deutlicher machen: Wortpaare werden nach einem semantisch syntaktischen Modell (*X und Y*) „geprägt" und sind daher unter Feilkes „Syntaktischen Prägungen" zu subsumieren. Lexikalische Auffüllungen sind an den Platzhalterpositionen *X* und *Y* innerhalb eines semantischen Paradigmas möglich und auch jederzeit austauschbar. Festgeprägte usualisierte Wortpaare, also Paarformeln, treten dagegen in den Status „Semantischer Prägungen" über, da sie „funktional als translexikalische Einheiten der Artikulation von Konzeptualisierungen dienen, die die Sprecher in ihrem Verständigungshandeln gemeinsam ‚hervorgebracht' haben. Sie ergänzen und erweitern insofern den Lexembestand einer Sprache." (Feilke 1996, 241). Sie können „figuriert" (d. h. vollidiomatisch) sein, z. B. *ab und zu*, oder „plastisch" (d. h. teil- oder nichtidiomatisch), z. B. *klipp und klar, Ebbe und Flut* (Beispiele von Feilke).

Beschränkungsordnung auch für andere Sprachen gültig, im Grunde universal ist. Die übergreifende Ordnung sieht nach Müller so aus:

„Salienzbeschränkung" bedeutet nach Müller (1997, 15), dass das, was „innerhalb einer Sprachgemeinschaft als [in einem] intuitiv[en Sinne] 'salient' oder 'wichtig'" empfunden wird, „dem weniger Salienten oder Wichtigen linear vorangeht". Da „Salienz" das oberste Kriterium ist, setzt es auch die nachgeordneten Kriterien „Wortakzent" und „Silbenprominenz" außer Kraft, so dass etwa durchaus eine unrhythmische Reihenfolge zugunsten der Salienz in Kauf genommen wird, wie in den Beispielen *Wàsser und Bròt* (statt **Bròt und Wàsser*), oder *Vàter und Sòhn* (statt **Sòhn und Vàter*).[2]

Eine solche Hierarchie leuchtet auf den ersten Blick ein und ist sicherlich nicht ganz von der Hand zu weisen. Allerdings offenbaren sich bei genauerer Überprüfung und nicht zuletzt im kontrastiven Sprachvergleich gewisse Widersprüche, wie dies an deutschen (dt.), englischen (engl.) und niederländischen (nl.) Beispielen zu den folgenden Kategorien deutlich wird:

WICHTIGE TIERE VOR UNWICHTIGEN TIEREN
    dt.   *Hund und Katze*   engl. *fighting like cat and dog*
                                                    it's raining cats and dogs

und

NAHRUNGSHIERARCHIE
    dt.   *Obst und Gemüse*   nl.   *groente en fruit*
           Milch und Zucker   *zuiker en melk*

Dass hier eine „Beziehung besteht zwischen der Struktur einer Sprache und der Weltsicht ihrer Benutzer", wie John Ross (1980, 39) schrieb, auf den sich Müller ausdrücklich stützt, ist bei der Ähnlichkeit der drei genannten Sprachen und Kulturen wohl eher zweifelhaft.[3]

---

[2] Die einzelnen Prinzipien sind keineswegs neu, sondern wurden im Wesentlichen schon von Hoffmann (1885) und Salomon (1919) formuliert; neu ist nur die hierarchische Anordnung. Ein neuerer Versuch, die bisher in der Forschung genannten Kriterien zusammenzufassen und an „Mehrlingsformeln" zu überprüfen, ist der Aufsatz von Lenz (1999).

[3] Hinzu kommt, dass auch im Gebrauch der Varietäten des Deutschen, etwa in den – vorwiegend gesprochenen – Dialekten und regionalen Umgangssprachen, Reihenfolgen, die vorgeblichen Salienzbeschränkungen entsprechen, durchaus umkehrbar sind, z.B. *das ist Hund wie Katze/Katze wie Hund* (Piirainen 2001, 132; vgl. dort weitere Beispiele aus regionalen Umgangssprachen, sowie dialektale Belege in Piirainen 1994, 477f.).

In der Salienzbeschränkung MÄNNLICHES VOR WEIBLICHES manifestiert „sich nach Malkiel der patriarchalische Charakter der indoeuropäischen Sprachen" (Müller 1997, 15). Müller weist selbst auf das Gegenbeispiel *meine Damen und Herren* hin, für das er Höflichkeitsanforderungen – also Regeln des Sprachgebrauchs – verantwortlich macht (ebd. 48). Aber auch der scheinbar klare Beleg *Mann und Frau* verliert mit einem Blick auf die Sprachgebrauchsgeschichte an Überzeugungskraft: So scheint im Althochdeutschen die Reihenfolge durchaus noch nicht festgelegt zu sein – es finden sich etliche Belege in der Reihenfolge *wîb ioh/oder/unde man* (vgl. Kochskämper 1999, 168f.) – und auch im Neuhochdeutschen ist die Reihenfolge *Mann und Frau* zwar präferiert, doch ist *Frau und Mann* nicht ungrammatisch, sondern als Stellungsvariante zu betrachten.[4]

Diese wenigen Beispiele lassen – auch für die Erklärung von Reihenfolgefestlegungen bei Paarformeln – einen diachronischen Blick auf phraseologische Prozesse lohnend erscheinen.[5]

3. Paarformeln in der Textsorte ‚Eid': Zwischen Sprache der Nähe und Sprache der Distanz

Wie eingangs erwähnt, fiel die Entscheidung bei der Wahl der Materialgrundlage auf Eide. Die Textsorte ‚Eid' hat zum einen eine lange, kontinuierliche Diskurstradition – sie ist in Stadt- und Gerichtsbüchern, Gesetzestexten und territorialen bzw. reichsweiten Gerichtsverordnungen über Jahrhunderte hinweg und auf dem gesamten deutschen Sprachgebiet überliefert (man könnte durchaus von einer „seriellen Quelle" sprechen). Zum anderen waren Eide aufgrund ihrer Zugehörigkeit zum mittelalterlichen Gewohnheitsrecht durch die Merkmale der Münd-

---

[4] Eine eigene COSMAS-Recherche in den „Korpora geschriebener Sprache" des IDS erbrachte am 29. 11. 2001 1556 Treffer in der Reihenfolge *Mann und Frau* und immerhin 517 in der Variante *Frau und Mann*. Als weiteres Beispiel gegen dieses vermeintliche Reihenfolge-Muster ließe sich das Suchergebnis für *Schwule und Lesben* (Lenz 1999, 102, mit nur einem Beleg) anführen: Für diese Reihenfolge fanden sich 269 Belege, für die Stellungsvariante *Lesben und Schwule* 96 Treffer.

[5] So hebt schon Malkiel (1959, 149) in Bezug auf die Untersuchung von „Patterns of formal preferences" hervor: „Microscopic examination of each case history would have to take into account not only contemporary pronunciation, including the latitude of its major territorial and social varieties, but also such phonic conditions as prevailed at the presumable locale and time of the actual coinage and initial acceptance." – Müller (1997, 7) glaubt, in seiner synchron ausgerichteten Beschreibung der Binomial-Grammatik auf historische Erklärungen verzichten zu können, kommt ohne eine solche aber tatsächlich selbst nicht aus, wenn er zur Begründung der Salienzbeschränkung im Beispiel *Kind und Kegel* ausführt: „eheliche Kinder werden als wichtiger empfunden als uneheliche" (ebd. 39).

lichkeit und Öffentlichkeit gekennzeichnet, die – wie noch zu sehen sein wird – unumgänglich sind, will man eine Vorbildfunktion der Rechtssprache ansetzen. So heißt es bereits bei Schmidt-Wiegand (1991, 288) zu „Redewendungen" wie *mit Hand und Mund, Umstände machen* oder *etwas an die große Glocke hängen*:

> Sprachgebärden wie die bereits genannten haben sich über die Jahrhunderte hinweg erhalten, besonders dann, wenn sie den Bereich der Rechtsquellen verlassen und über das geistliche oder historische Schrifttum, die Dichtung und andere Überlieferung in der Volkssprache auf Dauer eine breitere Öffentlichkeit zu erreichen vermochten. Dies gilt vor allem für die Paarformeln, bei denen z. B. der Stabreim ihre Herkunft aus der Mündlichkeit oder ihre Verbreitung durch die Mündlichkeit im Sinne des Umlaufcharakters verrät.

In Anlehnung an das Modell der „Sprache der Nähe" und „Sprache der Distanz" von Koch/Oesterreicher (1994) lässt sich im Zusammenhang mit Eiden von einer „elaborierten Mündlichkeit" sprechen, die nicht mit der gesprochenen Sprache bzw. dem Medium schlechthin gleichzusetzen ist und in oralen, also schriftlosen Gesellschaften jenem Bereich zuzuordnen ist, der in Schriftkulturen im Wesentlichen von der so genannten „konzeptionellen Schriftlichkeit" und damit der Distanzsprachlichkeit abgedeckt wird (ebd. 588). Dass die ältere deutsche Rechtssprache häufig als „gesprochene Sprache" (z. B. Dittmer 1981) und als „volkstümlich" definiert wird, verschleiert die Tatsache, dass es sich nicht um die „Volkssprache" per se handelt.[6] Wenn beispielsweise Salomon (1919, 24) Paarformeln als „metrisch gefestigte, alliterierende Formeln" bezeichnet, dann sind sie als Zeichen einer elaborierten Mündlichkeit und nicht als Zeichen der „gesprochenen, volkstümlichen Sprache" zu deuten. In vergleichbarer Weise ist nach Sonderegger die althochdeutsche Lex-Salica-Übersetzung „ein frühes Meisterstück althochdeutscher Fachsprache und Übersetzungskunst, wie sie sich so zeitig nur in der längst mündlich vorgeformten Rechtssprache einfinden konnte" (Sonderegger 1987, 105). Mit der Verschriftlichung von Eidesformeln im mittelalterlichen Recht ist schließlich von einer Semi-Oralität auszugehen, d. h. dass eine mündlich tradierte Textsorte schriftlich fixiert und durch Vorlesen, z. B. bei der Eidesleistung, wieder „vermündlicht" wird.

Es kann also aufgrund einer auf Öffentlichkeit basierenden rechtssprachlichen Prestigefunktion eine jahrhundertelange normierende Wirkung[7] angesetzt

---

[6] Distanzsprachliche mündliche Diskurstraditionen wären nach Koch/Oesterreicher (1994, 593) z. B. Spruchweisheiten, Beschwörungs- und Zauberformeln, Rätsel, Sagen, Heldenlieder.

[7] Vgl. dazu auch Schmidt-Wiegand (1991, 288f.): „Die Bezeugung solcher Formeln über die Jahrhundert hinweg beruht auch auf der Funktion, die sie durch den Formalismus des mittelalterlichen Rechtslebens hatten, mußten sie doch im Eid und Gelöbnis, Klage und Urteil in der Mündlichkeit vor Gericht ebenso erscheinen

werden, die dazu führt, dass sprachliche Wendungen, damit auch Wortpaare, eine strukturelle oder lexikalische Stabilität – auch in der Alltagssprache – erreichen bzw. dass Präferenzen im Gebrauch von Wortpaaren entstehen, sei es auch nur zunächst regional begrenzt. Auffallend ist beispielsweise, dass Belege wie *nach wissen und sinnen* oder *in worten und werken*, die bereits im Angelsächsischen und Altsächsischen[8] vorkommen, überwiegend in Eiden auftreten, die aus dem niederdeutschen und teilweise mitteldeutschen Sprachraum stammen, zum Beispiel in Klever, Soester, Mindener und Warendorfer Eiden. Dies kann jedoch zu diesem Zeitpunkt nur als Auffälligkeit betrachtet werden, die eingehender untersucht werden müsste.

Dem empirischen Teil seien einige Anmerkungen zum Alter und Ursprung deutscher Paarformeln, die in der Forschung noch nicht in allen Einzelheiten geklärt sind, vorangestellt. Salomon (1919, 45ff.) unterscheidet je nach Ursprung verschiedene Gruppen von „Zwillingsformeln" – es handelt sich hierbei um eine Art Chronologie der Entstehung von Paarformeln:

1. Paarformeln, die indogermanisches Gemeingut/Erbe sind und in allen indogermanischen Sprachen (jedoch nicht nur in diesen) zu finden sind. „Sie behandeln die Familie und Verwandtschaft, berichten vom täglichen Leben, erzählen von Vorgängen in der Natur [...]." Als Beispiele führt er unter anderem an: *arm und reich, Himmel und Erde, Nacht und Nebel, Tag und Nacht, jung und alt, Freund und Feind.*

2. Paarformeln, die „spezifisch germanisch" sind, „ein lebendiger Ausdruck ursprünglichen Denkens und Empfindens". Sie kommen insbesondere in Rechtsdenkmälern,[9] in Volksepen des 12. und 13. Jahrhunderts sowie in Volksliedern und Sprichwörtern vor.[10] Salomon spricht von „volkstümlichen", „echtgermanischen", „ältesten Zwillingsformeln".

---

wie später in den Urkunden und anderen Schriftstücken, die Verbindlichkeit in rechtlicher Beziehung begründen oder sichern sollten."

[8] Vgl. Hoffmann (1885, 24), der angelsächsisch *word and weorc*, altsächsisch *uuord endi uuerk* angibt. Zur Frage, ob die Reihenfolge der Glieder bereits festgelegt ist, nimmt Hoffmann keine Stellung. So heißt es im altsächsischen Taufgelöbnis, das auch er nennt, *end ec forsacho allum dioboles uuercum and uuordum* (zitiert nach Mettke 1987, 33).

[9] Salomon (1919, 46) führt dazu aus: „Viel mehr als in den bäuerlichen Weistümern waltet in den städtischen Rechtsquellen und Landesgesetzen das Nüchterne und Verstandesmäßige vor. Sie sind deshalb auch bedeutend ärmer an Zwillingsformeln [= Paarformeln]."

[10] In den Volksepen und Volksliedern/Sprichwörtern ist das Alter der Paarformeln nach Salomon (1919, 47) nicht immer zu klären, es könnte sich in einigen Belegen um Neuschöpfungen handeln.

Beispiele:
- *man und ban, ring und ding, mit hand und mund, ban und frieden, weg und steg, hand und band* (in Weistümern); außerdem auch in Reichsgesetzen: *ledec und vri, ledec und los*
- *hut und har, echt und recht* (im Sachsenspiegel)
- *stock und stein, wind und wetter* (in Sprichwörtern und sprichwörtlichen Redensarten)

3. Paarformeln, die entstanden sind:
   - nach lateinischem Vorbild[11] (geistliche Literatur, Kanzleisprache), zum Beispiel aus der Bibel: *Milch und Honig, Zeichen und Wunder, blind und taub*
   - nach französischem Vorbild (höfische Dichtung) oder
   - durch Neuschöpfung deutscher geistlicher und höfischer Dichter, nach Salomon häufig Begriffspaare, denen eine „unanschauliche Abstraktheit eigen" ist, z. B. *liebe – minne, jamer – klage, pin – marter, laster und schande, riuwe und buoze, zuht und maze, hoch und heilig, guot – boese, lip und sele, pfaffen und leien* etc.

Aufgrund der oben aufgeführten „Gruppierungen" ist davon auszugehen, dass Aussagen zu Phraseologisierungsprozessen, wie z.B. Reihenfolgepräferenzen, abhängig sind vom Alter bzw. Ursprung der untersuchten Paarformeln. Mit anderen Worten ist die Struktur von Paarformeln der Gruppe 1 nicht ohne weiteres mit der von Paarformeln der Gruppe 3 vergleichbar. Nur durch eine Analyse von Paarformeln bzw. Wortpaaren in einer Textsorte, die über Jahrhunderte Bestand hat, können Entwicklungstendenzen zur lexikalischen und formalen Stabilität umfassender beschrieben werden. Unter anderem könnte auch eine von Burger/Linke (1998, 747) aufgeworfene Frage geklärt werden, „ob das, was wir heute als strukturelle ‚Festigkeit' des Phraseologismus fassen, das Produkt der mehrhundertjährigen schriftsprachlichen (insbesondere lexikographischen) Normierung ist", denn phraseologische Wortverbindungen könnten „in den Epochen vor der Ausbildung der Schriftsprache einen prinzipiell größeren Freiraum von Varianten" aufgewiesen haben.[12]

---

[11] Dittmer (1981, 478) führt für die Urkundensprache z. B. an: *hoch – nider/altus – humilis/edel – unedel/nobilis – ignobilis.*

[12] Diese These nimmt ebenfalls Mellado Blanco (1998, 293) auf: „Interessanterweise zeigt sich jedoch aus einer diachronischen Perspektive, daß zur Entstehungszeit der Paarformeln die Glieder meistens umkehrbar waren. Frühe Texte bezeugen in der Tat einen niedrigen Festigkeitsgrad, der nur langsam im Laufe der Zeit ansteigen sollte, was eine Parallelentwicklung zwischen der Einbürgerung der Verschriftlichung von als traditionell betrachteten mündlichen Formen und ihrer allmählichen Fixierung in der Wortreihenfolge durchblicken läßt. Zur Bestä-

Bei der Analyse des Korpus wurden folgende Fragestellungen zugrunde gelegt:
1. Welche Entwicklungstendenzen sind bei Wortpaaren bzw. Paarformeln in Eiden bis zur Herausbildung einer einheitlichen Schriftsprache festzustellen? Sind z. B. Reihenfolgepräferenzen oder andere sprachliche „Verfestigungen" bereits in den früheren Sprachperioden, etwa aufgrund einer rechtlichen und damit einhergehend auch sprachlichen Vereinheitlichung, zu erkennen?
2. Inwieweit wirken sich bereits mündliche Tradierung (also im Gegensatz zur schriftsprachlichen Normierung) oder Formenstrenge im mittelalterlichen Recht auf eine strukturelle und lexikalische Stabilität von Paarformen aus, auch im Sinne einer Aufgabe von Varianz oder Konkurrenzformen?

4. Analyse

Bei den untersuchten Eiden handelt es sich ausnahmslos um „Promissorische Eide",[13] in denen auf die Zukunft hin formulierte Versprechen oder Absichten[14] der Sprecher festgehalten sind. Als Bestandteile von Rechtsakten stehen diese Eide in sich ändernden historischen und rechtshistorischen Kontexten, die ihrerseits wiederum Auswirkungen auf die Entstehung und den Wandel der Textsorte ‚Eid' haben können (vgl. hierzu Frank 1996). Prototypen des „Promissorischen Eides" sind Bürgereid und Amtseid,[15] die auch die Materialgrundlage für die folgenden zwei Fallbeispiele bilden: 1. *treu und hold* und 2. *arm und reich*.

---

tigung der Existenz von unfesten Paarformeln in der frühneuhochdeutschen Periode trägt ebenso die Tatsache bei, daß in der damaligen dialektal geprägten Landschaft des deutschsprachigen Raumes noch keine Gemeinsprache institutionalisiert und infolgedessen noch keine allgemeingültige Norm ausschlaggebend war." Sie nennt folgende Beispiele: frühneuhochdeutsch (frnhd.) *seel und lyb*, nhd. *Leib und Seele*, frnhd. *mut und hertz*, nhd. *Herz und Mut*, frnhd. *auss und ein*, nhd. *ein und aus*.

[13] Einen Überblick bieten Dilcher (1971) und Kolmer (1989), jeweils mit weiterer Literatur.
[14] Sprachlich realisiert in Optativ, Modalverben oder dem Verb *wellen*.
[15] Auch wenn wir seit der Spiegel-Ausgabe vom 30. 10. 2000 im Zusammenhang mit dem Eid des Altkanzlers darüber informiert sind, dass Amtseide keine rechtliche Relevanz besitzen, ihre Befolgung oder Erfüllung nicht einklagbar, offenkundige Missachtung oder Zuwiderhandlung – wie auch amtlicherseits bestätigt – nicht judikabel sind, rechnen wir diese Eide weiterhin zu den Rechtstexten.

4.1 *treu und hold*

Um Bürger der Stadt zu werden, musste man 1224 in Mühlhausen/Thüringen zunächst festgelegte Gelder bezahlen, unter anderem an den Küster bzw. Messner, der die Reliquien hält, auf die der Bürgereid geschworen wird (Textbeispiel 1).

(1) Bürgereid:
... He sal och gebi ... mi kirchineri einin phenninc. unde di sal umi dan di heiligin habi, da he uf sueri sal, mi richi di hulde unde din burgerin truwi unde wareit. disi stat zu bihaldini, so he ummir allirmeist can, mit sinin wizzin unde mit sinin sinnin, vor allir menlichimi, dan vor mi richi aleini, daz umi got also helphi unde die heiligin.
(Mühlhauser Reichsrechtsbuch, Art. 39.1)[16]

Die Eingangsformel mit dem selbstverpflichtenden *Ich schwöre* ist nicht verzeichnet; an ihrer Stelle steht die Aufforderung zu der Sprechhandlung, ausgedrückt durch das Modalverb *suln*[17] und das performative Verb *sweren*. Es folgt der Eidinhalt, mit dem der Neubürger *hulde* 'Ergebenheit, Treue', *truwi* 'Aufrichtigkeit, Zuverlässigkeit, Treue' und *wareit* 'Wahrhaftigkeit' rechtsverbindlich zusagt. Im Wesentlichen zeitgleich (1224/27) wird das sächsische Gewohnheitsrecht Eikes von Repgow niedergeschrieben, so dass mit dem Rechtsbuch der Stadt Mühlhausen und dem Sachsenspiegel die ersten volkssprachigen Rechtsbücher vorliegen (vgl. Johanek 1987).

Ergebenheit und Treue verbunden mit Aufrichtigkeit und Zuverlässigkeit spielen im mittelalterlichen Recht vor allem im Lehnrecht eine bedeutende Rolle. Dies vermittelt in Artikel 3 (Textbeispiel 2) direkt zu Beginn des Lehnrechts im Sachsenspiegel Eikes von Repgow ein Treueid,[18] mit dem ein Lehnsmann seinem Lehnherren schwört, dass er ihm so 'treu', *truwe*, und so 'ergeben', *holt*,[19] ist.

(2) Lehnseid:
De man scal sime herren bi plicht hulde dun unde sweren, dat he eme also truwe unde also holt si, alse dorch recht en man sime herren scole, de wile dat he sin

---

[16] Das Mühlhäuser Reichsrechtsbuch aus dem Anfang des 13. Jahrhunderts. Deutschlands ältestes Rechtsbuch nach den altmitteldeutschen Handschriften. Hrsg., eingel. und übers. von Herbert Meyer. Weimar 1934, 136.
[17] Das Modalverb gibt Notwendigkeit oder Erfordernis einer Handlung an, bezeichnet Abhängigkeit von Normen: 'schuldig sein, müssen'.
[18] Ausführlich hierzu Scheyhing (1960, 108ff., 224ff. u.ö.).
[19] Zum Bedeutungsumfang der Bezeichnungen vgl. BMZ 3, S. 106, und BMZ 1, S. 703f.

man wesen wille unde sin gut hebben wel ...
(Sachsenspiegel, Lehnrecht Art. 3)[20]

Das ethische Empfinden und Verhalten, das 1224 im Bürgereid der Stadt Mühlhausen sprachlich noch in der Verbindung zweier selbständiger Syntagmen erscheint, wird im Text des Sachsenspiegels als eine Charaktereigenschaft verstanden, die sich in dem Wortartenwechsel und dem Wortpaar ausdrückt.

In der Folgezeit ist das adjektivische Wortpaar fester, unverzichtbarer Bestandteil der Bürger- und Amtseide.[21] *Truwe unde hold* bezeichnet auch in der Stadt des Spätmittelalters und der frühen Neuzeit – beispielsweise in Kleve, Unna, Warendorf und Düren (Textbeispiele 3-6) – regelhaft das aus dem Lehnswesen bekannte ethisch-moralische Verhalten, das hier allerdings von Bürger und Amtsinhaber gegenüber Stadtherren, Bürgermeister und Rat erwartet wird.

(3) Bürgereid:
... die [burger] sall sijn twe vinger op die heylighen legghen ind die burgermeyster sall oen den eet staven aldus, dat he trouwe ... ind holt wesen sall der vrier stat van Cleve ind alle den burgeren, die nu daer sijn burger ind naemals ... burger werden soilen ...
(Kleve, Stadtrecht [24])[22]

(4) Bürger- und Richtereid:
... hatt Casper Schmidtz den gewonlichen ... Eydt ... mit zwein außgestreckten forderen Fingeren seiner rechten Handt ... nachfolgender Maßen geschworen: Daß er nemblich dem durchlauchtigen und hochgebornen Fursten und Hern, Hern Johann ..., der Stadt und gemeinen Burgeren zue Unna soll und woll trew und holdt sein, Burgermeister und Radt in Ehren ... halten ...
(Unna, Stadtrecht, Urk. 1593 Mai 28)[23]

(5) *Der secretären und gerichtsschreibers aidt*:
Der secretarius und gerichtsschreiber soll schweren einen aidt zu Gott und auf das heilige evangelium, daß er woll diser stadt treuw und holt sein, ihr beste nach allen seinem vermögen befürdern, ihr argste kehren und wenden, auch einem rate gepurlichen gehorsam leisten, gegen bürgermeistern und rates personen in- und außerhalb des rats sich dermaßen mit worten und werken dermaßen denstbar erzeigen und aufmerkens haben, daß mennichlich im würke sehe, spüre und

---

[20] Sachsenspiegel Lehnrecht. Hrsg. von Karl August Eckhardt. 3. durchges. Aufl. Göttingen 1973 [= MGH Fontes iuris Germanici antiqui N.S. I, 2]. S. 22.

[21] Bürgereide *trou ende holt*: Stadtrecht Kleve, *trouwe ind holdt*: Stadtbuch Kleve, 1441/1444; Amtseide *trouwe ind holdt*: Amtmanneneid der Stadt Unna, 1456/57, *trew und holt*: Schöffeneid aus Oedt/Niederrhein, 1589, *treu und hold*: Stadtsekretäreid Düren 1781.

[22] Das Stadtrecht von Cleve. Bearb. und hrsg. von Klaus Flink unter Mitwirkung von Bert Thissen. Kleve 1991 (Klever Archiv. Schriftenreihe des Stadtarchivs Kleve 11). S. 89.

[23] Die Stadtrechte der Grafschaft Mark. Unna. Bearb. von Reinhard Lüdicke. Münster 1930 (Westfälische Stadtrechte. Abteilung 1, Heft 3), S. 122.

befinde, daß er sich gegen dieselbe als einen diener gegen seinen herrn und obrigkeit woll ansteht mit gepurlicher reverenz verhalte ...
(Warendorf, um 1620)[24]

(6) Eid des Stadtsekretärs: *Formula iuramenti*:
Ich schwöre und verspreche, dass ich in Führung der Ratsprotocolli, auch anderen einem Stadtsecretario obliegenden Geschäften der Stadt treu und hold seyn, alles treulich protocolliren und nichts davon (ausser des Magistrats Wissen und Willen) reveliren, auch dem Magistrat allen Gehorsamb und Respect bezeigen solle und wolle, so wahr mir Gott helf und sein heiliges Evangelium.
Ita placuit Deuren 28ten Februarii 1781.
(Düren, 1781)[25]

Der in den Zeitschritten 13.-15.-18. Jahrhundert vorgeführte Gebrauch von *treu und hold* in den Eiden passt zu der Überlieferung in den Urkunden,[26] so dass *treu und hold* eine Paarformel klassischen Zuschnitts ist, die in Lexembestand, Reihenfolge der Lexeme und Morphosyntax fest erscheint.

Mit dieser Bewertung wird allerdings eine Variante vernachlässigt, die auch in der handschriftlichen Überlieferung des Sachsenspiegels bezeugt ist. Bereits die ältesten Handschriften präsentieren – je nach Provenienz[27] – *truwe unde hold* oder *getr(i)uwe unde hold*, wobei die präfixlose Form vor allem in den niederdeutschen bzw. mitteldeutsch-niederdeutsch Mischhandschriften[28] festzumachen ist. Die präfigierte Variante findet sich in den oberdeutsch ausgerichteten Codices, so zum Beispiel in der Heidelberger (H), Dresdener (D) und Wolfenbütteler (W) Bilderhandschrift,[29] *also getruwe unde also holt* (W fol. 59 verso, Z. 12). Da

---

[24] Stadt Warendorf A 238 Bl. 337f.

[25] Düren. Bearb. von August Schoop. Bonn 1920 [= Quellen zu Rechts- und Wirtschaftsgeschichte der rheinischen Städte. Jülische Städte 1] S. 395.

[26] *truwe unde hold wesen*: HannovUB. (Urkundenbuch), 1367; *truwe unde holt wesen*: BremUB., 1414; Kleve Stadtrecht 427 (1417); *truwe unde holt to synde*: OstfriesUB., 1426; *truwe ind holt zo sin*: RheinUrb, 1511; *trew unnd holdt gewesen*: SchwäbUB., 1533; *trew und hold zu sein* : FreiburgZftO, 1592; OpfalzLO., 1599; zu diesen und weiteren Belegen vgl. WMU 2/10. Lfg. (1995), S. 878, sowie DRWB 5, Sp. 1416ff.; die Paarformel fehlt unter dem Stichwort *getriuwe*, vgl. WMU 1 (1994), S. 695f. Zu den obigen und allen folgenden Quellensiglen vgl. Quellenheft und Quellenergänzungshefte des Deutschen Rechtswörterbuchs (DRWB).

[27] Zur Überlieferung vgl. Schmidt-Wiegand (1991).

[28] So zum Beispiel eine der ältesten Überlieferungszeugen, die Quedlinburger Handschrift vom Ende des 13. Jahrhunderts (mitteldeutsch/niederdeutsch mit elbostfälischen Resten), oder die einzige niederdeutsche Bilderhandschrift, der Oldenburger Sachsenspiegel von 1336 (fol. 95 verso, Z. 5).

[29] Vgl. Schmidt-Wiegand (1993b, 203): „Es handelt sich also letztlich um eine Umsetzung des ursprünglich niederdeutschen (nd.) Sachsenspiegels in das Hoch-

vor allem den niederdeutsch-mitteldeutschen Handschriften des Sachsenspiegels eine intensivere und regional breitere Rezeption beschieden gewesen ist, findet sich *getr(i)uwe unde hold* in Eiden[30] und Urkunden[31] gegenüber unpräfigiertem *treu und hold* auch zahlenmäßig weit weniger stark vertreten. Unter dem Einfluss des Sachsenspiegels hat sich demnach die ursprünglich niederdeutsche Form ohne Präfix seit dem 13. Jahrhundert überregional durchgesetzt.

Ein Zusammengehen von *hold* mit präfigiertem oder unpräfigiertem *(ge)treu* ist auch in Eiden aus der Frühzeit des germanischen Rechts zu beobachten. Beispiele hierfür werden aus dem altnordischen und angelsächsischen Rechtsraum überliefert. So beweist das Landrecht des Königs Magnus Hakonarson in den Eiden des *hertuga eða eallz* 'Herzogs oder Jarls', des *logmanz* 'Rechtswahrers', der *barruna* und *bonda* 'Barone' und 'Bonden' regelhaft die Formulierung *hollr oc trur minum herra N.*,[32] die Eidesformeln, die im Zusammenhang der angelsächsischen Gesetze bewahrt geblieben sind, bezeugen in vergleichbaren Kontexten, etwa in dem Eid eines Gefolgsmannes oder Vasallen, *hold ⁊ getriwe*.[33] Das Treueversprechen wird also mit den gleichen gemeingermanischen Lexemen, aber in veränderter Reihenfolge ausgedrückt. Diese Umkehrung, in der *hold* die erste Position innerhalb der Paarformel *hold und treu* besetzt, ist uns in den deutschen Eiden bislang nicht begegnet. Dass die Herausbildung von Reihenfolgepräferenzen bei Paarformeln von universalgrammatischen Prinzipien beeinflusst wird (Ross 1980, Müller 1997), scheint – zumindest aufgrund dieser Beispiele – mehr als zweifelhaft. Zu den wenigen Vorkommen von *holt und getriuwe*[34] zählen vor allem einige Handschriften des Schwabenspiegels.

---

[30] deutsche (Hd.), wobei diese nicht erst bei der Niederschrift von W erfolgt ist, sondern vor den md. Handschriften H, D und W liegt."

[30] *getruwe unde hold*: Vogt- und Schultheißeneid des Gerichts Bruttig/Mosel, 16. Jahrhundert.

[31] *getrew und holt*: HeilbronnUB., 1285; *getruw vnd hold*: AppenzUB., 1379; *getreuwe und holt*: Amorbach, 1395; *getreu und hold*: JbOldenb. 1682.

[32] Landrecht des Königs Magnus Hakonarson. Hrsg. von Rudolf Meißner. Weimar 1941 [= Germanenrechte N.F. Abteilung Nordgermanisches Recht]. Kristins dóms bolkr. Nr. 9, 10, 11, 12. *hollr oc trur* beweisen auch die entsprechenden Eide sowie die Eide der 'Landherren' und des 'Gefolgschaftsmannes'. In: Das norwegische Gefolgschaftsrecht (Hirðskrá). Hrsg. von Rudolf Meißner. Weimar 1938 [= Germanenrechte. Texte und Übersetzungen 5]. Nr. 7, 8, 9, 10 und 31. Vgl. hierzu Dilcher (1961, 61ff.).

[33] Die Gesetze der Angelsachsen I: Text und Übersetzung, unveränderter Nachdruck der Ausgabe 1903-1916. Aalen 1960, 396. Zu weiteren Beispielen vgl. auch Dilcher (1961, 61ff.).

[34] Schwabenspiegel, Lehnrecht Art. 5 *also holt und also getriuwe*; vgl. auch: *hoult ind getriuwe*: Köln, 1401; *holt en getruwe*: Stallaert 1409; *hold und treu* (3x,

Zwischen den angelsächsischen und altnordischen Eiden auf der einen, den Bürger- oder Amtseiden aus dem städtischen Rechtsbereich und den bäuerlichen Weistümern (Textbeispiele 7 und 8) auf der anderen Seite besteht sicherlich eine beachtliche Überlieferungslücke – gleichwohl ist der noch im Grimmschen Wörterbuch vertretenen Meinung, das Adjektiv *getreu* sei eine „ältere bildung, der sich das synonyme *treu* erst mit den anfängen der neuhochdeutschen periode entgegenstellt",[35] aus der Sicht der in den Rechtstexten bezeugten Paarformeln zu widersprechen.

(7) Eid des Zehntgrafen:
Auch sall der cingreffe, der da gekorn vnd gesatzt wirt, globen in guten truwenn vnd tzu den heiligen sweren, der marcke truwe vnd holt tzu sin vnd der marcke truwelich tzu huden, mit namen sall er weren raden, hauwen, fischen, vbertrifft, vnd was der marcke schedelich sy, cleyn ader gross, das sall er weren also verre, als yne macht vnd crafft dreit, vnd mochte das der tzingrefe nit geweren, so sollen yme die rittere ader die marckere arme vnd riche beholffen sin [...].
(Selbolder Markweisthum, Wetterau, 1366)[36]

(8) Meiereid:
Erstlichen schwört vnnd spricht ein jeder dinckhof meyer, dasz er soll vnnd wolle herren probsten vnnd gemeinen capitul s. Theobaldi stifft zue Thann trew vnnd holdt sein, ihren vnnd deszen zue Ober-Anspach habenden dinckhoffs nutzens vnnd wohlfarth jederzeit so uill ihme miglichen in billichen sachen fürderen, schaden vnnd nochtheil durch sich vnnd die seinigen verhüeten vnnd abwenden, deren vnnd desselbigen recht, gerechtigkeiten helffen handthaben, vnnd nichts derwider fürgenomen werden gestatten [...].
(Dinghof zu Ober-Aspach/Elsass, 1588)[37]

Dies um so mehr, als für das frühe Mittelalter, aus dem für die Kontinentalgermanen die in lateinischer Sprache aufgezeichneten Leges (barbarorum) oder Volksrechte erhalten sind, die die mittellateinische Paarformel *trustis et fidelitatis* tradieren. Da dieser in die Schriftsprache Latein gefasste Gefolgschaftseid von einem Salfranken in seiner Muttersprache mündlich geleistet wird, ist auch „hinter dem Lateintext eine fränkische Eidesformel" zu vermuten.[38]

Allerdings dominiert *getr(i)uwe* gegenüber präfixlosem *tr(i)uwe* nicht nur in den Weistümern, sondern vor allem auch in den dreigliedrigen Formeln der Eide

---

15./16.Jahrhundert); *hold, treu und gewärtig*: FRAustr., 1580; *hold, treu, gehorsam und gewärtig*: Beamter, 1776. Zu den Belegen: DRWB 5, Sp. 1417f.

[35] DWB, IV, I, 3, Sp. 4499.
[36] Weisthümer (1840-1871). Gesammelt von Jacob Grimm. Band 1-7. Göttingen: Dieterichsche Buchhandlung. Hier: III, S. 420.
[37] Weisthümer IV, S. 110.
[38] Vgl. hierzu Dilcher (1961, 62f.) mit Hinweis auf die alliterierende Eidesformel *truht und triuwe*.

*getreu, gewertig und gehorsam*³⁹ oder *getreu, hold und gehorsam*⁴⁰ und Urkunden *getruwe unde gewer unde gehorsam*.⁴¹

Als vorläufiges Ergebnis lässt sich für *treu und hold* festhalten: Spätestens mit dem Sachsenspiegel verfestigt sich das Wortpaar zu einer Paarformel, mit der der ethische Begriff persönlicher Treue und Zuverlässigkeit aus dem Lehnsrecht in das im doppelten Sinne bürgerliche Recht überführt wird. *Getr(i)uwe unde holt*, dessen schriftliche Überlieferung in etwa zeitgleich einsetzt und vor allem in den oberdeutschen Quellen die präfixlosen Formen dominiert, mag eine stilistische Variante, die unter dem Einfluss von mittelhochdeutsch *getriuwe* steht, sein oder auch ein konkurrierendes Begriffspaar zu *treu und hold*. Die mittelhochdeutschen Dichter verwenden die Paarformel hingegen in keiner der beiden Formen.⁴² Eine Frage der Stilistik bzw. Metrik ist wohl auch die Bevorzugung von *getreu* in der dreigliedrigen Formel.

4.2 *arm und reich*

In der Begrifflichkeit stabil, in Lexembestand und Reihung fest, dabei morphosyntaktisch variabel präsentiert sich auch *arm und reich*. Dies zeigen die Amtseide der Stadt Ofen (heute Ungarn) aus dem Anfang des 15. Jahrhunderts (1403-1439; Textbeispiele 9-11):⁴³

(9) *WIe der Richterr sweren soll*
Jch swer ain ayd got, dem almechtigen Vnd vnserem gnedigen herren dem kunig N., kunig zu Vngeren, vnserr genedigen frawn, der kuniginn N. zu Vngeren vnd derr heiligen kron zu Vngerern Vnd allen yren trewen lantherren vnd der stat Zu Ofen, deütschen vnd Vngeren, armm vnd reich getrew zu sein Vnd ein rechtes recht zu halten Vnd wil das lassen widerrfaren dem armen als dem Reichen, dem kunden als dem frömbden nach meinem gueten gewissen Vnd vermügen, als mir das got gibt zu erkennen vnd der Stat nutz zu erberbenn Vnd den schaden zu pewaren, das recht zu füyederen Vnd das vnrecht zu hinderen vnd zu krengken. Vnd wil der Stat Vnd Rats haimlichkait verrswigen pehalten vnd des nicht lassen wil wederr vmb lieb noch vmb laidt, noch vmb neidt, noch vmb hass, noch vmb forcht, noch vmb

---

39 Bürgereid, Soest, 15. Jahrhundert.
40 Bürgereid, Lippstadt/Westf., 17. Jahrhundert.
41 Rechtsbuch nach Distinktionen, 14. Jahrhundert; *getrüw, dienstbar und gewaertig*: SgallenOffn., 1443; *getruwe, holt, gehorsam und gewartende sine*: Miltenberg, 1459; *holt und gehorsamb*: OpfalzLO., 1599; *getreu, hold und gehorsam*: HansSeeR., 1614; JbOldenb., 1645; *getreu, holt, gehorsam und gewärtig*: Soldateneid, 1713.
42 BMZ 3, S. 106. – Stattdessen: *getriuwe unde guot, getriuwe und gewaere* 'wahr, wahrhaft, zuverlässig, tüchtig'.
43 Das Ofner Stadtrecht. Eine deutschsprachige Rechtssammlung aus Ungarn. Hrsg. von Karl Mollay. Weimar 1959, 75f.

>   *frewntschafft, noch vmb gunst, noch vmb gab, noch vmb kainerrlay sach, do mit ich disen meinen gegenwürtigen aydt möcht vermailigen. Also helf mir got vnd das heilig ewangelium.*
>   (Ofner Stadtrecht II. 42.)
>
> (10) *WIe dy Ratherren sweren süllenn*
>   *Jch Swer ain aÿdt dem almechtigen got Vnd vnserem gnedigen herren, dem kunig N., kunig zu Vngeren vnd vnser gnedigen frawn, der kunigin frawn N., kunigin zu Vngeren Vnd der heiligen kron zu Vngeren vnd den yren getrewen Lantherren Vnd dem Richterr vnd der gantzen gemain derr Stat zu Ofenn, deütschen vnd Vngeren, armen Vnd Reichenn getrew zw sein vnd ein rechts recht wil helffen halten vnd wil das lassen wider faren dem armen als dem Reichen, dem frömden als dem kundenn nach meinem guetem wissen vnd mir das got gibt zu erkennen Vnd der stat nutz zu erberben Vnd den schaden zu pewaren etc. ut supra.*
>   (Ofner Stadtrecht II. 43.)
>
> (11) *Von des Statschreiber aydt*
>   *Jch Swerr ein ayd got, dem almëchtigen vnd vnnserem gnedigen heren, dem kunig N., künig zu Vngeren Vnd vnserr gnedigen frawn derr kunigin, frawn N., kunigin zu Vngeren vnd der heiligen kron zw Vngeren vnd yren getrewn landtherren Vnd meinen herren, dem Richter Vnd dem Rat Vnd derr gantzn gemain derr Stat Zu Ofenn, deutschen Vnd Vngeren, Arm Vnd Reich getrew wil sein Vnd das ich mein Statschreiber ampt getrewlich be waren vnd wol füeren wil nach meinem gueten gewissen Vnd verrmugen nach dem Vnd mirs got gibt zu erkenen Vnd des Rates vnd derr Stat Vnd des Rats haimlichkait verswigenn halten wil Vnd des nicht lassen wil ut supra.*
>   (Ofner Stadtrecht II. 44.)

Die Adressaten der Eide von Richter, Ratsherren und Stadtschreiber sind zunächst Gott, dann das Herrscherpaar und die Krone Ungarns, die Ersten des Reiches/Landes, (wahlweise Richter und Rat, und für alle wieder) die Gemeinschaft der Bürger der Stadt, Deutsche und Ungarn, *arm vnd reich* in Artikel II. 42 und 44, *armen vnd reichen* in Artikel II. 43, denen unterschiedslos geschworen wird *getrew zu sein*. Jeder Richter verpflichtet sich außerdem, nach bester Einsicht bzw. bestem Vermögen eine gerechte Gerichtsverhandlung abzuhalten und diese jedermann, Deutschen und Ungarn, *dem armen als dem Reichen*, d.h. ungeachtet des wirtschaftlichen und sozialen Ansehens der Person, zukommen zu lassen. Die Ratsherren ihrerseits beschwören, gegenüber *dem armen als dem Reichen* das ihnen Mögliche zur Einhaltung des Grundsatzes der Rechtsgleichheit vor Gericht beizutragen. Die Paarformel *arm und reich* zeigt in diesen Belegen eine syntaktische Variabilität im gleichen Kontext, die als Beispiel für unterschiedliche Entwicklungsstufen der Phraseologisierung gelten kann.[44]

---

[44] Zu überprüfen ist auch die Umstellung des Wortpaares *dem kunden als dem frömbden* im Richtereid gegenüber dem wiederum an syntaktisch gleicher Stelle stehenden *dem frömden als dem kundenn* im Ratsherreneid.

In *arm – rîch* ist eine der 77 deutschen Paarformeln zitiert, die in den frühen deutschen Urkunden (bis 1290) belegt sind.[45] Tatsächlich beginnt die volkssprachige Überlieferung bereits mit Otfrid von Weißenburg, der in seinem Evangelienbuch an drei Stellen (Textbeispiel 12)[46] die antithetische Paarung der gegensätzlichen Begriffe 'arm' und 'reich' verwendet.

(12) Otfrid von Weißenburg, Evangelienbuch:
  - *Er sprah zen ewarton selben thesen worton;/ gab armer joh ther richo antwurti gilicho;* (I,17,35f.);
  - *Alle thie furistun joh thie jungistun,/ arme joh riche giangun imo al giliche;* (I,27,7f.);
  - *Ja hilfist thu io mit willen thesen liutin allen,/ richen joh armen; laz sia thih ouh irbarmen;* (III,10,22).

Arm drückt schon im Althochdeutschen immer einen Mangel aus, sei es an Ansehen oder Wert(schätzung), sei es an Besitz äußerer Güter,[47] so dass die Verbindung mit *rîch* in den Bedeutungen 'vornehm' oder 'wohlhabend, reich' den „Oberbegriff nicht schlechthin, sondern zugleich in seinem Gesamtumfang" bezeichnet.[48] Bezüglich seiner Bauform erscheint *arm und rîch* 'jeder(mann), alle zusammen, sämtlich' im Althochdeutschen weder in der Reihenfolge der in dem Wortpaar gebundenen Wörter, noch morphosyntaktisch festgelegt. Die Reihenfolge *arm* vor *rîch,* die im übrigen das lateinische Pendant *dives – pauper* umkehrt, lässt sich bei Otfrid mit den Erfordernissen des Endreims erklären: *richo* des ersten Halbverses reimt mit *gilicho* des zweiten Halbverses, in dem zweiten Langvers reimen *riche* und *giliche*, regelhaft hat *rîch* die Zweitstellung innerhalb der Formel, die an anderer Stelle *armen* übernimmt, weil die Reimentsprechung *irbarmen* lautet. Bei Notker dem Deutschen ist die veränderte Reihenfolge *rîch – arm* in der Übersetzungsgleichung (Textbeispiel 13)[49] auf die lateinische Vorlage des Psalms zurückzuführen.

---

[45] Sie hat in *dives – pauper* eine lateinische Entsprechung (51 von 77); außerdem gehört sie zu denjenigen Paarformeln (22 von 77), die schon vor 1240 bezeugt sind. Vgl. Dittmer (1981, 470); hierzu auch Matzinger-Pfister (1972).

[46] Otfrids Evangelienbuch. Hrsg. von Oskar Erdmann. 6. Auflage besorgt von Ludwig Wolff. Tübingen 1973 [= Altdeutsche Textbibliothek 49] S. 38, 50, 117. Zu Form und Flexion des Adjektivs vgl. Braune/Eggers (1987, 247f.).

[47] Althochdeutsches Wörterbuch. Bearb. und hrsg. von Elisabeth Karg-Gasterstädt und Theodor Frings. Berlin 1968 Band 1, Sp. 644ff.

[48] Zu vermeiden ist der Terminus „Totalitätsbegriff" bei Dittmer (1981, 446f.).

[49] *In unum diues et pauper. Kehôrent sáment rîcher unde ármer daz chît superbi et humiles.* [interlinear *hohmuôtige unde nídermuotige*] Notker der Deutsche, Der Psalter, Psalm 1-50, herausgegeben von Petrus W. Tax, Tübingen 1979 [= Altdeutsche Textbibliothek 84]. S. 167. Psalm 48,3.

(13) Notker der Deutsche, Der Psalter:
... *In unum diues et pauper. Kehôrent sament rîcher unde armêr* ...
(Psalm 48,3).

Bis ins 15. Jahrhundert bleibt *arm und rîch* in den promissorischen Eiden (Textbeispiele 14 und 15[50]) morphosyntaktisch variabel,[51] die Reihenfolgepräferenz erscheint für *arm* vor *rîch* entschieden,[52] auch wenn in den mittelhochdeutschen Urkunden durchaus noch die Reihenfolge *rîch – arm* zu beobachten ist.[53]

(14) Ratseid:
Daz wir di heimelikeit, di dem rate widervert von vromden oder von vrunden, an keiner stat wollen melden weder wiben noch kinden, vrunden noch vromden durch liep noch durch leit und ouch wollen rugen, waz wir ervaren, daz dem rate und der stat, armen und richen, schade ist nach allen den geboten, di nach der stat gewonheit irsatzet sin, als uns got helfe und alle heiligen.
(Zwickauer Rechtsbuch I,1.27; 1348)

(15) Eid der Amtmänner:
Item der selb amptman oder waibel sol ouch schweren ainem herrn vnd vogt trüw und warhait zu laisten, sinen nutz zu fürdern vnd schaden zu wenden, vnd das ampt getrüwlich zu versechen nach nutz vnd ere ains vogtz vnd der nachpuren, vnd alles das zutund daz der herlikait zugehördt, vnd die zu vfen vnd mengklichem zu richten wer des begert, vnd ain gemainer richter zu sind dem armen als dem rychen vnd dem rychen als dem armen, dem frömbden als dem haimschen, vnnd darinn sich nütz laussen bewegen weder fründtschafft nach geuatterschafft, nach dehainerlay miet noch gaben, ouch weder silber nach gold nach sunst dehainerhand sachen in dhain wyse dann allain durch gott vnd des plossen rechten willen.
(Öfnung zu Burgau/Sanct Gallen, 1469)

In unserem Textkorpus ‚Eid', das Belege des Frühneuhochdeutschen mit einbezieht, steht die Paarformel häufiger flektiert als unflektiert; in den flektierten

---

[50] Zwickauer Rechtsbuch. Texte mittelhochdeutsch und neuhochdeutsch. Bearbeitet von Günther Ullrich. Weimar 1941 [= Germanenrechte. N.F.: Stadtrechtsbücher; 2]; Weisthümer I, S. 194.
[51] Vgl. Belege im DRWB 1, Sp. 822-823.
[52] Interessant ist dabei, dass andere westgermanische Sprachen hinsichtlich der Reihenfolgefestlegung dieses Wortpaars eine andere Entwicklung genommen haben: Während das Niederländische in diesem Punkt offenbar keine Stabilität ausgebildet hat (WNT 13, 273: „*Rijk en arm* is een nagenoeg even gewone uitdr. als *arm en rijk*"), wird die Reihenfolge *rich and/or poor* für das Englisch als „nonrev[ersible]" ausgewiesen (Cowie/Mackin/McCaig 1994, 479); letztere scheint sich – zumindest nach den (wenigen) Belegen des OED, VII, 1115 und VIII, 647 – auch erst nach 1500 durchgesetzt zu haben.
[53] Wörterbuch der mittelhochdeutschen Urkundensprache auf der Grundlage des Corpus der altdeutschen Originalurkunden bis zum Jahr 1300. Berlin 1994 Band 1 S. 129.

Formeln bleibt der Dativ Plural artikellos, vor dem Dativ Singular steht der bestimmte Artikel. Durchaus gängig scheint der Usus, die Paarformel im Kontext des Rechtsbegriffes 'jedermann' als Ausdruck eines wirtschaftlichen/sozialen Aspektes zu gebrauchen: *... den burgern ..., armen und richen ... – ... der ganczen gemeyne, arm und rich ...*[54] Dass ein Richter für 'jedermann' unterschiedslos, d. h. ohne Ansehen der Person, *recht richten sal den armen als den riiken* beziehungsweise *recht vrteil geben vnd richten (sol) dem armen als dem reichen*,[55] bleibt über die Carolina (1529/32) hinaus inhaltlich und sprachlich eine gute Tradition (Textbeispiel 16).[56]

(16) *Des richters eidt.*
Ik lave und swere hirmede to Godt und synem hilligen Evangelio eynem erbarn rade der stadt Osenbrugk und erem gerichte, so my dat bevalen und ingedaen, mit getruwem vlite und gehorsam vortosyn und datsulvige to gewarden, darbeneffen des rades und gerichtz ehren fromen profit und nuth to fordern, schaden to warnen und wil wettentlich daran wedder recht und olt loflich herkomen und gewonheit nemande besweren, dar nichtz af entehen und brecken laten, wil oik sampt den geswaren bysittern raden und ordeilen na des hilligen rikes gemeinen rechten, erbarn redelichen und lidentlichen gewonheiden, gesaten, gegeven frigheiden und ordnunge der stadt Osenbrugk na mynem besten vorstande vorstaen und vorwesen, gemeinlik den armen als den riken gelik und recht richten und vortfaren.
(Osnabrück, ca. 1555)

5. Schlussfolgerungen

Die Entstehung und Entwicklung von Paarformeln im Deutschen haben wir an zwei Fallbeispielen nachzuzeichnen versucht: *arm und reich* als Beispiel für germanisches Gemein- und Gedankengut, *treu und hold* als Begriff des mittelalterlichen Lehnswesens.

Das sprachgeschichtlich ältere *arm und reich* wird schriftlich erst zu einer Zeit greifbar, in der sich die Verschriftlichung der deutschen Sprache in Auseinandersetzung mit der lateinischen Sprache und in der Nachfolge ihrer Textsorten und Gattungen (vor allem der religiösen Texte) entwickelt. Die sprachliche Stabilisierung eines Begriffs in Anwendung der für die Paarformel postulierten Kriterien greift selbst in einer von Formenstrenge beherrschten Textsorte wie dem Eid also nicht in vollem Umfang: Bei unverändertem Lexembestand und präferierter Reihenfolge bleibt immer noch morphosyntaktische Variation.

---

[54] Vgl. auch Bürgereid im Liegnitzer Rechtsbuch des 14./15. Jahrhunderts.
[55] Klever Stadtrecht aus dem Anfang des 15. Jahrhunderts.
[56] I. Das älteste Stadtbuch von Osnabrück. II. Das Legerbuch des Bürgermeisters Rudolf Hammacher zu Osnabrück. Hrsg. von E. Fink. Osnabrück 1927 [= Osnabrücker Geschichtsquellen 4] S. 153.

Mit *treu und hold* sind Grundwerte des germanischen Gefolgschaftswesens angesprochen, deren spezifische Ausprägung allerdings erst im mittelalterlichen Lehnswesen erfolgte. Damit stehen außersprachlicher Begriff und sprachliche Wiedergabe zeitlich enger zusammen, dies um so mehr, als die Treueformel sofort in den ersten volkssprachigen Rechtsbüchern des Mittelalters bezeugt ist. Hier konnte gezeigt werden, dass ein vereinheitlichendes Recht wie der großräumig über Jahrhunderte wirkende Sachsenspiegel sprachliche Normen vorgeben und schon vor der Ausbildung der neuhochdeutschen Schriftsprache vereinheitlichend wirken kann.

Für die beiden Ausgangsfragen nach den Entwicklungstendenzen bei der lexikalischen und formalen Stabilisierung von Wortpaaren zu Paarformeln im Deutschen können unsere Beobachtungen wie folgt zusammengefasst werden: Die Paarformeln sind gekennzeichnet durch die Eindeutigkeit des in ihr gespiegelten Begriffs sowie durch ihren „Umlaufcharakter" bzw. ihre „Belegdichte" auch jenseits der Textsorte ‚Eid' in rechtlichen und außerrechtlichen Schriftzeugnissen.[57] Das heißt, dass eine Stabilisierung etwa im Sinne der Feilkeschen „idiomatischen Prägung" erfolgt, bei der „der Gebrauch selbst eine *Form* des Sprechens und des Verstehens festlegt" (Feilke 1996, 172). Frühe Paarformeln aus dem Rechtsleben sind in dem Rechtsraum, in dem sie verwandt werden, lexikalisch fest, aber grammatisch variabel – dies nicht zuletzt in Abhängigkeit des syntaktischen Kontexts und der Stilistik. Vor allem in früheren Texten sind die beiden Komponenten noch umkehrbar; dennoch ist bei rechtlich relevanten Paarformeln von Anfang an ein nicht unerheblicher Festigkeitsgrad zu erkennen. Wie zumindest die beiden Fallbeispiele nahe legen, ist davon auszugehen, dass der Prozess der Phraseologisierung zu Paarformeln in mehreren Schritten verläuft: 1) Festlegung des Lexembestandes, 2) Entwicklung einer Reihenfolgepräferenz und 3) Festigung der Morphosyntax. Die strukturelle Festigkeit wird im Sprachgebrauch verankert, und dies bedeutet gleichzeitig, dass die Reihenfolge nicht notwendig durch das von Müller (nach Malkiel) postulierte Salienzkriterium bestimmt wird. – Dies alles wird auf breiterer Material- und Quellenbasis zu überprüfen und weiterzuführen sein.

---

[57] Für die Rechtssprichwörter stellt Schmidt-Wiegand (1993a, 282) in ähnlicher Weise fest: „Wichtigstes Merkmal der Rechtssprichwörter, das sie mit den Sprichwörtern allgemeiner Art verbindet, ist ihr Umlaufcharakter, der in der Belegdichte, wie in der gemischten Quellenlage von rechtlichen und außerrechtlichen Quellen, in Variation, Metaphorisierung und Idiomatisierung greifbar wird."

Literatur

Bentzinger, Rudolf; Wolf, Norbert Richard (Hrsg.) (1993): *Arbeiten zum Frühneuhochdeutschen. Gerhard Kettmann zum 65. Geburtstag.* Würzburg: Königshausen & Neumann [= Würzburger Beiträge zur deutschen Philologie 11].
Besch, Werner (1993): „Die sprachliche Doppelform im Widerstreit. Zur deutschen Prosa des 15. und 16. Jahrhunderts." In: Bentzinger/Wolf (Hrsg.) (1993), 31-43.
Besch, Werner; Betten, Anne; Reichmann, Oskar; Sonderegger, Stefan (Hrsg.) (1998): *Sprachgeschichte. Ein Handbuch zur Geschichte der deutschen Sprache und ihrer Erforschung.* 2. Halbband. 2., vollst. neu bearb. und erw. Aufl. Berlin./New York: de Gruyter [= HSK 2.1].
BMZ = *Mittelhochdeutsches Wörterbuch.* Mit Benutzung des Nachlasses von Georg Benecke, ausgearbeitet von Wilhelm Müller und Friedrich Zarncke. Band 1 und 3. Leipzig 1854 und 1861: Hirzel.
Braune/Eggers (1987) = *Althochdeutsche Grammatik von Wilhelm Braune.* 14. Aufl. bearb. von Hans Eggers. Tübingen: Niemeyer [= Sammlung kurzer Grammatiken germanischer Dialekte A. Hauptreihe 5].
Buchholz, Stephan; Mikat, Paul; Werkmüller, Dieter (Hrsg.) (1993): *Überlieferung, Bewahrung und Gestaltung in der rechtsgeschichtlichen Forschung.* Paderborn [u.a.]: Schöningh [= Rechts- und Staatswissenschaftliche Veröffentlichungen der Görres-Gesellschaft N.F. 69].
Burger, Harald; Buhofer, Annelies; Sialm, Ambros (1982): *Handbuch der Phraseologie.* Berlin/New York: de Gruyter.
Burger, Harald; Linke, Angelika (1998): „Historische Phraseologie." In: Besch et al. (Hrsg.) (1998); 743-755.
Cowie, Anthony Paul; Mackin, Ronald; McCaig, I. R. (1994): *Oxford Dictionary of Engish Idioms.* Oxford: University Press.
Dilcher, Gerhard (1961): *Paarformeln in der Rechtssprache des frühen Mittelalters.* Diss. Frankfurt a.M.
Dilcher, Gerhard (1971): Artikel „Eid, 3. Versprechenseide". In: HRG I, 866-870.
Dittmer, Ernst (1981): „Der lateinische Einfluß auf die Paarformel der frühen hochdeutschen Urkundensprache." In: *Zeitschrift für Sprachwissenschaft* 6; 439-478.
DRWB = *Deutsches Rechtswörterbuch. Wörterbuch der älteren deutschen Rechtssprache.* Band 1-9. Weimar 1914-1996: Böhlau.
DWB = *Deutsches Wörterbuch* Von Jacob Grimm und Wilhelm Grimm. 16 Bände in 32 Bänden und Quellenverzeichnis. Leipzig: Hirzel 1854-1971.
Feilke, Helmuth (1996): *Sprache als soziale Gestalt. Ausdruck, Prägung und die Ordnung der sprachlichen Typik.* Frankfurt a.M.: Suhrkamp.
Frank, Barbara (1996): „Convenientia und Treueid in ihrem soziokulturellen Kontext. Ein Fallbeispiel zum Textsortenwandel." In: Michaelis/Tophinke (Hrsg.) (1996); 17-33.
Glier, Ingeborg (Hrsg.) (1987): *Die deutsche Literatur im späten Mittelalter (1250-1370), 2: Reimpaargedichte, Drama, Prosa.* München: Beck [= Geschichte der deutschen Literatur von den Anfängen bis zur Gegenwart 3/2].
Günther, Hartmut; Otto Ludwig (Hrsg.) (1994): *Schrift und Schriftlichkeit. Writing and Its Use. Ein interdisziplinäres Handbuch internationaler Forschung. An Interdis-*

ciplinary Handbook of International Research. 1. Halbband. Berlin, New York: de Gruyter [= HSK 10.1].

Häusermann, Jörg (1977): *Phraseologie. Hauptprobleme der deutschen Phraseologie auf der Basis sowjetischer Forschungsergebnisse.* Tübingen: Niemeyer.

Hoffmann, Otto (1885): *Reimformeln im Westgermanischen.* Darmstadt: Leske [= Diss. Freiburg/Br.].

HRG = *Handwörterbuch zur deutschen Rechtsgeschichte.* Hrsg. von Adalbert Erler und Ekkehard Kaufmann. Band 1-5. Berlin: Schmidt 1971-1998.

Johanek, Peter (1987): „Rechtsschrifttum." In: Glier (Hrsg.) (1987), 396-431 und 506-515 [Bibliographie].

Koch, Peter; Oesterreicher, Wulf (1994): „Schriftlichkeit und Sprache." In: Günther/ Ludwig (Hrsg.) (1994); 587-604.

Kochskämper, Birgit (1999): *'Frau' und 'Mann' im Althochdeutschen.* Frankfurt a.M. [u.a.]: Peter Lang [= Germanistische Arbeiten zu Sprache und Kulturgeschichte 37].

Kolmer, Lothar (1989): *Promissorische Eide im Mittelalter.* Kallmünz: Lassleben [= Regensburger historische Forschungen 12].

Lenz, Barbara (1999): „Schlafsack, Schnaps und Schwebebahn. Tradierte und neue Mehrlingsformeln." In: *Papiere zur Linguistik 61*; 93-118.

Malkiel, Yakov (1959): „Studies in irreversible Binominals." In: *Lingua. International Review of General Linguistics 8*; 133-160.

Matzinger-Pfister, Regula (1972): *Paarformel, Synonymik und zweisprachiges Wortpaar. Zur mehrgliedrigen Ausdrucksweise der mittelalterlichen Urkundensprache.* Diss. Zürich: Juris Verlag.

Mellado Blanco, Carmen (1998): „Historische Entwicklung der deutschen Paarformeln mit somatischen Komponenten." In: *Neuphilologische Mitteilungen 99*; 285-295.

Mettke, Heinz (1987): *Altdeutsche Texte.* 2., unveränderte Auflage. Leipzig: Bibliographisches Institut.

Michaelis, Susanne; Tophinke, Doris (Hrsg.) (1996): *Texte – Konstitution, Verarbeitung, Typik.* München/Newcastle: Lincom Europa [= Edition Linguistik 13].

Müller, Gereon (1997): „Beschränkungen für Binomialbildungen im Deutschen." In: *Zeitschrift für Sprachwissenschaft 16*; 5-51.

OED = *The Oxford English Dictionary.* [...] Oxford: Clarendon 1993. Reprinted 1978.

Piirainen, Elisabeth (1994): „Niederdeutsche und hochdeutsche Phraseologie im Vergleich." In: Sandig (Hrsg.) (1994), 464-496.

Piirainen, Elisabeth (2001): „Zur Bekanntheit von Phraseologismen in den regionalen Umgangssprachen – erste theoretische Ergebnisse." In: *Nowa frazeologia w nowej Europie. Новая фразеология в новой Европе. Neue Phraseologie im neuen Europa. Słowo. Tekst. Czas VI. Tezy referatów międzynarodowej konferencji naukowej, Szczecin, 6-7 września 2001 r.* Pod redakcją Harry Waltera, Walerija Mokijenki i Michaiła Aleksiejenki. Greifswald: Ernst-Moritz-Arndt-Universität, 131-133.

Ross, John R. (1980): „Ikonismus in der Phraseologie. Der Ton macht die Bedeutung." In: *Zeitschrift für Semiotik 2*; 39-56.

Salomon, Gerhard (1919): *Die Entstehung und Entwickelung der deutschen Zwillingsformeln.* Göttingen: Appelhans & Co. [= Diss. Teildruck].

Sandig, Barbara (Hrsg.) (1994): *EUROPHRAS 92. Tendenzen der Phraseologieforschung*, Bochum: Brockmeyer [= Studien zur Phraseologie und Parömiologie 1].

Scheyhing, Robert (1960): *Eide, Amtsgewalt und Bannleihe. Eine Untersuchung zur Bannleihe im hohen und späten Mittelalter*. Köln, Graz: Böhlau [= Forschungen zur deutschen Rechtsgeschichte 2].

Schmidt-Wiegand, Ruth (1984): Artikel „Paarformeln". In: HRG III; 1387-1393.

Schmidt-Wiegand, Ruth (1991): „Der Sachsenspiegel. Überlieferungs- und Editionsprobleme." In: Schmidt-Wiegand/Hüpper (Hrsg.) (1991); 19-56.

Schmidt-Wiegand, Ruth (1993a): „Sprichwörter und Redensarten aus dem Bereich des Rechts." In: Buchholz/Mikat/Werkmüller (Hrsg.) (1993); 277-296.

Schmidt-Wiegand, Ruth (1993b): „Sprache und Stil der Wolfenbütteler Bilderhandschrift." In: Schmidt-Wiegand (Hrsg.) (1993); 201-218.

Schmidt-Wiegand, Ruth (Hrsg.) (1993): *Die Wolfenbütteler Bilderhandschrift des Sachsenspiegels. Aufsätze und Untersuchungen. Kommentarband zur Faksimile-Ausgabe*. Berlin: Akademie Verlag.

Schmidt-Wiegand, Ruth; Hüpper, Dagmar (Hrsg.) (1991): *Der Sachsenspiegel als Buch*. Frankfurt a.M. [u.a.]: Peter Lang [= Germanistische Arbeiten zu Sprache und Kulturgeschichte 1].

Sonderegger, Stefan (1987): *Althochdeutsche Sprache und Literatur. Eine Einführung in das älteste Deutsch*. 2., durchgeseh. und erw. Auflage Berlin/New York: de Gruyter [= Sammlung Göschen 8005].

WMU 1 (1994) = *Wörterbuch der mittelhochdeutschen Urkundensprache auf der Grundlage des Corpus der altdeutschen Originalurkunden bis zum Jahr 1300*. Unter der Leitung von Bettina Kirschstein und Ursula Schulze erarbeitet von Sybille Ohly und Peter Schmitt. Band 1. Berlin: Schmidt.

WMU 2/10.Lfg. (1995) = *Wörterbuch der mittelhochdeutschen Urkundensprache auf der Grundlage des Corpus der altdeutschen Originalurkunden bis zum Jahr 1300*. Unter der Leitung von Bettina Kirschstein und Ursula Schulze erarbeitet von Sybille Ohly und Peter Schmitt. Band 2. Berlin: Schmidt.

WNT 13 = *Woordenboek der Nederlandsche Taal. Dertiende Deel. Riant-Ruzing*. Bewerkt door R. van der Meulen. 's-Gravenhage: Nijhoff, Leiden: Sijthoff 1924.

„Es ist besser in Ehre zu sterben, als mit Schande zu leben."
Zur Verwendung situationsmodellierender Phraseologismen in mittelhochdeutschen Romanen des 12. und 13. Jahrhunderts

Rebekka Nöcker (Bochum), Hanno Rüther (Münster)

Im folgenden Beitrag wird es weniger um die phraseologisch-strukturelle Betrachtung von Mikrotexten gehen, als um ihre pragmatische Dimension. Das hat mehrere Gründe: Zunächst wurde der Gegenstand aus genuin literaturwissenschaftlicher und nur ergänzend aus linguistischer Perspektive angegangen. Das bringt mit sich, dass weniger der Idiomatizität des betreffenden Mikrotextes die Aufmerksamkeit gilt, als vielmehr der Frage nach dem im Mikrotext tradierten Erfahrungs- und Orientierungswissen, das seinerseits in vielfältigen Beziehungen zum größeren Text steht, in den der Mikrotext eingebettet ist.

Zudem ist die phraseologische Untersuchung von mittelhochdeutschen Texten mit den aus der Gegenwartslinguistik bekannten Methoden nur schwer zu leisten, nicht zuletzt deshalb, weil die Texte keineswegs Alltagssprache, sondern ästhetisch und metrisch regulierte Schriftsprache tradieren. Die Identifikation von Sentenzen, Sprichwörtern und auch von phraseologischen Wortverbindungen im weiteren Sinne wird sich neben textinternen Signalen somit auch auf eine jeweils nachzuweisende Tradition des betreffenden Phraseologismus zu stützen haben. Diese Tradition sollte sich idealiter über einen breiten Zeitraum erstrecken, und der Phraseologismus sollte in möglichst vielfältigen Textgattungen und Anwendungsformen dokumentiert sein. Wohlgemerkt ist dies alles kein sicheres Indiz für das Vorhandensein eines Phraseologismus in gesprochener Sprache, denn alle Quellen sind notwendig stilisiert und bilden sicher gelegentlich auch Pseudophraseologismen ab, die nur innerhalb der Schriftlichkeit verwendet wurden.

1.

Die mittelhochdeutschen Artus-, Tristan- und Gralromane, dies ist seit langem bekannt, überliefern eine Vielzahl von Sentenzen und Sprichwörtern (Mone 1830). Eine systematische Aufarbeitung dieses Bestandes hingegen ist bislang nicht durchgeführt worden, jedoch widmet sich ein Projekt an den Universitäten Bochum und Münster dieser Aufgabe.[1] Dass es sich hier um ein keineswegs marginales Phänomen innerhalb dieser Gruppe historischer Texte handelt, sondern um ein wesentliches Element ihrer impliziten Poetik,[2] mögen einige Zahlen demonstrieren: Im „Erec" Hartmanns von Aue sind etwa 30 Sprichwörter und Sentenzen in 10.135 Versen zu finden (Quotient 338). Wirnts von Grafenberg „Wigalois" (ca. 1220) weist die hohe Zahl von rund 100 Belegen bei 11708 Versen auf (Quotient 117). Für die Werke der sogenannten klassischen Zeit kann man einen Durchschnittsquotient von ca. 150 errechnen; die späten Artusromane verwenden Sprichwörter und Sentenzen deutlich sparsamer; hier findet man etwa alle 400 Verse einen Beleg. Die Verwendungsweisen von Sprichwörtern und Sentenzen in den Romanen ist vielgestaltig: Sie finden sich in Rahmentexten (Prolog, Epilog), die Erzählerfigur nutzt sie, um das Handeln der Figuren zu kommentieren oder das Publikum zu belehren, Figuren bedienen sich ihrer in Dialogen unterschiedlichster Art, aber auch in monologischen Partien zu den verschiedensten Zwecken.

Der hier vorzustellende Mikrotext „Ehrenvoller Tod ist besser als ein Leben in Schande" (TPMA XI, 340-344) ist recht breit belegt. Obwohl in keinem der Belege metakommunikative Hinweise in der Form *altsprochen wort* oder *als man seit* vorhanden sind[3] und auch die Formulierung variiert, lässt sich in der Verwendungsweise eine pragmatische Bindung an verschiedene Verwendungssituationen und an das kulturelle Wissen der Sprechergruppe feststellen. Die Frage nach der pragmatischen Festigkeit[4] dieses auf der Formulierungsebene variierenden Mikrotextes soll im Zentrum des folgenden Beitrags stehen.

---

[1] Ein „Katalog der Sentenzen und Sprichwörter im höfischen Roman" von Manfred Eikelmann und Tomas Tomasek ist in Vorbereitung.

[2] Exemplarisch deutlich wird der Beitrag von Sentenzen und Sprichwörtern dazu etwa durch den programmatischen Charakter von Prologsentenzen oder dadurch, dass Sentenzen und Sprichwörter poetologische Reflexionen bzw. theoretische Erörterungen, die zentrale Themen der Texte betreffen, diskursiv oder argumentativ unterstützen.

[3] Eine späte Ausnahme bildet das 1480 im Druck erschienene Buch der Beispiele von Antonius von Pforr, in dem der Mikrotext eingeleitet wird mit: *Nun sprechen die wysen* (Antonius von Pforr: Buch der Beispiele; S. 103, Z. 15).

[4] Zum Begriff der pragmatischen Festigkeit vgl. Burger 1998, 29.

2.

Um das Belegmaterial nicht nur chronologisch-situativ zu ordnen, sondern auch die Gebrauchsgeschichte des Mikrotextes „Es ist besser in Ehre zu sterben, als mit Schande zu leben"[5] zu dokumentieren, ist von seiner Überlieferung auszugehen: Sie zeichnet sich durch eine hohe Belegdichte und – damit verbunden und für das Mittelalter typisch – durch eine vergleichsweise große sprachliche Varianz aus.

Bereits in der römischen Kaiserzeit[6] findet sich ein prominenter Beleg der Sentenz: *quod ad me attinet, iam pridem mihi decretum est neque exercitus ducis terga tuta esse. proinde et honesta mors turpi vita potior, et incolumitas ac decus eodem loco sita sunt* [Was mich betrifft, so war ich schon früher überzeugt, dass Flucht weder einem Heer noch einem Feldherrn Sicherheit bietet. Also ist ein ehrenvoller Tod einem Leben in Schande vorzuziehen, und Rettung und Ehre liegen an derselben Stelle] (Tacitus: Agricola; 33,6). Tacitus legt diese Worte seinem Schwiegervater, dem römischen Feldherrn Agricola, in den Mund, der mit Hilfe dieser Sentenz seine Legion zum Kampf gegen die Briten motiviert (98 n. Chr.). Auch die Historiographen des Mittelalters verstanden es, diese Sentenz einzusetzen: In der Chronik des Abtes Regino von Prüm (um 1000) ermutigt der Herzog Vurfand sein zahlenmäßig unterlegenes Heer zum Kampf mit den Worten: *Melius nobiliter mori, quam ignominia vitam servare* [Es ist besser, ehrenvoll zu sterben, als mit Schande das Leben zu bewahren] (Regino von Prüm: Chronik; 874, S. 107). Aus dem weiteren Kontext der Stelle wird ersichtlich, dass dieser Mikrotext in akzentuierter Form kulturelles Wissen über Ehre und adeliges Kriegerethos aufruft.

---

[5] Vgl.: „Besser mit ehren sterben, dann mit schanden gelebt" (Wander 1 s.v. *Ehre*, Nr. 9).

[6] Belegt ist der Gedanke auch in der Lebensbeschreibungen berühmter Männer des Cornelius Nepos bei der Darstellung der Heldentaten des athenischen Feldherrn Chabrias: *id ceteri facere noluerunt, qui nando in tutum pervenerunt. at ille, praestare honestam mortem existimans turpi vitae, comminus pugnans telis hostium interfectus est* [Und während seine Kameraden, die anderer Ansicht waren, sich schwimmend in Sicherheit brachten, zog er den ehrenvollen Tod einem Leben in Schande vor und fiel im Kampf Mann gegen Mann durch die Waffen der Gegner] (Nepos: Vitae; XII, 4,3; 40 v. Chr.) sowie in der Rede Catilinas vor der Versammlung der Verschwörer: *Nonne emori per uirtutem praestat quam uitam miseram atque inhonestam, ubi alienae superbiae ludibrio fueris, per decus amittere?* [Ist es nicht besser, tapfer zu sterben, als ein elendes und schändliches Leben, wenn du ein Spielball fremden Übermutes geworden bist, schmachvoll zu verlieren?] (Sallust: Catilina; 20,9; nach 43 v. Chr.).

Die sich abzeichnende Bindung des Mikrotextes an das Vorfeld einer Kampfsituation gilt mit wenigen Ausnahmen auch für die volkssprachliche Überlieferung. Dies verdeutlichen nicht nur Belege wie etwa in dem altgermanischen Heldenepos „Beowulf" (vv. 2890f.; Anfang 8. Jahrhundert) in altenglischer Sprache und in der altfranzösischen Literatur, sondern vor allem zeigt dies die deutschsprachige Tradition. Häufig findet sich der Mikrotext im mittelhochdeutschen höfischen Roman des 12. und 13. Jahrhunderts, aber auch in den verschiedenen Gattungen der mittelalterlichen Literatur bis ins 16. Jahrhundert, wie etwa in der Lyrik, der Dietrichepik, der Kleinepik, der didaktischen und geistlichen Dichtung sowie im spätmittelalterlichen Drama. Darüber hinaus wird die fortlaufende Tradierung des Mikrotextes fassbar in der Sammelüberlieferung des 15. und 16. Jahrhunderts, so in der Sprichwörtersammlung des Tunnicius (Nr. 273; 1513) und in einer Predigthandschrift der Proverbia Fridanci. Diese Breslauer Handschrift von 1471 nutzt den Mikrotext *Bessir ist mit eren gestorben, wen mit schanden gelebit* (Proverbia Fridanci, 414 [Breslau, Biblioteka Uniwersytecka, I. Q. 363, fol. 185r]) als Ausgangspunkt einer lateinischen Predigtskizze, die, vom weltlichen Verständnis des Mikrotextes ausgehend, mit Hilfe verschiedener Bibelstellen und Heiligenlegenden die radikale Nachfolge Christi anempfiehlt, indem sie den *êre*-Begriff auf das Verhältnis des Christen zu Gott projiziert. Der lateinische Predigtkommentar ist besonders hervorzuheben, da er explizit auf die biblische Figur des alten Eleazar im zweiten Makkabäerbuch[7] verweist, der, statt sich den Zwängen der Heiden bei der Tempelentweihung in Jerusalem zu beugen, den Tod durch die Marter vorzieht. Eleazars Entscheidung wird vom Erzähler folgendermaßen kommentiert: *at ille gloriosam mortem magis quam odibilem vitam amplectens voluntarie praeibat ad supplicium* (Vulgata; II Mcc 6,19) [Jener, einen ehrenvollen Tod lieber als ein schändliches Leben annehmend, ging freiwillig zur Marter(bank) voraus]; und in dieser Weise ist der Mikrotext *Bessir ist mit eren gestorben, wen mit schanden gelebit* in seiner Funktion als Predigtüberschrift auf die Bibelstelle applizierbar.

Ein früher deutschsprachiger Beleg aus Hartmanns von Aue „Gregorius" lautet: *mir ist lieber daz mîn lîp/bescheidenlîche ein ende gebe/dan daz ich lasterlîchen lebe* (Hartmann: Gregorius; 2064-2066). An ihm lassen sich die für die Verwendungsweise des Mikrotextes im literarischen Kontext typischen Charakteristika aufzeigen. Die von den Komponenten 'sterben' – 'Schande' – 'leben' erzeugte semantische Basis variiert auf lexikalischer Ebene: Einzelne Komponenten können fortgelassen – wie bei Hartmann von Aue die Komponente 'Ehre' – oder positiv bzw. negativ besetzt werden. Statt der 'besser als'-Formulierung

---

[7] Die Handschrift gibt die Bibelstelle „I Macc vi" an.

kann – wie im „Gregorius"-Beleg – eine Substitution durch einen adäquaten adverbialen Ausdruck erfolgen.

Die Überlieferung zeigt unabhängig von den variablen Formulierungsmustern Verwendungsweisen, die auf das pragmatische Wissen im Umgang mit dem Mikrotext schließen lassen. Es handelt sich um abrufbares Wissen, das Allgemeingültigkeit beansprucht und im Zusammenwirken von Sprache und normiertem Verhalten zum Ausdruck kommt. Die vor den gesellschaftlichen Normen zu verantwortende Grundhaltung des einzelnen oder einer Gruppe in der Konfliktsituation des Kampfes beruht auf dem Ethos eines spezifisch kriegerischen Ehrbegriffs: Ehre erweist sich gerade im Hinblick auf Untergang und Tod. Für die Übertragung des Kriegerethos, wie es sich in den Texten des frühen Mittelalters zeigt (vgl. Haubrichs 1996), auf die Strukturen der neuen adelig-höfischen Rittergesellschaft, wie sie sich im höfischen Roman des 12. und 13. Jahrhunderts darstellen, ist mit der Möglichkeit der Veränderung in der Verwendungsweise des Mikrotextes zu rechnen: Tod und Leben sind Kategorien, an deren Stelle vielfach die Kategorien Sieg und Niederlage treten.[8]

3.

Als methodischer Hintergrund für die Untersuchung der aufgefundenen Sprichwörter und Sentenzen dient das von Grzybek (1991, 2000) zur Analyse von Sprichwörtern in Texten bereitgestellte Instrumentarium. Es basiert im wesentlichen auf der von G. L. Permjakov entwickelten semiotischen Betrachtungsweise des Sprichworts als Zeichen und als Modell einer Situation. Im konkreten Fall sind hier zunächst die Relationen der Situation im Mikrotext selbst zu beschreiben: Ihr Zeichencharakter ist vom Modellcharakter kaum zu unterscheiden, da die Komponenten 'Ehre', 'Schande', 'leben', 'sterben' so wenig bildhaft sind (bzw. nur auf sich selbst verweisen), dass eine Analyse ihrer Verweisfunktion unmittelbar in die Analyse des Modells einmündet. Anders ausgedrückt würde eine Analyse der Zeichenrelation wegen der Abstraktheit der Zeichen zu keinem praktisch verwertbaren Ergebnis führen. Der Besser-in-Ehre-sterben-Mikrotext modelliert eine Entscheidungspräferenz des Individuums über die Optionen 'leben' und 'sterben' im Hinblick auf die gesellschaftlichen Wertzuschreibungen 'Ehre' und 'Schande'. Die entscheidende logische Operation dabei ist, dass der gesellschaftlichen Wertschätzung Priorität vor der Existenz des Individuums eingeräumt wird.

---

[8] Dass der Mikrotext ab dem 17. Jahrhundert kaum mehr nachweisbar ist, könnte daran liegen, dass der Begriff der Ehre erheblichen Wandlungen ausgesetzt war. Zum „kriegerischen Ehrenkodex des Rittertums" vgl. auch Ehrismann 1995, 65-70, hier 66.

Es wird im Folgenden zu zeigen sein, in welchen konkreten, durch den Text modellierten Situationen der Mikrotext zu welchen Zwecken zum Einsatz kommt. Dabei ist zu trennen zwischen der Referenzsituation, auf die sich der Mikrotext bezieht, und der Interaktionssituation, in der er von einer Figur geäußert wird. Im Vordergrund des Interesses steht dabei, inwiefern die im Text dargestellte Situation durch das im Mikrotext vorgeführte Modell nach einem bereits vorgegebenen Muster strukturiert und bewertet wird.

4.

Drei Verwendungsweisen des Mikrotextes lassen sich vor diesem Hintergrund beschreiben: Im einzelnen handelt es sich dabei zunächst um die monologische Selbstmotivation eines Einzelkämpfers, sodann um den ermutigenden Zuspruch eines Heerführers an seine Truppen und schließlich um die Ansprache vor einer Ratsversammlung, die über Abbruch oder Fortsetzung eines Kampfes zu befinden hat. Man kann diese drei Verwendungsweisen als Varianten eines situativen Grundtyps auffassen: Der Entscheidung darüber, ob der bevorstehende Kampf ausgefochten werden soll. Diese Konstanz ist bemerkenswert und soll an zwei Beispielen näher vorgeführt werden: An dem auf die Zeit von 1210-1225 zu datierenden Artusroman „Daniel von dem blühenden Tal" des Strickers und an dem späten Artusroman „Garel von dem blühenden Tal" des Pleiers aus der zweiten Hälfte des 13. Jahrhunderts.

Im „Daniel" rüstet der Artushof zu einem Feldzug gegen König Mâtur von Clûse, der Artus' Unterwerfung gefordert hat. Daniel, ein Ritter der Tafelrunde, bricht heimlich auf, um den Kampf alleine zu bestehen und gelangt zum Eingang des Landes Clûse, der von einem nahezu unbesiegbaren Riesen bewacht wird. Seine Handlungsoptionen wägt er folgendermaßen gegeneinander ab: Einerseits würden sich seine bisherigen Mühen als vergeblich erweisen, und es würde den Verlust seines gesellschaftlichen Ansehens bedeuten, wenn er den Zweikampf gegen den Riesen unterließe; andererseits wird er im Kampf vermutlich den Tod finden und damit ebenfalls Schmach erleiden. Weiter reflektiert er

(1) ... ezn ist ze nihte guot
 daz ich erschricke als ein wîp.
 <u>ich wil gerner mînen lîp</u>
 <u>frümeclîche komen abe</u>
 <u>denn ich in mit schanden iemer habe</u> (Stricker: Daniel; 1076-1080)
 [Es ist nutzlos, dass ich wie eine Frau verzage. Ich will lieber tapfer mein Leben verlieren, als es in Schanden zu behalten.]

Der innere Monolog erlaubt dem Rezipienten, die Entscheidungsfindung des Protagonisten nachzuvollziehen. Die Interaktionssituation ruft entscheidende Konstituenten der Referenzsituation auf, nämlich den Kampf gegen den Riesen, dessen Unbesiegbarkeit, die Machtlosigkeit Daniels, die Wirkungslosigkeit seines Schwertes. Der in die *ich*-Form transformierte Mikrotext führt den Zwiespalt, in dem Daniel sich befindet, zu einer Lösung. Daniel nutzt das im Mikrotext tradierte Orientierungswissen zur Selbstmotivation, um seinen Kampfgeist zu wecken und sich Mut zuzusprechen. Für den Rezipienten demonstriert dies den Einklang der Handlung und Gesinnung Daniels mit dem Wertekatalog der ritterlichen Gesellschaft.

An einer zweiten Textstelle verwendet Daniel diesen Mikrotext gleichfalls in einem inneren Monolog in ganz ähnlicher Situation, und auch die Interaktions- und Referenzsituation der Sentenz sind nach dem gleichen Schema strukturiert. Daniel besteigt sein Pferd, um den Kampf gegen den Riesen anzutreten, als sich seine Aufmerksamkeit auf die Herrin vom Trüben Berge richtet, die von dem Zwerg Juran zur Heirat gedrängt wird. Wiederum wägt Daniel die sich ihm bietenden Handlungsweisen gegeneinander ab: Weder ist es klug, gegen den Riesen mit der unverwundbaren Haut zu kämpfen, noch mit der Dame zu reiten, um sie aus der Gewalt des Zwerges zu befreien, dessen Zauberschwert jeden bezwingt. In einem kurzen inneren Monolog, der seinen Zweifel über einen möglichen Sieg ausdrückt, erkennt er den Vorteil des ehrenvollen Sterbens gegenüber einem Weiterleben in Schande. Die Erkenntnis formuliert er – wieder aus der *ich*-Perspektive:

(2) *sô ist mir bezzer getân,*
 als ez mir nû gewant ist
 daz ich den lîp in kurzer frist
 frümeclîche ûf gebe
 dann ich mit schanden iemer lebe. (Stricker: Daniel; 1380-1384)
 [... so steht es mir besser an – wie es mir jetzt bestimmt ist – dass ich das Leben in kurzer Zeit tapfer verliere, als dass ich in Schanden weiter lebe.]

Der Mikrotext bekräftigt Daniels Entscheidung und gibt ihr den Status der einzig möglichen Handlungsoption, auch wenn diese seinen Tod bedeutet. Dass in der zweiten Kontextsituation sowohl der Kampf gegen den Riesen als auch gegen den Zwerg zur Disposition stehen, zeigt, inwiefern sich der Mikrotext bzw. seine „abstrakte Idee" als Invariante zu den Varianten der Referenzsituationen verhält (vgl. Grzybek 2000, 8f.). Seine erneute Verwendung negiert nicht etwa seine Gültigkeit bezüglich der ersten Kontextsituation. Es geht an dieser Stelle nicht darum, ob Daniel gegen den Riesen kämpfen soll oder nicht und also auch nicht um die unmittelbare Entscheidung über Ehre und Schande, Leben und Tod. Der Rekurs auf den Mikrotext gerät vielmehr zur Scheinbegründung: Es ist eine

Frage der Klugheit, zunächst den Zwerg zu besiegen, um danach mit Hilfe des erbeuteten Schwertes den Riesen zu bezwingen. Der Mikrotext wird gleichsam vorgeschoben und drückt den Versuch aus, die Erfordernisse der *list*[9] mit dem gesellschaftlich relevanten Verständnis von *êre* in Übereinstimmung zu bringen. Darüber hinaus geht es an dieser Stelle – quasi auf einer höheren Abstraktionsebene – im Verwendungszusammenhang des Mikrotextes um die Abwägung von Mühe (*arbeit*, vgl.1376) gegenüber Bequemlichkeit (*gemache*, vgl. 1372). So liegt es auf einer Linie mit der Erwartungshaltung des Rezipienten, wenn Daniel zunächst der Dame seine Hilfe zusagt und den Kampf gegen den Riesen zurückstellt, denn nicht nur die in der Referenzsituation als notwendig eingeforderten Handlungen konkurrieren miteinander, sondern auch die im thematischen Oppositionspaar 'Mühe' – 'Bequemlichkeit' angezeigten übergeordneten Werte. Ehre erweist sich hier nicht als Wert, der gemäß dem frühmittelalterlichen Kriegerethos im Tod erreichbar ist, sondern vielmehr als ein Wert, der sich durch die unbedingte Bereitschaft auszeichnet, Beschwerlichkeiten und Mühen auf sich zu nehmen und in Verbindung mit der Fähigkeit zur *list* den Erfolg, hier den Sieg über die Gegner, zu erzielen. Die Neuakzentuierung in der Verwendungsweise des Mikrotextes in diesem Roman könnte sich demnach dadurch andeuten, dass Ehre nicht mehr durch den Tod, sondern im Sieg unter der einkalkulierten Möglichkeit des Todes der höchste Ruhm zu erwerben ist. Die Verwendung differiert im literarischen Diskurs: Das frühmittelalterliche Kriegerethos wird übertragen auf den höfischen Roman und dient dort zur hervorhebenden Auszeichnung des ritterlichen Protagonisten.[10]

Zwei weitere Belege im „Daniel" sind Erzählerkommentare, die einmal die Tapferkeit der Artusritter im Allgemeinen, dann die Daniels im Besonderen lobend erwähnen. Besonderes Interesse verdient jedoch die zweimalige Verwendung des Mikrotextes in inneren Monologen des Helden, denn diese betreffen das Kernthema der *list*. Dadurch ist der Held immer wieder im Zweifel über seine Handlungsoptionen, wobei besonders das Bemühen um *êre*, gemäß dem im Mikrotext vorgeführten Modell ritterlichen Ethos, Einfluss auf seine Entscheidung ausübt.

Der „Garel" bietet sich als kontrastives Beispiel an, weil er in spezifischer Weise auf den „Daniel" reagiert. Dieser Roman handelt von der Herausforderung des Artushofes durch König Ekunaver, der Artus wegen einer ihm vermeintlich zugefügten Schmach in aller Form den Krieg erklärt. Nachdem Ekunaver von

---

[9] Daniels Monolog berührt damit ein zentrales Problem des Textes (Müller 1981, 88f.): Der Artusritter Daniel ist mit Aufgaben konfrontiert, zu deren Lösung er sich der *list* bedienen muss – ritterliche Tapferkeit allein reicht dazu nicht aus.

[10] Vgl. zu dieser Verwendungsweise z.B. auch den oben genannten Gregorius-Beleg Hartmanns von Aue.

einer entscheidenden Schwächung der Kampfkraft seines Heeres erfahren hat, hält er eine Rede vor seinem Hofstaat, in der er seine Entschlossenheit betont, Garel (und damit in der Konsequenz auch Artus) zu besiegen:

(3) *ich volende, des ich gesworn hân,*
mich enirre sîn êhaftiu nôt.
<u>*ich wolt ê ligen mit êren tôt,*</u>
<u>*ê ich mit laster wolte leben.*</u>
des wil ich iu mîn triwe geben,
mîn reise ist noch unerwant. (Pleier: Garel; 12440-12445)
[Ich werde niemals davon abrücken, das zu einem Ende zu bringen, was ich gelobt habe – es sei denn höhere Gewalt hindere mich daran. Ich würde lieber mit Ansehen sterben, als dass ich mit Schande weiterleben würde. Deswegen will ich Euch mein Wort geben: Mein Kriegszug ist noch immer unabwendbar.]

Wenig später kommt es zu ersten Kampfhandlungen. Graf Galvân wird Garel von Ekunaver mit 400 Mann entgegengeschickt. Garel, der über nur 200 Kämpfer verfügt, ermuntert seine Leute mit einer kurzen Ansprache zum Kampf:

(4) *wir suln êre unde prîs*
noch hiute hie erwerben.
<u>*„ein man mac gerner sterben*</u>
<u>*mit êren, danne mit laster leben."*</u>
ich wil iu des mîn triwe geben,
daz wir hie vil wol gesigen. (Pleier: Garel, 12946-12950).
[Noch heute werden wir Ansehen und Ruhm gewinnen. Ein Mann soll lieber in Ehre sterben, als mit Schande leben. Ich werde Euch deshalb mein Wort geben, dass wir hier sicher siegen werden.]

Offenkundig sind die Parallelen der Textstellen (3) und (4): Darüber, dass der gleiche Mikrotext Verwendung findet, wird man sich schnell verständigen können, wenngleich er im ersten Beispiel nicht in der Nennform, sondern integriert als Anspielung realisiert ist (vgl. das *ich*). Im zweiten Fall hingegen ist der Mikrotext in der Nennform gegeben, wenn auch nicht ohne Varianz (vgl. *ein man mac gerner* statt *ez ist bezzer*). Die Interaktionssituation ist in beiden Textstellen ähnlich, jedoch nicht deckungsgleich: Ekunaver verwendet ihn in einer Beratungsszene, Garel in einer Ansprache an seine Männer unmittelbar vor einer Schlacht.

Trotz dieser Unterschiede kann man aus der Verwendung des Mikrotextes durch beide Figuren darauf schließen, dass sie den Werthorizont teilen, den er vermittelt. Dies verweist zum einen auf den Kampf der beiden Gegner, in dem Garel schließlich überlegen siegt. Zum anderen, allem Antagonismus zum Trotz, verweist die Verwendung desselben Mikrotextes auf eine mögliche Annäherung beider Figuren. In intertextueller Perspektive steht die Sentenz im Dienst der

Umbesetzung der Position des Herausforderers: An die Stelle des unhöfisch-anmaßenden Matûr von Clûse im „Daniel" tritt im „Garel" der Ehrenmann Ekunaver. Sein Werthorizont entspricht dem der Artuswelt; demgemäß kann er am Endes des Romans in die Tafelrunde aufgenommen werden. Anders Matûr, der als Antagonist im Kampf mit Artus sein Leben verliert. In der unterschiedlich akzentuierten Verwendung des Mikrotextes durch die Figuren beider Texte bestätigt sich einmal mehr, dass sie in einem spezifischen Diskursverhältnis zueinander stehen.

5.

Die Gebrauchsgeschichte des Mikrotextes und die Textbeispiele zeigen, dass es möglich ist, von pragmatischer Bindung im Sinne einer durch kulturelles Wissen reglementierten Verwendung des Mikrotextes zu sprechen. Er kann abgerufen, zitiert und durch seine Verwendung in bestimmten konkreten Situationen aktualisiert werden.

Für das frühe Hochmittelalter kann man den Text 'Es ist besser in Ehren zu sterben, als mit Schande zu leben' als ein „zum Sprichwort sedierte[s] Kriegerethos" beschreiben (Haubrichs 1996, 46), das im Zentrum der mittelalterlichen Adelskultur steht. Ehre und Schande sind wesentliche Kategorien dieser auf Ansehen beruhenden Gesellschaft, in der sie ihre Wirkungsmächtigkeit über den Tod des Individuums hinaus ausüben. Sprachlich aufgehoben und somit tradierbar ist das Wissen um diese Zusammenhänge in der konkreten Form des Mikrotextes. Das Wissen um Situation, Absicht und Referenz der Äußerung dieses Textes ist kulturell kodiert und kann aus heutiger Perspektive nur ansatzweise über die Analyse seiner pragmatischen Einbindung in größere Texte rekonstruiert werden.

Fragt man davon ausgehend, ob es sich bei dem Beispieltext um ein Sprichwort oder eine Sentenz handelt, so lässt sich knapp resümieren: Die lexikalische und syntaktische Varianz ist keineswegs so groß, dass sie Sprichwörtlichkeit ausschließen würde. Zu bedenken ist aber, dass bis auf eine späte Ausnahme keine einzige metakommunikative Formel in seinem Kontext gefunden werden konnte. Darüber hinaus sind in der Linguistik einschlägige Kriterien wie Bildlichkeit, Nicht-aus-sich-heraus-Verstehbarkeit (vgl. Burger 1998, 100-121) nicht gegeben. Vor diesem Hintergrund ist zu überlegen, ob nicht die beschriebene pragmatische Bindung den Ausschlag geben kann, den Mikrotext 'Es ist besser in Ehre zu sterben, als mit Schande zu leben' als Sprichwort zu klassifizieren. Die pragmatische Bindung könnte somit ein zusätzliches Indiz für die phraseologische Geprägtheit eines Mikrotextes darstellen.

Literatur

1. Quellen

Antonius von Pforr: Buch der Beispiele = *Das Buch der Beispiele der alten Weisen.* Nach Handschriften und Drucken hrsg. von Wilhelm Ludwig Holland (1860). Stuttgart [= Bibliothek des Litterarischen Vereins in Stuttgart 56].

Beowulf = *Beowulf und die kleineren Denkmäler der altenglischen Heldensage Waldere und Finnsburg.* Band 1: Text, Übersetzung, Namenverzeichnis und Stammtafeln. Hrsg. von Gerhard, Nickel (1976). Heidelberg: C. Winter [= Germanische Bibliothek Reihe 4].

Hartmann: Erec = *Erec* von Hartmann von Aue. Hrsg. von Albert Leitzmann. Fortgeführt von Ludwig Wolff. 6. Auflage besorgt von Christoph Cormeau und Kurt Gärtner (1985). Tübingen: Niemeyer [= Altdeutsche Textbibliothek 39].

Hartmann: Gregorius = *Gregorius* von Hartmann von Aue. Hrsg. von Hermann Paul. Neu bearbeitet von Burghart Wachinger, 14. durchgesehene Auflage (1992). Tübingen: Niemeyer [= Altdeutsche Textbibliothek 2].

Nepos: Vitae = *Corneli Nepotis Vitae.* Recognovit brevique adnotatione critica instruxit Eric O. Winstedt (1962). Oxford: Clarendon [= Scriptorum classicorum bibliotheca Oxoniensis].

Proverbia Fridanci = Klapper, Joseph (1927): *Die Sprichwörter der Freidankpredigten. Proverbia Fridanci.* Ein Beitrag zur Geschichte des ostmitteldeutschen Sprichworts und seiner lateinischen Quellen. Breslau: Marcus [= Wort und Brauch. Volkskundliche Arbeiten namens der Schlesischen Gesellschaft für Volkskunde 16].

Pleier: Garel = *Garel von dem blüenden Tal.* Ein höfischer Roman aus dem Artussagenkreise von dem Pleier. Mit den Fresken des Garelsaales auf Runkelstein. Hrsg. von Michael Walz (1892). Freiburg/Br.: Fr. Wagner'sche Universitäts-Buchhandlung.

Regino von Prüm: Chronik = *Reginonis abbatis Prumiensis chronicon cum continuatione Treverensi.* Recognovit Fridericus Kurze (1890). Hannover: Hahn [= Scriptores rerum germanicarum in usum scholarum ex monumentis germaniae historicis recusi].

Sallust: Catilina = *C. Sallvsti Crispi Catilina, Ivgvrtha, Historiarvm fragmenta selecta, Appendix Sallvstiana.* Recognovit brevique adnotatione critica instruxit Leyghton D. Reynolds (1991). Oxford: Clarendon [= Scriptorum classicorum Bibliotheca Oxoniensis].

Stricker: Daniel = Der Stricker: *Daniel von dem Blühenden Tal.* Hrsg. von Michael Resler (1995). 2., neubearbeitete Auflage. Tübingen: Niemeyer [= Altdeutsche Textbibliothek 92].

Tacitus: Agricola = P. Cornelii Taciti *libri qui supersunt.* Band 2, 3: *Agricola.* Editit Josephus Delz (1983). Stuttgart: Teubner [= Bibliotheca scriptorum Graecorum et Romanorum Teubneriana].

Tunnicius = *Tunnicius. Die älteste niederdeutsche Sprichwörtersammlung*, von Antonius Tunnicius gesammelt und in lateinische Verse übersetzt. Hrsg. mit hochdeutscher Übersetzung, Anmerkungen und Wörterbuch von August Heinrich Hoffmann von Fallersleben (1870). Berlin: Robert Oppenheim [Nachdruck (1967) Amsterdam: Rodopi].

Wirnt: Wigalois = Wigalois, der Ritter mit dem Rade von Wirnt von Gravenberc. Hrsg. von J. M. N. Kapteyn (1926). Band 1. Bonn: Klopp [Rheinische Beiträge und Hülfsbücher zur germanischen Philologie und Volkskunde; 9].
Vulgata = Biblia sacra. Iuxta Vulgatam versionem. Recensuit et brevi apparatu instruxit Robertus Weber (1994). Ed. 4. Stuttgart: Deutsche Bibelgesellschaft.

2. Sekundärliteratur

Burger, Harald (1998): *Phraseologie. Eine Einführung am Beispiel des Deutschen.* Berlin: Erich Schmidt.
Ehrismann, Otfrid (1995): *Ehre und Mut, Âventiure und Minne. Höfische Wortgeschichten aus dem Mittelalter.* München: Beck.
Gärtner, Kurt; Kasten, Ingrid; Shaw, Frank (Hrsg.) (1996): *Spannungen und Konflikte menschlichen Zusammenlebens in der deutschen Literatur des Mittelalters.* Bristoler Colloquium 1993. Tübingen: Niemeyer.
Grzybek, Peter (1991): „Das Sprichwort im literarischen Text." In: Sabban/Wirrer (Hrsg.) (1991); 187-205.
Grzyzbek, Peter (2000): „Die Grammatik der sprichwörtlichen Weisheit von G. L. Permjakov. Mit einer Analyse allgemein bekannter deutscher Sprichwörter." In: Permjakov/Grzybek (Hrsg.) (2000); 1-41.
Haubrichs, Wolfgang (1996): „Ehre und Konflikt. Zur intersubjektiven Konstitution der adligen Persönlichkeit im früheren Mittelalter." In: Gärtner/Kasten/Shaw (1996); 35-58.
Mone, Franz Joseph (1830): „Zur Literatur und Geschichte der Sprüchwörter." In: *Quellen und Forschungen zur Geschichte der teutschen Literatur und Sprache* 1. Aachen und Leipzig: Jacob Anton Mayer; 186-214.
Müller, Dorothea (1981): *'Daniel vom blühenden Tal' und 'Garel vom blühenden Tal'. Die Artusromane des Stricker und des Pleier unter gattungsgeschichtlichen Aspekten.* Göppingen: Kümmerle [= Göppinger Arbeiten zur Germanistik 334].
Permjakov, Grigorij L.; Grzybek, Peter (Hrsg.) (2000): *Die Grammatik der sprichwörtlichen Weisheit. Mit einer Analyse allgemein bekannter Sprichwörter.* Baltmannsweiler: Schneider Verlag Hohengeren [= Phraseologie und Parömiologie 4].
Sabban, Annette; Wirrer, Jan (Hrsg.) (1991): *Sprichwörter und Redensarten im interkulturellen Vergleich.* Opladen: Westdeutscher Verlag.
TPMA XI (2001) = *Thesaurus Proverbiorum Medii Aevei. Lexikon der Sprichwörter des romanisch-germanischen Mittelalters.* Begründet von Samuel Singer, hrsg. vom Kuratorium Singer der Schweizerischen Akademie der Geistes- und Sozialwissenschaften. Band 11: Sommer-Tröster. Berlin/New York: de Gruyter.
Wander I = Wander, Karl Friedrich Wilhelm (Hrsg.) (1867): *Deutsches Sprichwörter-Lexikon. Ein Hausschatz für das Deutsche Volk.* Erster Band A bis Gothem. Leipzig [Nachdruck (1987) Stuttgart: Athenaion].

Zu Phraseologisierungsprozessen im Frühneuhochdeutschen anhand von Texten aus der Slowakei

Ilpo Tapani Piirainen (Münster)

1. Oberungarn bzw. die Slowakei als Sprachlandschaft
2. Probleme der historischen Phraseologieforschung
3. Phraseologismen in den untersuchten Quellen
3.1 Materialbasis
3.2 Sprichwörter
3.3 Schwach phraseologisierte Wortverbindungen
3.3.1 Wortpaare
3.3.2 Phraseologische Termini
4. Ausblick
Literatur

1. Oberungarn bzw. die Slowakei als Sprachlandschaft

Ziel der vorliegenden Studie ist es, einen Beitrag zur empirischen und historischen Phraseologieforschung zu leisten, und zwar auf der Basis handschriftlicher Quellen des 16.-17. Jahrhunderts aus einem Gebiet außerhalb des geschlossenen deutschen Sprachraums, in dem ein großer Teil des überlieferten Textmaterials vom 15.-18. Jahrhundert auf Deutsch verfasst wurde. Die Regionalität und die historische Dialektologie gewinnen seit den 80er Jahren nicht nur in der Germanistik, sondern auch in anderen Philologien zunehmend an Bedeutung. Seit dem Fall des „Eisernen Vorhangs" in den Jahren 1989/90 sind die Archive jener Länder, in denen vom Mittelalter bis zum Ende des Zweiten Weltkriegs Deutsche als Minderheiten in einer anderssprachigen Umgebung lebten, für alle Wissenschaftler/innen offen. Die Erforschung der deutschen Sprache und Kultur gilt seitdem nicht mehr als Deutschtümelei, sondern als Beitrag zur Klärung des Zusammenlebens verschiedener Ethnien im europäischen Kontext. Es ist eine Chance auch für die historische Phraseologie, in diesen ehemaligen deutschen Sprachinseln neues Material empirisch zu erschließen und in das Forschungsspektrum einzubeziehen.

Die Slowakei ist eine alte Kulturlandschaft in der Mitte Europas, die seit Jahrtausenden durch verschiedene Ethnien besiedelt wurde. Vor dem Beginn unserer Zeitrechnung sind dort keltische Siedlungen, in den ersten Jahrhunderten n. Chr. römische Siedlungen nachgewiesen. Slawen sind in diesem Gebiet seit dem 6. Jahrhundert angesiedelt; im 8. bis 10. Jahrhundert gab es ein slawisches Reich Groß Mähren/Velká Morava, das sich zum Teil auf das Gebiet der heutigen Slowakei erstreckte. Später gehörte das Land zu Ungarn. In den Jahren 1240/41 hat der Tatareneinfall bzw. Mongolensturm weite Teile des Landes verwüstet. In der folgenden Zeit setzte eine Einwanderung deutschsprachiger Bauern, Handwerker und Kaufleute ein. In Oberungarn, dem Gebiet der heutigen Slowakei, lebten bis zum Zweiten Weltkrieg Slawen, Deutsche, Madjaren und Juden in friedlichem Nebeneinander und bauten Jahrhunderte lang gemeinsam das Land auf. Die deutsche Minderheit hat niemals mehr als 250.000-300.000 Personen umfasst; in der Frühen Neuzeit betrug ihr Anteil etwa ein Viertel der Gesamtbevölkerung.

Trotz der zahlenmäßig recht kleinen deutschen Minderheit übten die Deutschen wirtschaftlich, kulturell, sozial und sprachlich einen großen Einfluss aus, vor allem in jenen Gebieten, in denen sie einen dominanten Anteil an der Bevölkerung hatten.

Das Kanzleiwesen wurde in Oberungarn seit dem 13./14. Jahrhundert nach dem Muster anderer mitteleuropäischer Länder aufgebaut (Bentzinger 2000; Chalupecký 1997). Seit dem 14., zunehmend seit dem 15. Jahrhundert verdrängte Deutsch das Lateinische im Gebiet der heutigen Slowakei. Deutsch wurde vor allem in den Ballungsgebieten der Deutschen (in und um Pressburg/Bratislava im Westen, in den mittelslowakischen bzw. früheren niederungarischen Bergstädten sowie in der Landschaft Zips/Spiš im Nordosten) bis zur Mitte des 19. Jahrhunderts als Kanzleisprache gebraucht. Da es – von einigen Bränden und Kriegsschäden abgesehen – kaum Zerstörungen im Archivbereich gegeben hat, sind in slowakischen Archiven aus der frühneuhochdeutschen Periode mehrere Millionen Seiten deutschsprachiger Handschriften bis heute erhalten. Allein im Stadtarchiv von Pressburg/Bratislava lagern 165.000 Seiten zumeist deutschsprachiger Handschriften aus der Zeit vor 1500, Stadtbücher aus den Jahren 1402-1940 und insgesamt 466 Kammerbücher aus den Jahren 1434-1840.

Im Zuge der nationalstaatlichen Bestrebungen entstand ein historisches Interesse an der Vergangenheit Oberungarns. Das philologische Interesse konzentrierte sich auf die dort damals noch lebendigen deutschen Mundarten; erst in den 30er/40er Jahren des 20. Jahrhunderts entstanden solide sprachwissenschaftliche Untersuchungen zur deutschen Sprache im Gebiet der heutigen Slowakei. Zu den ersten Monographien gehörte die Edition des Stadtbuches von Zipser Neudorf/ Spišká Nová Ves (Weinelt 1940). In den vergangenen drei Jahrzehnten konnten seitens der finnisch-deutschen Germanistik rund ein Dutzend Bücher mit umfangreichen Editionen frühneuhochdeutscher Handschriften aus dem Gebiet der heutigen Slowakei veröffentlicht werden. Weiterhin sind die bisher einzige Monographie über die Kanzleisprache in der Slowakei (Weinelt 1938) und eine Darstellung der frühneuhochdeutschen Bergbausprache in der heutigen Mittelslowakei (Paul 1987) zu erwähnen.

Der Schwerpunkt der bisherigen Forschungen zum Frühneuhochdeutschen in der Slowakei liegt in der Graphemik, da die Entwicklungstendenzen zu einem vereinheitlichten Neuhochdeutsch hin in der germanistischen Forschung vor allem auf dieser Ebene untersucht werden. Außerdem bietet die graphemisch-phonemische Methode die Möglichkeiten, die sprach- und dialektgeographische Spezifik des Frühneuhochdeutschen zu klären; dies ist angesichts der Siedlungsgeschichte und der Sprachkontakte in der Slowakei von besonderem Interesse.

Desiderata der Erforschung des Frühneuhochdeutschen in allen Sprachlandschaften, auch im geschlossenen deutschen Sprachgebiet, bilden die Syntax und die Phraseologie. Seit kurzem liegt eine mit modernen Methoden durchgeführte Analyse zur frühneuhochdeutschen Syntax vor (Reichmann/Wegera 1993). Zur Syntax frühneuhochdeutscher Texte in der Slowakei gibt es keine Untersuchungen, doch ist eine Arbeit zum benachbarten Ofen/Budapest (Bassola 1985) zu nennen, die die Syntax des Ofener Stadtrechts untersucht. Die Erforschung der Phraseologie frühneuhochdeutscher Texte aus der Slowakei steht noch am Anfang (vgl. Piirainen 1997, 1998). In diesem Beitrag sollen einige Charakteristika der Phraseologismen in deutschen Handschriften des 16.-17. Jahrhunderts in slowakischen Archiven erörtert werden.

2. Probleme der historischen Phraseologieforschung

Zu den Problemen, die die Erforschung der Phraseologie älterer Sprachstufen mit sich bringt, sei verwiesen auf den Beitrag von Burger und Linke (1998). Die Klassifikation von Phraseologismen im Deutschen bereitete Jahrzehnte lang Schwierigkeiten: Es wurde zwischen einer engen (Fleischer 1997) und einer weiten Konzeption (Burger/Buhofer/Sialm 1982; Burger 1998) unterschieden. Nach Fleischer sind für Phraseologismen Stabilität, Idiomatizität, und Lexikalisierung die wesentlichen Merkmale. Nach Burger (1999, 188f.) können auch Formulierungen als phraseologische Einheiten angesehen werden, die nur einen geringen Grad an Idiomatisierung aufweisen. Dazu werden u.a. sprachgeschichtlich junge Bildungen wie *Kaffee und Kuchen* angeführt. In den untersuchten Handschriften des 16.-17. Jahrhunderts in slowakischen Archiven handelt es sich oft um Wortverbindungen, für die ein schwacher Grad an Idiomatisierung charakteristisch ist, die im Sinne einer weit gefassten Phraseologie-Konzeption in der historischen Phraseologie insgesamt eine große Rolle spielen.

Ein zentrales Problem bei der Untersuchung von Phraseologismen in älteren Sprachstufen bildet die für die jeweilige Epoche geltende sprachliche Kompetenz des Forschers. Es ist sicherlich richtig, vor einer Vermischung von Synchronie und Diachronie bei der Beurteilung der Idiomatizität von Wortverbindungen zu warnen (Eckert 1987). Einerseits mangelt es in der synchronen wie auch in der diachronen Phraseologieforschung an empirischen Untersuchungen von Textkorpora. Forscher/innen der Gegenwartssprachen verlassen sich gern auf ihre eigene Kompetenz als „native speaker" – oft mit einer regionalen Bindung – und interpretieren Idiome in ihren wörtlichen und aktuellen Bedeutungen auf dieser Grundlage. Dies manifestiert sich nicht selten in Wörterbüchern, die wiederum von anderen Forschern/innen als „Quelle" benutzt werden.

Andererseits kann in der Untersuchung älterer Texte für eine bestimmte Textsorte und für einen begrenzten Zeitraum eine gewisse Kompetenz erworben werden, wenn der Forscher sich ausführlich mit dem pragmatischen (speziell: historischen, sozialen, rechtlichen, religiösen usw.) Umfeld der Texte beschäftigt. Auf diese Weise können die wörtlichen Lesarten von Phraseologismen älterer Sprachstufen geklärt und anhand des textualen und pragmatischen Kontextes zumeist auch die phraseologischen Bedeutungen abgeleitet bzw. erschlossen werden, vgl. die Untersuchung von Phraseologismen in Reformationsschriften (Knoche 1996).

Dem heutigen Forscher fehlt jedoch der Zugang zum mentalen Lexikon des Autors und des Schreibers sowie zu den Idiomatisierungsprozessen und zur Lexikalisierung des betreffenden Ausdrucks. So kann zwar zumeist die wörtliche Bedeutung einer Wortverbindung erklärt, ihre Festigkeit sowie der Grad der Idiomatizität jedoch nur annähernd rekonstruiert werden. Zu vergleichen sind phraseologische Untersuchungen der Auslandsgermanistik, wenn z.B. deutsch-fremdsprachige Idiomwörterbücher verfasst werden: Ein ausländischer Germanist kann sich zwar eine weitgehende Kompetenz gegenwärtiger deutscher Phraseologismen aneignen, obwohl Deutsch nicht seine Muttersprache ist. Als Hilfsmittel stehen ihm jedoch die Wörterbücher zur Verfügung – im Unterschied zur Erforschung der Phraseologie in handschriftlichen und gedruckten Texten früherer Sprachstufen.

Bei der Beurteilung der Idiomatizität eines Ausdrucks in älteren Texten kann die seit den 90er Jahren feststellbare Annäherung von Metaphernforschung und Phraseologieforschung hilfreich sein. Metaphern gelten in der Phraseologieforschung als wesentliche semantische Verfahren der Phraseologisierung (Burger 1999, 198f.). Andererseits lässt nur ein Teil der Phraseologismen historischer Texte ein metaphorisches Verhältnis von wörtlicher und phraseologischer Bedeutung erkennen, da vieles den schwach phraseologisierten Wortverbindungen zuzurechnen ist.

3. Phraseologismen in den untersuchten Quellen

3.1 Materialbasis

Im Unterschied zu Untersuchungen im Bereich der historischen Phraseologie, die vor allem auf literarischen Texten beruhen, werden hier Handschriften des 16.-17. Jahrhunderts untersucht, die zur Gattung „Fachprosa" gehören und den Textsorten „Rechtstexte" und „Verwaltungsakten" zuzuordnen sind. Im Einzelnen handelt es sich um die folgenden Quellen:

> Coll. = Piirainen, Ilpo Tapani; Ziegler, Arne (1995): *Collectanea allerlay nutzlicher vnnd nothwendiger Regeln des Rechtens. Ein deutsches Rechtsbuch aus dem Jahre 1628 aus der Slowakei.* Levoča: Modrý Peter; Wien: Edition Praesens.
>
> Käsmark = Piirainen, Ilpo Tapani; Ziegler, Arne (1998): *Das älteste Gerichtsbuch der Stadt Käsmark/Kežmarok aus den Jahren 1533-1553.* Levoča: Polypress; Wien: Edition Praesens.
>
> Konzeptbuch = *Liber Conceptorum. Konzeptbuch der Stadt Pressburg/Bratislava 1555-1565* (handschriftlich; Archív mesta Bratislavy, Signatur I.B.1.2c).

Die Texte dieser Quellen wurden auf das Vorkommen von Phraseologismen hin durchgesehen. Es wurden rund 450 unterschiedliche Wortverbindungen ermittelt, die mit großer Wahrscheinlichkeit als Phraseologismen bzw. als (schwach) phraseologisierte Einheiten ausgewiesen sind. Diese Belege wurden mit Stellenangaben in einer Datei erfasst und nach den Konstituenten (nach dem ersten Substantiv bzw. weiteren Substantiven, dem Verb, Adjektiv, Adverb usw.) sortiert.

3.2 Sprichwörter

Unter den Belegen der hier untersuchten fachsprachlichen Quellen sind unterschiedliche Typen von Phraseologismen vertreten. Vereinzelt begegnen Sprichwörter. Die Beispiele (1-3) sind zwar als Sprichworttypen in parömiologischen Lexika (u.a. bei Wander) erfasst, dort jedoch in recht unterschiedlichen, bisher nicht belegten Varianten:

(1) *Der wein Vnnd die Liebe seind böse rathgeber* (Coll. 53)
    Drei Rathgebern traue nicht leicht: dem Wein, der Nacht, der Liebe (Wander 3, 1489)
(2) *Bürgen Sol man würgen* (Coll. 35)
    Burgen soll (muss) man wurgen; wer bürgt, wird gewürgt (Wander 1, 513f.)
(3) *Die Diebe soll man henck(e)n* (Coll. 139)
    Je schneller der Dieb, je schneller der Henker (Wander 1, 584ff.)

Beispiel (3) lässt (deutlicher noch als Beispiel (2)) die Problematik erkennen, ein Sprichwort von einer formelhaften Wendung abzugrenzen, wie sie in zahlreichen Rechtstexten wiederkehrt. Beispiel (4) ist aus der Sicht der Phraseologie eher nur als eine Formel denn als sprichwortähnlicher Ausdruck zu bezeichnen (bei Wander findet sich keine Entsprechung).

(4)   *Ehebrecher sol man enthaupten* (Coll. 61)

Der Ausdruck kommt in den hier untersuchten Rechtstexten des 16.-17. Jahrhunderts häufig als feste, formelhafte Wendung vor, wobei „enthaupten" für 'Todesstrafe' steht. Die Wendung hängt mit der religiösen Tradition seit dem alten Testament zusammen; sie folgt der Rechtssprechung, wie sie im 5. Buch Mose, 22, 22 festegehalten ist: „Wenn ein Mann dabei ertappt wird, wie er bei einer verheirateten Frau liegt, dann sollen beide sterben, der Mann, der bei der Frau gelegen hat, und die Frau."

3.3   Schwach phraseologisierte Wortverbindungen

Eine Kulturspezifik wie in (4) findet sich bei weiteren formelhaften Wendungen in den untersuchten Quellen. Einen großen Teil der Belege nehmen schwach phraseologisierte Wortverbindungen ein; viele sind als rechtsterminologische Formeln einzustufen (ausführlicher dazu unter 3.2.2). So finden sich mehrere Formeln, mit denen die Todesstrafe bezeichnet wird, was mit der im Mittelalter üblichen harten Bestrafung von Missetätern zusammenhängt (5-6).

(5)   *dem gehets an den hals, gehet ihm an haut vnnd haar* (Coll. 79).
(6)   *Zue Leib vnndt Leben billich gestrafft* (Coll. 73)

Die Belege (5) mit der Formel „dem geht es an den Hals, es geht ihm an Haut und Haar" und (6) stammen aus der selben Quelle. Beispiel (7) bezieht sich auf eine Person, die – „gesund und bei gutem Verstand" – mündig ist und z.B. für ein Testament als rechtlich unumstrittener Erblasser fungieren kann.

(7)   *bey gut radt vnnd gesundt leibe vnnd guter vornunfft* (Käsmark 60)

Auch bei den schwach phraseologisierten Wortverbindungen muss eine gewisse Stabilität, eine fest geprägte Form vorliegen. Ausdrücke wie (6-7) und die folgenden (8-13) sind aufgrund ihrer Struktur von den freien Wortgruppen zu unterscheiden. Polylexikalität ist somit ein weiteres Kriterium für die Erfassung phraseologischer Einheiten in älteren Texten. Dabei geht es um formelhafte Wendungen, die aus mehreren Einzellexemen in einer festen Wortverbindung bestehen.

(8)   *lebe Züchtig Vnnd Erbawlich* (Coll. 55)
(9)   *in ein gewisses Vnglück Vnnd Verderben bringen* (Coll. 51)

Die Wendungen sind in dem Rechtsbuch stilistische Figuren, die im Gegensatz zu den einfachen Lexemen *züchtig* (8) und *Vnglück* (9) eine ornamentale Funktion besitzen, gleichzeitig aber für die Rechtsprechung terminologisiert und idiomatisiert sind. Der Grad der Motivierung bzw. der Idiomatizität ist in Wortverbindungen der älteren Texte sehr unterschiedlich, vgl. (10-12).

(10) *Grün vnnd Roth* (Coll. 88)

(11) *hauß, hoff, Acker* (Coll. 62)

(12) *ein Spielman oder Fiedler* (Coll. 68)

Ausdruck (10) war zur Zeit der Entstehung des Rechtsbuches motiviert: „grün und rot" bezog sich auf farbige Kleidung jeglicher Art. Vor allem für Geistliche galt es als unschicklich, sich in grellen Farben zu kleiden. Die Wortverbindung (11) ist ebenfalls idiomatisiert. Zwar ergibt die wörtliche Lesart eine sinnvolle Interpretation; die eigentliche phraseologische Bedeutung ist jedoch als 'Immobilien' zu verstehen, so dass es sich hier mit Sicherheit um einen Phraseologismus handelt. Auch bei dem Wortpaar (12), *ein Spielman oder Fiedler*, liegt eindeutig eine Lexikalisierung vor, da die Bedeutung durch 'ein Musikant' wiederzugeben ist. Insgesamt überwiegen in den hier untersuchten Quellen die teilidiomatisierten Ausdrücke; insofern kann auch von schwach phraseologisierten Wortverbindungen gesprochen werden. Ausführlicher zu den Wortpaaren unter 3.3.1.

Bei der Untersuchung älterer Texte muss der zeitliche Bezug der Handschriften und Quellen berücksichtigt werden. Die Entwicklung der Sprache vom Frühneuhochdeutschen zum heutigen Neuhochdeutsch vollzieht sich als ein Prozess von mehreren Jahrhunderten, während dessen Änderungen auf allen Ebenen der Sprache stattfinden. Entwicklungsprozesse in der Phonologie und Graphemik sowie in der Morphologie und Syntax sind meist klar zu erkennen und lassen sich eindeutig beschreiben; Änderungen im Wortschatz und in der Semantik sind nur zum Teil erfassbar, da die heutigen Forscher/innen anstelle eigener sprachlicher Kompetenz oft nur auf eine Rekonstruktion der Bedeutungen angewiesen sind. In der Phraseologie liegt die gleiche Situation vor; die strukturelle Form des Ausdrucks und dessen Inhalts können oft nur aufgrund des Kontextes und unter Heranziehung des soziokulturellen Umfeldes des Textes beurteilt werden. Vgl. dazu die Beispiele in (13), bei denen der Bedeutungswandel der Adjektive *frei* und *ledig* zu berücksichtigen ist.

(13) *quit frei und ledigk* (Käsmark 55); *quit ledig vnnd vrej* (Käsmark 93)

Seit dem Mittelalter ist *frei*, mittelhochdeutsch *vrî*, eine Standesbezeichnung, im Gegensatz zu *eigen* (*Ein freies Weib kann kein eigenes Kind haben*, Schmidt-Wiegand 1996, 109f.). Auch bei anderen Belegen aus dem untersuchten Quellenmaterial liegt eine Lexikalisierung vor und bildet somit neben der Festigkeit und der (Teil-)Idiomatisierung ein wesentliches Kriterium für die Beurteilung der schwach phraseologisierten Wortbildungen in der historischen Phraseologie.

Wie die bisher erörterten Beispiele zeigen, sind die meisten der schwach phraseologisierten Wortverbindungen zwei umfangreichen und sich zum Teil überschneidenden Untergruppen zuzuordnen: den Paarformeln und den phraseologischen Termini. Im Folgenden sollen Beispiele beider Gruppen näher betrachtet werden.

3.3.1 Wortpaare

Wortpaare (auch „Paarformeln" und „Zwillingsformen", englisch „binominal expressions" oder „irreversible binominals" genannt) sind Wortverbindungen, die sich durch ein strukturelles Merkmal von anderen Wortgruppen unterscheiden lassen, und zwar durch eine Verknüpfung von meist zwei Lexemen der gleichen Wortart mit Hilfe einer Konjunktion oder Präposition.

In der Germanistik wurde der Terminus „synonyme Wortpaare" erstmals von W. Besch (1964) geprägt, der in den Untersuchungen zu Sprachlandschaften des 15. Jahrhunderts feststellte, dass für den gleichen Begriff im Frühneuhochdeutschen oft zwei mit einer Konjunktion verbundene synonyme Wörter in einer festen Wortverbindung gebraucht wurden. Innerhalb der Erforschung des Frühneuhochdeutschen in der Slowakei wurde die Existenz von Wortpaaren jedoch um Jahrzehnte früher festgestellt. So führt Weinelt (1938, 212) den Beleg *von bynn odir ympmen* einer Urkunde an. Das Wortpaar „von Bienen oder Immen" ist ein Rechtsterminus, der den gesamten die Imkerei betreffenden Bereich abdeckt.

Für die Einteilung von „(irreversible) binominals" sei auf den Beitrag von Hüpper/Topalovic/Elspaß im vorliegenden Band verwiesen. Ihren Ausführungen zufolge bestehen die „Paarformeln" aus zwei verschiedenen Wörtern der gleichen Wortart, die durch eine Konjunktion usuell miteinander verbunden sind, während „Wortpaare" okkasionell nach dem bekannten produktiven Strukturmuster gebildet werden. Für ältere deutsche Texte könne man auch von „Begriffspaaren" sprechen, z.B. *Richter vnd Radt* (Käsmark 46, 79). Wie unter 3.3.2. ausgeführt wird, fallen diese zugleich unter die phraseologischen Termini. Im weiteren könne man von „Zwillingsformeln" (*nach und nach*) und von synonymen Wortpaaren (*haab vnd güetter*, Konzeptbuch 373) im Sinne von Besch (1964) sprechen.

Die Paarformeln mit *vnd* sind in den analysierten Quellen – ähnlich wie im Neuhochdeutschen – die häufigste phraseologische Verbindung. Vgl. die bereits genannten Beispiele (5), (6), (7), (12) und (13). Die folgenden frühneuhochdeutschen Paarformeln sind im gegenwärtigen Deutsch nicht üblich:

(14) *angelangtt vnd begert* (Käsmark 51)
(15) *bey seinen treuen vnd eren* (Käsmark 53)

(16) *nach dem pesten nach ehr vnd redlichkeit* (Käsmark 55)
(17) *yn kunsten vnd guten sytten vnd tugent* (Käsmark 58)
(18) *in ein gewißes Vnglück Vnnd Verderben bringen* (Coll. 51)

Die Idiomatizität ist sowohl aus sprachhistorischer als auch aus synchroner Sicht nachvollziehbar. Im heutigen Neuhochdeutsch ist das Wortpaar (19) mit *und* üblich; es lässt sich als teilidiomatisch oder als schwach idiomatisiert bezeichnen, vgl. auch (8) *Lebe Züchtig vnd Erbawlich*.

(19) *Mord Vnnd Todtschlagc* (Coll. 51)

Zu den Wortpaaren gehören auch jene mit der Konjunktion *oder*. Sie sind in den untersuchten Texten nicht so zahlreich wie die mit *vnd*. Die folgenden Wortverbindungen (20-21) haben ein festes Gepräge, sie sind schwach idiomatisiert. Vgl. auch (12) *ob der Sohn ein Spielman oder Fiedler wäre*. In den einschlägigen Wörterbüchern sind sie nicht belegt:

(20) *wie nahe er dem Todten gesippet oder verwandt ist* (Coll. 65)
(21) *dran flicken oder beßern* (Coll. 69)

Wortpaare mit der Konjunktion *weder – noch* kommen in dem untersuchten Textmaterial nur selten vor; sowohl aufgrund der Festigkeit als auch der Idiomatisierung können sie als phraseologische Wortverbindungen angesehen werden. Die folgenden Wendungen finden sich im Neuhochdeutschen nicht:

(22) *stirbt weder Lehn noch Erbe* (Coll. 67)
(23) *so kann es weder Vor Vnrechte gewalt, noch Raub gehaltten werden* (Coll. 76)

Bei diesen Belegen ist es interessant, dass sie sowohl lexikalisch als auch morphosyntaktisch von den Mustern des Neuhochdeutschen abweichen. Der Bedeutung nach handelt es sich in (22) um eine Hinterlassenschaft in Immobilien und Mobilien.

3.3.2 Phraseologische Termini

Der Begriff „phraseologische Termini" wurde von Burger/Buhofer/Sialm (1982) geprägt und seither weiterentwickelt (vgl. Burger 1999, 189). In diesem Beitrag geht es um feste Wortverbindungen in Fachsprachen, denen die gleichen Funktionen wie Ein-Wort-Termini zukommen. Dafür finden sich in den Handschriften zahlreiche Beispiele. Oben wurden bereits die Beispiele (11-13) genannt. Vgl. ferner die Ausdrücke (24-25) für 'Stadtrat', die als Adressatenbezeichnung verwendet wurden.

(24) *Richter vnd Radt* (Käsmark 46, 79)
(25) *vor sitzenden Radt* (Käsmark 50, 54); *vor vnsern sytzenden Radt* (Käsmark 57).

Ein weiterer Terminus für den Verwaltungsbereich ist die Wortverbindung (26), die die rechtsverbindlichen Bestimmungen für die Rechtsprechung und Administration zusammenfasst. Aus dem Privatrecht, oft in Verbindung mit Erbangelegenheiten, stammen die Ausdrücke (27-28).

(26) *die Statut(e)n vnnd Gesetz* (Coll. 124)
(27) *liegend gutt* (Coll. 66), *liegende gründe* (Coll. 67) 'Immobilien'
(28) *fahrende haab* (Coll. 62) 'Mobilien'

Bei den Beispielen (29-31) handelt es sich um wichtige Rechtstermini aus dem Privatrecht.

(29) *ein ehlich weib* (Coll. 33)
(30) *ehliche Kinder* (Coll. 33)
(31) *ein natürliches Kind* (Coll. 33)

Diese Personen sind erbberechtigt; vgl. die Ausführungen zu *frei* in Abschnitt 3.3. Interessant ist der Terminus (32) in der Bedeutung 'mündiger, unbescholtener Bürger', der im Text zusammen mit dem lateinischen Ausdruck begegnet. Auch in (33) handelt es sich um einen Rechtsterminus; er ist durch 'jemand, der die Bürgerrechte haben kann' zu paraphrasieren ist. Dieser Terminus war rechtserheblich für den Erwerb der Bürgerrechte.

(32) *fromer man: Vir bonus* (Coll. 71)
(33) *seiner ehlichen geburt vnd Redlichen herkumens* (Konzeptbuch 414r)

Zum Bereich der phraseologischen Termini lässt sich schließlich eine Wortgruppe wie (34) rechnen; aus ihr ist das Kompositum *Gründonnerstag* des Gegenwartsdeutsch entstanden ist.

(34) *am grünen donerstag* (Käsmark 31)

Insgesamt ist festzustellen, dass phraseologische Termini in den untersuchten Quellen eine wichtige Funktion im Bereich der Rechtsprechung und der Administration besaßen. Insofern lässt sich diese von Burger/Buhofer/Sialm (1982) eingeführte Untergruppe von festen Wortverbindungen als eine eigene Kategorie in der Phraseologie bestimmter fachsprachlicher Textsorten älterer deutscher Sprachstufen voll bestätigen.

4. Ausblick

Der vorliegende Beitrag zur historischen Phraseologie des Deutschen basiert auf der Analyse von Handschriften des 16.-17. Jahrhunderts aus Oberungarn, dem Gebiet der heutigen Slowakei, und zwar anhand der Textsorten „Rechtstexte" und „Verwaltungsakten". In den festen Wortverbindungen der älteren Texte konnten Spezifika der phraseologischen Einheiten dieser Texte aufgezeigt werden. Sprichwortvarianten, spezielle Formelhaftigkeit rechtserheblicher Bestimmungen, zum Teil eine andere lexikalische Besetzung als im Neuhochdeutschen lassen die Eigenständigkeit der Phraseologie dieser Textsorten erkennen.

Die phraseologischen Termini machen einen festen Bestandteil der untersuchten Rechts- und Verwaltungstexte aus. Für diese Übergangsphase zu einem überregional vereinheitlichten Neuhochdeutsch hin sind vor allem die schwach phraseologischen Wortverbindungen charakteristisch. Es ist eine wichtige Aufgabe der historischen Phraseologieforschung, ihre Struktur und Bildlichkeit in weiteren Texten zu untersuchen.

Für die Beschreibung der Phraseologismen in einer älteren Periode des Deutschen ist es jedoch unerlässlich, dass ein breites Spektrum an Textsorten berücksichtigt wird; die bisherigen Untersuchungen zu belletristischen Texten müssen durch Fachprosa aus verschiedenen Epochen und aus unterschiedlichen Teilen des deutschen Sprachgebiets, auch aus früheren deutschen Sprachinseln, ergänzt werden.

Literatur

Barz, Irmhild; Schröder, Marianne (Hrsg.) (1997): *Nominationsforschung im Deutschen. Festschrift für Wolfgang Fleischer zum 75. Geburtstag.* Frankfurt a.M. [u.a.]: Peter Lang.

Bassola, Peter (1985): *Wortstellung im Ofener Stadtrecht. Ein Beitrag zur frühneuhochdeutschen Rechtssprache in Ungarn.* Berlin: Akademie Verlag.

Bentzinger, Rudolf (2000): „Die Kanzleisprachen." In: Besch et al. (Hrsg.) (1998/2000); 1665-1673.

Besch, Werner (1964): „Zweigliedriger Ausdruck in der deutschen Prosa des 15. Jahrhunderts." In: *Neuphilologische Mitteilungen 65*, 200-221.

Besch, Werner; Betten, Anne; Reichmann, Oskar; Sonderegger, Stefan (Hrsg.) (1998/2000), *Sprachgeschichte. Ein Handbuch zur Geschichte der deutschen Sprache und ihrer Erforschung.* 1. Teilband 1998, 2. Teilband 2000. Berlin/New York: de Gruyter [= HSK 2.1].

Burger, Harald (1998): *Phraseologie. Eine Einführung am Beispiel des Deutschen.* Berlin: Erich Schmidt Verlag.

Burger, Harald (1999): „Phraseologie – Die Situation des Faches aus germanistischer Perspektive." In: *Revista de Filología Alemana 7*; 185-207.

Burger, Harald; Buhofer, Annelies; Sialm, Ambros (1982): *Handbuch der Phraseologie*. Berlin/New York: de Gruyter.
Burger, Harald; Linke, Angelika (1998): „Historische Phraseologie." In: Besch et al. (Hrsg.) (1998/2000); 2018-2026.
Chalupecký, Ivan (1997): „Die Zipser Städte im 13.-16. Jahrhundert". In: *Historia Urbana 4*; 79-89.
Ďurčo, Peter (ed.) (1998): *Phraseology and Paremiology. International Symposium Europhras 97, September 2-5, 1997 Liptovský Ján.* Bratislava: Akadémia PZ.
Eckert, Rainer (1987): „Synchronische und diachronische Phraseologieforschung." In: Korhonen (Hrsg.) (1987); 37-50.
Fleischer, Wolfgang (1997): *Phraseologie der deutschen Gegenwartssprache.* Tübingen: Max Niemeyer.
Knoche, Andrea (1996): *Probleme der Identifikation und Beschreibung des phraseologischen Bestandes historischer Texte dargestellt am Beispiel der Analyse frühneuhochdeutscher Schriften.* Aachen: Shaker Verlag.
Korhonen, Jarmo (Hrsg.) (1987): *Beiträge zur allgemeinen und germanistischen Phraseologieforschung.* Oulu: Oulun Yliopisto [= Veröffentlichungen des Germanischen Instituts 7].
Paul, Rainer (1987): *Vorstudien für ein Wörterbuch zur Bergmannssprache in den sieben niederungarischen Bergstädten während der frühneuhochdeutschen Sprachperiode.* Tübingen: Max Niemeyer.
Piirainen, Ilpo Tapani (1997) „Paarformeln in einem deutschen Rechtsbuch aus dem Jahre 1628. In: Barz/Schröder (Hrsg.) (1997); 37-42.
Piirainen, Ilpo Tapani (1998) „Phraseological units in German texts from Slovakia." In: Ďurčo (ed.) (1998); 288-295.
Reichmann, Oskar; Wegera, Klaus-Peter (Hrsg.) (1993): *Frühneuhochdeutsche Grammatik.* Tübingen: Niemeyer [= Sammlung kurzer Grammatiken Germanischer Dialekte A 12].
Schmidt-Wiegand, Ruth (1996): *Deutsche Rechtsregeln und Rechtssprichwörter. Ein Lexikon.* Herausgegeben von – unter Mitarbeit von Ulrike Schowe. München: Verlag C.H. Beck
Wander, Karl Friedrich (1867): *Deutsches Sprichwörter-Lexikon. Ein Hausschatz für das deutsche Volk.* Erster Band. Leipzig [Nachdr. Augsburg 1987: Weltbild Verlag].
Weinelt, Herbert (1938): *Die mittelalterliche deutsche Kanzleisprache in der Slowakei.* Brünn/Leipzig: Rohrer.
Weinelt, Herbert (1940): *Das Stadtbuch von Zipser Neudorf und seine Sprache. Forschungen zum Volkstum einer ostdeutschen Volksinselstadt.* München: Schick.

E. Piirainen; I.T. Piirainen (Hrsg.) (2002)
Phraseologie in Raum und Zeit
Baltmannsweiler; 125-160.

„Unikalia" im Sprachwandel: phraseologisch gebundene Wörter und ihre lexikographische Erfassung

Annelies Häcki Buhofer – unter Mitarbeit von Davide Giuriato (Basel)

1.   Elemente der Theorie
1.1. Definition – Terminologie
1.2. Kriterien der lexikalischen Isoliertheit, Gebundenheit, Unikalität
1.3. Einzelsprachliche Charakteristika/Universalien
1.4. Einbettung in die Sprachgeschichte
1.5. Unikale Elemente aus kognitiver Perspektive
2.   Geschichtliche Entwicklung
2.1. Fragestellungen
2.2. Verwendete Wörterbücher
2.3. Befunde
2.3.1. Systematische Befunde
2.3.2. Diachrone Befunde
3.   Fazit
Literatur
Wörterbücher

1. Elemente der Theorie

Phraseologismen mit unikalen Elementen (wie *Bockshorn* in *jmdn. ins Bockshorn jagen*) scheinen eine ebenso prototypische wie klar abgrenzbare Gruppe von Phraseologismen zu sein, die durch einen einheitlichen Prozess des Veraltens einer Komponente zustande gekommen sind und in ihrer fossilisierten oder – mit einem anderen Bild – „eingefrorenen" Form den Phraseologisierungsprozess sichtbar machen. Eine theoretische Analyse sowie Beobachtungen zur lexikographischen Erfassung zeigen jedoch die Heterogenität der Gegenstandskonstitution. Die historisch-lexikographische Analyse zeigt einen Veränderungs- und Entwicklungsprozess hin zu phraseologischen Wortverbindungen, die phraseologisch stark gebundene Elemente enthalten, die heute aber auch (wieder?) als freie Lexeme verwendet werden können (vgl. *Fettnäpfchen*) und zum Teil sogar sehr viel häufiger als freie Lexeme verwendet werden (vgl. *Zwickmühle*). Das zeigt eine Webseitenabfrage im Internet mit unzähligen Belegen unwiderlegbar. Wieweit allerdings die freie Bedeutung des Lexems aus einer Aufspaltung der phraseologischen Bedeutung hergeleitet ist und sich gegenüber einer früheren freien Bedeutung verändert hat und wieweit mit dem freien Gebrauch die phraseologische Wortverbindung von SprecherInnen und HörerInnen bzw. Schreibenden und Lesenden mitgedacht, also assoziativ verbunden wird, sind zwei verschiedenartige empirische Themenkreise, denen hier nicht nachgegangen wird. Gezeigt werden Aspekte des Phraseologisierungsprozesses für einen beträchtlichen Teil der heutigen „unikalen" Elemente in der Phase von 1700-1850. Für einen großen Teil zeigt die theoretische Analyse andere Gründe als sprachliches Veralten wie beispielsweise kulturgeschichtliches Veralten der Gegenstände oder Sachverhalte, von denen die Rede ist (vgl. (1) Pike in *von der Pike auf* (in Kap. 2.3.1). Die Auswertung der ausgewählten Wörterbücher zeigt keine einheitliche Entwicklung, sondern disparate Entwicklungsmöglichkeiten.

1.1. Definition – Terminologie

Phraseologisch isolierte (gebundene) Wörter und Wortformen, die oft „unikal" genannt werden, sind Wörter bzw. Wortformen, die ausserhalb des Konstituentenbestandes der Phraseologismen nicht vorkommen (Fleischer 1982, 42ff.; Fleischer 1989, 87 und 104), die es also per definitionem synchronisch als gleichlautende (und gemeint ist auch „gleichbedeutende") freie Lexeme bzw. Lexemformen der Sprache nicht gibt, wie z.B. *klipp* im Ausdruck *klipp und klar*. Čermák (1988) spricht in Fällen wie *frank* (in *frank und frei*) von „zero sign", weil die Komponente ausserhalb des Phraseologismus nicht verwendet wird und ihr deshalb keine isolierbare Bedeutung zugeschrieben werden kann. Diese Auffassung ist phraseologietheoretisch begründet: Die phraseologische Gesamtbedeutung ist – in erster Linie trifft das für die idiomatischen Wortverbindungen zu – nicht die Summe der lexikalischen Einzelbedeutungen. Die freie und die phraseologische Bedeutung der Wortverbindung haben nichts miteinander zu tun. Besonders deutlich ist dies bei Ausdrücken mit unikalen Komponenten wie *gang und gäbe sein* (vgl. Burger 1998, 31f.).

Diese semantische Auffassung von „Unikalität" trifft allerdings – das wird hier als These formuliert und soll im Folgenden gezeigt werden – für einen grossen Teil der als „unikal" aufgefassten Komponenten aus der Perspektive ihrer Wortstruktur, ihres Gebrauchs und der Vorstellungen, die sich diejenigen machen, die mit solchen Wörtern zu tun haben, nicht zu.

Wenn diese Elemente dennoch als Wörter oder Wortformen bezeichnet werden, so u.a. deshalb, weil sie als veraltete Wörter gesehen werden oder weil gegebenenfalls doch gleichlautende Elemente als homonyme (morphologische oder lexikalische) Formen aufgefasst werden (z.B. *Fug* – auch in *Befugnis*, aber auch *Bockshorn*, nicht nur in der Wendung *jmdn. ins Bockshorn jagen*, sondern auch als *Horn des Bockes*). Solche gleichlautenden Elemente gibt es zu den so genannten unikalen Elementen der bei Fleischer (1982), Dobrovol'skij (1988) und Dobrovol'skij/Piirainen (1994) aufgeführten Sammlungen sehr viel mehr, als die Definition und terminologische Prägung vermuten lassen würde. (Zur phraseologischen Gebundenheit generell vgl. Šmelev 1981).

„Phraseologisch isoliert" bzw. „phraseologisch gebunden" sind paraphrasierende Ausdrucksweisen, die gegenüber dem häufiger verwendeten terminologischen „unikal" in „unikale Komponenten" gelegentlich aus speziellen theoretischen Erwägungen bevorzugt werden, ohne dass eine andere Konzeption des Phänomens damit verbunden wäre (vgl. z.B. Dobrovol'skij/Piirainen 1994, Feyaerts 1994). Allerdings erfordern sowohl die Begriffe der Isolierung bzw. der Gebundenheit als auch das Konzept der Unikalität genauere Eingrenzungen und Differenzierungen, die bisher in der Phraseologietheorie nicht geleistet worden sind (vgl. auch 1.2).

Der Terminus der Unikalität stammt aus der Morphologie: Ein unikales Morphem ist ein Pseudomorphem oder „Himbeermorphem", das in einer Sprache nur einmal als Stamm- bzw. Kompositionsglied auftritt und dessen Bedeutung synchron nicht mehr analysierbar ist. Das bekannteste Beispiel ist *him-* in *Himbeere*: Seine bedeutungstragende Funktion ist erkennbar durch den Vergleich mit *Erdbeere, Stachelbeere, Blaubeere* usw., aber die Bedeutung selbst lässt sich nicht angeben. Diesen methodischen Hinweis sollte man bei der Anwendung auf die Phraseologie nicht vernachlässigen. In der Phraseologie gibt es nämlich keine identischen Strukturen, die sich nur durch das unikale Element unterscheiden (wie beispielsweise *ins Bockshorn jagen, ins Nadelöhr jagen*). Trotzdem muss in vielen Fällen Homonymie des phraseologischen Elementes mit einem ausserphraseologischen festgestellt werden können, damit man überhaupt von lexikalischer Gebundenheit sprechen kann (vgl. *die Hut* in *auf der Hut sein* mit *der Hut*). *Der Hut* im Sinne der Kopfbedeckung hat hier intuitiv offensichtlich weder dieselbe Bedeutung noch dasselbe Genus wie das „unikale" Element. Das ist nicht immer so leicht festzustellen und setzt eigentlich die phraseologietheoretisch gesehen unmögliche semantische Isolierung der „unikalen" Komponente voraus. Das Feststellen von Homonymie setzt also die Möglichkeit der Bedeutungsbestimmung der Wörter voraus, die in einem potenziell homonymen Verhältnis stehen. Das jedoch ist bei phraseologischen Elementen dann problematisch, wenn der Bedeutungsanteil des unikalen Elementes nicht isoliert werden kann. Die Bedeutung von *Hut* in der Wendung *auf der Hut sein* ist nicht zu eruieren, wenn die Gesamtbedeutung nicht aus der Bedeutung der einzelnen Komponenten zusammen gesetzt ist. Wenn wir als Laien oder LinguistInnen *die Hut* auch semantisch von *der Hut* unterscheiden können, kann es sich nicht um eine unaufteilbare Gesamtbedeutung handeln.

Das Konzept der Unikalität setzt eine überindividuelle, als sozial aufgefasste langue-Konzeption im Sinne de Saussures voraus und muss sinnvollerweise strukturell bestimmt werden (vgl. dagegen aus kognitiver Sicht 1.5). Aus dieser Perspektive kann Unikalisierung als semantischer Strukturverlust analysiert werden, als Endpunkt der Lexikalisierung, als stärkste lexikalische Restriktion, die aus der Perspektive der Grammatik den Verlust von Merkmalen der kombinatorischen Strukturiertheit und Einbusse der Produktivität darstellt (vgl. Feilke 1996, 181). Unikale Komponenten in Phraseologismen gelten als Erscheinungen, die prototypisch die Festigkeit und Fixiertheit von Phraseologismen zeigen: Dies deshalb, weil sie als veraltetes und selten gewordenes Wortgut frei nicht mehr vorkommen sollen, sondern sich in phraseologischen Wortgruppen erhalten haben – dank der phraseologischen Gebundenheit und als Zeichen für deren stabilisierenden Effekt (vgl. z.B. Palm 1995, 29ff.). Unikale Komponenten gelten zudem als Zeichen für besondere Idiomatizität, weil in der Unikalität einer der Gründe dafür liegt, dass sich die Gesamtbedeutung nicht als Summe der Elementbedeutungen ermitteln lässt (vgl. Burger/Buhofer/Sialm 1982, 24f.), bzw. dafür, dass gewisse Phraseologismen nur eine Lesart haben (vgl. Burger 1989a). In lexikographischer Hinsicht gibt es eine Tendenz, unikale Elemente als Lemmata anzusetzen und dazu allenfalls anzugeben, „nur in der Wendung". Dies trifft vor allem für unikale Elemente zu, deren Anteil an der Gesamtbedeutung mehr oder weniger plausibel angegeben werden kann, wie z.B. bei *Bock* in der Wendung *keinen Bock auf etwas haben*, wobei *Bock* eher implizit als lexikographisch explizit als „Lust" aufgefasst wird (allerdings in der Bedeutung, die das Wort in der ebenfalls phraseologischen Wendung *keine Lust haben* aufweist).

Die Phänomene der phraseologischen Gebundenheit sind in der slawistischen, vor allem der russisch publizierten Forschung, aber auch in älteren ehemals ostdeutschen Arbeiten seit einigen Jahrzehnten immer wieder bearbeitet worden, aber aus sprachlichen bzw. publikationstechnischen Gründen zum grossen Teil vom Westen aus vor allem für Nicht-Slawisten schwer zugänglich (vgl. jedoch für deutschsprachige Darstellungen und Übersetzungen Burger/Buhofer/Sialm 1982 und Jaksche/Sialm/Burger 1981).

1.2. Kriterien der lexikalischen Isoliertheit, Gebundenheit, Unikalität

Als Abgrenzungs- und Herleitungskriterien werden (bei Fleischer 1982, 1989; Dobrovol'skij 1988 und Dobrovol'skij/Piirainen 1994) die folgenden genannt:

(i) Veraltete Wörter: Eine Komponente kann unikal werden, weil sie im „freien" Gebrauch veraltet ist: z.B. *Präsentierteller* in der Bedeutung 'Teller, auf dem besonders Visitenkarten überreicht werden' (Fleischer 1982, 45). Nach Fleischer (1989) ist eine Zwischenstufe des Unikalisierungsprozesses erreicht, wenn eine lexikalische Einheit im autonomen Gebrauch als „veraltet" (oder evtl. auch „gehoben") bezeichnet wird.

(ii) Fachsprachliche Wörter: „Eine Komponente kann als unikal aufgefasst werden, weil sie als freies Einzellexem an eng fachsprachlichen Gebrauch gebunden ist" z.B. *den Drehwurm haben*, wobei mit *Drehwurm* eine Bandwurmfinne gemeint sei, die die Drehkrankheit erzeuge und dem Allgemeinwortschatz völlig fremd sei (Fleischer 1982, 46).

(iii) Homonyme: Eine Komponente soll als unikal aufgefasst werden, wenn sie ausserhalb des Phraseologismus nur Homonyme (oder gar nur „Quasihomonyme", vgl. Dobrovol'skij/Piirainen 1994, 455f.) hat, so dass von zwei Wörtern auszugehen ist: z.B. *Kegel* im Sinne von 'spitz zulaufender Körper mit runder oder ovaler Grundfläche' und *Kegel* in *mit Kind und Kegel* im Sinne von 'mit der gesamten Familie' (Fleischer 1982, 46).

(iv) Nicht-produktive Morphologie: Die Darstellungen anhand von phraseologischen Beispielen zeigen, dass auch morphologische Besonderheiten wie festes oder fehlendes Dativ-*e* unikale Elemente begründen sollen (vgl. *zu Buche schlagen* oder *für die Katz*) (vgl. Fleischer 1982, 50).

Singuläre Kombinationen wie *blondes Haar, die Zähne blecken*, deren Komponenten wie *blond* und *blecken* eine sehr spezielle Semantik haben, die aber auch ausserhalb der Kombination isolierbar ist, werden nicht als unikale Phänomene betrachtet.

Der Fall (i) der veralteten, fossilisierten bzw. „eingefrorenen" Elemente wird als prototypisch am häufigsten genannt, macht aber keine Mehrheit der unikalen Komponenten aus (vgl. z.B. *Geldhahn* in *jmdm. den Geldhahn zudrehen, Hutnummer* in *jmdm. ein paar Hutnummern zu gross sein*, s. Kap. 1.4. Die Beispiele stammen aus der Literatur. Zu *Hutnummer* muss angemerkt werden, dass Hutgrössen auch heute mit Zahlen bzw. Nummern gekennzeichnet werden. Diese Praxis ist weniger veraltet als das allgemeine Tragen von Hüten und der Kauf nach Grössen). Das kommt implizit, aber nicht explizit darin zum Ausdruck, dass weitere Kriterien zur Konstituierung des Gegenstandsbereiches herangezogen werden: Fachsprachlichkeit, Homonymie und nicht-produktive Morphologie.

Zum Kriterium des Veraltens von Wörtern lässt sich festhalten, dass unter den „veralteten Wörtern" sehr viele „veraltete" Denotate bzw. auf eine bestimmte geschichtliche Zeit bezogene Denotate bzw. „Historismen" (Fleischer 1994, 123) auszumachen sind wie *Fersengeld, Schindluder* etc., die mit einer bestimmten gesellschaftlichen, rechtlichen etc. Praxis verbunden sind. Solche Wörter enthalten oft morphologische Elemente, die nicht grundsätzlich veraltet sind, deren Bedeutungen sich aber über einen Zeitraum von mehreren hundert Jahren verändert haben wie z.B. *Luder* in Adelung (II, 2119 ff.) und in Duden unter 2. (V, 2158), dessen Bedeutung sich zunächst von allgemeinsprachlich *Fleisch* zu jägersprachlich *Fleisch als Köder* bzw. *Federspiel* verändert hat und heute als *durchtriebene, böse (meist weibliche) Person* aufgefasst wird:

> ein Wort, welches 1. überhaupt Fleisch bedeutet zu haben scheinet. Wenigstens pflegt man in den niedrigen Sprecharten es noch oft von dem Fleische lebendiger Pferde zu gebrauchen. Das Luder fällt dem Pferde von dem Leibe, wenn es mager wird. Es bekommt Luder, setzt Luder an, wenn es Fleisch ansetzet. 2. In engerer Bedeutung. 1) Das unessbare Fleisch kranker Thiere. In diesem Verstande werden die Jagdhunde mit Luder gefütteret. d. i. mit dem gesottenen Fleische untauglicher und todt gestochener Pferde. 2) In den niedrigsten Sprecharten ist Luder das Fleisch verstorbener Thiere; das Aas. Es stinkt wie Luder. Ingleichen ein verstorbenes Thier selbst. Da liegt ein Luder. 3) Bey den Jägern, eine jede scharf riechende Lockspeise wilder Thiere, sie bestehe nun aus Fleisch oder aus andern Dingen. So ist das Luder, womit der Fuchs angelocket wird, ein gebratener Häring, oder auch weisses in Schweinfett gebratenes Brot. Bey den Falkenieren wird auch der nachgemachte Vogel, womit man den Falken zurück locket, das Luder genannt, wenn es anders hier nicht das obige Luder, das Spiel, ist, weil dieser nachgemachte Vogel auch das Federspiel genannt wird. (Adelung II, 2120)

> (Jägerspr.) a) totes Tier, das als Köder für Raubwild verwendet wird; b) Federspiel, mit dem der zur Beizjagd abgerichtete Greifvogel angelockt wird (Duden, V, 2158)

Andere Historismen sind durch die unveränderte Produktivität der Wortbildung und der dafür verwendeten Morpheme ohne weiteres auch auf heutige Denotate zu beziehen wie *Bockshorn*, *Präsentierteller* etc. Veraltete Wörter bzw. *feil-*, *-heischig* und *-ständ* bzw. Morpheme sind demgegenüber *feilhalten*, *anheischig*, *Urständ* etc., deren interne morphologische Struktur nicht mehr durchschaubar ist, oder deren Morphologie unikale „Himbeermorpheme" enthält.

Zum Kriterium der Fachsprachlichkeit (ii) ist Folgendes zu sagen: In einer Zeit, in der die Gemeinsprache durch Zuwächse aus den Fachsprachen unglaublich rasch anwächst, ist es wenig sinnvoll, strikte Trennungen vorzunehmen und alle fachsprachlichen Wörter in der Gemeinsprache als unikal zu betrachten, zumal alle Sprechenden durch die Medien, ihre eigene Berufsausbildung und ihre Hobbies grossen Anteil an Fachsprachen haben.

Das Kriterium der Homonymie (iii) schliesslich ist phraseologietheoretisch gesehen wenig adäquat: Phraseologisch gebundene Homonymie ist als phraseologisch gebundene Bedeutung nicht leicht auszumachen bzw. muss in vielen phraseologischen Fällen postuliert werden, weil der Bedeutungsanteil des unikalen Elementes (vgl. 1.1) der phraseologischen Theorie gemäss nicht zugeordnet werden kann.

Abschliessend ist festzuhalten, dass diese Kriterien theoretisch unverbunden nebeneinander gestellt werden und so keinen Gegenstandsbereich bilden, dessen Einheit theoretisch begründbar wäre. Der Gebrauch von „unikal" bzw. „phraseologisch gebunden" oder „isoliert" ist damit insgesamt nicht derselbe wie in der Morphologie und allenfalls als metaphorischer Gebrauch aufzufassen.

Den verschiedenen Gesichtspunkten der Gegenstandskonstitution entsprechen verschiedene Konzepte von Gebundenheit, deren wichtigste die folgenden sind:

1. Formale Gebundenheit: Es wird erstens mit einer formalen Gebundenheit gerechnet, die von Formen ausgeht, die nur phraseologisch gebunden vorkommen. Dabei macht es allerdings einen Unterschied, ob man von einer lexematischen Gebundenheitsauffassung oder einer morphologischen Konzeption ausgeht. Bei einer formal-lexematischen Auffassung darf ein und dasselbe Lexem nur dann phraseologisch vorkommen, wenn Formulierungen wie *er ist ohne Fehl* als veraltet betrachtet und nicht berücksichtigt werden. Das trifft für *Fehl* in *ohne Fehl und Tadel* zu. Bei einer morphologischen Konzeption liegt Gebundenheit dann vor, wenn ein und dasselbe Morphem in keinen anderen Wortbildungszusammenhängen vorkommt. Das trifft für *Fehl* nicht zu, weil es daneben auch *verfehlen, Fehlkonstruktion* etc. gibt. In lexematischer Lesart ist *Fehl* also phraseologisch gebunden, in morphologisch systembezogener Lesart hingegen nicht. Das morphologische Kriterium ist beim Prototyp *Himbeere* gegeben, seine Anwendung würde den Kreis der „unikalen" Elemente wesentlich kleiner halten als die Anwendung des lexikalischen Kriteriums.

2. Inhaltliche Gebundenheit: Es ist zweitens eine inhaltliche Gebundenheit auszumachen, die für semantische Unikalität eine nur phraseologisch vorkommende Bedeutung verlangt: Die Schwierigkeiten der Operationalisierung dieser Gebundenheitskonzeption bestehen darin, dass semantische Unikalität phraseologietheoretisch entweder nicht zu bestimmen ist (was ist der Bedeutungsanteil von *Maulaffen*?), weil es keine parallelen Phraseologismen gibt, in denen nur der potenziell unikale Teil durch ein anderes Lexem mit klarem Bedeutungsanteil an der Wortverbindung ersetzt werden könnte. Oder es ergeben sich Schwierigkeiten daraus, dass das potenziell unikale Element oft gar nicht unikal ist, sondern eine metaphorisch freie Bedeutung hat: *Schokoladenseite* in *sich von seiner Schokoladenseite zeigen* kann in derselben Bedeutung ('schöne, gute Seite') auch ausserhalb des Phraseologismus verwendet werden ohne als Verkürzung des Phraseologismus empfunden zu werden (vgl. auch *Fettnäpfchen* in der Bedeutung 'Faux-pas' und *Zwickmühle* in der Bedeutung 'verzwickte Lage mit zwei gleichwertigen Handlungsmöglichkeiten, wobei beide Entscheide auch Nachteile mit sich bringen'). Dass diese Wörter ausserhalb von Phraseologismen nicht nur vereinzelt vorkommen, zeigen elektronische Abfragen von Korpora wie Zeitungsarchiven oder Webseiten.

3. Syntagmatische Gebundenheit: Eine dritte Gebundenheitskonzeption spielt gelegentlich eine Rolle, wenn die Auffassung vertreten wird, dass die unikale Komponente ein Prädiktabilitätsfaktor sei, die ihre Umgebung völlig oder weitgehend genug voraussage, so dass sie ohne weiteres als Lemma dienen könne (vgl. Fleischer 1989, 124). Auch das gilt nur für einige wenige Phraseologismen wie *klipp und klar, fröhliche Urständ feiern*, wo *klipp* und *Urständ* die restlichen Elemente voraussagen.

Die Analyse der verwendeten Kriterien zeigt, dass eine enge prototypische Konzeption von Phraseologismen mit unikalen Elementen, die in einem morphologischen Sinne wirklich unikal bzw. gebunden oder isoliert sind, einer erweiterten Konzeption gegenüberzustellen ist, deren Heterogenität mit der Inanspruchnahme von weiteren Kriterien zunimmt. Ihr zusätzliches Hauptkriterium ist die Unikalität der Bedeutung in der Gemeinsprache, deren methodische Festlegung allerdings mit einigen Schwierigkeiten verbunden sein kann. Die Heterogenität der Gruppe von Phraseologismen mit unikalen Komponenten, die schon Fleischer (1982, 48) feststellt, zeigt sich sowohl bei den Korpora mit über 300 bzw. 500 Phraseologismen (Dobrovol'skij 1978, 1988) als auch in dem bedeutend kleineren Korpus „mental präsenter" Phraseologismen (188), die von den Sprechenden entweder gebraucht oder wenigstens verstanden werden (Dobrovol'skij/ Piirainen 1994).

Das letztere Korpus von 188 Phraseologismen enthält – in Bezug auf die Unikalität, Gebundenheit oder Isoliertheit – so Verschiedenartiges wie:

> *auf der Abschussliste stehen* (weil das Homonym *Abschussliste* an eine bestimmte Fachsprache gebunden sei und demzufolge als Element eines anderen Lexikonmoduls im mentalen Thesaurus des Durchschnittssprechers nicht präsent sei) (Dobrovol'skij/Piirainen 1994, 455),
>
> *am Hungertuch nagen* (weil nicht jeder Muttersprachler Bestandteile wie *Hungertuch, Pranger, Daumenschrauben, Kerbholz* „als freie Bestandteile in seinem Wortschatz" habe (Dobrovol'skij/Piirainen 1994, 456), wobei die Bedingung „jeder Muttersprachler" die Maximalforderung darstellt, die ohnehin für die meisten Elemente des Wortschatzes nicht erfüllt werden kann),
>
> *das Kriegsbeil ausgraben* (weil *Kriegsbeil* wie *Friedenspfeife* in unseren Kulturen kein freies Korrelat habe und nur durch Literatur bekannt sein könne) (vgl. Dobrovol'skij/Piirainen 1994, 456),
>
> ferner *ad acta legen, Schindluder treiben, einen Rückzieher machen, sich von seiner Schokoladenseite zeigen* etc.

Die Problematik von wahrscheinlich eher allgemein bekannten fachsprachlichen Wörtern wie *Rückzieher* (Fussball) oder *Abschussliste* (Jagdwesen) ist offensichtlich, ebenso dass *Friedenspfeife* und *Kriegsbeil* wenn auch nicht als Realien, so doch als Vorstellungen und als Kinderspielzeuge auch in der europäischen Kultur hinreichend bekannt sind. Sachkulturelle Historismen, die von den lexikalischen Komponenten und von der Wortbildung her nicht lexikalisch gebunden oder unikal sind, deren geschichtliche sachkulturelle Motivation aber nicht mehr allgemein bekannt ist (vgl. *Hungertuch* etc.), stellen ein Feld für sich dar, zu dessen Aufklärung Wörterbücher wie dasjenige von Röhrich (1991) Wesentliches beigetragen haben.

1.3. Einzelsprachliche Charakteristika/Universalien

Eine typologische Ordnung (vgl. Dobrovol'skij 1978 bzw. die Darstellung in Fleischer 1982) unterscheidet die gebundenen Elemente ihrer Struktur nach als Grundmorpheme (vgl. *frank* in *frank und frei* oder Wortbildungskonstruktionen (vgl. *habhaft* in *einer Sache habhaft werden*). Das von Dobrovol'skij (1978) untersuchte Korpus des Deutschen erfasst 547 Phraseologismen: 142 bzw. 26 % mit unikalem Grundmorphem, 349 bzw. 64 % mit unikaler Wortbildungskonstruktion (vgl. auch die Darstellung aufgrund eines modifizierten Korpus von Dobrovol'skij (1988, 113), die zu ähnlichen Resultaten kommt).

Im Deutschen sind nach Rajchstejn (1980) unter den gebundenen Elementen die Substantive weitaus am häufigsten (80%). Fleischer (1989, 121) weist demgegenüber auch auf die Adjektive hin (*dingfest, vorstellig, unbenommen, ausfindig* etc.), während Verben am seltensten auftreten (*auswetzen* in *eine Scharte auswetzen, bewenden* in *es bei/mit etw. bewenden lassen.*

Nicht nur die Bildung von Phraseologismen an sich gilt als Universale (Burger/Buhofer/Sialm 1982, 315), auch Phraseologismen mit unikalen Elementen sind Gegenstand von Universalienhypothesen geworden: Das Vorkommen unikaler Elemente gilt als universelle Erscheinung, weil es für die phraseologischen Bestände aller erforschten Sprachen charakteristisch sei, Sprachrelikte zu tradieren (Dobrovol'skij 1988, 87). Die folgenden Thesen beschränken sich vorerst auf germanische Sprachen: In den Sprachen mit entwickelter Wortbildung wie dem Deutschen, in denen die agglutinative Technik vorherrscht, überwögen demnach gebundene Wortbildungskonstruktionen, weil mit grösserer formativischer Vielfalt auch die Anzahl gebundener Formative steige. Der semantische Wortbildungsweg, wie ihn das Englische kennt (vgl. *the claim – to claim*), führe dagegen zur wiederholten Auswertung derselben Formative und geringerer Vielfalt, so dass die Wahrscheinlichkeit, in den analytischen Sprachen auf unikale Formative zu stossen, geringer sei (Dobrovol'skij 1988, 115 ff.).

1.4. Einbettung in die Sprachgeschichte

Unikale Elemente gelten generell als Relikte eines älteren Sprachstands. Das trifft allerdings nur für diejenigen unikalen Elemente zu, die aufgrund einer engen Unikalitätskonzeption bestimmt werden, wie *Hehl* in *keinen Hehl aus etwas machen, Urständ* in *fröhliche Urständ feiern*. Es handelt sich dabei um „Archaismen" (Korhonen 1995, 139) bzw. „Nekrotismen" (Amosova 1963). Burger/Linke (1998) sehen in Elementen, die als freie Lexeme aussterben, einen der Gründe, die zum Aussterben der gesamten Phraseologismen führen können (vgl. *Schindmesser* in *das Schindmesser im Arsch haben* ('dem Tod sehr nahe sein', das im 15. und 16. Jahrhundert sehr dicht bezeugt war (Burger/Linke 1998,

2024, vgl. ebenso Korhonen 1995, 143). Burger/Linke (1998, 2025) und Korhonen (1995, 159) weisen aber explizit darauf hin, dass diese unidirektionale Entwicklung bis hin zum Aussterben des ganzen Phraseologismus nicht zwingend erfolgt und der Entwicklungsprozess auch umkehrbar ist.

Dass ein Wort nur bzw. nur noch innerhalb einer bestimmten Wortverbindung auftritt, gilt allgemein als sicherster Hinweis auf die hochgradige Phraseologisierung der entsprechenden Wortkette. Auch bei einem grossen und vielfältigen Korpus, das erfolglos nach einem frei verwendeten Element durchsucht wurde, kann aber nicht ausgeschlossen werden, dass das potenziell unikale Lexem – ausserhalb des Korpus – auch als freies Lexem gebraucht werden kann, vor allem wenn es durch reguläre Wortbildung aus regulären Komponenten gebildet wurde (vgl. *Schokoladenseite*). Für eine historische Sprachstufe kann es sich immer auch um ein zufälliges Fehlen handeln.

Über die Geschwindigkeit der vermuteten Entwicklung zu phraseologisch gebundenen unikalen Elementen ist bisher wenig bekannt ebenso wie über die Phasen, in denen diese Phraseologisierungsprozesse besonders häufig wären.

1.5. Unikale Elemente aus kognitiver Perspektive

„Unikalität", „phraseologische Gebundenheit" oder „Isoliertheit" sind Eigenschaften von Lexemen, die nur strukturell in Bezug auf ein definiertes Lexikon bestimmt werden können. Strukturell gesehen kann man *Kegel* innerhalb des Phraseologismus *mit Kind und Kegel* als ein unikales Element bezeichnen, wenn die Homonymie mit dem *Kegel* als Formbezeichnung bzw. Element eines Spieles dafür ausschlaggebend sein soll. Wie solche Elemente gelernt und benutzt werden, ob man eine Teilbedeutung auch dem Element *Kegel* zuweist, sie mitversteht und mitverwendet oder nicht, hängt gänzlich vom individuellen bzw. situationsbedingten Verstehen und Gebrauchen der Sprache ab und ist in der ganzen realen Vielfältigkeit nicht spekulativ, sondern nur in empirisch konkreter Erhebung zu erfassen (vgl. Burger/Buhofer/Sialm 1982, 25 f., *jmdm. durch die Lappen gehen* sowie generell Kap. 5 und 6; Häcki Buhofer 1987; 1989).

Dabei stellt sich heraus, dass aus kognitiver Sicht von einem (praktischen und „handlichen") Durchschnittssprecher nicht ausgegangen werden kann, sondern sich verschieden grosse, variierende Gruppen von Verstehenden herausbilden. Der *Kegel* in der phraseologischen Wendung kann – sprach- und sachgeschichtlich unzutreffend, aber synchron durchaus befriedigend – auch als letzter und unwichtigster Bestandteil des familiären Haushalts aufgefasst werden. Aus kognitiver Sicht liegt es nahe, die meisten Idiome für „irgendwie motiviert" zu halten, weil die Sprecher intuitiv nach einer sinnvollen Interpretation suchen (Dobrovol'skij/Piirainen 1997, 106). Das Phänomen ist als (Re)Motivierung von opaken Elementen durch die Sprechenden seit fast 20 Jahren immer wieder beobachtet und untersucht worden. Das Konzept der Unikalität ist mit psycholinguistisch relevanten Prozessen schlecht vereinbar, und die Forderung nach psycholinguistischer Adäquatheit würde es bis auf ein paar Reste – von in engem Sinn unikalen Elementen – auflösen. Die phraseologische Teilgruppe der „unikalen" Phraseologismen kann ihre Legitimation nicht aus Argumenten des mentalen Lexikons beziehen, sondern muss sich primär im sprachgeschichtlichen oder universaltheoretischen Diskurs als brauchbar erweisen.

Von Bedeutung ist die kognitive Perspektive auf Phraseologismen mit unikalen Elementen, weil auf diesem Hintergrund die Möglichkeit beschreibbar und erklärbar wird, dass unikale Elemente aus ihrer phraseologischen Gebundenheit herausgelöst und in (re)motivierter Bedeutung (noch bzw. auch wieder) frei verwendet werden können: so z.B. *Schnippchen* im Sinne von 'lustiger Streich', *Fettnäpfchen* als 'Faux-pas'. Viele freie Verwendungen sind zwar nicht möglich, aber auch nicht jedes *Schnippchen* muss *geschlagen* werden, nicht in jedes *Fettnäpfchen* muss *getreten* werden und nicht jedes *Scherflein* ist *beizutragen*. Durch kognitive Prozesse der (Re)Motivierung von unikalen Elementen (deren Resultat nicht ihrer historischen Bedeutung entspricht), kann die anscheinend unidirektionale Entwicklung in Richtung von zunehmender lexikalischer Restriktion über den Status des Nekrotismus bis zum tatsächlichen Untergang eines Lexems aufgehalten, gestoppt oder umgedreht werden.

2. Geschichtliche Entwicklung

2.1. Fragestellungen

Fleischer (vgl. 1989, 118ff.) weist zu Recht darauf hin, dass mit verschiedenartigen Abstufungen des Unikalisierungsprozesses zu rechnen ist. Der Versuch einer rein synchronen Betrachtung muss deshalb bei einem Phänomen, das man wesentlich auf Veralten zurückführt, zwangsläufig unbefriedigende Ergebnisse zeitigen, zu denen die starke, unerklärte Heterogenität der versammelten Phänomene gehört. Es gibt bisher keine grösseren korpusgestützten Untersuchungen, in denen die These von der Unikalisierung durch Veralten überprüft und differenziert wird. Auch über die Geschwindigkeit der vermuteten Entwicklung ist nichts weiter bekannt (vgl. dazu auch Häcki Buhofer 1998, 166 ff.).

Die meisten der heute als unikal gehandelten Elemente sind in den Wörterbüchern des 18. Jahrhunderts verzeichnet. Die diachrone Analyse ihrer Stellung im Wortschatz und ihrer lexikographischen Erfassung soll die Hintergründe der heutigen Heterogenität der unikalen Elemente sichtbar machen und den Prozess der Phraseologisierung seit dem 18. Jahrhundert zu erfassen suchen.

Die Geschichte von unikalen Elementen, die aus der heutigen Sprache verschwunden sind, kommt bei diesem Vorgehen nicht in den Blick.

Das von Dobrovol'skij/Piirainen (1994) verwendete Korpus umfasst 188 Phraseologismen mit unikalen Elementen, von denen die Autoren annehmen, dass sie heute verstanden werden. Belegt ist bisher weder die Bandbreite des Gebrauchs noch des individuellen Verstehens. Die empirische Erhebung von Ďurčo (1994, 112ff.) zeigt bei dem von ihm untersuchten Korpus, dass die Phraseologismen mit gebundenen Komponenten (u.a. *jmdn. dingfest machen, frank und frei, Fersengeld geben, jmdm. den Garaus machen*) – im Vergleich mit anderen Phraseologismen – ebenso wie die stilistisch gehobenen zwar bekannt sind, aber wenig gebraucht werden.

2.2. Verwendete Wörterbücher

Dass die lexikographische Erfassung von Phraseologismen bis in die Gegenwart hinein nicht als zufriedenstellend betrachtet werden kann, ist aus vielen Forschungsbeiträgen bekannt (vgl. Burger 1983; 1988; 1989b; 1992a; 1992b). Für die frühneuhochdeutsche Phraseologie hat Korhonen 1998 am Beispiel von Joshua Maalers Wörterbuch (1561) u.a. Folgendes aufgezeigt: Das alphabetisch geordnete Wörterbuch verwendet das Lateinische als Meta- bzw. Interpretiersprache. Das phraseologische Material wird teilweise durch *proverbium* gekennzeichnet, sehr oft aber ohne Kennzeichnung aufgeführt. Phraseologismen und Sprichwörter werden meistens unter einem Substantiv eingeordnet, wenn es ein solches enthält. „Wenn ein Substantiv weitgehend auf einen phraseologischen Gebrauch beschränkt ist oder wenn es sich um einen in einem Phrasem auftretenden Personennamen handelt, werden Phraseme direkt ohne einschlägiges Lemma eingeführt." So z.B. *auf dem Narrenseil gehen* (Korhonen 1998, 573).

Um die Entwicklungen von Phraseologismen mit unikalen Elementen nachzuzeichnen, wurden folgende Wörterbücher als Quellen herangezogen:

1) Kaspar Stieler (1691; Nachdruck 1968): *Der Teutschen Sprache Stammbaum und Fortwachs*

Ising (1975, 55) sieht das Wörterbuch von Kaspar Stieler „am Anfang der modernen deutschen Lexikographie. Es ist ein erster Versuch einer umfassenden Aufzeichnung des deutschen Wortschatzes". Es gilt als für seine Zeit ausführliches und reichhaltiges Werk, welches zwar einen gewissen Anspruch auf Vollständigkeit erhebt, aber immer wieder den Willen zur Selektion betont. Bereits der Untertitel deutet darauf hin:

> Teutscher Sprachschatz/Worinnen alle und jede teutsche Wurzeln oder Stammwörter/So viel deren annoch bekant und ietzo im Gebrauch seyn/nebst ihrer

Ankunft/abgeleiteten/duppelungen/und vornehmsten Redarten/mit guter lateinischer Tolmetschung und kunstgegründeten Anmerkungen befindlich.

Auch in Bezug auf das phraseologische Material wird deutlich, wie sehr Stielers Bemühungen auf eine normierte deutsche Sprache hin zielen, die sich die thüringische höfische Sphäre zum Vorbild nimmt und landschaftliche und stilistische Unterschiede auszugleichen versucht. Stieler will „eine kluge Wahl auserlesener wohlklingender Redarten" (Vorrede, II) treffen. *Redart* meint in Grammatiken vom 17. bis zum 19. Jahrhundert oft ein „semantisch eigenständiges, freies [!] Syntagma" (Weickert 1997, 51). Der Gebrauch variiert aber derart, dass „mit *Redensart* ohne spezifizierendes Attribut zwar „Phraseologismus" nicht gemeint ist, selbstverständlich mit *Redensart* aber (auch) auf Phraseologismen referiert werden kann." (Weickert 1997, 52) Das in Stielers Artikeln gesammelte Material ist terminologisch nicht charakterisiert. Fast nur bei Stammwörtern wird der Gebrauch des Wortes mit einigen Satzbeispielen angegeben, über deren Phraseologizität der Leser aber nur Vermutungen anstellen kann. Ein Beispiel mag veranschaulichen, wie gewisse Bedeutungsbeschreibungen der Satzbeispiele zwar die Metaphorizität, nicht aber den Grad der Phraseologizität erkennen lassen:

> Härlein/das/*dimin.* crines parvi, *quasi criniculi*, capilli. Härlein an den Stengeln/ coma pili scaporum. Härlein an den Wurzeln/ capillamenta. Um ein Härlein hättest du es erraten/argure conjecisti, rem acu tetigisti. Er weiss es auf ein Härlein/ perspicuum & abunde exploratum est ei, penitus & perspectissime cognoscit. (Stieler, I, 767)

Wir können aus heutiger Sprachkenntnis nur vermuten, dass *um ein Härlein* schon zu Stielers Zeiten phraseologisch gewesen sein könnte. Das Beispiel *auf ein Härlein* zeigt, dass zu der Zeit mehr Varianten des Gebrauchs möglich waren. Ob *auf ein Härlein* als freie oder als feste Wendung aufzufassen ist, kann mangels metasprachlicher Charakterisierung nicht entschieden werden. Wenn man wüsste, dass *auf ein Härlein* als freie Wortverbindung aufzufassen ist, wäre mit grösserer Wahrscheinlichkeit anzunehmen, dass *um ein Härlein* nicht phraseologisch ist, sondern *Härlein* metaphorisch als 'kleines Bisschen' verwendet wird. Die lateinische Bedeutungsangabe zeigt nur die Metaphorizität von *Härlein* an, nicht aber die Festigkeit der Wortverbindung. Über Festigkeiten erfährt man aus Bedeutungsparaphrasen wenig.

2) Christoph Ernst Steinbach (1734; Nachdruck 1973): *Vollständiges Deutsches Wörter-Buch*

Steinbachs Hauptwerk erhebt im Titel den Anspruch der vollständigen Wiedergabe des deutschen Wortschatzes. Ein Anspruch, der nicht erfüllt werden kann und der bereits von manchen Zeitgenossen, wie beispielsweise Gottsched, heftig kritisiert wurde. Gleichwohl weist dieses Werk einen relativ grossen Materialreichtum auf, der von Stielers Wörterbuch als Vorlage ausgeht. Wie sein Vorgänger ist Steinbach eher sparsam in der Angabe von Gebrauchsbeispielen, die vornehmlich literarischen Werken schlesischer Herkunft entnommen sind. Auch er ist darum bemüht, eine Standardsprache zu beschreiben, und geht folglich in seiner Sammlertätigkeit sehr selektiv vor: „Daher ist es unumgänglich nöthig, dass man eine auserlesene und genugsame Sammlung guter Wörter und brauchbarer Redensarten besitze" (Steinbach, Vorbericht, 3). Für den Leser ergeben sich bei Steinbach dieselben terminologischen Schwierigkeiten wie bei Stieler. In Bezug auf phraseologisches Material herrscht alles andere als Klarheit. Ein Beispiel kann zeigen, dass der Leser bei der metasprachlichen Interpretation der gesammelten Materialien auf sich selber angewiesen ist: Ob es sich um freie oder gebundene Kontexte handelt, wird nicht klar gemacht.

> Flutt (die, est pro; Flusst a voce Floss, geflossen) fluctus, aestus. Von den Flutten bedeckt worden, fluctibus operiri; Ebbe und Flutt, fluxus et refluxus maris; die Flutt tritt zurück, aestus se rursus minuit; die Flutt läuft an, aestus accrescit. (Steinbach, I, 473)

3) Johann Christoph Adelung (1793 – 1801; Nachdruck 1990): *Versuch eines vollständigen grammatisch-kritischen Wörterbuches der hochdeutschen Mundart: mit beständiger Vergleichung der übrigen Mundarten, besonders aber der oberdeutschen*

Bei Adelung zeigt sich der Übergang vom Stammwort-Wörterbuch zum alphabetischen Wörterbuch. Er versucht nicht (wie seine Vorgänger), den Stammwortschatz festzuhalten und per Analogie die Ableitungen zu bestimmen. Sein Anspruch ist es, die Sprachwirklichkeit und den tatsächlichen Sprachgebrauch abzubilden. Dabei orientiert er sich an der Sprache der „oberen Classen" Obersachsens, die er in der Tradition Gottscheds für die eigentliche hochdeutsche Mundart hält. Es handelt sich bei seinem Werk also ebenfalls nicht um ein wirklich allgemeines deutsches Wörterbuch, vielmehr orientiert sich die Beschreibung des deutschen Wortschatzes an der Schrift- und feineren Gesellschaftssprache und hat dadurch einen normativen Charakter (vgl. Henne 1975). Interessant ist Adelungs Einteilung der Wörterbuchartikel, die in Bezug auf die früheren Lexikographen einige Neuigkeiten in der Terminologie enthält: Als erster macht er eine deutliche Unterscheidung zwischen „eigentlicher" und „figürlicher" Bedeutung. Nach den jeweiligen Bedeutungsangaben folgen in der Anordnung Satzbeispiele und besondere phraseologische Gebrauchsweisen, die jedoch selten explizit als solche gekennzeichnet werden. Vereinzelt findet man Angaben wie „in der Redewendung", „in der sprichwörtlichen Redensart" oder „in der figürlichen Redensart". In den allermeisten Fällen ist es dem Leser überlassen, die Satzbeispiele mit Elementen von figürlicher Bedeutung in Bezug auf ihre Phraseologizität zu interpretieren. Man kann jedoch annehmen, dass Adelung als erster systematisch versucht, phraseologische Wendungen und Bedeutungen zu registrieren. Nach dem Teil mit Beispielen wird in der Anmerkung eine etymologische Entwicklung rekonstruiert:

> Entgehen, verb.irreg.neutr., welches das Hülfswort seyn zu sich nimmt, von einem Orte weggehen. In dieser eigentlichen, aber veralteten Bedeutung, kommt ingan für abire, weggehen, bey dem Ottfr. vor. Im Hochdeutschen gebraucht man es noch 1) figürlich, in den Redensarten: die Kräfte sind ihm entgangen, er hat seine Kräfte verloren; der Athem entgehet mir; wenn einem Manne im Schlafe der Same entgehet, 3 Mos. 15,16. 2) In engerer Bedeutung, einer unangenehmen Sache ausweichen. Einem Übel entgehen. Einer grossen Gefahr entgehen.
> Anm. Bey dem Ottfried lautet dieses Wort ingan und intgan, im Nieders. untgaan. [...] (Adelung, I, 1823)

4) Joachim Heinrich Campe (1807-1813; Nachdruck 1969-70): *Wörterbuch der Deutschen Sprache*

Campes Wörterbuch ging aus seiner Kritik an dem Wörterbuch Adelungs hervor und sollte eine Erweiterung darstellen (vgl. dazu Campe, Vorrede, IX). Dies ist der Grund dafür, dass Campe viele Gepflogenheiten beibehielt, die Adelungs Werk charakterisierten, so etwa die Aufteilung der einzelnen Artikel, die nach den Regeln eines alphabetischen Wörterbuchs geordnet sind. Hauptkritikpunkt von Campe war Adelungs ausschliessliche Beschreibung der gehobenen Sprache Obersachsens, des so genannten Meissnischen. Campe wollte ein allgemeines deutsches Wörterbuch verfassen, das stärker den literatursprachlichen Wortschatz aus allen deutschsprachigen Regionen berücksichtigen sollte. Sein Hauptverdienst liegt darin, Adelung in quantitativer Hinsicht um ein Mehrfaches überboten zu haben: Campes Wörterbuch zählt 141'277 Lemmata, dasjenige Adelungs 55'181. Die einzelnen Lemmata orientieren sich stark an Adelung, sind aber insgesamt knapper gehalten, weil Campe darauf verzichtet, ausführliche etymologische Erklärungen abzugeben. Insgesamt wird Campe als ein erweiterter „Adelung ohne Etymologie" bezeichnet (Henne 1975, 160). Was die Angabe phraseologischer Beispiele betrifft, hat ihnen Campe in seinem Artikelaufbau dieselbe Stellung gegeben. Man kann also davon ausgehen, dass auch Campe systematisch phraseologisches Material aufzunehmen versucht und auch in dieser Hinsicht Adelungs Wörterbuch quantitativ überbietet:

> So wie wir nun rastlos bemühet gewesen sind, unsern Wortreichthum anzuhäufen, so haben wir uns auch nicht minder beeifert, die sehr grosse Menge von Bedeutungen der Wörter und deren Verschatzungen, sammt den daraus gebildeten Redensarten aufzusuchen, die man in unsern, fast nur für die Umgangssprache berechneten bisherigen Wörterbüchern entweder übersehen oder, weil sie vielleicht nicht von den Obersächsischen Schriftstellern gebraucht worden waren, verschmäht hatte. (Campe, Vorrede, X)

In Bezug auf Phraseologismen ist Campe wohl in quantitativer Hinsicht genauer als Adelung, nicht aber in qualitativer Hinsicht. Seine terminologischen Charakterisierungen entsprechen denen Adelungs.

Für die folgenden lexikographischen Beobachtungen (2.3) werden die aufgeführten Wörterbücher herangezogen sowie die Wörterbücher von Grimm (1854-1958) und Duden (1993-1995, 8 Bände, wird meistens verwendet, Duden 1976-1981 wird in einem Fall verwendet).

2.3. Befunde

2.3.1. Systematische Befunde

Die aus einer systematischen Auswertung dieser Wörterbücher gewonnenen Informationen sollen vorerst nach verschiedenen Aspekten des Auftretens heutiger unikaler Elemente in den älteren Wörterbüchern unterschieden und beschrieben werden: 1. als freies Lexem, 2. als freies Lexem mit „figürlicher" Bedeutung, 3. als freies oder gebundenes Lexem in verschiedenen Bedeutungen bzw. Kontexten, 4. als gebundenes Element einer festen Wendung.

1. Das heutige potenziell unikale Element wird in den älteren Wörterbüchern als freies Lexem aufgeführt, in der Mehrheit der Fälle in derselben Wortart, in einigen Fällen aber auch in einer anderen Wortart (vgl. unten (6) *Weissglut – weissglühend*).

In den folgenden Fällen wird das bei Dobrovol'skij/Piirainen (1994) als unikal aufgeführte Element in den älteren Wörterbüchern als freies Lexem angegeben, dem eine wörtliche und deshalb nicht explizit gekennzeichnete Bedeutung zugeschrieben wird:

(1) *von der **Pike** auf (dienen/lernen)*
 Bei Stieler, Adelung und Campe wird einzig *Pike* als freies Lexem registriert. Erst im Grimmschen Wörterbuch taucht der Phraseologismus (1) in der heute gebräuchlichen Form mit der Bedeutung 'von der untersten Stufe an' (Grimm, VII, 1847) auf. Während Stieler (II, 118) in kürzester Form die Bedeutung 'hasta, lancea' angibt, sind Adelungs kulturhistorische Anmerkungen ausführlicher:

> [...] aus dem Französ. *Pique*, ein Spiess mit einem langen Schafte, womit ehedem die Fussgänger im Kriege bewaffnet waren. Jetzt ist dieses Gewehr nicht mehr üblich [...]. (Adelung, III, 767).

Bereits Adelungs Eintrag erwähnt, dass das Gerät veraltet ist. Deshalb wird das Wort nicht mehr gebraucht. Es muss in kulturhistorischen Betrachtungen, aber auch aus heutiger Sicht, als *Pike* bezeichnet werden (vgl. Röhrich 1991, II, 1182). Wenn es in heutige Wörterbücher nicht mehr aufgenommen wird, so ist dies Ausdruck einer lexikographischen Praxis, die sich sachgeschichtliche Grenzen setzen muss oder unweigerlich an Grenzen stösst, und spricht noch in keiner Weise für die Unikalität des Lexems in (1). Auch *Toga* und *Tunika* sind keine unikalen Elemente, nur weil wir keine römischen Kleider mehr tragen. Die folgenden „unikalen" Elemente werden ebenfalls in älteren Wörterbüchern als freie Lexeme verzeichnet. Aus heutiger Sicht gehören sie in einen bestimmten kulturhistorischen oder fachlichen Zusammenhang, können aber als freie Lexeme aufgefasst werden (*Friedenspfeife, Armutszeugnis, Torschluss* bzw. *Toresschluss, Weissglut*). Was *abblitzen* betrifft, so gibt es heute auch nicht-phraseologische Verwendungsweisen, aber mit veränderter Bedeutung (vgl. *er ist abgeblitzt* im Sinne von 'er hat sich mit einem Anliegen nicht durchsetzen können'. *Herabblitzen* ist gegenüber dem heutigen *Abblitzen* morphologisch erweitert, ist hier aber als Beispiel für ein freies Element aufgeführt.

(2) *mit jmdm. die **Friedenspfeife** rauchen*
die Tabakspfeife des Hauptes bei einer Horde Nordamerikanischer Wilden, welche er daraus rauchend einem Gesandten oder Besucher reicht zum Zeichen des Friedens, und dass er seines Lebens und seiner Freiheit wegen unbesorgt sein könne (Campe, II, 172)

(3) *jmdn. **abblitzen** lassen*
blitzen [unter anderen Komposita folgt] ich blitze herab, 'defulguro' (Steinbach, I, 135)

(4) *jmdm. ein **Armutszeugnis** ausstellen*
Das Armuthszeugnis, Armuthsschein (Campe, I, 208)

(5) *vor/nach **Toresschluss***
Der Thorschluss Handlung, da die Stadtthore Abends geschlossen werden, und die Zeit, da solches zu geschehen pflegt (Adelung, IV, 584)

(6) *zur **Weissglut** bringen/reizen*
Weissglühend bey den Eisenarbeitern, weissglühend, so glühend, dass das Eisen im Feyer eine weisse Farbe bekommt (Adelung, IV,1469)

Die unikalen Komponenten der folgenden Wortverbindungen haben in den angegebenen älteren Wörterbüchern ebenfalls eine freie, mehr oder minder fach- oder sondersprachliche Bedeutung:

(7) *auf **Anhieb***
(8) *jmdm. einen **Denkzettel** verpassen*
(9) ***Spiessruten** laufen*
(10) *ein **Streiflicht** werfen auf etw.*
(11) *in einer **Zwickmühle** stecken*

Während der Duden (1993-1995) für die Beispiele (7) bis (11) nur noch die phraseologische Bedeutung verzeichnet, werden in den älteren Wörterbüchern Anmerkungen angebracht, die die unikalen Elemente als fachsprachlich kennzeichnen, beispielsweise für *Denkzettel* „in den Gerichten ein Zettel, auf welchem der angesetzte Termin bekannt gemacht wird" (Grimm, II, 944) und *Spiessrute* „die Spiessgerte, besonders sofern diese Ruthen zur Bestrafung der Soldaten gebraucht werden" (Adelung, IV, 207). Bei Adelung finden wir auch für *Anhieb* eine fachsprachliche Bedeutungsangabe: „Die Handlung des Anhauens, besonders im Forstwesen" (Adelung, I, 318). Campe gibt auch für *Streiflicht* und *Zwickmühle* eine freie wörtliche Bedeutung: „Das Streiflicht, in der Mahlerei, ein kleines Licht welches durch eine schmale Öffnung streichet." (Campe, IV, 707), „die Zwickmühle, in dem Mühlenspiele, eine doppelte Mühle oder solche Stellung der Steine, da man durch die Öffnung der einen Mühle immer die andere schliessen kann." (Campe, V, 969)

Aus synchroner Sicht kann auch bei diesen Beispielen nicht von Unikalität im morphologischen oder formal-lexikographischen Sinn gesprochen werden, weil erstens das Lexem semantisch und morphologisch transparent ist und zweitens die fachsprachliche Bedeutung oder der bezeichnete Gegenstand nicht als verloren, sondern höchstens für die Gegenwart als nicht mehr relevant oder kulturell veraltet gelten können. Das Mühlespiel jedoch gehört nach wie vor zu den am meisten verkauften Familienspielen. In diesem Zusammenhang ist allerdings heute von *doppelter Mühle* und nicht mehr von *Zwickmühle* die Rede. Eine Webseitenangabe im Internet ergibt unzählige freie Verwendungsweisen von *Zwickmühle* in der gegenüber dem 18. Jahrhundert veränderten, metaphorischen Bedeutung 'schwierige Lage', in der von zwei Handlungsmöglichkeiten beide Nachteile aufweisen.

Mehr als die Hälfte aller unikalen Elemente sind Komposita, die in den älteren Wörterbüchern, besonders in Stieler und Steinbach, häufig neben zahlreichen anderen Komposita unter dem Grundwort mit Bedeutungsangabe aufgeführt werden. In den Wörterbüchern von Adelung und Campe ändert sich diese Praxis: Die auffindbaren Komposita werden als Lemmata strikt alphabetisch registriert.

(12) *auf der faulen **Bärenhaut** liegen*
Haut [unter 17 Komposita ist aufgeführt] Bärenhaut 'pellis ursina' (Stieler, I, 803)

(13) *auf **Abwege** geraten*
Weg [unter etwa 60 Komposita ist aufgeführt] Abweg 'diverticulum' (Stieler, I, 2455)

(14) *dumm wie **Bohnenstroh***
Stroh [unter 13 Komposita ist aufgeführt] Bohnenstroh 'fabalia' (Stieler, II, 2212)

(15) *unter dem **Deckmantel** von etw.*
Mantel [unter etwa 30 Komposita ist aufgeführt] Deckmantel 'toga duplex' (Stieler, II, 1226)

(16) *etw. geht jmdm. über die **Hutschnur***
Schnur [unter etwa 15 Komposita ist aufgeführt] Hutschnur 'spira' (Stieler, II, 1907)

(17) *sich sein **Schulgeld** wiedergeben lassen*
 Geld [unter etwa 80 Komposita ist aufgeführt] Schulgeld 'didactrum' (Stieler, I, 682)

(18) *aufpassen wie ein **Schiesshund***
 Hund [unter etwa 20 Komposita ist aufgeführt] Schieshund 'canis insidiator' (Stieler, I, 867)

Lexeme wie diejenigen der Beispiele (12) bis (18) werden in heutigen Wörterbüchern nicht mehr als Komposita aufgeführt, wenn sie als voll motivierte Wörter gelten. In älteren Wörterbüchern wird die wörtliche Bedeutung angegeben, die das Kompositum teilweise noch heute hat, wie beispielsweise *Bärenhaut* oder *Schulgeld*. Wir haben es folglich auch in diesen Fällen, weder aus heutiger noch aus historischer Sicht, mit unikalen Elementen zu tun. Fälle wie *Deckmantel* oder *Schiesshund* sind morphologisch auch heute gänzlich durchsichtig, aber ihre historische Gesamtbedeutung ist aus heutiger Sicht auslegungsbedürftig.

2. Das heutige potenziell unikale Element wird in den älteren Wörterbüchern explizit oder implizit in „uneigentlicher" oder „figürlicher", also übertragener Bedeutung angegeben, wobei seine Verwendung meist frei ist. Oft (vgl. Beispiele (19) und (20)) findet sich die Angabe einer wörtlichen Bedeutung oder der Versuch einer Rekonstruktion einer solchen, die aber als ungebräuchlich deklariert wird und folglich besonders der Motivierung dient und evtl. schon zur damaligen Zeit ein lexikographisches Artefakt darstellt. Das ist ein Verfahren, das auch heute noch üblich ist, allerdings irreführend sein kann, wenn man daraus ein unphraseologisches freies Vorkommen ableiten kann (vgl. *Urständ* in Duden, VIII, 3611).

(19) ***Maulaffen** feilhalten*
 Der Maulaffe, ein Mensch, welcher etwas mit aufgesperrtem Munde, mit dummer Verwunderung angaffet, und in weiterer Bedeutung, ein dummer Mensch. Es erhellet daraus, dass die letzte Hälfte dieses Wortes, nicht zu dem Worte *Affe* gehöret, sondern aus *auf* oder *offen* verderbt ist (Adelung, III, 118f.)

(20) *wie ein **Ölgötze** dastehen*
 Der Öhlgötze, eine figürliche Benennung eines dummen und trägen, unthätigen, unwirksamen Menschen (Adelung, III, 592)
 Mit dem Vermerk, dass man in früheren Zeiten gewisse Götzenbilder mit Öl zu salben pflegte, wird ein Versuch gemacht, die wörtliche Bedeutung zu rekonstruieren. Ebenso verhält es sich beim Erklärungsversuch in (19) (vgl. Röhrich, II, 1011)

(21) ***Luftschlösser** bauen*
 Schloss [unter etwa 40 Komposita ist eingetragen] Zauberschloss 'arx magica, figurata, imaginaria', i.e. Luftschloss (Stieler, II, 1842)

(22) *jmds. **Lebenslicht** ausblasen*
 Licht [unter etwa 30 Komposita ist aufgeführt] Lebenslicht 'vigor vitae' (Stieler, I, 1152)

Die Phraseologismen (19) bis (22) enthalten also Lexeme, die nur in freier Form angegeben werden. Ebenso verhält es sich mit (23) und (24). Zusätzlich sind in Beispiel (23) (neben der freien) beispielhafte Verwendungsformen aufgeführt. Zu Beispiel (24) wird eine Gebrauchsweise angegeben, die unserer heutigen phraseologischen Gebrauchsweise entspricht. Dazu wird eine Paraphrase gegeben.

(23) der **Abschaum** der Menschheit
Eigentlich, was abgeschäumet worden, eine abgeschäumte Unreinigkeit (Adelung, I, 89).
Diese Bedeutung sei aber äusserst selten. Verwendet werde das Lexem nur in übertragener Bedeutung als „das Schlechteste, Schändlichste seiner Art". Zudem gibt Adelungs Artikel Gebrauchsformen an, die nicht klar als freie oder phraseologische zu erkennen sind, wie *er ist der Abschaum aller bösen Buben* oder *der Abschaum des Witzes eines Zotenreissers* oder *er ist der Abschaum des menschlichen Geschlechts*.
Im heutigen Gebrauch bedeutet Abschaum nur noch 'der übelste, minderwertigste Teil einer Gesamtheit (gewöhnlich von Menschen)' (Duden, I, 86)

(24) *keinen **Deut** wert sein/keinen **Deut** verstehen*
Der Deut, auch gebraucht man dieses Wort für, wie anderwärts Heller und Pfennig, um eine Kleinigkeit zu bezeichnen. Ich bin ihm nun keinen Deut mehr schuldig, auch nicht das Geringste (Campe, I, 708)

3. Die heute als unikal aufgefasste Komponente wird in verschiedenen Kontexten angegeben: In den untersuchten Wörterbüchern werden nicht selten zahlreiche Verwendungsweisen des jeweiligen Wortes registriert, die wohl teilweise frei und teilweise phraseologisch sind, ohne dass dies aus der Anordnung klar ersichtlich wäre. Der Gebrauch der fraglichen Komponente ist nicht nur auf eine einzige Wendung beschränkt, sondern offenbar in verschiedenen Kontexten und Ausdrücken mit meist metaphorischer Bedeutung möglich. Eine wörtliche Bedeutung ist oft angegeben, aber als ungebräuchlich gekennzeichnet.

(25) *jmdn. unter der **Fuchtel** halten/unter jmds. **Fuchtel** stehen/sein*
Neben der wörtlichen Bedeutung 'Degen mit einer breiten Klinge', notiert Adelung (336) zu *Fuchtel* vier Verwendungsformen *Jemanden unter der Fuchtel halten* 'unter scharfer Zucht', *Eine wilde Fuchtel* 'ein wildes Weibesbild', *Die Fuchtel bekommen* 'bestraft werden', *Die Fuchtel geben* 'bestrafen'.

Auch die Beispiele (26) bis (33) enthalten in den verzeichneten Verwendungsformen variierende Verben bzw. syntaktische Konstruktionen, was zu dem Schluss führen kann, dass es sich nicht um phraseologische Formen handelt. Denkbar ist aber, dass es sich um phraseologische Varianten handelt.

(26) *jmdn. ins **Bockshorn** jagen*
Das Bockshorn, eigentlich das Horn von einem Bocke. In das Bockshorn blasen, uneigentlich, Lärm blasen. Ins Bockshorn kriechen, zaghaft sein. Einen in das Bockshorn jagen, einen zaghaft machen (Campe, I, 585)

(27) *in **Bausch** und Bogen*
Der Bausch [...] in Bausch und Bogen, im Ganzen überhaupt gerechnet. Etwas in Bausch und Bogen kaufen, im Ganzen, ohne auf den Preis der einzelnen Stücke zu sehen (Adelung, I, 768)
In Bausch und Bogen, überhaupt, in ganzen gerechnet. In Bausch und Bogen verkaufen, in ganzen, ohne auf den Preis der einzelnen Stücke zu sehen (Campe, I, 399)

(28) *auf **Abwege** kommen/geraten*
Der Abweg, eigentlich und uneigentlich ein Weg, der sich von einem andern Wege überhaupt und von dem rechten Wege insonderheit entfernt. [...] Auf Abwege kommen, gerathen. Auf Abwegen (Nebenwegen) entkommen. Einen Abweg nehmen, d.h. einen Seitenweg einschlagen (Campe, I, 70)
Zusätzlich finden wir bei Adelung: Abwege suchen, leere Ausflüchte (Adelung, I, 132)

(29) *für jmdn. in die **Bresche** springen*
Die Bresche, [...] eine Öffnung in der Mauer einer Stadt, oder in einem Festungswerke. Bresche schiessen. Eine Bresche erweitern (Adelung, I, 1189)

(30) *auf der **Lauer** liegen*
Die Lauer, die Handlung, der Zustand, da man lauert. [...] Auf der Lauer stehen. Jemanden auf die Lauer stellen (Adelung, II, 1930)
Zusätzlich finden wir bei Campe: Lauer stechen, im Bergbau, wenn vorliegende Gewerke auf Forttrieb des Stollortes lauschen (Campe, III, 44)

(31) *nur **Lug** und Trug*
Der Lug, ein veraltetes und nur in der im gemeinen Leben üblichen R. W. Lug und Trug, ohne Artikel übliches Wort, das Lügen und Betrügen zu bezeichnen. Mit Lug und Trug umgehen. Es ist nichts als Lug und Trug (Adelung, II, 2127)
Zudem wird von Campe aufgeführt: auf Lug und Trug ausgehen, zu belügen und zu betrügen suchen (Campe, III, 166)

(32) *einer Sache den **Garaus** machen*
Das oder der Garaus, einer Sache das Garaus machen, ihr ein Ende machen. Garaus mit einem machen oder spielen, ihn zu Grunde richten. (Campe, II, 224)

(33) *die **Oberhand** gewinnen/bekommen/erhalten*
Die Oberhand. Uneigentlich, sofern Hand auch Macht, Gewalt bedeutet, die höhere Macht oder Gewalt, besonders in einem Wettstreite. Die Oberhand bekommen, erhalten, gewinnen, haben, behalten, verlieren. Einem die Oberhand geben, ihn zur rechten Hand gehen oder sitzen lassen. Die Oberhand nehmen. Ehemals auch die höchste Gewalt im Staate (Campe, IV, 534)

Zu (28) *Abwege* beispielsweise lassen sich bei Adelung vier verschiedene Verwendungsformen finden. Diese Ausdrucksweisen werden zwischen 1800 und heute oft auf einen einzigen Phraseologismus reduziert. Dieser Prozess kann, wie sich etwa an (26) *Bockshorn* zeigen lässt, das Undurchsichtigwerden des metaphorischen Bezugs bewirken, aber nicht eigentlich eine Unikalisierung, wenn die Motivierbarkeit des Kompositums und morphologische Transparenz erhalten bleiben. Dabei bleibt unerklärt und unerklärbar, weswegen sich in Beispielen wie

(28) die Variante *Abwege suchen* trotz ihrer strukturellen Verwandtschaft zu *auf Abwege gerathen* nicht gehalten hat.

4. Das heutige potenziell unikale Element wird in den älteren Wörterbüchern als gebundenes Element aufgeführt: Um 1800 lassen sich relativ wenige Beispiele finden, die im Sinne von Dobrovol'skij/Piirainen (1994) schon damals als Unikalia angegeben werden. In diesen Fällen sind die unikalen Lexeme schon um 1800 nicht frei (vgl. die lexikographischen Indikatoren dafür (38) „besonders in der Redewendung", (33) „nur noch im gemeinen Leben in der Redewendung"). Es wird ihnen keine „eigentliche" und keine aktuelle uneigentliche Bedeutung zugeschrieben. Die Lexikographen führen sie als Lemmata trotzdem auf und geben eine historische Bedeutung, ihre etymologische Herkunft oder den Wortbildungszusammenhang an, was sie als motiviert erscheinen lässt.

(33) ***frank** und frei*
frank, adj. et adv., frey, welches aber im Hochdeutschen veraltet ist, und nur noch im gemeinen Leben in der Redensart frank und frey, d.i. völlig frey (Adelung, II, 263)

(34) *etwas aufs **Tapet** bringen*
Tapet, ein Teppich, aus dem Lat. Tapes, Tapete ein im Hochdeutschen veraltetes Wort, welches nur noch in der R. W. vorkommt etwas auf das Tapet bringen, eine Sache als den Gegenstand eines Gespräches, oder einer Berathschlagung auf die Bahn bringen, eine ohne Zweifel von dem Teppiche auf dem Tische einer Rathsversammlung entlehnte Figur (Adelung, IV, 531)

(35) ***Reissaus** nehmen*
Das Reissaus, von dem Verbo ausreissen, nur in der im gemeinen Leben üblichen R. W. das Reissaus nehmen, flüchtig werden, davon laufen (Adelung, III, 1066)

In den folgenden Beispielen werden die fraglichen Lexeme als gebunden bezeichnet, sie sind aber morphologisch durchsichtig und werden auch von ihrer wörtlichen Bedeutung her erklärt:

(36) ***Krokodilstränen** heulen*
Der Krokodill [...]. Dass er die Stimme eines weinenden Kindes nachahme, ist eine Fabel, von welcher der Ausdruck herrührt *Krokodillthränen weinen*, d.h. geheuchelte (Campe, II, 1064)

(37) *jmdm. den **Laufpass** geben*
Der Laufpass, ein Pass, mit welchem man einen laufen lässt, d. h. womit man einen, der sich wegbegeben will, versieht. Man gebraucht es bloss in verächtlicher Bedeutung in der uneigentlichen Redensart des gemeinen Lebens, *einem den Laufpass geben*, ihn laufen lassen, ihn aus dem Dienst entlassen, fortjagen (Campe, III, 47)

(38) ***Schmalhans** ist Küchenmeister*
Der Schmalhans, in den niedrigen Sprecharten, eine Person, bey welcher es schmale Bissen setzt, ein Hungerleider, karger Geizhals, besonders in der R. W.

hier ist Schmalhans Küchenmeister, hier wird die Tafel armselig bestellt (Adelung, III, 1555)

(39) *von **Kindesbeinen** an*
Kindesbeine, ein Wort, das nur in der R. W. von Kindesbeinen an gebraucht wird, d.i. von der Kindheit an (Adelung, II, 1577)

(40) *jmdm. reisst der **Geduldsfaden***
Der Geduldsfaden, ein bildlicher Ausdruck des gemeinen Lebens für Geduld. Der Geduldsfaden wird mir bald reissen, ich werde bald die Geduld verlieren. (Campe, II, 251)

In wenigen Fällen verzichten die Wörterbücher auf die Motivierung:

(41) ***Fersengeld** geben*
Das Fersengeld, ein Wort, welches nur in der im gemeinen Leben bekannten figürlichen Redensart, Fersengeld geben, üblich ist, d.i. entfliehen (Adelung, II, 116)

(42) *sich **mausig** machen*
Mausig, welches nur im gemeinen Leben üblich ist. Sich mausig machen, ungebührliche, trotzige Worte von sich hören lassen, sich ohne Scheu verantworten, sich zur Wehr setzen (Adelung, III, 127)

Ein kulturhistorisch ausgerichtetes Wörterbuch wie dasjenige von Röhrich gibt über die Etymologie und die kulturhistorische Einbettung Auskunft:

Das Subst. *Fersengeld* erscheint zuerst im 13. Jh. und stammt aus der Rechtssprache. Es bezeichnete eine bestimmte Abgabe, über deren Natur noch keine völlige Klarheit herrscht. So ist die Entstehung der Rda. in einem Volkswitz zu vermuten: Statt mit gültiger Münze zu zahlen, gab der Fliehende Fersengeld, wobei man vielleicht die schnell abwechselnd sichtbar werdenden Fersen eines Entfliehenden mit springenden Geldstücken verglich. (Röhrich 1991, I, 435)

Diese Erklärung ist nicht wesentlich plausibler als diejenigen, die man sich im 18. Jahrhundert ausgedacht hat und stellt insofern keinen lexikographischen Fortschritt dar. Sie ist aber Ausdruck davon, dass es bei den Verstehenden generell – auch ausserhalb der Lexikographie – eine Tendenz zur synchronen Motivierung gibt, die „nötigenfalls" an die Stelle etymologischer Kenntnisse tritt.

Zu (42) *mausig* findet sich bei Röhrich folgende Auskunft, die im Unterschied zur obigen etymologisch ausgerichtet ist:

[...] eine bereits im 16. Jh. bezeugte Redensart, die nichts mit der Maus zu tun hat, sondern auf die Jagd mit Falken zurückgeht. Mhd. mûzec (zu mûzen = die Federn wechseln, aus lat. mutare) bez. den Jagdfalken, wenn er die Mauser überstanden hat und dadurch übermütig und zur Jagd besonders geeignet wird. (Röhrich 1991, II, 1017)

Mausig, das bei Adelung noch als Lemma angegeben wird, kann aus diachroner Sicht als unikal betrachtet werden. Aus synchroner und erst recht aus kognitiver Sicht ist diese Beurteilung weniger zwingend.

2.3.2. Diachrone Befunde

Das Material, das bis jetzt aspektweise klassifiziert wurde, lässt sich auch in einen diachronen Zusammenhang stellen und im Hinblick darauf interpretieren, ob eine Entwicklung vorliegt und wenn ja, ob es sich um eine einheitliche oder mehrheitliche Entwicklung handelt oder verschiedene uneinheitliche Prozesse festgestellt werden können.

Nach Burger/Linke (1998, 2020-23) lassen sich verschiedene Arten von Phraseologisierungsprozessen beschreiben:

1. Lexikalische Variantenreduktion,
2. Reduktion der Modifikationsmöglichkeiten,
3. Verfestigung der morphosyntaktischen Struktur,
4. lexikalische Reduktionen, die das Verblassen der zugrundeliegenden konkreten Vorstellung mit sich bringt.

Im untersuchten Zeitraum finden sich folgende Erscheinungen, die in erster Linie lexikalische Variantenreduktionen darstellen. Andere Formen der Phraseologisierung sind mit Hilfe der Wörterbücher seltener und methodisch schwieriger festzustellen. Modifikationen beispielsweise wie *schlechter Rat ist teuer* können in erster Linie in Texten festgestellt werden. Wörterbücher sind als Quellen dafür wenig geeignet.

1. In den älteren Wörterbüchern werden oft lexikalische Varianten zu einem Phraseologismus angegeben, die in neueren Nachschlagewerken nicht mehr zu finden sind. Meist handelt es sich um Verbvarianten, deren explizite Angabe darauf hindeutet, dass es sich nicht (mehr) um freie Wortverbindungen handelt. In Abschnitt 3.3.1. wurden zahlreiche Beispiele für solche Varianten bzw. für die Entwicklung der Variantenreduktion aufgeführt. Weitere Beispiele sind:

(43) *jmdm. den **Lebensfaden** abschneiden*
Bei Campe (III, 59) sind die Varianten *den Lebensfaden zerreissen, den Lebensfaden zerschneiden* registriert, die heute nicht mehr üblich sind.

(44) *in **Saus** und **Braus** leben*
Der Saus, im Sause leben, oder auch im Sause und Brause, im Sause und Schmause leben (Adelung, III, 1308)

(45) *jmdm. einen **Denkzettel** verpassen*
Der Denkzettel, einem einen Denkzettel geben, anhängen (Campe, I, 704)

(46) *die **Kehrseite** der Medaille*
Die Kehrseite, so nennt man die Rückseite oder Gegenseite einer Münze auch die Kehrseite (Campe, II, 908)
Für Campe ist also nicht nur die 'Kehrseite der Medaille', sondern auch die 'Kehrseite der Münze' möglich.

(47) *im **Sturmschritt** daherkommen*
Dazu finden wir bei Campe (IV, 739) die Möglichkeiten *im Sturmschritt gehen, im Sturmschritt anrücken*, die heute lexikographisch nicht erfasst werden.

(48) *aus dem **Stegreif** (vortragen, vorsingen)*
Der Stegereif. Im Hochdeutschen ist es in einigen figürlichen R. W. am bekanntesten. Etwas aus dem Stegereife thun, auf der Stelle, ohne lange Vorbereitung, ex tempore. Ehedem sagte man auch, sich von dem Stegereife nähren, von dem Strassenraube (Adelung, IV, 324)

(49) ***Schmalhans** ist Küchenmeister*
Hans, Schmahlhans 'inops, pauper homo', Schmahlhans ist bei ihm Küchenmeister 'angusta mensa capit cibum'; Bald legt sich Schmahlhans in das Zimmer 'nunc inopia in omni conclavi conspicitur' (Steinbach, I, 698)

(50) *auf dem **Irrweg** sein*
Weg, Irrweeg 'error viarum', auf Irrweege führen, 'aliquem deviis itineribus ducere'; auf Irrwegen reisen 'incertis itineribus proficisci' (Steinbach, II, 954)

(51) *jmdm./einer Sache den **Garaus** machen*
Aus Garaus 'finaliter', er macht mit der Stadt garaus 'evertit funditus civitatem'; es ist mit mir garaus 'perii'; er hat es mit dem Feinde garaus gemacht 'delevit hostem internecione'; das Garaus mit einem spielen 'penitus quem evertere' (Steinbach, I, 50)

2. Ein weiterer Aspekt der Phraseologisierung kommt in der Verfestigung der morphosyntaktischen Struktur zum Ausdruck. Hierzu gehört die Fixierung der Artikel- oder Numerusform auf eine Variante. In den älteren Wörterbüchern werden auch gelegentlich weitere Formvarianten angegeben, die heute nicht mehr gebräuchlich sind.

(52) ***Hinz** und **Kunz***
Bei Campe (II, 736) findet sich noch die Varianten *Hinz oder Kunz*

(53) *im **Nu***
Campe (III, 521) verzeichnet *in einem Nu*

(54) *aufs **Geratewohl***
bei Adelung (II, 578) findet sich *auf ein Gerathewohl*

3. In dieselbe Richtung gehen die lexikalischen Reduktionen mit morpho-syntaktischen Folgen, die in Fällen wie (55) wohl mit dem Verblassen der zugrunde liegenden konkreten Vorstellung einhergehen:

(55) ***Spiessruten** laufen*
Bei Campe (IV, 525) ist nur die Form *durch die Spiessruten laufen* angegeben.

(56) *alles nur **Lug** und **Trug***
Der Duden (V, 2161) verzeichnet als übliche Formen: *Lug und Trug, alles (war) Lug und Trug, nichts als Lug und Trug.*
Bei Campe (III, 166) finden wir die heute nicht mehr gebräuchliche Form *auf Lug und Trug ausgehen.*

(57) *mit **Schimpf** und Schande*
Der Schimpf. In Schimpf und Schande bringen (Campe, IV, 143).
Der Duden (VI, 2924) verzeichnet nur noch die Form *mit Schimpf und Schande*.

Insgesamt lässt sich mit Hilfe der Wörterbücher in vielen Fällen eine Bedeutungsverengung des heutigen „unikalen" Elements zwischen dem Beginn des 18. und dem 19. Jahrhunderts feststellen, die mit einer lexikalischen Reduktion oder mit der Einschränkung des Gebrauchs auf einen ganz bestimmten Kontext einhergeht.

(58) *keinen **Deut** wert sein, keinen **Deut** verstehen von etw.* (Duden, II, 707)
Hier lässt sich eine typische Entwicklung beobachten, die sowohl die Wortschatzentwicklung als auch die diejenige der Lexikographie betrifft: Die Anteile können nicht leicht ausgesonder werden: Während das Lexem im Wörterbuch von Stieler noch keine Erwähnung findet, wird es bei Steinbach als freies Lexem verzeichnet: „Deut (der, moneta belgica) teruncius hollandicus" (Steinbach, I, 265).
Bei Adelung behält das Lexem seine freie Form bei, bekommt jedoch neben der wörtlichen auch eine metaphorische Bedeutung zugesprochen: „In Niedersachsen wird dieses Wort auch, wie Häller oder Pfennig im Hochdeutschen, von einer Kleinigkeit gebraucht. Ich bin ihm nicht einen Deut schuldig, nicht das geringste." (Adelung, I, 1470)
Der Duden erstreckt die phraseologische Ausdehnung auf die Wortverbindungen *keinen Deut wert sein* und *keinen Deut verstehen von etwas*.
Jemandem keinen Deut schuldig sein ist jedoch im heutigen Sprachgebrauch noch genauso gut möglich wie zu Adelungs Zeiten. Der Phraseologismus besteht also nur aus den Elementen *keinen Deut*. Im heutigen Gebrauch wird das Lexem jedoch als üblicherweise auf den Phraseologismus begrenztes bezeichnet.

Auch in vielen anderen Fällen sind die fraglichen Elemente synchron nicht wirklich unikal. Die diachrone Entwicklung zeigt, dass das fragliche Wort in vielen Fällen nicht seine morphologische Vernetzung im Wortschatz einbüsst, sondern sein Gebrauch eingeschränkt wird, ohne dass das Wort an sich veralten würde oder synchron nicht mehr durchschaubar wäre.

Als Zwischenergebnis lässt sich festhalten, dass Sprachwandelprozesse in der untersuchten Phase zwar beobachtet werden können, dass aber auch aus diachroner Sicht oft kein Isolationsprozess der heute als unikal bezeichneten Komponenten nachgezeichnet werden kann, sondern eine Bedeutungsentwicklung und/oder Einschränkungen auf einen bestimmten Kontext bzw. auf bestimmte Gebrauchsweisen, ohne dass das betreffende Wortmaterial in lexikalischer oder gar morphologischer Hinsicht im deutschen Wortschatz isoliert und vereinzelt würde bis zum Verlust der eigenständigen lexikalischen Form und Bedeutung, der Verbindbarkeit und zur Einbusse jeglicher Produktivität.

Die Hypothese einer derartigen Entwicklung lässt sich auch quantitativ unterstützen. Anhand des überprüften Korpus von 188 Phraseologismen mit unikalen Elementen und der dazu gesammelten Daten aus den Wörterbüchern des 18. und 19. Jahrhunderts lassen sich folgende Befunde festhalten:

- Die potenziell unikale Komponente bei einem Korpus von 188 Wendungen wird – sei es in freier, sei es in gebundener Form – lexikographisch in 67 (Stieler), 78 (Steinbach), 110 (Adelung), 142 (Campe) bis in 162 (Grimm) Fällen registriert.
- Das Element wird als freies Lexem abnehmend aufgeführt: Während bei Stieler 42 von 67 Einträgen (etwa 62%) als freie Lexeme aufgeführt werden, ist dies bei Adelung nur in 44 von 110 (40%) und bei Campe in 51 von 142 Fällen der Fall (etwa 35%).
- Das potenziell unikale Element tritt zunehmend in phraseologisch gebundenen Formen auf: Stieler registriert das Lexem in 17 Fällen sowohl in freier als auch in gebundener Form und erfasst nur 6 Beispiele, in denen das Lexem in ausschliesslich gebundener Form erwähnt wird. Insgesamt taucht bei Stieler das potenziell unikale Element also in rund 30% der Einträge in einer phraseologischen Form auf. Dagegen trifft dies bei Steinbach in 40%, bei Adelung in 55% und bei Campe in etwa 65% der Fälle zu (58 Beispiele in freier und gebundener Form, 24 in nur gebundener Form von insgesamt 142 Einträgen).

Die untersuchten Elemente vollziehen also eine Entwicklung in Richtung phraseologischer Gebundenheit oder phraseologischer Isoliertheit – in lexikographischer Hinsicht, nicht unbedingt aus der Sicht des Sprachgebrauchs oder der konstitutiven Einschätzung. Morphologisch oder formal-lexikalisch gebunden im Sinne des namengebenden Himbeermorphems sind sie deswegen in vielen Fällen nicht.

Diese Zahlen lassen aber eine markante Bedeutungsentwicklung bzw. Verengung und die Einschränkung auf einen bestimmten Kontext während des 18. Jahrhunderts und zu Beginn des 19. Jahrhunderts vermuten. Eine solche Entwicklung lässt sich in 61 Fällen des 188 Phraseologismen umfassenden Korpus nachvollziehen. In 58 Beispielen findet diese Entwicklung im 19. Jahrhundert statt. In 56 Fällen geht die Linearität der Entwicklung nicht deutlich aus dem Material hervor: Beispielsweise sind gewisse Phraseologismen bei Stieler in einer Form dokumentiert, die der heutigen sehr ähnlich ist, während das Lexem beispielsweise bei Campe nur in freier Form registriert ist. In 13 Fällen zeigt sich keine Entwicklung.

(59) *erstunken und erlogen:*
eine ganz bewusste niederträchtige Lüge sein (Duden, II, 975)
Mühen mit sich bringen (Duden, IV, 1636)
Bereits bei Stieler und Steinbach findet sich die heute gültige Form *es ist erstunken und erlogen* (Stieler, II, 2169), wobei das Lexem nur in dieser gebundenen Form aufgeführt wird. Bei Adelung und Campe hingegen wird nur noch die Verbindung eine stinkende Lüge (Adelung, IV, 384) registriert.

(60) *das ist kein **Honiglecken**:*
Dies stellt einen ähnlichen Fall wie (59) dar: Während bei Stieler und Steinbach bereits die heute übliche Form zu finden ist (*es ist allhier kein Honiglecken* (Stieler, I, 1105)), wird das Lexem bei Adelung überhaupt nicht aufgenommen und bei Campe nur in einer periphrastischen Form und mit einer wörtlichen Bedeutung angegeben *die Bären lecken gerne Honig* (Campe, III, 66)

Dies sind Beispiele, die keinen Phraseologisierungsprozess im untersuchten Zeitraum zeigen. Es ist auf Grund der Materiallage freilich nicht zu entscheiden, inwieweit solche Phänomene der Praxis der Lexikographen zuzuschreiben sind. Einheitliche Gründe für die Phraseologisierungsprozesse sind deshalb kaum anzugeben.

In einigen Fällen lässt sich zeigen, dass die Wortbestandteile der Phraseologismen in der früheren Bedeutung aus dem heutigen Sprachgebrauch verschwunden sind. Oft bleiben aber die Morpheme in anderer Bedeutung erhalten. Auch das Morphem *fehl* ist in *Fehlanzeige* und *schind* in *schinden* in der Morphologie des Deutschen heute noch erhalten:

(61) *ohne **Fehl** und Tadel:*
ohne Fehler, Tadel, einwandfrei (Duden, III, 1052)

(62) ***Schindluder** treiben:*
eigentl. = totes Tier, das geschunden (= abgedeckt) wird; in der Wendung *mit jmdm., etwas Schindluder* treiben 'jmdn., etwas schändlich behandeln' (Duden, VI, 2925)

In anderen Fällen ist es der Referent, der ausser Gebrauch und Mode gerät:

(63) *auf dem **Präsentierteller** sitzen*:
urspr. = grosser Teller zum Anbieten von Speisen und Getränken. In der Wendung *auf dem Präsentierteller sitzen* 'den Blicken aller ausgesetzt sein' (Duden, VI, 2609)

(64) *den **Fehdehandschuh** hinwerfen:*
jmdn. zum Kampf auffordern (Duden, III, 952)

Aus diesen verschiedenen Entwicklungsprozessen ergeben sich phraseologisch gebundene Konstruktionen, die Wörter mit ursprünglich konkreter Bedeutung enthalten, denen später eine übertragene Bedeutung zukommt und die sich im Gebrauch und dadurch auch in der Bedeutung auf eine Wendung spezialisieren, ohne notwendigerweise unikal zu sein.

Die lexikographische Auswertung zeigt, dass sich ein Teil der heute als Phraseologismen mit unikalen Elementen aufgefassten Wortverbindungen vom 17./18. Jahrhundert bis zum Anfang des 19. Jahrhunderts entwickelt hat. Harald Burger hat schon 1987 (69) darauf hingewiesen, dass die Fixiertheit vielfach ein Produkt der schriftsprachlichen Kodifizierung ist und hat historische Varianten u.a. am Beispiel von *Zeter und Mordio schreien*: *Zetter schreyen, Zetter ruffen, Mord und Zetter schreyen, Mordio! Zetter! schreyen* aufgezeigt (Burger 1987,

70, bei Matthias Kramer Das herrlich Grosse Teutsch-Italiänische Dictionarium, Nürnberg 1700-1702). Allerdings liegt oft weder aus synchronischer noch aus diachronischer Sicht Unikalität der fraglichen Komponenten vor, die sich in ihrer Bedeutung und in ihrem Gebrauch oft geändert haben, aber lexikalisch und morphologisch nicht wie das Himbeermorphem völlig isoliert dastehen. Es gibt nur wenige morphologisch und semantisch unikale Konstituenten. In lexikalischer Hinsicht sind es vor allem Grundmorpheme, die unikal sein können. Meistens handelt sich um Lehnwörter.

3. Fazit

Man muss also zum Schluss kommen, dass man Unikalität hypothetisch zwar als rein synchrone Erscheinung festlegen kann. Die Verschiedenheit der verwendeten Kriterien führt aber zu einer heterogenen Gegenstandskonstitution. Wirklich unikal in einem morphologischen und semantischen Sinn sind sehr wenige phraseologische Konstituenten, was bei diachroner Betrachtung besonders deutlich wird. Es kommen dafür vor allem Grundmorpheme in Betracht wie *klipp* in *klipp und klar*. Oft sind solche Grundmorpheme aber Entlehnungen (wie *Amok, Leviten*), die besser als solche beschrieben werden. „Unikale Komposita" sind vom Wortbildungsmaterial her oft völlig unproblematisch (vgl. *Präsentierteller*).

Inwieweit potenziell unikale Komponenten tatsächlich auf das Veralten des Wortmaterials im System zurückgehen, zeigt eine lexikographische Analyse folgendermassen auf: Als Veralten kann bzw. muss im vorherrschenden Paradigma in einer ersten Phase die Entwicklung von der freien Verwendung zur übertragenen Verwendung bezeichnet werden. In den weiteren Phasen zeigen sich typische, aber noch mehrere Kontexte bevorzugende Gebrauchsweisen und schliesslich nur noch der phraseologische Gebrauch. Im Laufe von 100 bis 200 Jahren – von etwa 1700 bis 1850 – werden Gebrauch und Bedeutung eines grösseren Teils der heute als unikal geltenden Elemente eingeschränkt auf das Vorkommen in einem phraseologischen Ausdruck. Es handelt sich dabei um eine spezifische historische Entwicklung des deutschen Wortschatzes. Ein anderer grosser Teil der so genannten unikalen Elemente kann nicht in eine solche Entwicklung im untersuchten Zeitraum eingebunden werden. Gründe dafür können darin liegen, dass die veraltenden bzw. phraseologiebildenden Entwicklungen in anderen Zeiträumen stattfinden bzw. mit den vorhandenen Wörterbüchern nicht dokumentiert werden können.

Harald Burger thematisiert Phraseologismen mit unikalen Komponenten auch aus der Perspektive der lexikographischen Verfahren der Bedeutungserläuterung und der Irrwege dieser Verfahren: Unter dem Punkt „Vermischung von synchronen und diachronen Elementen der Erläuterung" wird am Beispiel des

Pfingstochsen (geschmückt wie ein Pfingstochse) moniert, dass die BenutzerInnen bei der Erläuterung der kulturgeschichtlichen Bedeutung des Pfingstochsen völlig im Unklaren gelassen würden, ob nur noch der Phraseologismus gebräuchlich sei oder auch das Lemma als freies Lexem (Burger 1992a, 38f.). So heisst es in Duden (1976-1981, II, 578):

> Pfingstochse: *(nach altem [süddeutschem] Brauch) zum Austrieb (zur Pfingstzeit) auf die Sommerweide geschmückter u. behängter Ochse*: er sah aus, hatte sich herausgeputzt wie ein Pfingstochse (ugs. abwertend; *hatte sich übermässig u. geschmacklos herausgeputzt).*

Gebrauchswörterbücher, die das Verstehen oder die Sprachproduktion unterstützen sollen, müssen aus der Sicht heutiger BenutzerInnen beurteilt werden, also aus einer strikt synchronen Sicht des heutigen Sprachgebrauchs, die zudem individuelle, aktuell produzierbare laienpsychologische Vorstellungen und Repräsentationen reflektieren. Sprachgeschichtliche und sachgeschichtliche Erläuterungen, soweit sie in einem solchen Wörterbuch überhaupt Platz haben, sind von der heute gültigen Form und Bedeutung klar abzugrenzen: Die Konnotationen eines Phraseologismus – im Falle des Pfingstochsen die negative Bewertung des übertriebenen und geschmacklosen Geschmücktseins – sind nicht voraussehbar oder ableitbar, wenn man über den Brauch des Pfingstochsen-schmückens Bescheid weiss. Ebenso ist – wie schon in Burger 1987 gefordert – anzugeben, ob „Pfingstochse" als Einzellexem aktuell belegt ist. Das kann mit Internetanalysen aufgrund entsprechender Suchaufträgen leicht überprüft werden.

Allerdings sagt eine solche Angabe wenig über die Möglichkeit der Verwendung des Einzellexems aus: Jedes einigermassen aktuell motivierbare Lexem aus Phraseologismen mit so genannten unikalen Komponenten kann jederzeit als Einzellexem verwendet werden, wie das im Beispiel des *Fettnäpfchens* oder der *Zwickmühle* auch häufig der Fall ist.

Kultur- und sachgeschichtliche Erläuterungen wie diejenige zum Pfingstochsen sind – wenn sie nicht mit der Bedeutungserläuterung vermischt werden – dennoch durchaus sinnvoll, weil sie den immer aktiven Motivationsstrategien der BenutzerInnen entgegenkommen und eine geschichtlich (hoffentlich) zutreffende Motivation liefern, die sehr oft neben einer individuellen Motivation ihren kognitiven Platz findet: Wer lernt, dass *Kegel* in *Kind und Kegel* sprachgeschichtlich das uneheliche Kind meint, braucht nicht zu „vergessen", dass ein synchrones Verständnis vom Spielkegel als völlig unwichtigem Gegenstand ebenfalls eine mögliche (wenn auch historisch falsche) Motivierung darstellt.

Aus sprachtheoretischer Perspektive führt die Ausklammerung solcher kultur- und sachgeschichtlicher Lern- und Wissensmöglichkeiten einerseits und der kognitiven Verstehensstrategien anderseits zu der dargestellten, ausgesprochen heterogenen Gegenstandskonstitution der Phraseologismen mit sog. unikalen Komponenten, die vorgibt, die synchrone Sprachstruktur zu erfassen, aber weit über eine enge morphologische Auslegung hinausgeht und Wörter als unikal auffasst, die als Einzellexeme im heutigen Leben wohl nicht mehr gebraucht werden, aber historische Gegenstände aktuell bezeichnen (wie *Pike*), die als Einzellexeme mit assoziativem Bezug zum phraseologischen Ausdruck verwendet werden (wie *Tanzbein* oder *Fettnäpfchen*), mit sachgeschichtlichem Wissen im Sinne der ursprünglichen Motivation verstanden werden können oder auch aktuell (falsch) motiviert werden können, ohne dass dieser Prozess eine Einbusse für Produktion oder Verstehen darstellt.

Es gilt aber auch für „unikale" Elemente, was für phraseologische Komponenten generell gilt, dass ihnen auch im Fall von vollidiomatischen Phraseologismen, bei denen die Gesamtbedeutung in keiner Weise aus der Amalgamierung der Bedeutung der Komponenten resultiert (wie bei *jemanden übers Ohr hauen, Fersengeld geben*) im Produktions- und Verstehensprozess – soweit wie möglich, und das ist viel weiter als strukturell möglich – ein Anteil an der Bedeutung zugeteilt wird. Vor diesem Hintergrund sagen Versuchspersonen, die solche Phraseologismen paraphrasieren sollen: *Man haut jemanden übers Ohr, damit er nicht merkt, wie man ihn betrügt* oder *man rennt schnell davon, dass der Andere nur noch die Fersen sieht*. Deshalb entsprechen die Ergebnisse der heterogenen sprachwissenschaftlichen Unikalitätszuschreibungen den Kategorisierungen der Sprachgemeinschaft nicht.

Es ist in den meisten Fällen ausgesprochen schwierig, klare und sinnvolle Abgrenzungen zwischen Unikalität und Nicht-Unikalität in einem synchronen Sprachsystem vorzunehmen. Kognitive Basisfähigkeiten können auch nicht einfach ausgeklammert werden, wenn die sprachsystematische Betrachtung wirklich den BenutzerInnen von Wörterbüchern dienen soll: So sind unikale Elemente wie *Zeter* nicht im selben Sinn „unikal" wie das Element *Brom* in der *Brombeere*, weil die Sprechenden die Verbindung zu *zetern* machen (können). Die grosse Zahl der zusammengesetzten Wörter mit unikalen Elementen bietet von der Zusammensetzung her oft Ansatzpunkte für eine Motivation (die keine Remotivation im sprachgeschichtlichen Sinn ist), aber eine Aufteilung der phraseologischen Bedeutung auf die verschiedenen Komponenten einschliesslich der „unikalen" erlaubt: das Fettnäpfchen bedeutet dann beispielsweise „soziales Danebenverhalten" – unabhängig davon, was es sachgeschichtlich „richtig" bedeutete. Das Tanzbein ist dann – jenseits jeder Unikalität – das Bein, mit dem man tanzt, unabhängig davon, ob man den Ausdruck ausserhalb der phraseologischen Verbindung üblicherweise gebraucht: man könnte das ohne weiteres tun, weil die Teile nicht unikal sind und die Komposition den üblichen Regeln folgt.

„Unikal" meint also sinnvollerweise „in hohem Masse phraseologisch gebundene Elemente". Der Ausdruck „unikal" sollte zur Vermeidung einer theoretisch inadäquaten Gebrauchsweise in diesem phraseologischen Zusammenhang vermieden oder ganz klar als metaphorisch gebraucht deklariert werden. Die besprochenen „unikalen" Elemente sind zum grossen Teil phraseologisch assoziierte Elemente: Sie kommen also entweder im phraseologischen Kontext vor oder – wenn sie doch als Einzellexeme verwendet werden (vgl. *he, du Maulaffe, rühr Dich und hilf*) – mit mehr oder weniger engem Bezug auf den Phraseologismus und seine Bedeutung. Wenn gleichlautende Formen ausserhalb des Phraseologismus vorkommen, muss es sich nach herrschender Auffassung um Homonyme handeln. Von vielen „unikalen" Formen gibt es synchron gesehen durchaus gleichlautende Formen – ob es sich um Homonyme handelt, kann aber im speziellen Fall der Phraseologie (im Unterschied zum nichtphraseologischen Wortschatz) nur die diachrone Sicht zeigen. In vielen Fällen jedoch ist die referenzialisierte Sache nicht mehr „in Gebrauch". Man kann auch in vielen Fällen nicht sagen, dass die „unikale" Komponente keine isolierbare Bedeutung habe; oft liegt eine isolierbare metaphorische Bedeutung vor (vgl. *Schokoladenseite*): Die SprachbenützerInnen haben zudem eine starke kognitive Tendenz, den Komponenten eine Bedeutung zuzuschreiben, die aus sprach- oder sachgeschichtlich zutreffenden, ebenso wie unzutreffenden Wissensbeständen oder aus synchronen aktuellen Motivierungsprozessen stammen können. Diese zugeschriebenen Bedeutungen können stark verbreitet, also bei einer grossen Zahl von SprachbenutzerInnen vorhanden sein, weil sie nahe liegen (wie die Motivation von *mausig* aus *Maus*), sie können aber auch in hohem Masse individuell und singulär sein. Es gibt eine kognitiv begründete Tendenz, phraseologisch gebundene Komponenten nicht unikal im Sinne von „bedeutungslos" werden zu lassen, die vor allem bei durch Komposition gebildeten mehrgliedrigen Wörtern (durch die Interpretation der Wortbildung) oft erfolgreich ist. Das ändert nichts daran, dass aus der motivierten Bedeutung der Komponenten die phraseologische Gesamtbedeutung oft nicht abgeleitet werden kann und so auch nicht vorhergesagt werden kann, ob die phraseologischen Konnotationen positiv oder negativ sind. Diese phraseologietheoretische Grundaussage bleibt unbestritten: Die phraseologische Bedeutung ist meist spezifischer als ihre Komponenten voraussagen lassen.

Literatur

Amosova, Natalija N. (1963): *Osnovy anglijskoj frazeologii.* Leningrad: Nauka.
Besch, Werner; Betten, Anne; Reichmann, Oskar; Sonderegger, Stefan (Hrsg.) (1998), *Sprachgeschichte. Ein Handbuch zur Geschichte der deutschen Sprache und ihrer Erforschung.* 1. Teilband, Berlin/New York: de Gruyter [= HSK 2.1].
Burger, Harald (1983): „Phraseologie in den Wörterbüchern des heutigen Deutsch." In: Wiegand (Hrsg.) (1983); 13-66.
Burger, Harald (1987): „Normative Aspekte der Phraseologie." In: Korhonen (Hrsg.) (1987); 65-89.
Burger, Harald (1988): „Die Semantik des Phraseologismus: ihre Darstellung im Wörterbuch." In: Hessky (Hrsg.) (1988); 69-97.
Burger, Harald (1989a): „'Bildhaft, übertragen, metaphorisch'... Zur Konfusion um die semantischen Merkmale von Phraseologismen." In: Gréciano, Gertrud (Hrsg.) (1989); 17-29.
Burger, Harald (1989b): „Phraseologismen im allgemeinen einsprachigen Wörterbuch." In: Hausmann (Hrsg.) (1989); 593-599.
Burger, Harald (1992a): „Phraseologie im Wörterbuch. Überlegungen aus germanistischer Perspektive. In: Eismann/Petermann (Hrsg.) (1992); 33-51.
Burger, Harald (1992b): „Phraseologie in französischen und deutschen Wörterbüchern – ein Vergleich." In: Korhonen (Hrsg.) (1992); 1-21.
Burger, Harald (1998): *Phraseologie. Eine Einführung am Beispiel des Deutschen.* Erich Schmidt. Berlin [= Grundlagen der Germanistik 36].
Burger, Harald; Buhofer, Annelies; Sialm, Ambros (1982): *Handbuch der Phraseologie.* Berlin: de Gruyter.
Burger, Harald; Linke, Angelika (1998): „Historische Phraseologie." In: Besch et al. (Hrsg.) (1998/2000); 2018-2026.
Burger, Harald; Zett, Robert (Hrsg.) (1987): *Aktuelle Probleme der Phraseologie.* Bern [u.a.]: Lang [= Zürcher Germanistische Studien 9].
Čermák, František (1988): „On the Substance of Idioms." In: *Folia Linguistica 22*; 413-438.
Chlosta, Christoph; Grzybek, Peter; Piirainen, Elisabeth (Hrsg.) (1994): *Sprachbilder zwischen Theorie und Praxis.* Akten des Westfälischen Arbeitskreises „Phraseologie/Parömiologie", Bochum: Brockmeyer [= Studien zur Phraseologie und Parömiologie 2].
Dobrovol'skij, Dimitrij (1978): *Phraseologisch gebundene lexikalische Elemente der deutschen Gegenwartssprache. Ein Beitrag zur Theorie der Phraseologie und zur Beschreibung des phraseologischen Bestandes.* Diss. Leipzig: VEB Verlag Enzyklopädie.
Dobrovol'skij, Dimitrij (1988): *Phraseologie als Objekt der Universalienlinguistik.* Leipzig: Verlag Enzyklopädie.
Dobrovol'skij, Dimitrij; Piirainen, Elisabeth (1994): „Sprachliche Unikalia im Deutschen: Zum Phänomen phraseologisch gebundener Formative." In: *Folia Linguistica 27*; 449-473.
Dobrovol'skij, Dimitrij; Piirainen, Elisabeth (1997): *Symbole in Sprache und Kultur. Studien zur Phraseologie aus kultursemiotischer Perspektive.* Bochum. Brockmeyer [= Studien zur Phraseologie und Parömiologie 8].

Ďurčo, Peter (1994): *Probleme der allgemeinen und kontrastiven Phraseologie.* Heidelberg: Julius Groos.
Ďurčo, Peter (ed.) (1998): *Europhras '97. Phraseology and Paremiology.* Bratislava: Akadémia PZ.
Eismann, Wolfgang; Petermann, Jürgen (Hrsg.) (1992), *Studia phraseologica et alia.* Festschrift für Josip Matešić zum 65. Geburtstag. München: Otto Sager [= Specimina Philologiae Slavicae; Supplementband 31].
Ernst, Peter; Patoschka, Franz (Hrsg.) (1998): *Deutsche Sprache in Raum und Zeit.* Festschrift für Peter Wiesinger zum 60. Geburtstag. Wien: Edition Praesens.
Feilke, Helmuth (1996): *Sprache als soziale Gestalt.* Frankfurt a.M.: Suhrkamp.
Feyaerts, Kurt (1994): „Zur lexikalisch-semantischen Komplexität der Phraseologismen mit phraseologisch gebundenen Formativen." In: Chlosta/Grzybek/Piirainen (Hrsg.) (1994); 133-162.
Fleischer, Wolfgang (1982): *Phraseologie der deutschen Gegenwartssprache.* Leipzig: VEB Bibliographisches Institut.
Fleischer, Wolfgang (1989): „Deutsche Phraseologismen mit unikaler Komponente. Struktur und Funktion." In: Gréciano (Hrsg.) (1989); 117-126.
Gréciano, Gertrud (Hrsg.) (1989): *Europhras 88: Phraséologie Contrastive. Actes du Colloque International Klingenthal-Strasbourg, 12-16 mai 1988.* Strasbourg: USHS.
Häcki Buhofer, Annelies (1987): „Alltägliche Verstehens- und Erklärungsstrategien bei Phraseologismen." In: Burger/Zett (Hrsg.) (1987); 59-77.
Häcki Buhofer, Annelies (1989): „Psycholinguistische Aspekte der Bildhaftigkeit von Phraseologismen." In: Gréciano (Hrsg.) (1989); 165-175.
Häcki Buhofer, Annelies (1998): „Processes of idiomaticity – idioms with unique components." In: Ďurčo (ed.) (1998); 162-169.
Hausmann, Franz Josef et al. (Hrsg.) (1989): *Wörterbücher: Ein internationales Handbuch zur Lexikographie = Dictionaries: An International Encyclopedia of Lexicography = Dictionnaires: Encyclopédie internationale de lexicographie.* 1. Teilband. Berlin/New York: de Gruyter [= Handbücher zur Sprach- und Kommunikationswissenschaft 3].
Henne, Helmut (1975): „Einführung und Bibliographie zu Joachim Heinrich Campe, Wörterbuch der Deutschen Sprache (1807-1811)." In: Henne (Hrsg.) (1975); 143-168.
Henne, Helmut (Hrsg.) (1975): *Deutsche Wörterbücher des 17. und 18. Jahrhunderts.* Hildesheim/New York: Georg Olms.
Hessky, Regina (Hrsg.) (1988): *Beiträge zur Phraseologie des Ungarischen und des Deutschen.* Budapest. Lorând Eotovös Universität [= Budapester Beiträge zur Germanistik 16].
Ising, Gerhard (1975): „Einführung und Bibliographie zu Kaspar Stieler, Der Teutschen Sprache Stammbaum und Fortwachs (1691)." In: Henne (Hrsg.) (1975); 39-58.
Jaksche, Harald; Sialm, Ambros; Burger, Harald (Hrsg.) (1981): *Reader zur sowjetischen Phraseologie.* Berlin/New York: de Gruyter.
Korhonen, Jarmo (1995a): „Zur historischen Entwicklung von Verbidiomen im 19. und 20. Jahrhundert." In: Korhonen (1995b); 135-169.
Korhonen, Jarmo (1995b): *Studien zur Phraseologie des Deutschen und des Finnischen.* Bochum: Brockmeyer [= Studien zur Phraseologie und Parömiologie 2].

Korhonen, Jarmo (1998): "Zur lexikographischen Erfassung von Phrasemen und Sprichwörtern in Josua Maalers Wörterbuch (1561)." In: Ernst/Patoschka (Hrsg.) (1998); 569-584.
Korhonen, Jarmo (Hrsg.) (1992): *Untersuchungen zur Phraseologie des Deutschen und anderer Sprachen.* Frankfurt a.M./Bern: Peter Lang.
Korhonen, Jarmo (Hrsg.) (1987): *Beiträge zur allgemeinen und germanistischen Phraseologieforschung.* Oulu: Oulun Yliopisto [= Veröffentlichungen des Germanischen Instituts 7].
Palm, Christine (1995): *Phraseologie. Eine Einführung.* Tübingen: Gunter Narr.
Rajchštejn, Aleksandr D. (1980): *Sopostavitel'nyj analiz nemeckoj i russkoj frazeologii.* Moskva: Vysšaja škola.
Šmelev, Dmitrij N. (1981): "Der Begriff der phraseologischen Gebundenheit." In: Jaksche/Sialm/Burger (Hrsg.) (1981); 51-62.
Weickert, Rainer (1997): *Die Behandlung von Phraseologismen in ausgewählten Sprachlehren von Ickelsamer bis ins 19. Jahrhundert. Ein Beitrag zur historischen Phraseologie.* Hamburg: Kovac.
Wiegand, Herbert Ernst (Hrsg.) (1985): *Studien zur neuhochdeutschen Lexikographie III.* Hildesheim [u.a.]: Georg Olms [= Germanistische Linguistik 1-4/82].

Wörterbücher

Adelung, Johann Christoph (1793-1801): *Grammatisch-kritisches Wörterbuch der Hochdeutschen Mundart: mit beständiger Vergleichung der übrigen Mundarten, besonders aber der Oberdeutschen.* Leipzig. Breitenkopf (Band I-IV). 2., verm. und verb. Ausg.: Nachdruck: Hildesheim; Zürich [u.a.]: Georg Olms 1990, mit einer Einf. und Bibliographie von Helmut Henne [= Documenta linguistica. Reihe 2, Wörterbücher des 17. und 18. Jahrhunderts].
Campe, Joachim Heinrich (1807-1813): *Wörterbuch der deutschen Sprache.* Braunschweig. (Band 1-8) (Nachdruck: Mit einer Einführung und Bibliographie von Helmut Henne. Georg Olms. Hildesheim/New York 1969-70; 4 Bände). [= Documenta linguistica. Quellen zur Geschichte des 15.-20. Jahrhunderts. Hrsg. v. Ludwig Erich Schmitt. Reihe II. Wörterbücher des 17. und 18. Jahrhunderts].
Duden (1976-1981): Das grosse Wörterbuch der deutschen Sprache in sechs Bänden. Hrsg. und bearb. Vom Wissenschaftlichen Rat und den Mitarbeitern der Dudenredaktion unter der Leitung von Günther Drosdowski. Bibliografisches Institut Mannheim/Wien/Zürich: Dudenverlag.
Duden (1993-1995): *Das grosse Wörterbuch der deutschen Sprache in acht Bänden.* Hrsg. und bearb. vom Wissenschaftlichen Rat und den Mitarbeitern der Dudenredaktion unter der Leitung von Günther Drosdowski. Mannheim [u.a.] Dudenverlag (2., völlig neu bearb. und erw. Aufl.).
Grimm, Jacob; Grimm, Wilhelm (1854-1958): *Deutsches Wörterbuch.* Leipzig. Hirzel. (Band 1-16). (Neubearbeitung [begründet] von Jakob Grimm und Wilhelm Grimm; hrsg. von der Deutschen Akademie der Wissenschaften zu Berlin in Zusammenarbeit mit der Akademie der Wissenschaften zu Göttingen: Hirzel. Leipzig 1965-1987). (4 Bände).
Röhrich, Lutz (1991): *Das grosse Lexikon der sprichwörtlichen Redensarten.* Freiburg/Br., Basel [u.a.], Herder. 3 Bände.

Steinbach, Christoph Ernst (1734): *Vollständiges Deutsches Wörterbuch.* Bresslau. Korn. Nachdruck: Hildesheim: Georg Olms 1973; . 1-2. Mit einer Einführung von Walter Schröter [= Document linguistica. Quellen zur Geschichte der deutschen Sprache des 15.-20. Jahrhunderts. Reihe II. Wörterbücher des 17. und 18. Jahrhunderts].

Stieler, Kaspar (1691): *Der Teutschen Sprache Stammbaum und Fortwachs: oder Teutscher Sprachschatz.* Nürnberg. Hofmann. (. 1-2). (Nachdruck: München. Kösel 1968; Hrsg. von Martin Bircher und Friedhelm Kemp) (3 Bände) [= Gesammelte Schriften in Einzelausgaben/Kaspar Stieler; Deutsche Barock-Literatur].

***

Wir danken Patrizia Farahmand und Francis Barcelo für viel Kleinarbeit an Material und Text.

Zum Verständnis der phraseologischen Teilbarkeit

Anke Levin-Steinmann (Leipzig)

Noch vor einigen Jahren wäre das Vorhaben, sich in einem Beitrag speziell mit der Problematik der phraseologischen Teilbarkeit auseinander zu setzen, sicher mit einiger Verwunderung aufgenommen worden. Erst der derzeitig vorliegende Erkenntnisstand zeigt die Notwendigkeit, sich eingehender mit dieser Frage zu beschäftigen, weil sich inzwischen bestimmte Standardüberzeugungen als nicht mehr ganz so selbstverständlich herausgestellt haben. Das hat zum einen mit der unterschiedlichen Interpretation bestimmter Termini zu tun und zum anderen damit, dass der vorliegende Apparat von Termini nicht ausreicht, um alle in der Phraseologie auftretenden Erscheinungen in ihrem Wesen erfassen zu können und infolge des Ausbaus der Terminologie wieder genau zu bestimmende Differenzierungen in ihrem Gebrauch erforderlich werden.[1]

Bis heute galt und gilt zum Teil weiter als unumstritten, dass die Fähigkeit der phraseologischen Teilbarkeit direktproportional von den Merkmalen „Idiomatizität[2]" und „Stabilität" bzw. „Festigkeit[3]" und damit von der Zugehörigkeit

---

[1] Die von einigen Phraseologieforschern in dieser Beziehung geforderte Reduzierung der Termini wird sich deshalb nur im Hinblick auf die verschiedenen Benennungsweisen für einen und denselben Sachverhalt einfordern lassen, wobei sich aber in Bezug auf diesen Punkt wohl kaum eine einheitliche Sicht erreichen lässt.

[2] Da im Rahmen des vorliegenden Beitrags keine ausführliche Diskussion angrenzender Termini erfolgen kann, beschränke ich mich auf die Darstellung der eigenen Sichtweise auf die Dinge. Unter *Idiomatizität* verstehe ich das in Abhängigkeit vom Phraseologisierungsprozess (d.h. von der Art der geistigen Operation(en), die notwendig waren, um die „Idee" zu „verbildlichen") hervorgegangene semantische Verhältnis bzw. Differenzial zwischen phraseologischer Bedeutung und Bedeutung des phraseologischen Bildes, vgl. auch Eckert (1982, 6). Jede idiomatische Wortverbindung ist automatisch semantisch stabil, s. folgende Anm., was umgekehrt nicht gilt. „Nichtidiomatische feste Vergleichskonstruktionen" (*schwarz wie die Nacht, hungrig wie ein Wolf*), vgl. Fleischer (1982, 125), kann es allerdings nicht geben, weil diese Art von Wortverbindungen immer in einem

des Phraseologismus zu einem der in der sowjetischen Phraseologie postulierten vier Grundtypen *phraseologische Fügungen bzw. Ganzheiten, phraseologische Einheiten, phraseologische Verbindungen* oder *phraseologische Ausdrücke* (Eckert 1970) abhängt. Diese Art von Abhängigkeit wurde in der Literatur mehrheitlich als aus synchroner Sicht konstatierbare Tatsache behandelt, ohne der Frage nachzugehen, welche Faktoren dafür verantwortlich sind, dass ein bestimmter Phraseologismus in diese und nicht in eine andere strukturell-semantische Gruppe Eingang gefunden hat.

Verfolgt man die Entwicklung der Phraseologieforschung als linguistische Teildisziplin einige Jahrzehnte zurück, so fällt auf, dass eine Zeit lang die Klassifikation der Phraseologismen im Mittelpunkt des allgemeinen Interesses stand, für die bekanntlich die Fähigkeit zur semantischen Teilbarkeit[4] als wichtiger, wenn nicht gar als der entscheidende Indikator galt, vgl. u.a. Eckert (1982). Außerdem wurde diese Eigenschaft relevant, wenn das Verhältnis von Wort und phraseologischer Komponente (z.B. Жуков, В. 1978), die semantische Teil-Ganzes-Beziehung (z.B. Жуков, А. 1996)[5] bzw. die Beziehung zwischen phraseologischem Bild und phraseologischer Bedeutung (z.B. Райхштейн 1980) thematisiert wurden.

---

[3] „uneigentlichen Kontext" – die Bedingung für die Qualifizierung einer Wortverbindung als Phraseologismus – verwendet werden.

Prinzipiell ist es möglich, alle drei genannten Termini als einen Komplex zu betrachten, bei dem die *Festigkeit* bzw. *Stabilität* als die logische Folge von „Idiomatizität" zur Geltung kommt. In der Literatur kommt das zum Ausdruck, indem unter „Stabilität" ganz verschiedenartige semantische und syntaktische Eigenschaften gebündelt werden, vgl. Eckert (1982) und Rechtsiegel (1982), von denen ich einen Teil unter dem Terminus „Teilbarkeit" zusammenfassen und aussondern möchte. Unter beiden Termini ist jedoch – isoliert betrachtet – die von der zum gegebenen Zeitpunkt nachvollziehbaren Motiviertheit und damit von der Art des Phraseologisierungsprozesses abhängige semantische Gebundenheit der einzelnen Komponenten zu verstehen, die benötigt wird, um die entsprechende phraseologische Bedeutung zu erzeugen bzw. zu reproduzieren. Das bedeutet, dass die Möglichkeit des Austausches von Komponenten durch Synonyme oder andere Lexeme derselben semantischen Wortklasse bei einem infolge einer Metaphorisierung entstandenen Phraseologismus um ein Vielfaches höher ist als bei einem Phraseologismus, dessen Entstehungsprozess nicht mehr klar nachvollzogen werden kann. Der Grad der „Festigkeit" bzw. „Stabilität" ist damit dieser Fähigkeit diametral entgegengesetzt.

[4] Auf die in diesem Zusammenhang zugrunde gelegte Begriffsbestimmung wird weiter unten eingegangen.

[5] Diese Arbeit ist ein gutes Beispiel für eine an den Realitäten vorbeigehende Auffassung über das Verhältnis zwischen phraseologischer Bedeutung und Bedeutung des Bildes, was sich in entsprechender Weise auf die Vorstellung des Autors vom Phraseologisierungsprozess auswirkt.

Aus heutiger Sicht ist dieses Thema zunehmend in den Vordergrund gerückt, weil man verstärkt

1. die Beziehungen zwischen der Bild- und Bedeutungsebene beleuchtet, um Rückschlüsse auf den Phraseologisierungsprozess zu ziehen oder
2. feine Unterschiede zwischen phraseologischen Synonymen herausarbeiten und
3. grammatische Gesetzmäßigkeiten finden und begründen möchte.[6]

Die in diesen Richtungen gewonnenen Erkenntnisse haben nicht nur die Theoriebildung innerhalb der Phraseologie als linguistische Teildisziplin vorangebracht und werden dies auch in Zukunft tun, sondern sind außerdem für die lexikographische Praxis und den Fremdsprachenunterricht von großem Wert. Die Literatur, in der es bei Erwähnung des Terminus „Teilbarkeit" um die Eigenschaftsbeschreibung von Phraseologismen geht, hat inzwischen einen unüberschaubaren Umfang angenommen. Die Anzahl der Arbeiten dagegen, die das Wesen dieses Begriffes und das Warum seiner konkreten Erscheinungsform in Bezug auf einen Phraseologismus zu klären versucht, ist noch bei weitem zu gering, um von einer Lösung des Problems sprechen zu können.

Eine Definition des Terminus wird man in frühen Arbeiten vergeblich suchen – die Bedeutung des Begriffs selbst hatte als Erklärung auszureichen –, was einmal mehr beweist, dass es sich bei der Beschäftigung mit der „Teilbarkeit" um ein Hilfsmittel zur Erlangung von Erkenntnissen auf anderen Gebieten handelte. Gewisse Hinweise auf diese phraseologische Eigenschaft waren einzig und allein über Umwege, und zwar über die Begriffsbestimmung von „Stabilität" usw. zu erlangen, vgl. die bereits in Anm. 3 erwähnten Arbeiten von Eckert (1982) und Rechtsiegel (1982), d.h., der Begriff „Teilbarkeit" fiel in diesem Zusammenhang entweder in Bezug auf bestimmte semantische oder strukturelle Merkmale des Phraseologismus bzw. wurde überhaupt mit den Termini „Stabilität" oder „Festigkeit" unzulässigerweise identifiziert.

Wenn sich im letzten Jahrzehnt der Phraseologieforschung die Aufgabe der Definition von „Teilbarkeit" stellte, so entsprach sie ungefähr dem Wortlaut der nachstehenden von Dobrovol'skij, die mir im Folgenden als Grundlage für die Diskussion dienen wird, vgl.:

> Unter Teilbarkeit vs. Nichtteilbarkeit [...] wird die Fähigkeit vs. Unfähigkeit einzelner Idiom-Konstituenten verstanden, als relativ selbständig bedeutungstragende Einheiten[7] zu agieren. (Dobrovol'skij 1997, 92)

---

[6] Vgl. dazu die im letzten Jahrzehnt von Dobrovol'skij veröffentlichten Arbeiten und die in ihnen enthaltenen Literaturangaben.

[7] Dabei ist es zunächst ohne Belang, ob es sich bei der Bedeutung der sog. selbstständigen Konstituente um die ursprünglich lexikalische oder die infolge eines stattgefundenen Übertragungs- bzw. Phraseologisierungsprozesses neu erworbene „metaphorische" handelt.

Zweifelsfrei haben wir es in dem Fall zunächst mit einem rein semantischen Merkmal zu tun, das allerdings ein Pendant auf syntaktisch-struktureller Ebene aufweist, wofür im Deutschen in der Regel, was die Sache nicht gerade erleichtert, derselbe Terminus verwendet wird. Ebenso verhält es sich mit den deutschen Begriffen „(Nicht)zerlegbarkeit" und „(Nicht)gliederbarkeit", nur der Terminus „(Nicht)durchlässigkeit" weist eindeutig auf das syntaktische Verhalten eines Phraseologismus hin.

Der genannte inhaltliche Unterschied liegt auch bei den Bezeichnungen im Russischen „(не)членимость" vs. „(не)проницаемость" vor, während im Englischen nach meiner Erfahrung mit allen vorkommenden Termini „(non)analyzability", „(non)decomposability", „(non)compositionality" in der Regel die semantische Seite der Medaille hervorgehoben wird.[8]

Zusammengefasst in einer kleinen Übersicht ergibt sich aus dem Gesagten folgendes Bild:

	semantisches Merkmal	syntaktisch-strukturelles Merkmal
deutsch	*(Nicht)teilbarkeit, (Nicht)zerlegbarkeit*	*(Nicht)teilbarkeit, (Nicht)zerlegbarkeit, (Nicht)durchlässigkeit, (Nicht)gliederbarkeit*
englisch	*(non)analyzability* (Gibbs/Nayak 1989; Gibbs/Nayak/Cutting 1989), *(non)decomposability* (Gibbs 1993; Gibbs/Nayak 1989; Gibbs/Nayak/Cutting 1989), *(non)compositionality* (Fellbaum 1993; Glucksberg 1993)	
russisch	*(не)членимость* [(ne)členimost' = „(Nicht)zerlegbarkeit"] (Райхштейн 1980)	*(не)проницаемость* [(ne)pronicaemost' = „(Nicht)durchlässigkeit"] (Телия 1966, 31; Levin-Steinmann 1999)

Warum ist aber eine solche Trennung erforderlich und worin unterscheidet sie sich von der Definition Dobrovol'skijs und den anderen oben erwähnten Merkmalsoppositionen? Halten wir als erstes die Gesetzmäßigkeit fest, dass die semantische Teilbarkeit eines Phraseologismus zur syntaktisch-strukturellen Teilbarkeit führt, woraus folgt, dass semantisch nichtteilbare Einheiten auch nicht

---

[8] Damit möchte ich nicht behaupten, dass ihre Anwendung auf syntaktisch-strukturelle Eigenschaften in anderen Arbeiten als den von mir analysierten nicht erfolgt bzw. nicht erfolgen kann.

syntaktisch-strukturell zu trennen sind. Diesem Grundprinzip unterliegen in ihrer Anwendung alle sprachlichen Einheiten, nicht nur Phraseologismen.[9]

Eine weitere Schlussfolgerung, die ich der Beweisführung voranstellen möchte, ist diese: Die semantische sowie syntaktisch-strukturelle Teilbarkeit bilden das Spiegelbild einer lexikalisch-semantischen Variante, eingeschlossen seine Bildungsart und tiefensemantische Struktur,[10] über die man Rückschlüsse nur über die syntaktisch-strukturelle Teilbarkeit, konkret: über die Durchführbarkeit bestimmter grammatischer Operationen bzw. struktureller Modifikationen, ziehen kann.

Um diesen anscheinenden Zirkelschluss aufzulösen, formuliere ich es nochmals mit anderen Worten: Die *syntaktisch-strukturelle Teilbarkeit* und alle mit ihr zusammenhängenden Modifizierungsmöglichkeiten wie

- Änderung der Reihenfolge einzelner Komponenten bzw. Syntagmen und
- räumliche Distanzierung einzelner Komponenten bzw. Syntagmen durch den Einschub von Elementen der kontextuellen Umgebung

sind ein Symptom der phraseologischen Bedeutung und damit auch der semantischen Teilbarkeit. Unter *semantischer Teilbarkeit* sind somit

- die sich auf einer semantischen Ebene ergebenden Schnittstellen zwischen den Argumenten

zu verstehen. Kann auf beiden semantischen Ebenen, d.h. auf der Ebene der eigentlichen phraseologischen Bedeutung und der Bildebene, überprüfbar durch das Übereinanderlegen derselben, eine Schnittstelle an der gleichen Stelle[11] gezo-

---

[9] Ein Vergleich mit den Grenzen eines Wortes ist hier angebracht, die u.a. dadurch bestimmt wird, dass eine n-Anzahl von Morphemen zur Bezeichnung eines Konzeptes bzw. eines Bündels von Konzepten dient und das Abtrennen bereits eines Morphems eine adäquate Wiedergabe dieser Vorstellung verhindern würde.

[10] Unter dem Begriff „tiefensemantisch" möchte ich (im Gegensatz zu dem begrifflichen und damit bereits einzelsprachlich determinierten Kern einer Wortbedeutung) die rein konzeptuelle Struktur verstehen, die mit der Vorstellung von einem bestimmten Objekt bzw. Prozess verbunden ist und die bei der Überführung auf die sprachliche Ebene von einer n-Anzahl lexikalischer und phraseologischer Einheiten widergespiegelt werden kann. Bei diesem Prozess geht es nicht ohne gewisse Automatismen ab, d.h. es werden in erster Linie die sprachlichen Entitäten aktiviert, die dem Sprachträger am geläufigsten sind und deshalb beim Verstehens- und Sprachproduktionsprozess keiner tiefgründigen semantischen Analyse bedürfen.

[11] Von der „gleichen Stelle" kann man nur dann reden, wenn die Gestalt eines Arguments auf der tiefensemantischen Ebene eindeutig auf der Bildebene identifiziert werden kann.

gen werden, ergibt sich daraus die an der Oberfläche erkennbare syntaktisch-strukturelle Teilbarkeit.[12]

Der Unterschied zu der aus Dobrovol'skij (1997) zitierten Definition besteht in der Feststellung allein der semantischen Zäsuren, ohne den dadurch herausgelösten Einzelteilen einen bestimmten semantischen Wert zuzusprechen bzw. die Teile beider Ebenen auf irgendeine Weise semantisch zueinander in Beziehung zu setzen.[13] In Bezug auf die Größen „Stabilität" bzw. Festigkeit" ist m.E. deutlich zu erkennen, dass beide Merkmale nur in einem sehr mittelbaren Zusammenhang stehen, es sich also bei der Teilbarkeit aus semantischer Sicht um etwas völlig anderes handelt,[14] und zwar um eine „unsichtbare" Eigenschaft, die nur anhand anderer, semantisch abhängiger Faktoren erkennbar wird.

Die semantische Teilbarkeit bleibt deshalb, wie auch die phraseologische Bedeutung selbst, die nur in ungefähren Konturen bekannte, immer wieder neu zu bestimmende Größe, d.h., die an verschiedenen Stellen geäußerte Vorstellung, mithilfe der semantischen Größen ohne Einzelfallprüfung allgemeingültige Gesetzmäßigkeiten in Bezug auf das grammatische bzw. syntaktische Funktionieren von Phraseologismen formulieren zu können, vgl. Dobrovol'skij (1999a, b), ist eine Illusion und wird eine solche bleiben.

Nur aus der umgekehrten Perspektive wird eine Lösung sichtbar: Aufgrund bestimmter Modifizierungsmöglichkeiten bekommt man Zugang zur phraseologischen Bedeutung, über die man als Muttersprachler ohne situativen Bezug – wie bei der lexikalischen Bedeutung auch – leider eine nur sehr vage Vorstellung besitzt.[15] Im Rahmen der Opposition: semantische vs. syntaktisch-strukturelle Teilbarkeit ist letztere die allein verifizierbare, d.h. an konkreten Erscheinungen festzumachende, Größe, während es sich bei der sichtbar gemachten sog. semantischen Teilbarkeit im Sinne von Dobrovol'skij in den meisten Fällen um die Widerspiegelung einer zu bestimmten Zwecken künstlich herbeigeführten Variante von vielen möglichen Interpretationen handelt. Das von mir an mehreren Stellen bereits kritisierte Vorgehen, einzelnen Komponenten bzw. Syntagmen

---

[12] Eine Aussage über mögliche Typen von Modifizierungen kann an dieser Stelle noch nicht getroffen werden. Hierfür sind andere semantische Faktoren verantwortlich, auf die ich weiter unten teilweise zu sprechen komme. In diesem Zusammenhang sei auf die Artikel zur Passivbildung verwiesen (Levin-Steinmann (im Druck); Левин-Штайнман 2000), in dem am Beispiel dieser konkreten grammatischen Operation ausführlicher zu diesem Thema Stellung bezogen wird.

[13] Die Notwendigkeit dieser Beschränkung wird bei der Diskussion konkreter Beispiele deutlich.

[14] Zu dieser Einsicht kann man ebenso anhand der Definition von Dobrovol'skij kommen.

[15] Diese Tatsache kann man leicht daran überprüfen, dass die Bedeutungsinterpretation eines Phraseologismus bei verschiedenen Sprachträgern in der Regel – zumindest in den Details – zu unterschiedlichen Resultaten führt.

von Phraseologismen Bedeutungsbestandteile zuzuschreiben (vgl. u.a. Levin-Steinmann 1998a), ist unter Umständen nur dazu geeignet, bestimmte Schnittstellen zwischen den Argumenten aufzuzeigen, wobei immer die Gefahr besteht, deren Anzahl und damit auch die der tiefensemantisch vorliegenden Argumente fälschlicherweise der des phraseologischen Bildes nach oben hin anzupassen.

An dieser Stelle möchte ich beginnen, die Besprechung konkreter, vorwiegend deutscher Beispiele in die theoretische Diskussion einzubeziehen. Ich gehe dabei von der Annahme aus, dass in einer Vielzahl von Sprachen vergleichbare Fälle zu finden sind.

Betrachtet man deutsche Phraseologismen wie *hüben und drüben, hie und da* und eine Reihe anderer so genannter Paarformeln, aber auch den jeweils komparativen Teil von festen Vergleichen, auch dann, wenn er aus einer Aufzählung besteht,[16] so ist festzustellen, dass diese keine syntaktisch-strukturellen Veränderungen zulassen, was eindeutig auf deren semantische Nichtteilbarkeit schließen lässt. Würde hier die Reihenfolge verändert,[17] so könnte berechtigterweise von phraseologischen Fehlern gesprochen werden, vgl. Burger (1998, 28).

Einschübe dagegen bewirken entweder eine Auflösung der phraseologischen Bedeutung oder ein Wortspiel auf der Grundlage der lexikalischen und phraseologischen Ebene, vgl. (1):

(1) *hüben und* nicht *drüben, hie und* vielleicht *da* oder englisch: *by* but not *so large* (Glucksberg 1993, 7)[18]

Was sagt diese Gesetzmäßigkeit über die semantische Realität der betreffenden Phraseologismen aus?

Phraseologismen oder Phraseologismusteile dieser Art repräsentieren genau ein Argument bzw. eine semantische Rolle auf der tiefensemantischen Ebene, u.a. überprüfbar mittels entsprechender w-Fragen, z.B.: „was?", „wo?", „wie

---

[16] Die von Burger (1998, 25) für diesen Typ von Phraseologismen konstatierte Variabilität in der Reihenfolge der Komponenten trifft nur auf das tertium comparationis und nicht auf das comparandum zu, denn es ist nur möglich zu sagen: *aussehen wie Milch und Blut* bzw. *wie Milch und Blut aussehen* und nicht: **aussehen wie Blut und Milch*.

[17] Übertragen auf die semantische Ebene käme diese Operation einer Modifikation innerhalb eines Arguments bzw. semantischen „Ganzen" gleich. Mit syntaktischen Mitteln der „Oberfläche" ist das daraus entstehende Resultat mit einer Umstellung von Morphemen innerhalb eines Wortes oder der Bestandteile z.B. einer Präpositionalphrase zu vergleichen, s. dazu auch Anm. 9.

[18] Glucksberg (1993, 7) stellt zu diesem Beispiel fest: „Not only is the string acceptable, it is perfectly interpretable", erklärt aber nicht, ob die Bedeutung von *by and large* dieselbe geblieben ist, was ich für unmöglich halte. Meines Erachtens bewirkt dieser Einschub eine semantische Modifikation, die nur noch bedingt mit der Ausgangsbedeutung von *by and large* zu tun hat.

oft?", „wie?" usw.,[19] die man mit einem Wort, aber auch mittels eines ganzen Textes umschreiben kann. Die verbale Entfaltung an der Oberfläche ist dabei nicht entscheidend, von ihr ist nicht, um es nochmals zu betonen, unmittelbar auf die semantische Struktur der Einheiten zu schließen.

An diesem Punkt kommt es immer wieder zu einem Irrtum: Die Anzahl der Komponenten bzw. Syntagmen eines Phraseologismus sowie das Wort an sich muss nicht der Anzahl der zugrunde liegenden Argumente entsprechen. Beim Phraseologismus kann es Abweichungen nach oben und unten geben, beim Wort dagegen nur nach oben.

Auf dieser Grundlage lassen sich auch bestimmte übereinzelsprachliche Erscheinungen erklären wie z.B. die Tatsache, dass die Mehrheit der Phraseologismen mit der Bedeutung 'sterben' in den verschiedensten Sprachen (vgl. auch die Aufstellung in Levin-Steinmann im Druck), semantisch zweigliedrig ist,[20] vgl. (2):

(2) *den Löffel abgeben, ins Gras beißen, den Geist aufgeben, seinen letzten Atemzug tun* usw.

kick the bucket, bite the dust, give up the ghost[21], *turn up one's toes* usw.

Welche Konsequenz hat diese Erkenntnis hinsichtlich der Bedeutungsstruktur des Verbs *sterben, to die* usw.? Fellbaum (1993, 279) führt dazu aus:

Although *die* is undoubtly the most felicitous, and most frequent, word for expressing the sense of *kick the bucket* or *bite the dust*, the same meaning also could be expressed by *cease all biological activity* (*Collins* dictionary).

Den betreffenden Vorgang kann man natürlich fachsprachlich auf eben diese Weise wiedergeben, aber auch mit Hilfe allgemein verständlicher Paraphrasen wie *(jmd.) hört auf zu leben* bzw. *(jmds.) Leben geht zu Ende* u.ä., bei denen wir es nach Abzug der Experiencer-Rolle[22] ohne Ausnahme ebenfalls mit zwei

---

[19] Auszunehmen ist nur die Frage nach Eigenschaftsmerkmalen „was für ein?", die kein eigenes Argument repräsentieren, sondern von diesen inkorporiert werden.

[20] Für das Russische lassen sich z.B. einige Dutzend zweigliedrige Phraseologismen, eingeschlossen alle möglichen Sprachstile und Dialekte, mit dieser Bedeutung nachweisen.

[21] Beispiele aus Fellbaum (1993, 279). Zur angeblichen Möglichkeit (laut Nunberg), von diesem Phraseologismus eine Passivform bilden zu können (Fellbaum 1993, 279) s. auch Dobrovol'skij (1999b, 26). Zweifellos ist diese Einheit ihrer syntaktischen Struktur nach – wie übrigens auch das deutsche *den Geist aufgeben* oder *den Löffel abgeben* – passivfähig, allerdings ist diese grammatische Operation nicht mit der Bedeutung des bezeichneten Vorgangs 'sterben' und dem sich aus ihm ergebenden Resultat in Einklang zu bringen.

[22] S. dazu die Klammerausdrücke.

Argumenten zu tun haben, die sich bei Phraseologismen in der Oberflächenstruktur widerspiegeln können, bei „einfachen" Verben jedoch nicht.

Die Konsequenz aus dieser für die semantische Grundlage des entsprechenden Prozesses verantwortlichen universalistischen Vorstellung ist die, dass auch die Entsprechungen des Verbs *sterben* in den verschiedensten Sprachen als semantisch zweigliedrig interpretierbar ist[23] und damit nicht den Status eines semantischen Primitivums im Sinne von Wierzbicka besitzen kann. Vor diesem Hintergrund müssen alle Versuche scheitern, irgendwelche Schlüsse aus der Konfrontation der Anzahl der Wörter oder Syntagmen zu ziehen, die an der entweder auf univerbale oder phraseologische Weise erfolgenden Bezeichnung des zur Diskussion stehenden Prozesses beteiligt sind.

Die in diesem Fall vorliegende semantische Zweigliedrigkeit bedingt wiederum die meiner Meinung nach mögliche semantische und syntaktisch-strukturelle Teilbarkeit der gleichbedeutenden Phraseologismen, die in der Fachliteratur aus den genannten Gründen allgemein ausgeschlossen wird. Bei der gegebenen Konstellation wird auch die Möglichkeit einer bestimmten kontextuellen Verwendung dieser Gruppe von Phraseologismen verständlich. Stellt man sich folgende Repliken vor, die dem Gebrauch entsprechender Phraseologismen vorangehen, vgl.:

(3) - Rudi hat gestern ins Gras gebissen/den Löffel abgegeben.
 - Wohin (was) hat er (gebissen)/was hat er (abgegeben)? (akustisches Nichtverstehen)

so sind Antworten bzw. Gesprächsfortführungen des Typs:

 - *Ins Grás hat* er *gebissen.* (gegen Dobrovol'skij 1999a, (4a), später korrigiert)[24]
 - *Den Löffel hat* er *abgegeben.* (gegen Dobrovol'skij 1999a, (2a))

die unter Beibehaltung ihrer phraseologischen Bedeutung einen Kontrastfokus (vgl. Junghanns/Zybatow 1997) aufweisen, als akzeptabel zu werten. Gleiches trifft auf die Verwendung von Phraseologismen folgender Art zu:

(4) *Den Löffel wird* dér noch lange nicht *abgeben*!
(5) Nun *gib* doch endlich *den Löffel ab*![25]

Vgl. auch den polnischen Phraseologismus *wyzionąć ducha* „die Seele aushauchen"[26] oder die auf der niederen umgangssprachlich-saloppen Stilebene angesie-

---

[23] Dies möchte ich als Option verstanden wissen; d.h. es muss aufgrund einer bestimmten Gebrauchshäufigkeit und damit vorauszusetzenden Bekanntheit bei der Analyse einer Äußerungsbedeutung nicht zwingend weiter zerlegt werden.
[24] Dobrovol'skij (2000, Beleg (11a)).
[25] Vergleichbar mit (2k) in Dobrovol'skij (1999a, 26).
[26] Wörtlich und figurativ.

delten russischen Einheiten *дать дуба* (wörtlich „die Eiche geben") und *отдавать концы* (wörtlich „die Enden abgeben") in allen unter Punkt (6) aufgeführten Kontextbelegen:[27]

(6a) Przed niedawnym czasem lekarze zalecili królowi kąpiele w ciepłych źródłach Kalliroe, za Jordanem, ale omal nie *wyzionął* tam *ducha*. (Bąba/Dziamska/Liberek 1996, 106)
[Vor kurzem haben die Ärzte dem König Bäder in den warmen Quellen von Kalliroe am Jordan empfohlen, jedoch hätte er dort beinahe die Seele ausgehaucht.]

(6b) Смотри, *дуба* там не *дай*, возьми хоть мою телогрейку! (Словарь 1995, 48)
[Sieh zu, dass du dir dort nicht das Leben erfrierst, nimm wenigstens meine Wattejacke!]

(6c) Перед Джанкоем я малость ожил и смог уже идти самостоятельно. – Ну, вот, – заметил Виноградов, – а ты *концы* собирался *отдавать*. (Словарь 1995, 51)
[Vor Dzhankoj bin ich etwas zu mir gekommen und konnte bereits selbständig gehen. – Na siehst du, – bemerkte Vinogradov, – und du wolltest schon den Löffel abgeben.]

Unabhängig davon, ob man diese Verwendungsweisen als stilistisch „gelungen" bezeichnen will, sind sie grammatikalisch korrekt.[28] Die Hauptsache ist jedoch, dass sie durch den Einschub von Kontextelementen die Fähigkeit dieser Phraseologismen zur semantischen und syntaktisch-strukturellen Teilbarkeit belegen. An dieser Stelle widerspreche ich dem Standpunkt von Dobrovol'skij, geäußert u.a. in der Diskussion seines Vortrags auf der Europhras-Tagung 2000, wonach für den Nachweis der semantischen Teilbarkeit in Bezug auf verbale Phraseologismen, um die es hier vorrangig geht,[29] nur ganz bestimmte Modifikationen wie z.B. die Relativsatzumformung relevant seien. Ich wiederhole: Indikator für die semantische Teilbarkeit ist die aus ihr resultierende syntaktisch-strukturelle Teilbarkeit.

Bis hierher ist in ersten Ansätzen geklärt, warum die eine oder andere ungewöhnliche Modifikation bestimmter Phraseologismen möglich ist – in diesem Zusammenhang sei an die von Burger (1982, 68) getroffene Aussage erinnert, dass es „kaum eine Veränderung eines Phraseologismus [gibt], die in irgend-

---

[27] In den deutschen Übersetzungen habe ich bei der Wahl der phraseologischen Äquivalente in erster Linie auf eine situationsgerechte Wiedergabe Wert gelegt.

[28] Zwischen beiden Erscheinungen ist unbedingt zu trennen.

[29] Verbale Einheiten stehen deshalb im Mittelpunkt der vorliegenden Betrachtung, weil sie im Gegensatz zu den mehrheitlich nur ein Argument repräsentierenden adjektivischen, adverbialen, aber auch bestimmten substantivischen Entitäten in der Regel – ausgenommen die bereits erwähnten semantischen Primitiva – mindestens zwei Argumente in sich vereinigen. Nichtteilbare Phraseologismen innerhalb der verbalen Gruppe wird es deshalb kaum geben, was mit unserem Wissen über das spezifische Wesen ihrer Bedeutung gut zu vereinbaren ist.

einem Kontext nicht möglich und durchaus sinnvoll wäre". Doch wurde nicht geklärt, warum für bestimmte Modifikationen dennoch unumstößliche Restriktionen bestehen und was das möglicherweise mit den beiden Arten von Teilbarkeit zu tun hat.

Für alle Modifikationen sei prinzipiell festgehalten, dass sie nur zu realisieren sind, wenn die semantische Struktur sie erlaubt. Verschiedene Modifikationen können zwar zusätzlich an der Formativstruktur scheitern, aber eine semantische Restriktion wird niemals auf Strukturebene auszugleichen sein.

Bei der Vielzahl von Modifikationsarten (vgl. Fleischer 1982, 54ff.; Keil 1997, 97) interessieren im Rahmen der gegebenen Themenstellung vor allem die Relativsatz- und die Fragesatzumformung bzw. die Passivierbarkeit und Attribuierbarkeit, wenn sie im ersten Fall zu einer idiominternen NP-Promovierung (Dobrovol'skij 1999a, 229) bzw. im zweiten zu einem Durchbrechen der phraseologischen Komponentenkette führt, weil nur dann auch von einer semantischen Teilbarkeit auszugehen ist. Dazu seien die Belege (7) bis (8) betrachtet:

(7a) *Der Streit, den dein Bruder vom Zaune gebrochen hat, ist nicht ohne weiteres beizulegen.* (Fleischer 1982, 55)

(7b) *Was für einen Streit hat der denn wieder vom Zaune gebrochen?* (ebd. 59)

(8a) Er hat ihr *den Bären, den* sie ihm *aufgebunden hat*, wirklich abgenommen. (Dobrovol'skij 2000)

(8b) *Was für einen Bären hat sie ihm denn aufgebunden?* (ebd.)

Bei den Komponenten *Streit* und *Bär* handelt es sich im konkreten Fall um phraseologische Komponenten, die

1. ein einziges Argument an sich binden,
2. auf beiden Ebenen dasselbe Argument repräsentieren und
3. von der Art des Arguments in Abhängigkeit von der Gesamtbedeutung sowohl in der Tiefenstruktur als auch an der Oberfläche eine solche Operation zulassen müssen.[30]

Diese Regel klingt zugegebenermaßen trivial, sie ist es aber deshalb nicht, weil eine Reihe von Phraseologismen semantische Argumentketten repräsentieren, die mit der Anzahl und der Art der an der syntaktisch-strukturellen Oberfläche wahrnehmbaren Argumente nicht übereinstimmen. Diese Diskrepanz bewirkt, dass bestimmte Phraseologismen nicht uneingeschränkt semantisch und syntaktisch-strukturell teilbar sind, was sich letztlich in der Nichtdurchführbarkeit bestimmter Modifikationen niederschlägt, vgl. die Phraseologismen in (9) und (10), deren Komponentenbestand nur kontextuelle Einschübe erlaubt:

---

[30] Nur beim Zusammenspiel der genannten Faktoren ist von einer Definition der semantischen Teilbarkeit im Sinne von Dobrovol'skij auszugehen.

(9) Die Autoren kommen zu dem Schluss, ein mysteriöser Fiat Uno und ein Motorrad seien in den Unfall verwickelt gewesen, *hätten sich* dann aber *aus dem Staub gemacht*.[31] (Die Zeit, 26. 2. 98)

(10) In Geldsachen hört die Gemütlichkeit auf. Was an die Mark rührt, geht den Deutschen ans Mark [...] Anhänglichkeit und Angst, Vergangenheitsverklärung und Zukunftsverzagtheit *machen sich* in einer sehr deutschen Gefühlsaufwallung *Luft*. (Die Zeit, 19. 2. 98)

Im Folgenden möchte ich das Gesagte vor allem an Einheiten demonstrieren, die in der zur Zeit laufenden Diskussion schon erwähnt wurden, um so auf ein Ergebnis zuzusteuern, und zwar an den Phraseologismen *Haare spalten*, von Dobrovol'skij als nicht teilbar erklärt (1997, 92), und *Wolf im Schafspelz*, im Gegensatz dazu von ihm als teilbar bewertet (1997, 94).

In beiden Fällen stelle ich ein umgekehrtes Verhältnis fest. Zunächst gehe ich von den syntaktisch-grammatischen Merkmalen aus, die, wie gesagt, als Indikator für die semantische Beschaffenheit dienen. Gegen die Verwendungsart von *Haare spalten* in (11) und (12):

(11) *Haare* kannst du woanders *spalten*, nicht bei mir!

(12) *Haare sind* nun genug *gespalten worden*, jetzt reicht's![32]

ist grammatisch gesehen nichts einzuwenden. Eine andere Sache ist es, dass man die Varianten, in denen kein Auseinanderreißen der jeweiligen Komponenten erfolgt, aus stilistischen Gründen bevorzugen würde. Die Ursache dafür liegt zum einen in der Tatsache begründet, dass man im Deutschen Verb-Obj$_{Akk}$-Verbindungen kontextuell prinzipiell schwer trennen kann,[33] aber hauptsächlich darin, dass dieser zweigliedrige Phraseologismus drei Argumentstellen in sich vereinigt, die, auf die höchste Abstraktionsebene gebracht,[34] wie folgt lauten: 'in Bezug auf X (1. Argument) wird Y (2. Argument) gemacht (3. Argument)'.

---

[31] Als Zeichen für die syntaktisch-strukturelle Teilbarkeit eines Phraseologismus ist auf jeden Fall auch die Isolierung einzelner, in Abhängigkeit von der Bildung bestimmter Tempora, Modi bzw. Genera hinzukommender Hilfsverben zu werten, da diese Fähigkeit ohne weiteres auf die Vollverben übertragen werden kann, vgl.:
... machten sich dann aber aus dem Staub ...

[32] Einwände der Art, dass in Kontexten dieses Typs die phraseologische Bedeutung völlig zerstört wird, sind meiner Meinung nach nicht berechtigt. Die wortwörtliche Bedeutung drängt sich evtl. zunächst stärker in den Blickpunkt als allgemein üblich, dennoch setzt sich die phraseologische mit Hilfe des Kontextes, der nicht auf ein Sprachspiel abzielt, eindeutig durch.

[33] Ein entsprechender Versuch mit der deutschen Wortverbindung *Lied singen* fällt ebenso schwer und bringt vergleichbare Resultate wie der mit einschlägigen Phraseologismen.

[34] um nicht einer ganz bestimmten semantischen Interpretation den Vorzug zu geben und damit diese als die einzige Möglichkeit darzustellen.

Dieselben Verhältnisse sind für das polnische Äquivalent *dzielić włos na czworo* „ein Haar vierteilen" festzustellen, vgl.:

(13) Także Kościół katolicki uspokaja swoich wiernych stwierdzając autorytatywnie, że Boże natchnienie nie jest zależne od autorstwa tego czy innego wersetu. Dlatego też nie *dzieląc* już dłużej *włosa na czwora*, będziemy w dalszym ciągu mówili po prostu: Jeremiasz lub Księga Jeremiasza. (Bąba/Dziamska/Liberek 1996, 655)
[Auch die Katholische Kirche beruhigt ihre Gläubigen, in dem sie felsenfest behauptet, dass die Göttliche Inspiration unabhängig von der Autorenschaft des einen oder anderen Bibelverses ist. Deshalb werden wir, ohne länger Haarspalterei zu betreiben,[35] im weiteren einfach von Jeremias oder dem Buch Jeremias sprechen.]

Die Komponentenanzahl stimmt mit der der Argumente überein, deshalb steht einer syntaktisch-strukturellen Teilung nichts im Wege, vgl. auch die spanische, französische und italienische Entsprechung *cortar en cabello en quatro, couper les cheveux en quatre, spaccare il capello in quattro,* die sich gleichermaßen verhalten dürften. Im Deutschen dagegen muss bei der semantischen und syntaktisch-strukturellen Teilung ein Argument gleichsam zusätzlich von einer phraseologischen Komponente „abgedeckt" werden, was mit Müh und Not in einigen kontextuellen Konstellationen möglich ist. Vom Sprachgefühl des einzelnen Sprachträgers hängt es also ab, ob er die Schnittstelle zulässt oder nicht, ein gewisser exotischer Klang wird deshalb solchen Modifikationen immer anhängen.

Was unter der Bedingung der Inkorporation eines zusätzlichen und nicht gleichartigen Arguments natürlich nicht funktioniert, ist die Fokussierung dieser Komponente durch Topikalisierung, Attribuierung, Relativsatzumformung usw. Wenn die Komponente *Haare*, wie in (11) und (12) demonstriert, isoliert werden kann, dann heißt dies, dass das Verb in diesen Fällen das 2. Argument inkorporiert, was stets eine semantische Verträglichkeit beider Argumente voraussetzt,[36] und 'Haare' das Argument allein repräsentiert, über das eine Aussage getroffen wird, vgl. (14):

(14) *Die Haare*, die du hier *spaltest*, kannst du vergessen! Das ist bereits alles kalter Kaffee!

---

[35] Die Unmöglichkeit, an dieser Stelle den deutschen Phraseologismus zu teilen, hängt darüber hinaus mit Zwängen syntaktischer Art zusammen, vgl. die obligatorische Endstellung des Infinitivs mit *zu* in erweiterten Infinitivkonstruktionen.

[36] Dies dürfte bei einer verbalen Komponente ziemlich problemlos verlaufen, weil ein Verb bekanntlich mit allen Argumenten verbindbar ist.

In Bezug auf den Phraseologismus *ein Wolf im Schafspelz* wiederhole ich, dass er aus synchroner Sicht weder semantisch noch syntaktisch-strukturell teilbar ist, weil er nur ein Argument repräsentiert. Die Zuordnung von bestimmten Eigenschaften spielt dabei, wie bereits weiter oben festgestellt wurde, keine Rolle.

Ein ganz anderes Problem liegt darin, dass diachronisch betrachtet die Worte *Wolf* und *Schaf* ihre zueinander in antonymischen Beziehungen stehenden symbolischen Bedeutungen in die Gesamtbedeutung eingebracht haben. Aufgrund eines mehrschichtigen Übertragungsprozesses (Levin-Steinmann 1998a) haben diese Komponenten(bestandteile) allerdings unter Beibehaltung ihrer emotiven Ausstrahlung ihre semantische und syntaktisch-strukturelle Selbständigkeit aufgeben müssen. Die Nachvollziehbarkeit sowohl des Prozesses als auch der Rolle der Bestandteile steht auf einem ganz anderen Blatt und hat nichts mit den semantischen und syntaktisch-strukturellen Gegebenheiten in Bezug auf das Übertragungsergebnis zu tun. Das heißt, ich kann nicht sagen, dass *im Schafspelz* 'mit harmlosen Äußeren' o.ä. bedeutet (Dobrovol'skij 1997, 94 bzw. Жуков, A. 1996).[37] Es lohnt deshalb, sich auch in Zukunft die Frage nach dem konkreten Ablauf des Phraseologisierungsprozesses zu stellen.

Meines Erachtens können nur im Ergebnis von „reinen" Metaphorisierungsprozessen bzw. dem Austausch von Ursache-Folge-Beziehungen Phraseologismen entstehen (Levin-Steinmann 1998a), die semantisch und syntaktisch-strukturell teilbare Komponenten im anfangs zitierten Sinne hervorbringen, denn bei dieser Art von Übertragungsprozessen tauschen gleichstrukturierte Szenarien nur den Objektbereich. Werden diese Szenarien gemappt, entsteht der Eindruck der Herausbildung homonymer Bedeutungen bei einzelnen Komponenten. Dass diese Bedeutungen außerhalb der phraseologischen Wortverbindung jedoch keinen Bestand haben (Gibbs/Nayak 1989, 128; Keil 1997, 24), beweist einmal mehr das von mir hier Gesagte. In bestimmten Fällen können allerdings Quasisymbole dadurch erzeugt werden, dass mit der im Phraseologismus sozusagen „erworbenen" Bedeutung ganze phraseologische Nester gebaut werden. Aber das ist Thema für eine andere Arbeit.

---

[37] Auf dieser Erkenntnis basieren auch einzelne Kritikpunkte in der Rezension zu der Monographie von Dobrovol'skij/Piirainen (1997), vgl. Levin-Steinmann (1998b).

Literatur

Bąba, Stanisław; Dziamska, Gabriela; Liberek, Larosław (1996): *Podręczny słownik frazeologiczny języka polskiego.* Warszawa: Wydawnictwo Naukowe PWN.
Brown, Wayles; Dornisch, Ewa; Kondrashova, Natasha; Zec, Draga (eds.) (1997): *Annual Workshop on Formal Approaches to Slavic Linguistics.* Michigan: Michigan Slavic Publication.
Burger, Harald (1982): „Festigkeit und Variabilität." In: Burger, Harald; Buhofer, Annelies; Sialm, Ambros (1982): *Handbuch der Phraseologie.* Berlin/New York: de Gruyter; 67-104.
Burger, Harald (1998*)*: *Phraseologie. Eine Einführung am Beispiel des Deutschen.* Berlin: Erich Schmidt Verlag.
Cacciari, Cristina; Tabossi, Patrizia (1993) (eds.): *Idioms: processing, structure, and interpretation.* Hillsdale: Erlbaum.
Dobrovol'skij, Dmitrij O. (1997): *Idiome im mentalen Lexikon: Ziele und Methoden der kognitivbasierten Phraseologieforschung.* Trier: Wissenschaftlicher Verlag.
Dobrovol'skij, Dmitrij O. (1999a): *Phraseologie aus kognitiver Perspektive: Sind die Idiom-Modifikationen regelgeleitet?* Handout zum Vortrag an der Leipziger Universität vom 19. 1. 1999.
Dobrovol'skij, Dmitrij O. (1999b): „Zur syntaktischen Flexibilität der Idiomstruktur: kognitivsemantische Aspekte." In: *Revista de Filología Alemana 7*; 209-238.
Dobrovol'skij, Dmitrij O. (2000): *Zum syntaktischen Verhalten deutscher Idiome.* Handout zum Vortrag auf der Konferenz Europhras 2000 in Aske/Schweden.
Dobrovol'skij, Dmitrij; Piirainen, Elisabeth (1997): *Symbole in Sprache und Kultur. Studien zur Phraseologie aus kultursemiotischer Perspektive.* Bochum: Brockmeyer [= Studien zur Phraseologie und Parömiologie 8].
Ďurčo, Peter (ed.) (1998): *Europhras '97 „Phraseology and Paremiology".* Bratislava: Akadémia PZ.
Eckert, Rainer (1970): *Grundlagen der russischen Phraseologie.* Teil I. Leipzig: Universität.
Eckert, Rainer (1982): „Zum Problem der Identität phraseologischer Wendungen." In: Eckert (Hrsg.) (1982); 1-33.
Eckert, Rainer (1982) (Hrsg.): *Untersuchungen zur slawischen Phraseologie.* Berlin: Akademieverlag [= Linguistische Studien, R. A Band 95].
Fellbaum, Christiane (1993): „The determiner in English idioms." In: Cacciari/Tabossi (eds.) (1993); 271-295.
Fleischer, Wolfgang (1982): *Phraseologie der deutschen Gegenwartssprache.* Leipzig: Bibliographisches Institut.
Gibbs, Raymond W. (1993): „Why idioms are not dead metaphors." In: Cacciari/ Tabossi (eds.) (1993); 57-77.
Gibbs, Raymond W.; Nayak, Nandini P. (1989): „Psycholinguistic studies on the syntactic behavior of idioms." In: *Cognitive Psychology 21*; 100-138.
Gibbs, Raymond W.; Nayak, Nandini P.; Cutting, Cooper (1989): „How to kick the bucket and not decompose: analyzability and idiom processing." In: *Journal of Memory and Language 28*; 576-593.
Glucksberg, Sam (1993): „Idiom meaning and allusional context." In: Cacciari/Tabossi (eds.) (1993); 3-26.

Junghanns, Uwe; Zybatow, Gerhild (1997): „Syntax and information structure of Russian clauses." In: Brown/Dornisch/Kondrashova/Zec (eds.) (1997); 289-319.

Keil, Martina (1997): *Wort für Wort: Repräsentation und Verarbeitung verbaler Phraseologismen (Phraseo-Lex)*. Tübingen: Max Niemeyer.

Levin-Steinmann, Anke (1998a): „The term *metaphorisation* in its usage on words and phraseologisms." In: Ďurčo (ed.) (1998); 211-215.

Levin-Steinmann, Anke (1998b): *Rezension zu:* Dobrovol'skij/Piirainen (1996); In: *Lexicology 4*; 168-177.

Levin-Steinmann, Anke (1999): *Thematisches phraseologisches Wörterbuch der russischen Sprache (Beschreibung und Charakterisierung des Menschen). Тематический фразеологический словарь русского языка (описание и характеристика человека)*. Wiesbaden: Harrassowitz.

Levin-Steinmann, Anke (im Druck): „Passivbildung aus kognitiver Sicht im allgemeinen und bei Phraseologismen." In: Hartmann, Dietrich; Wirrer, Jan (Hrsg.): *Wer A sägt, muss auch B sägen* (Akten des Westfälischen Arbeitskreises Phraseologie/ Parömiologie 1999/2000, im Druck).

Rechtsiegel, Eugenie (1982): „Zum Begriff der Stabilität in der Phraseologie." In: Eckert (Hrsg.) (1982); 62-76.

Жуков, Анатолий В. (1996): *Переходные фразеологические явления в русском языке*. Новгород: университет.

Жуков, Влас П. (1978): *Семантика фразеологических оборотов*. Москва: Просвещение.

Левин-Штайнман, А. (2000): „Образование страдательного залога (пассива) на примере фразеологизмов с особенным учётом когнитивных процессов." In: Провинция как социокультурный феномен. Кострома 2000; 27-37.

Райхштейн, Александр Д. 1980): Сопоставительный анализ немецкой и русской *фразеологии*. Москва: Высшая школа.

Словарь образных выражений русского языка (1995) (под ред. В. Н. Телия). Москва: Отечество

Телия, Вероника Н. (1966): *Что такое фразеология?* Москва: Наука.

Kollokationen zum Ausdruck des Blickverhaltens: eine Analyse auf der Basis des französischen elektronischen Korpus FRANTEXT

Annette Sabban (Hildesheim)

1. Fragestellungen, Vorgehen, Korpus
1.1. Semantische Aspekte: die Struktur des semantischen Feldes
1.2. Syntaktische Aspekte: „grammatischer Kollokator" und syntaktische Struktur
1.3. Pragmatische Aspekte
2. Das semantische Feld (1): Teilhandlungen und modale Spezifizierungen eines einzelnen Blickvorgangs
2.1. Raum-zeitliche Strukturierung des Blickvorgangs: Blickbewegungen und zeitliche Phasen
2.2. Metaphorischer Ausbau des Teilfeldes 'längeres intensives Anschauen'
3. Das semantische Feld (2): die Metaphorik des Spazierenführens, Wanderns und Umherschweifens beim Ausdruck eines weiträumigen Blickens
4. Der grammatische Kollokator und seine textbezogene Variation
5. Funktionen des Blickverhaltens in literarischer Darstellung am Beispiel von *baisser les yeux*
Literatur

Das Blickverhalten ist eine Spielart des non-verbalen Verhaltens, genauer gesagt, der Mimik. Seine bedeutende Rolle in der Interaktion und damit Relevanz für ein umfassendes Verständnis sprachlicher Kommunikation ist offenkundig: Es unterstützt die Steuerung des Gesprächsablaufs (*Anblicken* des anderen bei Übergabe der Sprecherrolle),[1] es gibt Hinweise darauf, wie die eigene Rede zu verstehen ist (*Zuzwinkern* bei nicht ernst gemeinter Rede), oder es ist ein Signal, dessen genaue Wertigkeit nur die Beteiligten selbst bestimmen können (so etwa, wenn zur Kommentierung der Rede anderer oder zur Signalisierung eines geheimen Ein-

---

[1] Siehe ausführlicher Ellsworth/Ludwig (1984, 72ff.).

verständnisses *ein Blick gewechselt wird*). Oft lässt sich der Blick nicht vom gesamten Gesichtsausdruck trennen, welcher Einstellung und Gemütsverfassung des Sprechers kundtut oder die Funktion seiner Äußerung unterstreicht und verdeutlicht (*ein mitleidiger, ein fragender Blick*). Der sprachliche Ausdruck orientiert sich dabei stets an dem, was bei der Wahrnehmung salient ist, auch wenn andere Gesichtspartien oder die Kopfhaltung an dem Gesamtausdruck beteiligt sein mögen. Salient sind die Augen bzw. die damit unmittelbar verbundene Funktion, der Blick. So erklärt sich das metonymische Verhältnis zwischen den Bedeutungen 'Auge', 'Blick' und 'Gesichtsausdruck' in zahlreichen Wortverbindungen.

Untersuchungen in der Psychologie weisen auf universale, aber auch kulturspezifische Aspekte des Blickverhaltens (auch „visuelles Verhalten" genannt).[2] Ethnologisch orientierte Arbeiten (z.B. Bäuml/Bäuml 1997) lassen inter- und intrakulturelle Unterschiede erkennen, und dies hinsichtlich der kommunikativen Geltung eines visuellen Verhaltens, der Ausdrucksfunktionen bestimmter Augenbewegungen oder auch der Rollenspezifik, nicht zuletzt Geschlechtsspezifik des Blickverhaltens.[3]

Systematische, kulturvergleichende Beschreibungen sind allerdings ein Desiderat, wobei Untersuchungen realer Interaktionen sehr aufwendig sein dürften. Aufschlussreich kann es aber auch sein, mit sprachwissenschaftlichem Instrumentarium *literarische Darstellungen* des Blickverhaltens zu untersuchen.[4]

Die vorliegende Untersuchung versteht sich mit der Auswertung literarischer Belege als Baustein zu einer solchen Analyse. Sie setzt zunächst bei bestimmten sprachlichen Ausdrücken an und beschränkt sich auf nur eine Sprache, das Französische. Gefragt wird nach semantischen, syntaktischen und pragmatischen Merkmalen von Kollokationen, die sich allesamt auf das Blickverhalten beziehen und deren strukturelle Gemeinsamkeit darin besteht, dass sie Verbindungen von Substantiv und Verb darstellen. (Zu einer weiteren Präzisierung siehe unten.) Ein typisches Beispiel ist französisch (frz.) *lever les yeux* 'den Blick heben, aufblicken'.

Kollokationen sind feste Wortverbindungen, die „nicht oder nur schwach idiomatisch sind" (Burger 1998, 50). Aus traditioneller Sicht sind sie darum eher

---

[2] Zu den teilweise kontroversen Diskussionen siehe z.B. Ekman (1992); Ekman/Keltner (1997, insbes. 28ff., 31ff.); Ekman/Friesen (1987); Fehr/Exline (1987); Fridlund (1997); Knapp/Hall (1997); Scherer/Wallbott (1984).

[3] Diese Dimensionen ergeben sich aus den Einzelbeobachtungen bei Bäuml/Bäuml (1997, 110ff.).

[4] Siehe Grögel [2001]. Diese Magisterarbeit basiert auf dem französischen Korpus FRANTEXT, das vorwiegend literarische Texte enthält, sowie auf literarischen Texten des deutschen Korpus COSMAS. Für die Unterstützung bei der Zusammenstellung der Belege, die in dem vorliegenden Beitrag diskutiert werden, ergeht mein ausdrücklicher Dank an Beatrix Grögel, Universität Hildesheim.

an der Peripherie der Phraseologie angesiedelt; ihr Bereich ist gleichwohl „weitaus größer und für die Sprachverwendung wohl auch wichtiger, als man das früher angenommen hatte" (ebd.).

Die Beschränkung auf Kollokationen mag auf den ersten Blick verwundern. Zumindest im Hinblick auf das onomasiologisch formulierte Fernziel, die Analyse literarischer Darstellungen des Blickverhaltens, scheint es kaum gerechtfertigt, Einzelverben auszuklammern (vgl. deutsch (dt.) *anstarren, glotzen*). Ein solcher Zweifel geht jedoch von den Verhältnissen im Deutschen aus. Hier gibt es tatsächlich zahlreiche Einzelverben und vor allem auch morphologisch komplexe, präfigierte Verben wie *aufblicken* oder *zublinzeln*. Zu solchen Verben gibt es oftmals synonyme Kollokationen: *aufblicken* koexistiert mit *den Blick heben*. Das Deutsche ist aber nicht die primäre Objektsprache dieses Beitrags, sondern, wie schon gesagt, das Französische, und hier liegen die Verhältnisse anders. Inhaltliche Spezifizierungen von Verbbedeutungen werden im Französischen sehr oft relational ausgedrückt, und das heißt, mit einem Mehrwortausdruck.[5] Das zeigt die folgende exemplarische Gegenüberstellung französischer Ausdrücke mit äquivalenten deutschen Wörtern und Wortverbindungen:

frz. *lever les yeux/le regard*   — dt. *aufblicken, den Blick heben*
frz. *fixer qn des yeux/du regard* — dt. *jdn anstarren, den Blick auf jdn heften*
frz. *cligner de l'œil* (à qn)   — dt. *jdm zublinzeln*

Die Beschränkung auf Substantiv-Verb-Kollokationen entspricht somit nicht einer phraseologischen, ausschließlich auf Mehrwortverbindungen gerichteten und insofern „formalen" Perspektive, sondern ergibt sich unmittelbar aus der Spezifik der untersuchten Sprache.

1. Fragestellungen, Vorgehen, Korpus

Nun zu einer weiteren Präzisierung des Gegenstands der Analyse und der damit verbundenen Fragestellungen.

Das den Wortkombinationen gemeinsame Substantiv bezeichnet das 'Auge' oder den 'Blick': frz. *œil/yeux* oder *regard*. (Verbindungen mit *vue* bleiben aus Gründen des Umfangs ausgeklammert.) Das Substantiv bildet die „Basis" der Kollokation, den semantisch autonomen lexikalischen Bestandteil. Mit der Basis werden verschiedene Verben kombiniert, z.B. *attacher, arrêter, baisser, promener*. Diese „Kollokatoren" sind semantisch nicht autonom: ihre genaue Bedeu-

---

[5] Zu diesem grundlegenden Unterschied zwischen dem Französischen und dem Deutschen siehe Blumenthal (1997, 14f.). Zu ähnlichen Unterschieden bei Verben der Fortbewegung siehe bereits Hilty (1965).

tung hängt vielmehr von dem Substantiv ab, mit dem sie kombiniert werden.[6] Dabei ist der semantische Beitrag dieser Verben zum Gesamtausdruck wesentlich eigenständiger als dies bei der verwandten Gruppe der Funktionsverbgefüge der Fall ist; dort markiert das Verb typischerweise lediglich die Aktionsart oder bewirkt eine Kausativierung.[7]

1.1. Semantische Aspekte: die Struktur des semantischen Feldes

Die aus der Verbindung der eben genannten Substantive und Verben resultierenden Kollokationen bilden ein „semantisches Feld". Traditionellerweise wird diese Ordnungseinheit des Lexikons nur mit Einzellexemen in Verbindung gebracht (siehe auch die ältere Bezeichnung „*Wort*feld"); bei der Diskussion um Kollokationen und Phraseologismen fällt der Begriff nicht.[8] Anderseits liegen Kollokationen bekanntermaßen im Übergangsbereich zwischen einzellexematischem Wortschatz und Phraseologie, wie auch schon die erwähnte Koexistenz von Einzelwort und synonymer Wortverbindung im Deutschen zeigt.[9] Es ist von daher nicht verwunderlich, wenn auch Kollokationen selbst semantische Paradigmen bilden oder an deren Bildung teilhaben. Abgesehen von den damit angesprochenen grundlegenden Fragen sind auf die hier interessierenden französischen Kollokationen sogar die ganz klassischen Definitionskriterien für Wortfelder anwendbar, wenn man diese vom Einzelwort auf Wortverbindungen überträgt: Zum ersten liegen hier, analog zum Merkmal der gleichen Wortklassenzugehörigkeit, gleiche Typen von Mehrwortverbindungen vor: Es sind Kollokationen von Substantiv und Verb, die darüber hinaus eine bestimmte syntaktische

---

[6] Zu den Kategorien „Basis" und „Kollokator" siehe Hausmann (1979, 191ff.; 1984, 401) und Heinz (1998, 35) sowie Wotjak (1994, 672). Zu einer Skizzierung unterschiedlicher Ansätze in der Kollokationsforschung siehe Cowie (1998, 4ff.) und Batteux (2000, 73ff.).

[7] Vgl. die dt. Funktionsverbgefüge *zur Entscheidung gelangen – zur Entscheidung anstehen – zur Entscheidung bringen*; frz. *mettre en doute – être dans le doute – laisser dans le doute*. Parallele englische Fälle wie *be in debt – get into debt – get someone into debt* werden bei Moon (1998, 92 und 93, Anm.) unter der Bezeichnung „lexico-grammatical variation" diskutiert. Zu Unterschieden zwischen Funktionsverbgefügen und Substantiv-Verb-Kollokationen mit Bezug auf das Deutsche siehe Wotjak (1994).

[8] In der neuesten umfassenden Einführung in die Phraseologie von Burger (1998), in der auch den Kollokationen ein kurzer Abschnitt gewidmet ist, fällt der Ausdruck Wortfeld bzw. semantisches Feld nicht.

[9] Ein anderes Beispiel ist das Ausdruckspaar *nicken* versus *den Kopf schütteln*: Es ist kein unmittelbarer Grund ersichtlich, warum der bejahende Fall (*nicken*) mit einem Einzellexem versprachlicht ist, der verneinende Fall (*den Kopf schütteln*) mit einer Wortverbindung.

Struktur aufweisen (siehe dazu später); zum zweiten haben die Kollokationen einen gemeinsamen Referenzbereich und sind aufgrund dessen inhaltlich benachbart.

Ein erstes Ziel besteht darin zu ermitteln, wie sich dieses semantische Feld strukturieren lässt. Dazu werden folgende Fragen gestellt: Welche Teilhandlungen des Blickverhaltens und welche Aspekte des Blickvorgangs werden unterschieden? In welcher Begrifflichkeit werden diese gefasst? Hierzu siehe die Abschnitte 2 und 3.

1.2. Syntaktische Aspekte: „grammatischer Kollokator" und syntaktische Struktur

Bei der Diskussion von Kollokationen richtet sich der Blick üblicherweise nur auf die beiden lexikalischen Autosemantika, die miteinander verknüpft werden: *lever les yeux* usw. Funktionswörter und syntaktische Struktur werden dagegen kaum eigens beachtet. Das gilt auch für die lexikographische Behandlung. So fällt etwa auf, dass sich in den Wörterbüchern Einträge mit einem bestimmten Begleiter finden (z.B. *lever les yeux, porter son regard quelque part*), dass nachfolgende Textbeispiele jedoch oft andere Begleiter als die in der Nennform genannten enthalten und darüber hinaus oft syntaktisch komplexer sind. Das ist etwa bei folgenden Einträgen im *Trésor de la langue française* (1971-1994) der Fall:

> *Fixer le regard, les yeux sur qn/qc*. Beispiel: Il tenait la tête levée et *fixait* sur Antoine *son regard* que le trouble durcissait. (Martin du G., 1922)
>
> *Porter un œil curieux sur qc; porter son/ses regard(s) quelque part*. Beispiel: En *portant* alternativement *les yeux* sur une redingote jetée sur une redingote ... (Murger, 1851); [...] chacun, à son exemple, *porta la vue* dessus (Guèvremont, 1945)

Es ist jedoch zu fragen, ob bei allen Kollokationen alle Arten von Begleitern möglich und die Funktionswörter so einfach „austauschbar" sind oder ob nicht manche Ausdrücke diesbezüglich im phraseologischen Sinne stärker „fixiert" sind als andere. Außerdem ist zu fragen, ob und wenn ja welche weiteren syntaktischen Konsequenzen sich aus der Verwendung bestimmter Begleiter ergeben. Um solchen Fragen nachgehen zu können, werden Funktionswörter im Folgenden grundsätzlich als Teil der Kollokation aufgefasst und mit M. Heinz (1998, 35) als „grammatische Kollokatoren" bezeichnet.[10]

---

[10] M. Heinz (1998, 35) konstatiert im Rahmen ihrer kontrastiven Analyse des Gebrauchs von Possessiva im Deutschen und Französischen: „[...] das Possessivum bzw. der bestimmte Artikel [... sollen] ebenfalls zu wesentlichen Bestandteilen der Kollokation erklärt und als „grammatische Kollokatoren" bezeichnet werden. So

Ein zweiter, oft nicht thematisierter grammatischer Aspekt betrifft die *syntaktische Struktur* der Substantiv-Verb-Kollokationen. Bei den hier zu untersuchenden Kollokationen hat die substantivische Basis entweder die Funktion eines direkten Objekts (1.) oder die einer adverbialen Ergänzung (2.):

1.	2.
Verb + direktes Objekt$_{YEUX}$	**Verb + dir. Objekt + adverb. Ergänzung**$_{YEUX}$
fixer <u>les yeux</u> sur qn/qc	fixer qn/qc <u>des yeux</u>
('<u>den Blick</u> auf jdn/etw heften')	('jdn/ etw <u>mit dem Blick</u> fixieren')

(Das tiefer gestellte YEUX erinnert daran, dass das betreffende Substantiv das 'Auge' oder den 'Blick' bezeichnet.) Bei der späteren Beschreibung (siehe Abschnitt 4) wird festgehalten, wie sich die Kollokationen auf diese Strukturen verteilen.

1.3. Pragmatische Aspekte

An Hand der Korpusbelege soll ein pragmatisches Verwendungsprofil der Kollokationen ermittelt werden. Leitend dafür ist die Frage: Wer verhält sich visuell in welcher Weise wem gegenüber, aus welchem Grund tut er dies und zu welchem Zweck? An diesem Punkt lässt sich die Analyse mit dem eingangs formulierten Interesse an der Darstellung des Blickverhaltens und seiner Funktionen zusammenführen. Zu einer exemplarischen Darstellung an Hand der Kollokation *baisser les yeux* 'den Blick senken' siehe Abschnitt 5.

Korpus

Die Untersuchung der genannten Aspekte kann sich nicht auf die manchmal eher zufällige Auswahl von Kollokationen und Textbelegen in den Wörterbüchern beschränken, sondern erfordert die Sichtung einer größeren Datenmenge. Daher wurden die Kollokationen, die zunächst mit Hilfe einschlägiger Großwörterbücher und phraseologischer Lexika zusammengestellt wurden (*Le Nouveau Petit Robert, Le Grand Robert, Trésor,* Rey/Chantreau, Werny/Snyckers, Olivier/ Militz), in dem elektronischen, für sprachwissenschaftliche Zwecke aufbereiteten Korpus FRANTEXT automatisch gesucht.[11] Dieses Korpus besteht zu 80% aus

---

[11] besteht zwischen <u>die</u> Tränen zurückhalten und *retenir <u>ses</u> larmes* nun doch ein Unterschied, der die beiden Einheiten zu lernenswerten und lernbaren Kollokationen macht." (Unterstreichung A. S.)
Unter http:www.ciril.fr/INALF/inalf.presentation/frantext/frantext-base.htm finden sich Informationen dazu. Es handelt sich um eine Datenbank des INALF (Institut national de la langue française), das seinerseits dem CNRS (Centre national de la recherche scientifique) zugeordnet ist. Die Suchergebnisse werden

literarischen Texten mit einer breiten Streuung von Autoren. Ausdrücke zum Blickverhalten wurden tatsächlich nur in literarischen Texten gefunden. Die Suche wurde aus Gründen der Handhabbarkeit auf eine Teilmenge, die *textes catégorisés* (gegenwärtig 401 Texte), und hier wiederum auf Texte des 20. Jahrhunderts begrenzt. Es wurde also nicht angestrebt, auf der Basis des Korpus die Kollokationen zu ermitteln, die die Substantive *œil/yeux/regard* überhaupt eingehen und die möglicherweise über die in den Wörterbüchern aufgenommenen Einträge hinausgehen.[12]

2. Das semantische Feld (1): Teilhandlungen und modale Spezifizierungen eines einzelnen Blickvorgangs

Eine erste Gruppe bilden Kollokationen, die sich auf einen *einzelnen* Blickvorgang beziehen. Die Wortverbindungen differenzieren den Blickvorgang hinsichtlich verschiedener Aspekte. Die Kollokationen werden entsprechend einer sich daraus ergebenden inhaltlichen Ordnung vorgestellt.

2.1. Raum-zeitliche Strukturierung des Blickvorgangs: Blickbewegungen und zeitliche Phasen

Eine erste Gruppe von Wortverbindungen bezeichnet verschiedene Teilhandlungen eines Blickvorgangs. Diese werden überwiegend als vom Subjekt gesteuerte 'Blickbewegungen', also als kinetische Vorgänge konzeptualisiert (z.B. *baisser/ lever* + Substantiv), teilweise aber auch als 'Beförderung' des Blicks zum Zielobjekt (*porter, jeter* + Substantiv). Die Teilhandlungen lassen sich verschiedenen zeitlichen Phasen des Blickvorgangs zuordnen: So entspricht das *Ausrichten* des Blicks auf ein Blickobjekt der *Anfangsphase*, die mit dem *Erreichen* des Objekts *abgeschlossen* wird; das anschließende *Betrachten* entspricht der *mittleren Phase* und das *Abwenden* des Blicks der *Endphase* des Blickvorgangs. Da Bewegung stets im Raum erfolgt, lässt sich die Gesamtleistung der Kollokationen als raumzeitliche Strukturierung eines auf ein einzelnes Objekt gerichteten Blickvorgangs beschreiben. Zusätzlich erfolgt in einem Fall auch eine Spezifizierung der Modalität der *Dauer*.

---

zusammen mit einem Textausschnitt von 300 Zeichen angezeigt; sofern die Urheberrechte erloschen sind, kann auch ein größerer Textausschnitt aufgerufen werden. Die Belege bzw. Textausschnitte können nach verschiedenen Kriterien, z.B. chronologisch, auf dem Bildschirm angeordnet werden.

[12] Für eine solche Fragestellung ist eine automatische Kollokationsanalyse hilfreich, wie sie für das deutsche Korpus COSMAS am Institut für deutsche Sprache in Mannheim entwickelt worden ist; siehe Steyer (2000, 112f.).

Syntaktisch gesehen handelt es sich bei dieser ersten Gruppe ausschließlich um Verb-Objekt-Kollokationen, also Strukturtyp 1.

Bei der nachfolgenden Vorstellung der Belege bleiben eventuelle Unterschiede zwischen Kollokationen mit verschiedenen substantivischen Basen (*œil/yeux* versus *regard*) unberücksichtigt. Ebenso wenig wird an dieser Stelle auf die grammatischen Kollokatoren eingegangen.

2.1.1 Anfangsphase: das Ausrichten des Blicks

Reines Ausrichten des Blicks

Mit den Kollokationen (K1) und (K2) wird das Ausrichten des Blicks an sich ausgedrückt: Es wird weder etwas über eine dabei vollzogene Richtung noch über eine Modalität des Vorgangs ausgesagt. Ein Agens 'lenkt' seinen Blick auf ein Objekt bzw. 'trägt' den Blick zu ihm 'hin':[13]

(K1) *diriger son regard sur/vers qn/qc* ('seinen Blick auf jdn/etw lenken')
K367/Martin du Gard, R./Les Thibault/1914/1936, L'été, pp. 124f.:
Puis il *dirigea sur son frère son regard fixe*, où il y avait une sorte d'effroi.

(K2) *porter son regard sur/vers qn/qc* ('seinen Blick auf jdn/etw richten/lenken'; eigentlich: 'tragen, bringen')
L267/van der Meersch, M./L'Empreinte du Dieu/1936/2ème partie, p. 159:
Elle le regarda une seconde, *porta son regard sur Karelina*, silencieuse, et revint à lui.

Ausrichten des Blicks mit Spezifizierung der Richtungsänderung

Mit (K3) und (K4), die im Korpus ausgesprochen häufig sind, wird eine Änderung der Blickrichtung beim Ausrichten des Blicks spezifiziert.

(K3) *tourner les yeux/le regard vers/sur qn/qc* ('den Blick zu jdm/etw (hin)wenden')
L598/Jouve, P.-J./La Scène capitale/1935/Dans les années profondes, p. 215:
Alors je *tournais les yeux vers Hélène*, à l'improviste, pour voir si elle ne trahirait pas quelques sentiments anciens [...]

Die folgende Kollokation spezifiziert eine *von unten nach oben* verlaufende Richtung der Blickbewegung, ein 'Heben' des Blicks:

(K4) *lever les yeux vers/sur qn/qc* ('den Blick zu jdm/etw (empor)heben')
L276/Estaunié, É./L'Ascension de M. Baslèvre/1919, 3ème partie, p. 199:
Il *leva les yeux vers elle*, surpris de ce qu'il entendait.

---

[13] Die deutschen Angaben sind wörtliche Übersetzungen des Französischen. Sie sind nicht in jedem Fall identisch mit im Deutschen üblichen Kollokationen. Die Zitierung der französischen Belege orientiert sich an den Angaben in FRANTEXT, übernimmt Kürzungen von Titeln und auch die korpusinterne Zählweise.

Spezifizierung der Dauer des Vorgangs

Der Kollokator *jeter* in (K5) bedeutet eigentlich 'werfen', also etwas *schnell* durch den Raum transportieren. Das Ausrichten des Blicks wird als 'Beförderung' konzipiert und gleichzeitig hinsichtlich einer weiteren Dimension, der der *Dauer*, qualifiziert:

(K5a) *jeter les yeux/un regard sur/vers qn/qc* ('einen Blick auf jdn/etw werfen')
(K5b) *jeter un regard* à qn ('jdm einen Blick zuwerfen')

Interessant bei dieser Kollokation bzw. ihren Varianten (a) und (b) ist, dass hier zwei Grundmöglichkeiten des Schauens *grammatisch* unterschieden werden, und zwar durch die Präposition, mit der das Objekt angeschlossen wird:

(a) ein einseitig-betrachtendes Anblicken, bei dem der betrachtete Gegenstand nur „Objekt" des Schauens ist; in diesem Fall lautet die Präposition *vers* oder *sur*, gelegentlich auch *jusqu'à*;

(b) ein auf Blickkontakt gerichtetes, „kommunikatives" Anblicken; in diesem Fall folgt die Präposition *à* in Verbindung mit einem personalen Nomen.[14]

Auch im Deutschen werden beide Formen des Blickverhaltens u.a. grammatisch unterschieden:

(a') einen Blick *auf jemanden/etwas* werfen versus (b') *jemandem* einen Blick *zu*werfen. Beim Ausdruck des kommunikativen Anblickens (b') werden ein Dativobjekt und das die Gerichtetheit betonende präfigierte *zu*-werfen verwendet. Zur Illustration siehe die folgende Gegenüberstellung äquivalenter deutscher und französischer Kollokationen; die deutschen Belege stammen aus literarischen Texten des Korpus COSMAS (http://www.ids.mannheim.de/~cosmas):

(a) *Einseitiges Anblicken*

Jeter un regard/les yeux vers/sur qn/qc	*einen Blick auf jdn/etw werfen*
L694/Bosco, H./Le Mas Théotime/1945, p. 101: Je pris un sécateur et me mis au travail, à côté de lui; mais avec prudence, car, de temps à autre, il *jetait un bref regard sur moi*, pour me surveiller. K369/Martin du Gard, R., Les Thibault. L'été 1914/1936, p. 326: Il bâilla, *jeta les yeux vers sa montre*: «Déjà neuf heures!»	GR1/TL1.09008 de Groot, A.: Dein Vater wird uns liebgewinnen [Trivialroman]. – Hamburg 1990, p. 24: denn ohne sein Schlafhäschen schloß Andy kein Auge. Delia *warf einen zärtlichen Blick auf ihr Kind,* dann schloß sie die Tür wieder.

---

[14] Vgl. ähnlich die psychologische Unterscheidung eines einseitigen und eines gegenseitigen Anblickens (englisch *gaze* vs. *eye contact*), die nach Wallbott (1984, 59f.) psychologisch und kommunikativ verschiedene Aufgaben erfüllen.

(b) *Kommunikatives Anblicken* (in literarischer Darstellung oft redeersetzend oder redebegleitend; siehe die unterstrichenen Textstellen)

jeter un regard à qn	*jdm einen Blick zuwerfen*
L636/Vercel, R./Capitaine Conan/1934, p. 97: Je *jetai au camarade un regard* qui voulait dire: «Vous voyez bien!»	MK1/LBC.00000, Böll, Ansichten eines Clowns. Köln, Berlin 1963, p. 105: Ich sagte: „Ohne Herrn Derkum wäre unsere gute alte, so fromme Stadt noch dreckiger, er ist wenigstens kein Heuchler".
R439/Groult, B./Il était deux fois/1968, chap. 3, Anne Hascoët, p. 95: Et il *lui jette un regard énamouré* qui dit: «L'ai-je bien descendue?»	Kinkel *warf mir einen erstaunten Blick zu,* hob sein Glas und sagte: „Danke, Herr Schnier, Sie geben mir das Stichwort für einen guten Toast: trinken wir auf das Wohl von Martin Derkum".
K897/Aymé, M./La jument verte/1933, chap. XI, p. 204: Lorsque Juliette passa devant son père occupé d'atteler ses bœufs, il murmura en *lui jetant un regard de colère et de tendresse*: «Sale tête de bois.»	MK1/TPM.00000, Pinkwart, Mord ist schlecht für hohen Blutdruck, Kriminalroman. München 1963, p. 86: „Ich weiß, ich weiß", fiel Bernie ihm gereizt ins Wort. Dr. Plaßmann *warf ihm einen vernichtenden Blick zu.* „Wie Sie wollen", sagte er kurz.

Dass hier eine Differenzierung auch oder ausschließlich mit grammatischen Mitteln erfolgt, unterstreicht noch einmal die Notwendigkeit, nicht nur die lexikalischen Komponenten, sondern auch die syntaktischen Eigenschaften einer Kollokation zu berücksichtigen. (K5a) und (K5b) können kaum als Varianten voneinander angesehen werden, sondern als zwei verschiedene Kollokationen mit (lediglich) identischen lexikalischen Komponenten.

Mit der folgenden Kollokation wird der *Endpunkt der Ausrichtung des Blicks* fokussiert: die Bewegung wird 'angehalten', das Ausrichten des Blicks erreicht Ziel und Ende:

(K6) *arrêter les yeux/un regard* + Attribut *sur qn/qc* ('den Blick bei jdm/etw anhalten')
K925/Duhamel, G./La Nuit de la St-Jean/1935, p. 85:
Laure Desgroux semblait faite à ces manières silencieuses, pourtant elle *arrêtait sur le savant un regard chargé d'inquiétude.*

Mit dem 'Anhalten' wird vom Wortlaut her nichts über die Dauer des anschließenden Betrachtens ausgesagt; das Anhalten des Blicks ist lediglich die Voraussetzung dafür, dass ein Objekt betrachtet werden kann. Allerdings kann im Kontext durchaus ein längeres Anblicken impliziert werden. Insofern befindet sich diese Kollokation auf der Grenze zur nächsten Gruppe.

2.1.2 Mittlere Phase: das Fixieren des Blicks

Es gibt eine Reihe von Kollokationen, mit denen eine Dauer, ein Verharren des Blicks, und, damit verbunden, eine Intensität des Anblickens explizit ausgedrückt werden. Als zentral in dieser Gruppe können Verbindungen mit dem Verb *fixer* angesehen werden:

(K7a) *fixer les yeux sur qn/qc; fixer un regard* + Attribut + *sur qn/qc* ('die Augen/den Blick auf jdn/etwas heften')
K787/Jouhandeau, M./Mr Godeau intime/1926, p. 289/Eliane, 4e cahier
Il *fixait les yeux sur elle*: «À genoux», commanda-t-il.

(K7b) *fixer qn/qc des yeux; fixer qn/qc d'un œil* + Attribut, etc. ('jdn/etw mit dem Blick fixieren')
K686/Gracq, J./Un beau ténébreux; Ici finit le journal de Gérard/1945, p. 175:
Elle *le fixa d'un œil haineux*.

L779/Leroux, G./Rouletabille chez le tsar/1912, p. 108:
Natacha *fixa encore Koupriane de son regard de «haine à mort»*, puis se détourna de lui et répéta d'une voix ferme: «Je n'ai rien à dire!»

Zentral sind diese Kollokationen zum einen in semantischer Hinsicht: Sie drücken ohne weitere inhaltliche Spezifizierung ein Festhalten, Fixieren des Blicks aus. Zum anderen sind sie syntaktisch gleichsam zentral: Sie begegnen in beiden eingangs erwähnten Strukturen (siehe 1.2); darüber hinaus kann das Verb *fixer* sogar allein verwendet werden: Mit einem personalen Objekt wird es typischerweise dahingehend verstanden, dass man die betreffende Person *mit dem Blick* fixiert (vgl. auch dt. *jemanden fixieren*).
Bedeutungsähnlich mit (K7) ist

(K8) *attacher les yeux sur qn/qc* ('die Augen auf jdn/etw heften')
L298/ Pourrat, H./Les Vaill. Chateau 7 portes/1922, deuxième veillée, p. 66:
– Vous êtes bon, dit Gaspard à Grange, en *attachant les yeux sur lui* pour voir comment il prendrait son dire [...]

Ein Antonym zu *attacher* (siehe K8) bildet den Kollokator in der folgenden Wendung:

(K9) *(ne pas pouvoir) détacher les yeux de qn/qc* ('den Blick von jdm/etw (nicht) abwenden (können)')
K667/Bernanos, G./Un crime/1935, 2ème partie, p. 827:
tandis que le sang battait à ses tempes, il *ne pouvait détacher les yeux des larges joues* de son interlocuteur que l'émotion marbrait de pourpre.

Die Kollokation tritt bevorzugt mit dem negierten Modalverb *pouvoir* auf: Etwa zwei Drittel aller Korpusbelege lassen sich auf die Grundform *ne pas pouvoir détacher les yeux de qn/qc* zurückführen. Semantisch gesehen kommt dadurch – im Unterschied zu (K8) – eine von dem betrachteten Objekt ausgehende Faszination zum Ausdruck: der Betrachter (grammatisch: das Subjekt) 'kann nicht anders als' hinzuschauen. Das Subjekt ist darum auch hinsichtlich seiner semantischen Rolle weniger agenshaft als bei den bisher erwähnten Wendungen.

Ebenfalls bevorzugt negiert verwendet wird die folgende Kollokation, die wiederum der Struktur 2 folgt; *des yeux* ist adverbiale Ergänzung:

(K10) *ne pas quitter qn/qc des yeux* ('jdn/etw nicht aus den Augen lassen')
L223/Abellio, R./Heureux les pacifiques/1946, Communion 1935, p. 128:
Lucie *ne quittait pas son amant des yeux.*

Zu einem weiteren metaphorischen Ausbau des Teilfeldes „intensiven Betrachtens" siehe Abschnitt 3.

2.1.3 Endphase: Abwenden des Blicks

Mit dem *Abwenden* des Blicks vom betrachteten Objekt *endet* der Vorgang. Zwei Kollokationen finden sich hier:

Mit (K11) wird – ähnlich wie mit (K1) und (K2) in der Anfangsphase des Ausrichtens des Blicks – nichts weiter als das Abwenden an sich ausgedrückt:

(K11) *détourner les yeux (de qn/qc)* ('den Blick abwenden (von jdm/etw)')
L576/Chardonne, J./L'Epithalame/1921, 1ère partie, p. 47:
Il regarda Berthe comme s'il voulait parler, puis *détourna les yeux* timidement.

Aus diesem Textbeleg ergibt sich im Übrigen auch eine Grundfunktion des Anblickens, Kontakt aufzunehmen und mit dem anderen zu sprechen: „il regarda Berthe *comme s'il voulait parler*"; das gegenläufige Abwenden des Blicks (*détourner*) ist gleichbedeutend mit dem Abbruch dieses Versuchs.

Die folgende Kollokation spezifiziert zusätzlich eine mit dem Abwenden vollzogene Bewegungs*richtung*, analog zu (K3) und (K4) im Verhältnis zu (K1) und (K2):

(K12) *baisser les yeux* ('den Blick senken, zu Boden blicken')
K472/Martin du Gard, R./Les Thibault/1914, L'été, suite III, p. 546:
Elle *baissa les yeux* pour qu'il ne vît pas sa détresse.

Auf diese Kollokation wird in Abschnitt 5 ausführlicher eingegangen, denn das damit beschriebene Verhalten bedeutet oft mehr als nur den Blick 'abzusenken' und einer Kommunikation auszuweichen oder sie zu beenden.

2.2. Metaphorischer Ausbau des Teilfeldes 'längeres intensives Anschauen'

Das Teilfeld eines längeren intensiven Anschauens, das mit den in 2.1 erwähnten Kollokationen (K7) bis (K10) relativ dicht besetzt ist und den Ausdruck verschiedener Nuancen ermöglicht, wird durch eine Reihe metaphorisch verwendeter verbaler Kollokatoren noch zusätzlich ausgebaut.

Einer ersten Gruppe von Verbindungen gemeinsam ist die Metaphorik des Aufessens, des Verschlingens und des Trinkens, also des „In-Korporierens mit dem Blick":

(K13) *manger qn/qc des yeux/du regard* ('jdn/etw mit dem Blick verspeisen')
(K14) *dévorer qn/qc des yeux* ('jdn/etw mit dem Blick verschlingen')
       dévorer qn/qc d'un œil + Attribut, z.B. *dévorer qn d'un œil ardent* (*Petit Robert*)
       K472/Martin du Gard, R./ Les Thibault. L'été 1914/1936, p. 498:
       Jenny *le dévorait des yeux*. Elle le vit battre des cils, hésiter, lever le bras et agiter la main. Un sourire épuisé crispait ses lèvres.
(K15) *boire qn/qc des yeux/ du regard*
       L323/ Pourrat, H./Les Vaill. Tour du Levant/1931, Première veillée, p. 21:
       Henri *buvait des yeux ce capitaine* au cheval noir, son uniforme, son sabre, ce sabre magnifique, surtout.

Eine weitere, nur in einer Verbindung belegte Metaphorik ist die des Bebrütens:

(K16) *couver qn des yeux/du regard*
       K242/ Mauriac, F. Le mystère Frontenac/1933, 2ème partie, p. 236:
       Joséfa s'était installée, et *couvait Yves des yeux*.

Für den metaphorischen Charakter dieser Kollokatoren spricht die Möglichkeit, adverbiale Ausdrücke wie *quasi* und *pour ainsi dire* einzufügen, mit denen der jeder Metapher zugrunde liegende Vergleich expliziert wird:

       Il la mange *quasi* des yeux./Il la mange des yeux, *pour ainsi dire*.

Bei den in 2.1 diskutierten Kollokationen ist eine solche Erweiterung nicht möglich: Entweder gibt es keine andere als die wörtliche Bedeutung, die mit *quasi* ins Bewusstsein gerückt werden könnte (*lever*), oder das Verb ist, möglicherweise auf Grund seiner häufigen Verwendung zur Bildung anderer Mehrwortausdrücke,[15] bereits so demotiviert, dass die Explizierung einer wörtlichen Bedeu-

---

[15] Vgl. die Funktionsverbgefüge mit *porter*: *porter intérêt à qc; porter secours à qn* ('einer Sache Interesse entgegenbringen'; 'jdm Hilfe zuteil werden lassen') oder auch die relativ häufige Verwendung von *jeter* in Idiomen, z.B. *jeter qc à la tête de qn* 'jdm etw an den Kopf werfen'.

tung forciert wirken und zu einem surrealistischen Bildeindruck führen würde (*jeter*):

?? Il lève *quasi* les yeux./?? Il lève les yeux, *pour ainsi dire*.
?? Il lui jette, *pour ainsi dire*, un regard qui ...

Auf Grund der Metaphorik lässt sich den Kollokationen (K13) bis (K16) ein teilidiomatischer Status zusprechen. In syntaktischer Hinsicht fällt auf, dass alle diese Kollokationen dem Konstruktionstyp 2 angehören.

Was die Semantik der Kollokationen (K13) bis (K16) betrifft, so werden die Ausdrücke in den Wörterbüchern als mehr oder weniger synonym gehandelt: Die Einträge verweisen oft wechselseitig aufeinander. Als bedeutungsähnlich gilt auch das weniger metaphorische *ne pas quitter des yeux*, (K10).[16] Gegenüber den nicht bzw. weniger metaphorischen Ausdrücken (K7) bis (K10) beinhalten sie alle eine Steigerung der Intensität des Blickes, die durch ein besonderes Interesse am Blickobjekt hervorgerufen wird, wobei zwischen den Ausdrücken selbst diesbezüglich keine weiteren Abstufungen zu erkennen sind. Möglicherweise unterscheiden sich die Ausdrücke jedoch in einer Implikation hinsichtlich der genauen Beweggründe, aus denen heraus 'intensiv und interessiert geblickt' wird. So zeigt der Beleg zu (K15) ein längeres Ansehen aus einer *Bewunderung* heraus; darüber hinaus findet sich (K15) – laut Angaben im *Nouveau Petit Robert* – oft bei einem *zärtlichen oder begehrlichen* Blick; letztere sind typische Verwendungskontexte für die Verbindungen (K13) und (K14).[17] Die Zahl der Korpusbelege ist jedoch nicht groß genug, um diese Vermutungen weiter erhärten zu können.

Die Ausgangsfrage danach, welche Teilhandlungen und Aspekte des Vorgangs mit Kollokationen unterschieden werden, lässt sich in Bezug auf die Beschreibung eines einzelnen Blickvorgangs folgendermaßen zusammenfassen:

Es werden eine Reihe von Teilhandlungen unterschieden, die sich verschiedenen zeitlichen Phasen des Blickvorgangs zuordnen lassen. Die Formulierung dieser Teilhandlungen erfolgt entweder durch den Ausdruck von Augen- bzw. Blickbewegungen und orientiert sich damit eng an den physiologischen Vorgaben (*tourner/lever les yeux*), oder sie erfolgt in der Begrifflichkeit eines Beförderns (*porter/jeter les yeux*). Ferner kommt dem Ausdruck der (langen) Dauer und, unmittelbar damit verbunden, der Intensität des Blickens eine besondere Bedeutung zu, wie sich aus der dichten und auch metaphorischen Besetzung dieser „Feldstelle" ergibt.

---

[16] (K15) *boire des yeux* ist nur im *Trésor* und im *Grand Robert* verzeichnet.

[17] Die folgenden Kollokationen können aus Umfangsgründen nicht diskutiert werden: *rouler les yeux, rouler des yeux* ('die Augen rollen', 'mit den Augen rollen'); *plisser les yeux* ('die Augen zusammenkneifen; blinzeln'; *ouvrir de grands yeux* ('die Augen [vor Überraschung] weit öffnen').

Zeitliche Struktur, Dauer und Intensität entsprechen allgemeinen Dimensionen von Vorgangsbeschreibungen, die in ähnlicher Form bei den Aktionsarten von Einzelverben begegnen.

3. Das semantische Feld (2): die Metaphorik des Spazierenführens, Wanderns und Umherschweifens beim Ausdruck eines weiträumigen Blickens

Die Konzeptualisierung eines einzelnen Blickvorgangs als Bewegen und Befördern von Auge und Blick (siehe 2.1) findet seine Fortsetzung in einer einheitlichen Metaphorik beim Ausdruck eines weiträumigeren Blickens. Es kommen Verben der (Fort-)Bewegung zum Zuge, die wörtlich 'durchstreifen, wandern, spazieren führen' bedeuten. Syntaktisch sind beide Strukturen vertreten: 1. Verb + Objekt$_{YEUX,}$ 2. Verb + Objekt + adverbiale Ergänzung$_{YEUX}$, letztere insbesondere als modale Angabe ('etw *mit dem Blick* abschreiten, durchlaufen' usw.).

Weiträumiges und gerichtetes Blicken
Weiträumig wird das Schauen, wenn man mit dem Blick sukzessive mehrere Stationen 'abschreitet'. Dies entspricht der Bedeutung von (K17) und wird in dem zitierten Beleg besonders deutlich:

(K17) *parcourir qc des yeux*[18]

L276/Estaunié, E./L'Ascension de M. Baslèvre/1919, 2ème partie, p. 126:
Baslèvre, qui avait compris, *parcourut des yeux la table, les roses* s'effeuillant, *la pièce* si paisible, et se leva.

Weiträumiger wird das Blicken auch, wenn das Objekt sich *seinerseits* bewegt, so dass man ihm 'mit dem Blick folgen' muss:

(K18) *suivre qn/qc de l'œil/des yeux/du regard* ('accompagner par le regard (ce qui se déplace)', *Le Nouveau Petit Robert*; 'jdn/etw mit dem Blick (ver-)folgen')
R437/Droit, M./Le Retour/1964, 2ème partie, p. 38:
Philippe *suivit des yeux la jeune femme* qui s'installa à une table plus loin.

Weiträumiges und ungerichtetes Blicken
Im Unterschied zu (K17) und (K18) kann man den Blick weiträumig 'umherschweifen' lassen, ohne zielgerichtet etwas zu suchen oder seine Aufmerksamkeit auf ein Blickobjekt zu lenken. Das Blickverhalten dient nicht unbedingt dem Erfassen von Objekten mit dem Blick, sondern kann auch Indiz für eine gedankliche Beschäftigung mit etwas anderem sein:

---

[18] Vgl. die Bedeutungsangabe zu (K17) im *Nouveau Petit Robert*: 'regarder successivement (les éléments d'un ensemble) pour avoir une vue générale'.

(K19) (*laisser*) *promener les yeux/le regard* ('den Blick spazieren führen/spazieren gehen lassen')
L689/Green, J./Moïra/1950, 2ème partie, p. 155:
David *promena les yeux* autour de lui.
L447/Giraudoux, J./Bella/1926, p. 193:
– Messieurs, reprit Rebendart, *laissant* Larubanon *promener* distraitement *les yeux* sur celle des quatre femmes nues [...], j'assume une mission pénible.

Das Adverb *distraitement* unterstreicht die Ziellosigkeit der Blickbewegung.

(K20) *laisser errer ses yeux/son regard* ('seinen Blick wandern/abschweifen lassen')[19]
L689/Green, J./Moïra/1950, 2ème partie, p. 222:
Elle n'avait pas le droit d'être là, et il avait envie de la battre, mais chaque fois qu'il *laissait errer ses yeux* par-dessus le bord de son livre, sa colère cédait la place à une grande inquiétude.

Kurze Dauer und Zufälligkeit

Und auch in dieser Untergruppe gibt es eine Kollokation, die die *(kurze) Dauer* bei einem eher weiträumigen und nicht zielgerichteten Schauen, ein flüchtiges und eher zufälliges Erhaschen mit dem Blick zum Ausdruck bringt (vgl. (K5), *jeter les yeux sur qn/qc*, Abschnitt 2.1):

(K21) *effleurer qn/qc du regard/de son regard* ('jdn/etw mit dem Blick streifen')
L749/Sartre, J.-P./La Mort dans l'âme/1949, 1ère partie, p. 82:
Ils étaient debout, purs et graves, par quinze ou par vingt sur de longues autos camouflés qui roulaient lentement vers la Seine, ils glissaient, emportés tout droits et debout, ils *l'effleuraient de leur regard* inexpressif [...]

4. Der grammatische Kollokator und seine textbezogene Variation

Wie schon erwähnt, werden zahlreiche der diskutierten Kollokationen im Wörterbuch typischerweise in einer ganz bestimmten Nennform verzeichnet, bestehend aus der Basis, dem (lexikalischen) Kollokator und einem bestimmten grammatischen Kollokator; letzterer ist im Falle von Verb-Objekt-Kollokationen sehr oft der definite Artikel: *lever le regard; baisser les yeux* usw. Im Text treten die Kollokationen jedoch keineswegs immer in genau dieser Form auf. Im Folgenden wird diese Variabilität exemplarisch an Hand der im Korpus auffindbaren Verwendungsmöglichkeiten einer einzigen Verb-Objekt-Kollokation (K4), *lever*

---

[19] Das Verb *errer* ist aus einer irrtümlichen Verschmelzung von altfranzösisch *errer* 'voyager' und *erroïer* 'irren' (< lateinisch *errare*) entstanden, daher die Bedeutung: 'aller de côté et l'autre, au hasard, à l'aventure'; syn. *flâner*, *vagabonder* u.a.m. 'ziellos umherstreifen, sich treiben lassen' (*Le Nouveau Petit Robert* s.v. *errer*).

les yeux/lever le regard, dokumentiert. Diese Kollokation wurde gewählt, weil sie ein maximales Spektrum an syntaktischen Verwendungsmöglichkeiten aufweist. Es gibt einige Kollokationen, die sich weitgehend ähnlich verhalten, aber es gibt auch Kollokationen, die sich anders verhalten.[20] Der Übersichtlichkeit halber werden nicht die vollständigen Belege aufgelistet, sondern nur darauf basierende Beispielkonstruktionen. Aus demselben Grund werden nur Verbindungen mit dem Substantiv *yeux* aufgenommen; diese ist im Korpus zehnmal so häufig wie Verbindungen mit *regard* (Grögel [2001], 51).

Grundlegend ist die Unterscheidung, ob *yeux* mit dem definitem Artikel oder mit einem anderen Begleiter verwendet wird.

1. Mit definitem Artikel

> lever **les** yeux (vers/sur qn/qc)   (Adv.best.)

Diese Formel besagt: Bei Gebrauch des definiten Artikels kann die Kollokation folgendermaßen verwendet werden: (1) absolut, also ohne jede weitere Ergänzung; (2) mit einer Adverbialbestimmung; (3) mit einem Präpositionalobjekt; (4) mit Präpositionalobjekt und Adverbialbestimmung.

Die Erweiterungen (2) bis (4) sind also sämtlich syntaktisch fakultativ. Semantisch ähnlich der letzten Verwendung (4) ist der Gebrauch mit einer adverbialen Partizipialkonstruktion, die sich auf das Satzsubjekt bezieht, wie in (5).

Beispielkonstruktionen:

(1) lever **les** yeux
(2) lever **les** yeux *en signe d'attente*
(3) lever   **les** yeux   vers/sur qn/qc
(4) lever *vivement* **les** yeux   vers/sur qn/qc
    lever   **les** yeux   vers/sur qn/qc *dans une prière humble*
(5) *Étonné,* je levai **les** yeux.
    Il leva   **les** yeux vers elle, *surpris de ce qu'il entendait.*

2. Mit Possessivbegleiter

> lever vers/sur qn/qc **ses** yeux + Attribut

Wird der Possessivbegleiter verwendet, folgen *immer* ein Präpositionalobjekt *und* eine attributive Erweiterung des Nomens *yeux*. Diese Erweiterungen sind also obligatorisch; ein absoluter Gebrauch ist nicht möglich *(*lever ses yeux)*. Beispiel:

(6) Il lève <u>vers/sur qn/qc</u> **ses** yeux *honnêtes, pleins d'amour*

---

[20] Ähnlich verhalten sich z.B. (K3) *tourner les yeux* und (K7) *fixer les yeux.*

3. Mit indefinitem Artikel

> lever vers/sur qn/qc **des** yeux + Attribut

Hier gilt dasselbe wie bei Verwendung des Possessivbegleiters. Das attributiv erweiterte Objekt rückt bevorzugt an die zweite Stelle.

Beispielkonstruktionen:

(7) lever <u>vers/sur qn</u>   **des** yeux   *surpris*
    lever <u>sur qn</u>   **des** yeux   *comme des soucoupes*
(8) lever   **des** yeux   *furieux*   <u>sur qn</u> (*selten*)

Was unterscheidet nun diese Verwendungsweisen? Wie erklären sich die beobachtbaren syntaktischen Unterschiede?

Sowohl bei 2. als auch bei 3. wird das Substantiv *yeux* im Text konkretisiert, die 'Augen' des Handlungsträgers werden näher beschrieben; das Substantiv erhält somit eine spezifische Referenz. In 1. dagegen – der dem Wörterbucheintrag entsprechenden Form – indiziert der definite Artikel keine vergleichbare spezifische Referenz des Nomens, er verweist nicht auf eine im Text vorerwähnte spezifische oder unmittelbar zu spezifizierende Größe. Der definite Artikel verweist lediglich auf eine Vertrautheit auf Grund von Frame-Wissen (das Heben *der Augen*, welche bekanntlich jeder Mensch hat) und hat darüber hinaus vor allem grammatische Funktion, indem es das Substantiv 'begleitet' und seinen Gebrauch strukturell ermöglicht.

Bei diesen Veränderungen handelt es sich also nicht um bloße Strukturvarianten der Kollokation, also nicht um Fälle „morphosyntaktischer Variabilität". Vielmehr liegen unterschiedliche Verwendungsweisen des Ausdrucks im Text vor, die ihrerseits bestimmte strukturelle Veränderungen regelhaft bedingen. Eine Reihe der hier untersuchten Verb-Objekt-Kollokationen unterliegt derartigen Regelhaftigkeiten. Dagegen ist die Möglichkeit zu vergleichbaren strukturellen Veränderungen bei anderen phraseologischen Gruppen, insbesondere den Idiomen, sehr viel begrenzter: Es ist entweder eine einzelne Erscheinung, die vom jeweiligen Idiom abhängig und nicht durch die Verwendung im Text bedingt ist,[21] oder aber eine entsprechende Veränderung ist überhaupt nicht mög-

---

[21] Derartige Fälle beschreibt für das Deutsche Korhonen (1992). Form- und Strukturvarianten liegen nur dann vor, wenn ein Wechsel zwischen verschiedenen Arten von Begleitern ohne Folgen für die Semantik des Ausdrucks bleibt. Beispiele im Deutschen sind (nach Korhonen 1992, 66, 70): *nur noch der/ein Schatten seiner selbst sein; den/seinen Hut nehmen müssen; das/sein Herz in die/beide Hände nehmen.*

lich ohne erhebliche Auswirkungen auf die Semantik der Wortverbindung,[22] vgl. *jdn über's Ohr hauen* versus **jdn über sein Ohr hauen*; **jdn über das linke/über sein linkes Ohr hauen*.

Es wird nun deutlich, warum in den Wörterbüchern als Nennform *lever les yeux* mit definitem Artikel verzeichnet ist. In dieser Form hat die Kollokation am ehesten den Status einer Wortschatzeinheit: Einerseits kann nur diese Verbindung allein, ohne weitere Ergänzung gebraucht werden; Verb, Artikel und Objekt gehen eine besonders enge Fügung ein, die nicht durch Hinzufügen eines Attributs gesprengt werden *darf*. Die Kollokation bildet also auch strukturell eine Einheit. Diese Einheit kann jedoch im Text jederzeit durch eine textbezogene Spezifizierung des Substantivs 'gesprengt' werden, ohne dass dies Auswirkungen auf die Semantik hätte. Die Verbindung erhält dann mehr den Charakter einer freien Fügung, in der die lexikalischen Komponenten (*lever, yeux*) als Konstanten erhalten bleiben und ein eigener syntaktischer Status, und zwar als Verb bzw. Objekt, deutlicher zutage tritt: *lever des yeux/lever ses yeux* + Attribut + Präpositionalobjekt.

Die Möglichkeit, dem Substantiv einer Kollokation eine spezifische Referenz zu verleihen und seinen syntaktischen Status deutlicher zu akzentuieren, zeugt ein weiteres Mal von der vielfach hervorgehobenen „Autonomie" der Komponenten einer Kollokation und ihrer „syntaktisch-semantischen Regularität" – einem Charakteristikum, durch das sich Kollokationen, wie immer wieder betont wird, von anderen phraseologischen Verbindungen unterscheiden. Allerdings versteht man unter „syntaktisch-semantischer Regularität" üblicherweise die Bildung der Kollokation „an sich", wobei man eine bestimmte Nennform „im Blick hat"; diese ist insofern regulär, als sie keine unikalen Lexeme oder syntaktischen Besonderheiten enthält, wie dies bei zahlreichen Idiomen der Fall ist. Hier sind dagegen vor allem die syntaktisch-semantischen Regularitäten gemeint, die mit der Verwendung der Kollokation im Text in Zusammenhang stehen.

Das Positive dieser Vielfalt von Konstruktionsmöglichkeiten aus der Perspektive der Textproduktion liegt darin, dass damit die Formulierung weiterer Details des Blickvorgangs ermöglicht wird. Die Entscheidung zwischen den verschiedenen Möglichkeiten wiederum (adverbiale oder attributive Erweiterung?) dürfte von übergeordneten diskursiven und stilistischen Prinzipien abhängen.

Kritisch im Hinblick auf die Wörterbücher muss angemerkt werden, dass die „textsyntaktischen" Möglichkeiten einer Kollokation dem Eintrag nicht sicher entnommen werden können. Es ist fraglich, ob die beschriebenen Regelmäßigkeiten für alle Kollokationen in gleichem Maße gelten, so dass sich ein Hinweis darauf im Wörterbuch wirklich erübrigt. Vielmehr wird vermutet, dass

---

[22] Vgl. *Das macht den Kohl nicht fett* (phraseologisch interpretierbar) versus *Das macht unseren Kohl nicht fett* (im Kontext auch oder ausschließlich wörtlich interpretierbar).

nicht alle Kollokationen dasselbe Spektrum an Möglichkeiten aufweisen, dass es also Präferenzen und Grade an syntaktischer Freiheit bzw. Festigkeit gibt. Dies bedarf jedoch weiterer Untersuchungen.

5. Funktionen des Blickverhaltens in literarischer Darstellung am Beispiel von *baisser les yeux*

Abschließend soll exemplarisch auf die Rolle eines bestimmten visuellen Verhaltens in der Interaktion eingegangen werden, wie es in literarischer Darstellung erscheint. Ausgewählt wurde das Senken des Blicks, frz. *baisser les yeux*, und zwar weil gerade bei dem damit beschriebenen Verhalten intra- und interkulturelle wie auch diachrone Unterschiede beobachtet worden sind,[23] auch wenn diese bei dem vorliegenden, ausschließlich französischen Korpus, das sich zudem auf das 20. Jahrhundert beschränkt, nicht deutlich in Erscheinung treten. Es sollen jedoch durch die Analyse Wege zu einer Untersuchung solcher Unterschiede gewiesen werden.

Vorausgeschickt sei ein kurzer Vergleich mit *lever les yeux*. Betrachtet man nur die beschriebene Bewegung, so beschreiben *lever les yeux* und *baisser les yeux* gegenläufige Vorgänge. Es wäre jedoch völlig unzureichend, sie aufgrunddessen als Antonyme zu bezeichnen. Beide Verbindungen bezeichnen vielmehr Vorgänge mit einem eigenen Spektrum von Funktionen in der Interaktion. So wird der Blick 'gehoben', wenn etwas im unmittelbaren Umfeld die Aufmerksamkeit erregt:

L276/Estaunié, É./L'Ascension de M. Baslèvre, 1919, 3ème partie, p. 199:
Il *leva les yeux* vers elle, *surpris* de ce qu'il entendait.

Damit geht eine innere Gespanntheit und Erwartung einher, explizit formuliert in:

R459/Paysan, C./Les Feux de la Chandeleur/1966, ch. II, p. 39:
Quand j'ouvre la porte de son étude, Me Alexandre Boursault redresse le buste et *lève les yeux en signe d'attente*.

---

[23] Dazu einige Beispiele aus Bäuml/Bäuml (1997) zu geschlechtsspezifischem Rollenverhalten. In Bezug auf das England des 19. und des frühen 20. Jahrhunderts heißt es, dass junge Mädchen als zu selbstsicher und herausfordernd (englisch *forward*) galten, wenn sie jemanden *direkt anblickten*; wenn sie einen Mann anschauen wollten, taten sie das daher so, dass sie *dabei den Kopf gesenkt hielten* (S. 113). Zum Deutschland des 13./14. Jahrhunderts findet sich folgende Bemerkung: Das Blickverhalten war insgesamt streng reguliert; Frauen sollten nicht aktiv umherschauen: „Women are to be seen, but should not actively look around" (Bäuml/Bäuml 1997, 112).

Aufmerksamkeit ist die Voraussetzung für eine geistige Zu-Wendung (oder auch schon damit identisch). Diese wiederum ist Voraussetzung für ein intentionales Kommunizieren. Demgegenüber kommt mit der Beschreibung der gegenläufigen Bewegung in *baisser les yeux* nur selten das genaue Gegenteil, ein Abwenden der Aufmerksamkeit und ein Abbruch der Kommunikation, zum Ausdruck. Typischer sind Fälle, in denen der Blick in einer Situation starker emotionaler Betroffenheit gesenkt wird. Das entspricht auch den Angaben im Wörterbuch.[24] Den Korpusbelegen lassen sich folgende Facetten emotionaler Betroffenheit entnehmen (siehe die kursiv markierten Textstellen):

(1) *Verlegenheit*

L227/Hémon, L./Maria Chapdelaine/1916, p. 83:
Quant à la fille... tous les regards convergèrent sur Maria, qui sourit faiblement et baissa les yeux, *gênée*.

(2) *Scham und dadurch bedingte Verwirrtheit*

L439/Queneau, R./Loin de Rueil/1944, p. 229:
Michou *pudiquement* baissa les yeux.
L689/Green, J./Moïra/1950, 2ème partie, p. 157:
Il la regarda, interdit, et baissa de nouveau les yeux, *profondément troublé* cette fois.

(3) *Bescheidenheit* ist ein weiterer, im Wörterbuch nicht genannter Grund. Der Textbeleg enthält außerdem einen Kommentar zur sozialen Adäquatheit des Blickverhaltens:

K976/Daniel-Rops/Mort où est ta victoire/1934, p. 50:
Au lieu de baisser *modestement* les yeux, *comme il était de règle*, elle les leva contraire vers Laure, et leurs regards se croisèrent.

Die *soziale Erwartung* von Scham oder Bescheidenheit und deren Markierung durch ein Senken des Blicks wird deutlich in folgendem Beleg, in dem jemand bewusst gegen eine solche Regel verstößt und sich absichtlich verstellt:

L365/Mirbeau, O./Journal d'une femme de chambre/1900, p. 83:
je ne m'attendais pas à celle-là... et j'eus une grande envie de rire... mais je baissai les yeux *pudiquement*, l'air fâché, et tâchant à rougir, *comme il convenait en la circonstance*.

---

[24] Der *Trésor* führt folgende Beweggründe und damit Ausdrucksfunktionen an: *Baisser les yeux/le regard/la tête*: traduit souvent une réaction psychique variable suivant les situations: ainsi *baisser les yeux* peut exprimer une attitude embarrassée ou pudique; *baisser la tête*, le fait d'acquiescer, ou encore une attitude de résignation, de honte (*Trésor*, s.v. *yeux*, I.B., rem. 2).

Welchen weiteren Sinn kann es aber haben, in Situationen innerer Betroffenheit oder Verwirrung den 'Blick zu senken'? Dazu folgende Hinweise aus den Textbelegen:

Ein Grund kann sein, dem anderen den eigenen inneren Zustand nicht zu offenbaren:

> K472/Martin du Gard, R./Les Thibault. L'été, 1914, suite III, p. 546:
> Elle baissa les yeux *pour qu'il ne vît pas sa détresse.*
> R438/Dutourd, J./Pluche ou l'amour de l'art/1967, XV, Conversation avec un homme de notre temps, p. 283:
> Mesnard, en entendant le nom de sa femme, a de nouveau baissé les yeux, *ce qui doit être une façon à lui de se fermer le visage quand un sentiment risque de s'y manifester.*

Der tiefere Grund für dieses Nicht-Zeigen von Gefühlen können soziale Verhaltensregeln darüber sein, was dem anderen in der Interaktion zugemutet wird, was man ihn sehen lässt, und diese können kulturell divergieren.

Ein weiterer, reziproker Beweggrund für ein Senken des Blicks liegt darin, dass man es zum Selbstschutz tut, um die Reaktion auf dem Gesicht des Anderen nicht sehen und einer eventuellen schrecklichen Wahrheit ganz wörtlich nicht 'ins Gesicht blicken' zu müssen:

> K359/Malraux, A./L'Espoir/1937, Teil 1: L'illusion lyrique, p. 524:
> *Pris entre l'espoir et la crainte du mensonge amical,* House baissa les yeux, reprit le contrôle de sa respiration et demanda: «Quand pourrai-je marcher?»

Im Hinblick auf einen Kulturvergleich können solche Belege zum Anlass genommen werden zu fragen, *welche* Emotionen oder inneren Befindlichkeiten man in der Interaktion offenbart oder eher verbirgt. Kulturen können sich hinsichtlich solcher „Darbietungsregeln" unterscheiden.

Ein in den Wörterbüchern ebenfalls nicht erwähnter (und auf Grund seiner Komplexität dort auch kaum erwähnbarer) Fall betrifft ein kompliziertes Spiel zwischen Hinsehen und Wegsehen im Verhalten zwischen Mann und Frau, wie es in folgendem Beleg festgehalten ist:

> L673/Arland, M./L'ordre, 1929, p. 198: parla peu; il sembla qu'on s'entendît mieux qu'avec de longs discours. Parfois Gilbert regardait furtivement la jeune femme. Elle tenait la tête un peu détournée et *les yeux baissés, comme si elle eût voulu lui permettre de l'examiner à son aise;* Gilbert le soupçonna, car, *au moment où il détournait d'elle ses yeux, il la sentit qui le regardait à son [tour].*

Gilbert schaut nur flüchtig zu der jungen Frau. Diese 'hält den Blick gesenkt', um ihm damit zu ermöglichen, sie ausgiebig zu betrachten – was offen zu tun möglicherweise sozial nicht adäquat wäre. Gilbert ahnt das: Er schließt es aus dem Blickverhalten der Frau, denn sobald er wegschaut, schaut *sie ihn* an.

Es ist sehr wohl denkbar, dass das hier literarisch beschriebene komplexe Wechselspiel auch einem realen Verhalten entspricht. Zumindest ist eine entsprechende Hypothese aus der literarischen Darstellung ableitbar. Damit würden dann aber auch bestimmte Generalisierungen, die in psychologischen Untersuchungen hinsichtlich der Geschlechtsspezifik des Blickverhaltens anzutreffen sind, in Frage gestellt werden, etwa die, wonach grundsätzlich dem Mann die Rolle des aktiven Beobachters und der Frau die der Beobachteten zukomme (z.B. Argyle/Williams 1969, 396, 408f.). Die Untersuchung von Texten wie diesen zeigt ein weiteres: Will man auf Grund der sprachlichen Beschreibung eventuellen sozialen Parametern, die mit dem Blickverhalten in Zusammenhang stehen, auf die Spur kommen, so genügt es nicht, rein quantitativ vorzugehen und auszuzählen, welches Blickverhalten von wem, z.B. einem Mann oder einer Frau, ausgeführt wird – ganz abgesehen davon, dass das Genus der Handlungsträger in einem begrenzten Textausschnitt nicht immer bestimmt werden kann (vgl. etwa die pronominalen Formen *lui, l', les* und *leur*). Darüber hinaus geraten bei einer ausschließlichen Berücksichtigung des Genus weitere möglicherweise relevante Dimensionen, beispielsweise der Unterschied zwischen kindlichen und erwachsenen Akteuren, gar nicht in den Blick. Es müssen also die Spezifik der Situation, insbesondere auch die Beweggründe des Blickverhaltens im jeweiligen Kontext, interpretiert und berücksichtigt werden.

Hier zeigen sich zugleich die Grenzen einer korpuslinguistischen Analyse, die mit begrenzten Textausschnitten arbeitet, denn man wird zur Untersuchung solcher Fragen wieder auf eine genauere Lektüre, eine qualitative Analyse und eine dann notwendigerweise erheblich begrenztere Menge von Texten zurückgeworfen.

Literatur

Argyle, Michael; Williams, Marylyn (1969): „Observer or observed? A reversible perspective in person perception." In: *Sociometry 32*; 396-412.

Batteux, Martina (2000): *Die französische Synonymie im Spannungsfeld zwischen Paradigmatik und Syntagmatik.* Frankfurt/M. [u.a.]: Peter Lang.

Bäuml, Betty J.; Bäuml, Franz H. (1997): *Dictionary of Worldwide Gestures.* 2. Aufl. Lanham, Md.; London: The Scarecrow Press.

Blumenthal, Peter (1997): *Sprachvergleich Deutsch-Französisch.* 2., neubearb. u. erg. Aufl. Tübingen: Niemeyer.

Börner, Wolfgang; Vogel, Klaus (Hrsg.) (1998): *Kontrast und Äquivalenz. Beiträge zu Sprachvergleich und Übersetzung.* Tübingen: Narr.

Burger, Harald (1998): *Phraseologie. Eine Einführung am Beispiel des Deutschen.* Berlin: E. Schmidt.

Cowie, Anthony P. „Introduction. " In: Cowie (ed.) (1998); 1-20.

Cowie, Anthony P. (ed.) (1998): *Phraseology. Theory, Analysis, and Applications*. Oxford: Clarendon Press.
Ekman, Paul (1992): „Facial Expressions of Emotion: New Findings, New Questions." In: *American Psychological Society 3*; 34-38.
Ekman, Paul; Friesen, Wallace V. (1987): „Universals and cultural differences in the judgements of facial expressions of emotion." In: *Journal of Personality and Social Psychology 53*; 712-717.
Ekman, Paul; Keltner, Dacher (1997): „Universal Facial Expressions of Emotion: An Old Controversy and New Findings." In: Segerstråle/Molnár (eds.) (1997); 27-46.
Ellsworth, Phoebe C.; Ludwig, Linda M. (1984): „Visuelles Verhalten in der sozialen Interaktion." In: Scherer/Wallbott (Hrsg.) (1984); 64-86.
Fehr, B. J.; Exline, Ralph V. (1987): „Social Visual Interaction: A Conceptual and Literature Review." In: Siegman/Feldstein (eds.) (1987); 225-326.
Földes, Csaba (Hrsg.) (1992): *Deutsche Phraseologie in Sprachsystem und Sprachverwendung*. Wien: Edition Praesens.
Fridlund, Alan J. (1997): „The new ethology of human facial expressions." In: Russell/ Fernández-Dols (eds.) (1997); 103-129.
Grögel, Beatrix [2001]: *Zur Darstellung des visuellen Verhaltens in der Literatur. Eine vergleichende Untersuchung anhand deutscher und französischer Korpora*. Magisterarbeit im Studiengang Internationales Informationsmanagement, Universität Hildesheim. Manuskript, 199 S.
Hausmann, Franz Josef (1979): „Un dictionnaire des collocations est-il possible?" In: *Travaux de linguistique et de littérature 17*; 187-195.
Hausmann, Franz Josef (1984): „Wortschatzlernen ist Kollokationslernen. Zum Lehren und Lernen französischer Wortverbindungen." In: *Praxis des neusprachlichen Unterrichts 31*; 395-406.
Heinz, Michaela (1998): „Die Possessiva im deutsch-französischen Sprachvergleich." In: Börner/Vogel (Hrsg.) (1998); 30-61.
Hilty, Gerold (1965): „Strukturunterschiede zwischen französischem und deutschem Bewegungsausdruck." In: *Moderne Sprachen 9* (1965); 25-35.
Knapp, Mark L.; Hall, Judith A. (1997): *Nonverbal Communication in Human Interaction*. Fourth Edition. Fort Worth et al.: Harcourt Brace College Publishers.
Korhonen, Jarmo (1992): „Morphosyntaktische Variabilität von Verbidiomen." In: Földes (Hrsg.) (1992); 49-47.
Le Grand Robert = Le Grand Robert de la langue française. Dictionnaire alphabétique et analogique de la langue française. Deuxième éd. entièrement revue et enrichie par Alain Rey (1986-1994). Paris: Le Robert.
Le Nouveau Petit Robert. Dictionnaire alphabétique et analogique de la langue française. (1995) Paris: Dictionnaires Le Robert.
Moon, Rosamund (1998): „Frequencies and Forms of Phrasal Lexemes in English." In: Cowie (ed.) (1998) ; 79-100.
Olivier, René; Militz, Hans-Manfred (Hrsg.) (1978): *Französische idiomatische Redewendungen*. 2., unveränd. Auflage. Leipzig: VEB Verlag Enzyklopädie.
Rey, Alain; Chantreau, Sophie (Hrsg.) (2000): *Dictionnaire des expressions et locutions*. 2ème éd. Les usuels du Robert. Paris: Robert.
Russell, James A.; Fernández-Dols, José Miguel (eds.) (1997): *The Psychology of Facial Expression*. Cambridge: Cambridge University Press.

Sandig, Barbara (Hrsg.) (1994): *Europhras 92 – Tendenzen der Phraseologieforschung.* Bochum: Brockmeyer [= Studien zur Phraseologie und Parömiologie 1].
Scherer, Klaus R.; Wallbott, Harald G. (Hrsg.) (1984): *Nonverbale Kommunikation. Forschungsberichte zum Interaktionsverhalten.* 2. Aufl. Weinheim/Basel: Beltz [1. Aufl. 1979].
Segerstråle, Ullica; Molnár, Peter (eds.) (1997): *Nonverbal communication: Where nature meets culture.* Mahwah, N. J.: Lawrence Erlbaum.
Siegman, Aron W.; Feldstein, Stanley (eds.) (1987): *Nonverbal behavior and communication.* Hillsdale, N.J.; London: Lawrence Erlbaum Associates.
Steyer, Katrin (2000): „Usuelle Wortverbindungen des Deutschen. Linguistisches Konzept und Lexikografische Möglichkeiten." In: *Deutsche Sprache 28*; 101-125.
Trésor = Trésor de la langue française. Dictionnaire de la langue du XIXe et du XXe siècle. (1971-1994) Paris: CNRS.
Wallbott, Harald G. (1984): „Einführung." In: Scherer/Wallbott (Hrsg.) (1984); 59-63.
Werny, Paul; Snyckers, Alexandre (Hrsg.) (1976): *Dictionnaire des locutions français – allemand.* Paris: Larousse.
Wotjak, Gerd (1994): „Nichtidiomatische Phraseologismen: Substantiv-Verb-Kollokationen – ein Fallbeispiel." In: Sandig (Hrsg.) (1994); 651-677.

> E. Piirainen; I.T. Piirainen (Hrsg.) (2002)
> *Phraseologie in Raum und Zeit*
> Baltmannsweiler; 203-212.

Parömiologische Konnektoren *oder* „Wie der Volksmund so schön sagt"

Peter Ďurčo (Bratislava)

0. Vorbemerkungen
1. Autonomes Vorkommen von Sprichwörtern
2. Konnektoriales Vorkommen von Sprichwörtern
2.1. Mittelfeldkonnektoren
2.2. Vorfeldkonnektoren
2.3. Nachfeldkonnektoren
2.4. Zwischenfeldkonnektoren
3. Schlussbemerkung
Literatur

0. Vorbemerkungen

Die Vermittlung der richtigen und sinnvollen Verwendung der Idiomatik gehört ohne Zweifel zu den kompliziertesten und anspruchvollsten Herausforderungen des Fremdsprachenunterrichts. Neben den längst bekannten und oft behandelten theoretischen Problemen der idiomatischen Semantik und Pragmatik bleiben die Fragen der sprachlichen Mittel, die die einzelnen idiomatischen Äußerungen in deren Vor-, Zwischen- oder Nachfeld verknüpfen – die sogenannten konnektorialen Elemente, d.h. die Elemente der kontextuellen Einbindung der Phraseme und Parömien in die reale Kommunikation, weitgehend unbeachtet. Es handelt sich um Elemente, die die idiomatischen Äußerungen mit dem umgebenden Text verbinden. Sie knüpfen an einen Vor- oder Nachtext an.

Für den Spezialfall – die Parömien – gelten besondere konnektoriale Regeln. Die Sprichwörter hält man zwar traditionell für in sich geschlossene Sätze, „die durch kein lexikalisches Element an den Kontext angeschlossen werden müssen" (vgl. Burger 1998, 100), die reale Kommunikation sieht aber völlig anders aus. Isolierte Verwendung eines Sprichworts in seiner Zitat-Form ist eher eine Seltenheit.

Nahezu jede Kommunikation wird von verschiedenen (kon)textorganisierenden Elementen begleitet. Diese Tetxorganisatoren unterliegen klaren Regeln und erfüllen spezifische Funktionen. Für jede kommunikative Intention stehen konkrete Konnektoren (Wörter, feste Phrasen, Sätze) im Vor-, Zwischen- oder Nachfeld zur Verfügung. F. Čermák (1998) spricht im Zusammenhang mit der Analyse des prototypischen bzw. nichtprototypischen Gebrauchs von Parömien von den sogenannten „introducers".

> The second special type of the general usage of the proverb is its *quotation use* which borders on the title-function and the quiz-function of the proverb referred to above. [...] let us suggest that if any piece of text, including a proverb, is used in a strictly quotation manner (i.e. accompanied by inverted commas, colon etc.), it introduces a piece of a different, second text into the present one which amounts to mixing two texts together. And that is not exactly the same as the proverb being incorporated into a text as its integral part. One of the integrating devices for this standard use of proverbs is often found in the employment of special introductory phrases (introducers) ... (Čermák 1998, 41).

Nach Engel (1988) verlangen die Textorganisatoren in den meisten Fällen eine Voräußerung, sie sind dann *linkskonex*. Wenige Textorganisatoren verlangen eine Nachäußerung, sie sind damit *rechtskonnex*. Eine noch geringere Anzahl von Textorganisatoren verlangt sowohl eine Vor- als auch eine Nachäußerung; diese Elemente sind *ambikonnex*. Als Textorganisatoren fungieren nach Engel vor allem Partikeln, gelegentlich auch mit ihnen kommutierende Wortgruppen.[1]

Die Textanalysen zeigen, dass auch die Sprichwörter über ein dermaßen stabiles konnektoriales Umfeld von lexikalischen und syntaktischen Mitteln verfügen, dass man fast von einer idiomatisierten Vorfeld-, Zwischenfeld/Mittelfeld- und Nachfeldbesetzung der sprichwörtlichen Äußerungen sprechen kann. Zum wichtigen Aspekt der Parömiodidaktik im Fremdsprachenunterricht gehört also auch die Vermittlung der Informationen über die Mittel der kontextuellen Eingliederung der Sprichwörter in die Kommunikation, d. h. über die entsprechenden konnektorialen Mechanismen.

D. Dobrovol'skij und N. Lûbimova (1993, 151) sprechen hier von metakommunikativer Umrahmung von Idiomen in der Funktion von sogenannten „hedges", die die Idiome im Diskurs einführen, kommentieren, oder interpretie-

---

[1] Das Funktionieren der Textorganisatoren belegt Engel (1991, 89) mit folgendem Beispiel: Der Satz: *Sie ist nämlich meine Lieblingskusine.* – wäre unsinnig oder mindestens unverständlich, wenn nicht eine Äußerung vorausginge, in der von einem Sachverhalt die Rede ist, der mit der erwähnten Person zu tun hat: *Ich hätte sie sehr gerne mal wiedergesehen.* Der Grund für diese Äußerung wird in der Sequenz *Sie ist nämlich meine Lieblingskusine* angegeben. Indem die Partikel *nämlich* auf diese Weise einen Kausalzusammenhang zwischen zwei Äußerungen konstituiert, setzt sie eine Voräußerung bestimmten Inhalts voraus und wirkt insofern textkonnektiv.

ren und die dem Empfänger signalisieren, dass sich der Sprecher des pragmatischen Potenzials und somit der perlokutiven Wirkung des von ihm gebrauchten Zeichens bewusst ist.

1. Autonomes Vorkommen von Sprichwörtern

Für die autonome Verwendung von Sprichwörtern sind die Zitat-, Titel-, Werbe- und Schlagzeilenfunktionen typisch. Solche Verwendung eines Sprichworts funktioniert auch ohne Konnektoren. Als Positionsmarkierungen bzw. Gliederungssignale, besonders wenn das Sprichwort in der Zitatfunktion vorkommt, sind die diakritischen Zeichen (Anführungszeichen, Gedankenstriche) charakteristisch, vgl.:

> Aber Thea Bauriedl ergreift es nicht, wie sie sich überhaupt Verbindungen zur Bibel fast ganz versagt, obwohl einige zentrale christliche Sätze wie etwa „*Liebe deinen Nächsten wie dich selbst*" oder „Richtet nicht, auf daß ihr nicht gerichtet werdet" bei ihr einen ganz neuen Sinn bekommen. (Die Zeit, 3. 10. 1986)

> Als am 5. April die Stadt die Baugenehmigung für die Deponie in der Ruhrorter Straße 58 erteilte, fügte sie ihrer Gestattung – *sicher ist sicher* – einen Widerrufsvorbehalt bei: „Die Zwischenlagerung wird ... in jederzeit widerruflicher Weise, jedoch längstens bis zum 31. Dezember 1993 gestattet." (Mannheimer Morgen, 15. 12. 1989)

Das Sprichwort kann auch bei der autonomen Verwendung stark modifiziert werden, wobei diese Modifikation durch die Vor- oder Nachäußerung bedingt ist. Häufig sind auch verschiedene Transformationen, vgl. z.B. eine Nominalisierungstransformation:

> Schon seit Jahren sorgt der sogenannte TÜV-Skandal immer wieder für Schlagzeilen, drei TÜV-Prüfer, drei Fahrschulinhaber und insgesamt 700 Fahrschüler sind in die „*Wer-gut-schmiert-der-gut-fährt*"-Affäre verwickelt. Beim zuständigen Staatsanwalt Werner Mägerle türmen sich die Akten in der Sache mittlerweile bis unter die Decke. (Mannheimer Morgen, 28. 11. 1998)

2. Konnektoriales Vorkommen von Sprichwörtern

Die Mehrheit der verwendeten sprichwörtlichen Äußerungen ist in der Kommunikation mit dem umgebenden Kontext mit anderen Elementen verflochten. Die Konnektoren, die den Status eines Lexems, einer festen Phrase oder eines Satzes haben können, kann man im Vor-, Nach- oder auch im Mittelfeld identifizieren. Nicht ausgeschlossen ist auch die Situation, in der bei einem Sprichwort zwei oder auch alle drei konnektorialen Typen vorkommen können.

2.1. Mittelfeldkonnektoren

a) lexikalische Konnektoren

Es handelt sich um lexikalische Elemente, die die sprichwörtliche Äußerung mit dem Vor- oder Nachtext verbinden. Sie funktionieren vor allem als argumentative Elemente zur Rechtfertigung der Verwendung eines Sprichworts und zur Betonung der Gültigkeit/der Bezweiflung/der Negierung/des Kontrastes des Sprichwortinhalts mit dem Inhalt der Äußerung im Umfeld. Die Korpusanalysen zeigten, dass zu den frequentesten lexikalischen Konnektoren vor allem präzisierende (*ja, nämlich, und zwar*), adversative (*aber, doch, jedoch*), kausale (*denn*) Partikeln gehören. Die höchste Frequenz hat aber ohne Konkurrenz das Adverb *bekanntlich*. Als Gelenkstelle der Argumentation steht dieses Element in der Regel inmitten der sprichwörtlichen Äußerung nach dem Verb, vgl.:

> Nicht in Heidelberg, sondern in Mannheim verlor er sein Herz, wenige Jahre später war er Vater von zwei Töchtern und zwei Söhnen. *Alte Liebe rostet bekanntlich nicht*. Fedor Fredl arbeitete zwar als Exportkaufmann. (Mannheimer Morgen, 20. 4. 1996)

> So ein Tag, so ein Freitag, der 13! Den Naumanns hat er was gebracht, nur zwei andere Mannheimer Paare verpaßten die Chance: Die haben kurzfristig zurückgezogen wegen des Datums und müssen nun warten, doch *den Glücklichen schlägt bekanntlich keine Stunde*. (Mannheimer Morgen, 14. 2. 1998)

> *Bekanntlich ist der Geist willig, aber das Fleisch schwach* – davon wissen so manche Übergewichtige ein Lied zu singen. Warum sich kasteien, wenn Pillen den Appetit bändigen, mag sich so manch ein molliger Zeitgenosse fragen, der es einfach nicht schafft, seine Hungerattacken in Zaum zu halten. (Mannheimer Morgen, 27. 2. 1999)

> *Die Axt im Haus erspart bekanntlich den Zimmermann*. Doch einen Schreiner in der Familie zu haben, eröffnet schon ganz andere Perspektiven. (Mannheimer Morgen, 6. 9. 1994)

Zur höheren argumentativen Betonung der Gültigkeit der sprichwörtlichen Äußerung wird die Kombination von zwei Konnektoren benutzt, oder es kann sogar zur Häufung von mehreren Konnektoren kommen, vgl.:

> Schön entledigten sich die 30 jungen Musiker im gemeinsamen Spiel ihrer Aufgabe. *Übung macht eben bekanntlich doch den Meister*. Dies bewiesen hiernach 13 Schülerinnen und Schüler als Bläserensembles des Projektorchesters mit einer Serenade von Richard Strauss. (Mannheimer Morgen, 23. 3. 1999)

> Danach sah mancher das Rennen schon gelaufen. *Doch da bekanntlich Hochmut vor dem Fall kommt*, setzt Berlin, sonst gern mit dem Mundwerk voneweg, just auf der Zielgeraden auf Mäßigung. Anderen wird die Favoritenrolle zugewiesen. (Mannheimer Morgen, 4. 9. 1994)

b) Phrasenkonnektoren

Es handelt sich um Elemente, die in die stabile Struktur des Sprichworts als feste Phrasen inkorporiert werden. Dieser konnektoriale Typ ist nicht sehr häufig und im Prinzip beschränkt auf die Phrasen mit verba dicendi, vor allem *sagen*, vgl.:

> Keiner kann mich leiden. *Spinne am Morgen, sagen die Leute, bringt Kummer und Sorgen.* So will keiner mit mir zu tun haben. „Jetzt nicht mehr!" sagte die schwarze Katze. (Mannheimer Morgen, 10. 1. 1998)

> In jedem der Bücher handelt das erste Kapitel vom Bild: vom Bildkonzept, das die Kamerawahl beeinflußt, von der Bildvorstellung, die eine kalkulierte Negativbehandlung erfordert und vom gewünschten Bildausdruck, der die Abzugsherstellung bestimmt. *Klappern, sagt man, gehört zum Handwerk.* In diesen Büchern fehlt es ganz, sie lehren leise die diskrete Kunst der schwarzweißen Photographie. (Die Zeit, 29. 3. 1985)

2.2. Vorfeldkonnektoren

a) Phrasenkonnektoren

Diese Vorfeldkonnektoren funktionieren als vorangestellte Einleitungssignale, nach denen das Sprichwort in der Regel in seiner Zitatform folgt. Inhaltlich handelt es sich um adverbiale Phrasen, die die Art und Weise der durch das Sprichwort kommentierten Handlung kennzeichnen. Diese typischen adverbialen Vorfeldkonnektoren werden vor allem durch Präpositionen *nach, unter, getreu, gemäß* und durch Substantive *Motto, Prinzip, Devise, Volksweisheit* etc. gebildet. Zu dem typischen Phrasenkonnektor im Vorfeld gehört die Adverbialphrase *nach/unter/getreu/gemäß dem Motto*, vgl.:

> „Die verewigen sich doch lieber mit einem kleinen goldenen Schildchen im Museum, als ihr Geld in unsere vergänglichen Ausstellungen zu stecken." *Nach dem Motto, geteiltes Leid sei halbes Leid,* wurde 1980 in Köln die Arbeitsgemeinschaft deutscher Kunstvereine gegründet. 108 Vereine sind derzeit Mitglied, und tatsächlich, meint Herzogenrath, ermutige es sie zu erfahren, daß alle anderen die gleichen (finanziellen) Probleme haben wie sie. (Die Zeit, 12. 12. 1986)

> Das LKA, so Leuze, habe „gravierende Fehler" gemacht. *Unter der Überschrift* „Geteiltes Leid – halbes Leid?" berichtet die Datenschützerin über ein Beispiel besonderer Gedankenlosigkeit gegenüber sensiblen Personenangaben. (Mannheimer Morgen, 10. 1. 1989)

b) Satzkonnektoren

Es handelt sich um Signalsätze in der metasprachlichen Funktion gegenüber dem nachfolgenden Sprichwort, da sie es durch die Verwendung der (Quasi)Termini (*Sprichwort, Volksmund, Weisheit, Volksweisheit, Bauernweisheit, Spruch, Grundsatz* etc.) klassifizieren. Diese klassifizierenden Begriffe werden in typischen festen Satzstrukturen verwendet:

Es gibt den/die/das, ein/eine N:...
Wie es im/in der N heißt: ...
Wie sagt/lautet der/die/das N: ...
Ein/eine N sagt:...
Der/die/das N lautet/heißt: ...
Es gilt der/die/das N: ...
Gültigkeit hat der/die/das N: ...
Man pflegt zu sagen: ..., z. B.:

> *Es gibt ein Sprichwort: Der Fisch stinkt am Kopf zuerst!* Vielleicht sollten unsere Politiker aller Couleur das endlich einmal bedenken und auf die Befindlichkeiten ihrer Wähler mehr Rücksicht nehmen, anstatt immer nur über die Politikverdrossenheit der Wähler zu lamentieren. (Mannheimer Morgen, 3. 11. 1998)

> Doch entgegen den Hoffnungen der SPD-Spitze, daß jetzt das Parteiverfahren still entschläft, kämpft Schlampp zäh um seine Rechte in der SPD. Also *gilt wohl weiterhin der Grundsatz*, daß *gut Ding Weile haben will*. Auch bei angeblichen Sofortmaßnahmen. (Mannheimer Morgen, 5. 5. 1989)

Häufig stehen bei N qualifizierende Attribute wie *(ur)alt, bekannt, deutsch* etc., vgl.:

> Die Hoffnung hat sich zunächst bestätigt. *Es gibt zwar ein altes Sprichwort, man solle den Tag nicht vor dem Abend loben.* Aber ich bleibe bei meiner Hoffnung, daß wir ein Volk mit einem ganz eigenen Selbstbewußtsein werden sowohl gegenüber der Bevölkerung der BRD als auch gegenüber der eigenen Führung. (Berliner Zeitung, 10. 11. 1989)

> Schon ihre Sprache verrät diese Rektoren als Apparatschiks und *bestätigt nebenbei die alte Volksweisheit, daß der Fisch vom Kopf her stinkt.* Unter den vielen nebulösen Vorschlägen befanden sich die Forderungen nach Hochschulautonomie und Wiederbelebung der Grundlagenforschung, doch es gab auch Konkreteres: den Wusch, eine DDR-Rektorenkonferenz zu gründen. (Rheinischer Merkur, 16. 3. 1990)

Zu den weiteren typischen Satzkonnektoren im Vorfeld gehören feste Sätze, wie:

Man mag/kann den/die/das N zitieren:...,
Der/die/das N bestätigt/hat recht:...,
Das entspricht dem/der N: ...,

Dr. Meister behauptet, durch seinen persönlichen Einsatz sei es ihm gelungen, 470 ha Waldfläche freizubekommen. Das ist schlicht falsch und _entspricht dem alten deutschen Sprichwort:_ Eigenlob stinkt – in diesem Fall sogar gewaltig! Dr. Meister rückte Ende 1994 in den Bundestag ein – davor war er ein unbeschriebenes Blatt und kannte den Wald nur durch den Finger auf der Landkarte oder vielleicht – das will ich ihm freundlicherweise unterstellen – durch Besuche vor Ort. (Mannheimer Morgen, 10. 3. 1998)

Ein Hahn natürlich, nämlich jener, der jetzt im Stall scharrt und fröhlich sein Kikeriki erschallen läßt. Von wem das Geschenk ist, danach kräht in Rheingönheim kein Hahn mehr. Und zur nachbarschaftlichen Großwetterlage _sei_ in Abwandlung _die alte Bauernweisheit zitiert:_ „Wenn der Hahn kräht auf dem Mist, ändert sich das Klima, oder es bleibt wie's ist." (Mannheimer Morgen, 30. 6. 1989)

2.3. Nachfeldkonnektoren

Nachfeldkonnektoren dienen als Referenzsignale der Wiedergabe einer Redewendung. In den meisten Fällen sind es Kommunikationsverben des Sagens (dicendi) und des Meinens (putandi). Semantisch lassen sich die verbalen Referenzsignale einer Redewiedergabe danach unterscheiden, ob sie eine Feststellung treffen (_sage, erkläre, teile – mit, meine, denke, spüre_ etc.), eine Frage aufwerfen (_frage, erkundige mich, will – wissen_) oder zu einer Handlung auffordern (_bitte, verlange, ordne – an, befehle_) (vgl. Weinrich 1993, 898). Für die Nachfeldbesetzung des parömiologischen Feldes durch die Kommunikationsverben ist die feststellende Funktion charakteristisch. Die typischen Verben sind: _meinen, heißen, sagen, besagen, sprechen, lauten, sich bewahrheiten, warnen, wissen, gelten, treffen, zitieren, warnen_ etc. Als metasprachliche referenzielle Begriffe für das parömiologische Zeichen werden weitgehend die gleichen Wörter wie in der Vorfeldbesetzung verwendet: _Sprichwort, Spruch, (Volks)weisheit, Bauernweisheit, Volksmund, Motto_ etc. Somit sind viele Vorfeldkonnektoren zugleich auch nachfeldfähig, selbstverständlich mit den entsprechenden Umstrukturierungen in der syntaktischen Struktur, die durch ihre Position gegeben ist.

a) lexikalische Nachfeldkonnektoren

In der überwiegenden Mehrheit der Korpusbelege dominieren die Verben _meinen_ und _heißen_, vgl.:

„Sicher ist sicher", _meinte_ „Didi", der am Vortag wegen Urkundenfälschung zu einer Bewährungsstrafe verurteilt worden war. Der Chef der Sicherheitstruppe, auch in Höchstform, aber mindestens doppelt so schwer wie Ullrich, nickte zustimmend. (Mannheimer Morgen, 2. 5. 1998)

Und umgekehrt: Wenn sie glücklich sind, vergessen sie die Zeit. *Dem Glücklichen schlägt keine Stunde, heißt es*. Diese Zusammenhänge sind in der „Erlebnisgesellschaft" – so der Titel eines Buchs des Soziologen Gerhard Schulze – und ihrem Aktionismus weitgehend aus dem Bewußtsein geschwunden. (Mannheimer Morgen, 18. 8. 1998)

b) Phrasenkonnektoren im Nachfeld

Als Phrasenkonnektoren im Nachfeld fungieren analogische Typen wie bei Vorfeldkonnektoren, nur anstatt des Gebrauchs des bestimmten Artikels werden als feste Regel die Demostrativpronomina *dieser, diese, dieses* verwendet. Sie sind in der Regel im nachfolgenden Satz an das aktuelle Verb angeschlossen, dessen situative Geltung durch das parömiologische Motiv qualifiziert wird. Gegenüber dem vorangehenden Sprichwort erfüllen sie durch die Kategorisierung genauso eine metasprachliche Funktion, durch die sie den generellen Status der verwendeten sprichwörtlichen Äußerung klassifizieren, vgl.:

Im schlimmsten Fall horstet man sogar die Vögel gewaltsam aus. *„Wo kein Kläger, da kein Richter"* – *nach dieser Devise* wird im Berggelände weiter gesündigt. (Mannheimer Morgen, 31. 6. 1986)

Erst die Arbeit, dann das Vergnügen. Diesem Motto folgte der Förderverein der Bernhard-Kahn-Bücherei in der Neckarstadt und lud eine Woche nach der Jahreshauptversammlung zur Weihnachtsfeier. (Mannheimer Morgen, 19. 12. 1997)

c) Satzkonnektoren

Als Bezugselemente dieser anaphorischen Verweisform fungieren Satzkonnektoren in Form von selbständigen oder zusammengesetzten Sätzen. Zu den typischen und häufigsten Satzstrukturen im parömiologischen Nachfeld gehören:

..., *heißt es in einem/einer N.*
..., *heißt es in dem/der alten/bekannten N.*
..., *heißt/sagt/besagt/lautet/zitiert/warnt/weiß der/die/das//ein/eine N.*

„Wo gehobelt wird, fallen Späne", heißt es in einem Sprichwort. Nicht so in der Heinrich-Lanz-Schule II: Dort geht in diesen Tagen eine nagelneue Holzwerkstatt in Betrieb. (Mannheimer Morgen, 10. 3. 1999)

Sie sind meist irrational. *„Träume sind Schäume" heißt es im Volksmund*. Zukunftsträume aber für eine bessere Welt, können zu gangbaren Brücken werden. (Mannheimer Morgen, 17. 9. 1994)

Der typische Nachfeldkonnektor ist ein selbständiger Satz, in dem die allgemeine Gültigkeit des verwendeten Sprichworts an das aktuelle Geschehen angepasst wird, vgl.:

„*Was lange währt, wird endlich gut.*" <u>Dieses Sprichwort scheint</u> gerade für die Schüler und Lehrer des Geschwister-Scholl-Gymnasiums maßgeschneidert zu sein. (Mannheimer Morgen, 15. 6. 1991)

Unternehmungen und Ausflüge runden die Begegnungen ab. *Wer rastet, der rostet* – <u>diese sprichwörtliche Volksweisheit gilt</u> in besonderem Maße für Menschen, die an einer rheumatischen Erkrankung leiden. Als günstig hat sich Gymnastik in warmem Wasser (30 Grad) erwiesen. (Mannheimer Morgen, 23. 4. 1985)

2.4. Zwischenfeldkonnektoren

Der letzte konnektoriale Typ ist eine Klammer, wobei das Sprichwort inmitten dieses Klammerfeldes inkoporiert ist. Das Sprichwort steht zwischen zwei getrennten Umfeldteilen. Diese Form ist durch die syntaktische Struktur der aktuellen Äußerung gegeben. Es werden dabei die gleichen typischen Konnektoren benutzt, wie bei anderen konnektorialen Typen, vgl.:

<u>Das alte Sprichwort</u> „*Reden ist Silber und Schweigen ist Gold*" <u>trifft</u> für Amerikas Ex-Präsidenten Ronald Reagan nicht <u>zu</u>. Der ehemalige Darsteller in zweitklassigen Hollywood-Filmen wird für jeden öffentlichen Redeauftritt als Privatmann 60 000 Dollar (etwa 105 000 Mark) kassieren und somit zum teuersten Redner der Vereinigten Staaten werden. (Mannheimer Morgen, 30. 1. 1989)

Ein weiteres Motiv, mit externen Unternehmensberatern zusammenzuarbeiten, ist im psychologischen Bereich zu sehen. <u>Der Spruch</u>, daß *der Prophet im eigenen Land nicht viel gilt,* <u>läßt sich</u> auch auf Unternehmen <u>übertragen</u>. Dem Berater nimmt man häufig einen Vorschlag eher ab als eigenen Mitarbeitern. (Mannheimer Morgen, 25. 3. 1989)

3. Schlussbemerkung

Die Analyse zeigt, dass die parömiologischen Konnektoren eine wichtige textuelle Funktion haben; sie sind ein fester Bestandteil der (kon)textuellen Verwendung von Parömien. Die parömiologischen Konnektoren stellen eine spezifische Kategorie von Einheiten mit idiomatischem Status dar. Da es sich um typische festgeprägte Einheiten handelt, sind ihre Registration, die Klassifizierung und Beschreibung ihrer Funktionen von besonderer Bedeutung. Aus der Perspektive der Fremdsprachendidaktik ist die Kenntnis derartiger fester und stabiler Strukturen wichtig für die Erhöhung der fremdsprachigen Kompetenz bei der Verwendung von idiomatischen Einheiten in der Rede. Diese Studie zeigt, dass noch weitere Untersuchungen in diesem Bereich notwendig und wünschenswert sind.

Literatur

Burger, Harald (1998): *Phraseologie. Eine Einführung am Beispiel des Deutschen.* Berlin: Erich Schmidt Verlag.

Čermák, František (1998): „Usage of Proverbs. What the Czech National Corpus Shows. " In: Ďurčo (ed.) (1998), 37-49.

Dobrovol'skij, Dmitrij; Lûbimova, Nataliâ (1993): „Wie man so schön sagt, kommt das gar nicht in die Tüte". Zur metakommunikativen Umrahmung von Idiomen. In: *Deutsch als Fremdsprache 30;* 151-156.

Ďurčo, Peter (ed.) (1998): *Phraseology and Paremiology. International Symposium Europhras 97, September 2-5, 1997 Liptovský Ján.* Bratislava: Akadémia PZ.

Engel, Ulrich (1988): *Deutsche Grammatik.* Heidelberg: Julius Groos Verlag.

Weinrich, Harald (1993): *Textgrammatik der deutschen Sprache.* Mannheim [u.a.]: Dudenverlag.

Er zahlt keine Steuern mehr. Phraseologismen für 'sterben' in den deutschen Umgangssprachen

Elisabeth Piirainen (Steinfurt)

1. Materialbasis und Zielsetzung
1.1 Umfrage zum semantischen Feld 'sterben'
1.2 Präsentation des Materials
2. Besonderheiten des semantischen Feldes 'sterben'
3. Zeitliche Schichtung
4. Räumliche Gliederung
5. Bildlichkeit
5.1 Beendigung der Aktivitäten des Menschen
5.2 Letzte körperliche Regungen im Augenblick des Todes
5.3 Sarg, Grab, Würmer, Friedhof
5.4 Jenseits, Raum und Zeit
5.5 Mythologische Vorstellungen
6. Ausblick
Literatur

Und einmal wird's die letzte Reise sein.
Wann sie beginnt und wo sie endet,
das weiß der alte Mann allein,
der Wind und Stille sendet.
(Manfred Hausmann: Ausreise)

1. Materialbasis und Zielsetzung

1.1 Umfrage zum semantischen Feld 'sterben'

In diesem Beitrag wird ein Ausschnitt aus den Ergebnissen der „Umfrage zur Bekanntheit von Redensarten in den deutschen Umgangssprachen" vorgestellt, die 2000-2001 in Zusammenarbeit mit dem Institut für deutsche Sprache und Literatur und ihre Didaktik der Universität Münster durchgeführt wurde. Das Hauptziel der Untersuchung bestand darin, die begrenzte regionale Gültigkeit bestimmter Idiome zu ermitteln. Mit „Fragebogen C", dem letzten Teil des zehnseitigen Fragebogens, wurde ein anderes Ziel verfolgt. Es sollte die Möglichkeit geprüft werden, bei den Probanden/innen gezielt die Kenntnisse von Phraseologismen eines semantischen Feldes abzufragen, dies in allen Regionen Deutschlands.[1] Gewählt wurde das für seine reiche phraseologische und metaphorische Strukturierung bekannte Feld 'sterben'. In dem Fragebogen wurde zunächst, gleichsam als Einstimmung zu dem Thema, nach der Bekanntheit einzelner Idiome dieses Feldes gefragt (*er hat den Löffel abgegeben; ihn deckt der kühle Rasen; er hat den letzten Seufzer getan* u.a.m.);[2] die anschließende Frage lautete „Welche anderen Ausdrücke für 'sterben' kennen Sie? ('jemand ist gestorben', 'jemand wird bald sterben' usw.)".

Die Fragebögen wurden an alle Germanistischen Institute der Universitäten, an die Landeskundlichen Institute und vergleichbare Dachorganisationen in Deutschland verschickt mit der Bitte, sie von möglichst vielen Personen ausfüllen zu lassen. Der Rücklauf von über 3'000 Fragebögen aus allen Gegenden Deutschlands kann für die primäre Zielsetzung, diatopische Aspekte der Phraseologismen zu untersuchen, als repräsentativ angesehen werden (zu einzelnen Ergebnissen: Piirainen 2001b; 2002a-c; im Druck).

Auch die „zusätzliche" Abfrage eines phraseosemantischen Feldes lässt Ergebnisse erkennen. Fragebogen C wurde zumeist sorgfältig, wenn auch recht unterschiedlich ausgefüllt. Oft wurden nur Verben genannt, die hier außer Acht bleiben können (*abdanken, abkratzen, abkacken, abmuffeln, abnippeln, aufamseln, davonschleichen, entschlafen* usw.). Einzelne Informanten haben bis zu 50 Wendungen aufgeschrieben.[3] Insgesamt enthalten die Fragebögen ca. 7'500 Eintragungen, die von den Informanten als ihnen bekannte „Sterbe-Idiome" mitgeteilt wurden.

Im Duden (1998) finden sich 42 Idiome des Feldes 'sterben'. Die Einträge in den Fragebögen belaufen sich jedoch – je nach Art der Zählung – auf mehrere hundert unterschiedliche Wendungen, von denen die meisten bisher in keinem Wörterbuch erfasst sind. Eine genaue Zahlenangabe kann nicht gemacht werden, da sie von der Klärung der Frage nach Abgrenzung des einzelnen Idioms innerhalb einer Vielfalt von Varianten abhängt. So könnten für häufig gemeldete „ähnliche" Wortgruppen wie in (1a-1b) in traditioneller Weise, aufgrund der unter-

---

[1] Dieser „traditionelle" Forschungsansatz mithilfe des Korrespondentenprinzips hatte sich zuvor bei der Erhebung dialektaler Phraseologismen bewährt und reiches phraseologisches Material erbracht (Piirainen 2000, 42ff.).

[2] Abgefragt wurde nicht eine konstruierte *er/sie*-Form. „Political correctness" war der Zielsetzung unterzuordnen, ohne Beeinflussung der befragten Personen an die Sprachdaten zu gelangen. Viele Idiome dieses Feldes sind geschlechtsspezifisch markiert, da sie vorwiegend auf männliche Personen bezogen werden. Die Probanden/innen hätten vermutlich gezögert, Beispiele wie **sie ist in die große Armee eingetreten, *sie geht ins Reich der ewigen Jagdgründe* anzuführen, da sie dem Sprachempfinden widersprechen (vgl. Piirainen 2001a).

[3] Hier ist nicht auszuschließen, dass das Thema zuvor mit anderen Personen besprochen wurde. Die meisten Eintragungen scheinen jedoch spontan erfolgt zu sein, da sie Wiederholungen, Flüchtigkeits-, Schreibfehler usw. enthalten.

schiedlichen Konstituenten, mehrere einzelne Idiome angesetzt, oder es könnte aufgrund des invarianten Kerns, der in verschiedenen lexikalischen und strukturellen Varianten realisiert wird, nur „ein" Idiom postuliert werden. Eine Fülle weiterer ähnlicher Wendungen wie in (1c) lässt erkennen, dass eine Grenzziehung kaum möglich ist. Auf die Angabe einer absoluten Zahl von unterschiedlichen mitgeteilten Idiomen muss daher verzichtet werden.

(1a) *er geht zu den Engeln; er wird ein Engel; er wird bald bei den Engeln sein; er sitzt bei den Engelein; er ist bei den Engelchen im Himmel; ...*

(1b) *er lernt jetzt mit den Engeln sprechen; er singt jetzt mit den Engeln; er singt bald mit den Engeln im Himmelschor; er spielt nun bei den Engeln auf Harfen; ...*

(1c) *er spielt auf einer Harfe; er tanzt schon zu den himmlischen Harfen; er singt in den himmlischen Chören; die Engel haben ihn schon angelächelt; er kann nun die Engel zählen; er hat sich den himmlischen Heerscharen angeschlossen* usw.

Ziel dieses Beitrags ist es, einen Eindruck von der Mannigfaltigkeit der in den Umgangssprachen in Umlauf befindlichen Sterbe-Idiome zu vermitteln. Der Schwerpunkt liegt auf der Präsentation der sprachlichen Daten, wie sie von den Probanden/innen geliefert wurden. Als Anordnungsprinzip bietet sich die zugrunde liegende Bildlichkeit an, die Aspekte des modernen gesellschaftlichen Lebens, Reminiszenzen der Medien (TV-Serien, Popmusik) oder Erfahrungswissen über den Prozess des Sterbens ebenso umfasst wie Wissensfragmente aus Mythologie, Literatur, Malerei (mittelalterliche Abbildungen vom Totentanz, vom Schnitter oder Tod mit dem Stundenglas) und volkstümlichem Brauchtum. Interpretationen dieser Bilder in einem weit gefassten kulturgeschichtlichen und kultursemiotischen Rahmen müssen an dieser Stelle jedoch noch zurückgestellt werden.

1.2 Präsentation des Materials

Wie bei vielen in den Fragebögen angeführten Sterbe-Idiomen, die mündlich in Umlauf sind und kaum einer schriftsprachlichen Normierung unterliegen, sind weniger die lexikalischen und strukturellen Elemente konventionalisiert als ein zugrunde liegendes Bild, das aus mehr oder weniger vagen, facettenreichen Vorstellungen (z.B. Teilnahme an Aktivitäten der singenden oder Harfe spielenden Engel in (1)) besteht und jeweils unterschiedlich „entfaltet" werden kann.[4] Wir

---

[4] Das Idiom *den Löffel abgeben* wurde z.B. in ca. 40 Formen mitgeteilt, seien es strukturelle Varianten (*die Löffel/seinen Löffel*) oder lexikalische (*das Besteck*); das Verb variiert im Rahmen der semantischen Klasse: *er hat den Löffel weggelegt/hingelegt/gereicht/geschmissen/auf den Boden geworfen/aus der Hand/ zur Seite gelegt.* Ob es sich in mehrfach gemeldeten Fällen wie *er hat die Essensmarke(n) abgegeben; er gibt bald ab; er hat kein Essbesteck mehr; er wühlt schon im Besteckkasten; er spielt mit dem Löffel* um usuelle Varianten oder Modifikationen dieses Idioms handelt, sei dahingestellt.

behelfen uns damit, eine derartige Fülle nuancierender Idiom-Mitteilungen jeweils unter „Idiomtypen" (in der Art von Clustern) zu subsumieren, ohne die Frage der Abgrenzung von Variation und Synonymie lexikalisch-semantisch ähnlich strukturierter Idiome (vgl. Burger 1998, 25ff.) hier erneut zu erörtern. Es ist festzuhalten, dass diese Art der Variabilität innerhalb eines Bildes nicht die Ausnahme, sondern die Regel ist.

Unterschiedliche Aktionsarten des Feldes 'sterben' sind nicht Gegenstand dieses Beitrags. So wird nicht differenziert zwischen Ausdrücken, die die prozedurale Endphase des Lebens eines Menschen ('jmd. stirbt/liegt im Sterben'), das bevorstehende Ende ('jmd. wird bald sterben') oder den Abschluss des Sterbeprozesses ('jmd. ist tot') benennen. Wie die Beispiele in (1) zeigen, werden die gleichen bildlichen Komponenten für unterschiedliche Aspekte verwendet, wobei die Adverbien *bald* und *schon* zumeist die bevorstehende Endphase signalisieren (*die Engel haben ihn schon angelächelt*).

Nur in den Beispielen (1) wurde die Nennform vereinheitlicht. Im Folgenden werden Originalzitate der Fragebögen angeführt. Zumeist handelt es sich um Ausdrücke, die von allen Altersgruppen (s. unter 3) und aus allen Regionen Deutschlands (s. unter 4) gleichermaßen mitgeteilt wurden; Einzelmeldungen werden ausgeklammert. Zu berücksichtigen ist jedoch die Variantenvielfalt, die in Form von Clustern angeordnet wird, vgl. Beispiel (2). Es gehört zu der reich ausgeprägten Sargmetaphorik (vgl. 5.3), die durch unterschiedliche Slots induziert wird: außer *Bretter, Holz* ist es auch der *Deckel*. In den phraseologischen Wörterbüchern ist nichts davon verzeichnet.

(2a) *den Deckel von innen zumachen; er hat den Deckel geschlossen; er hat den Deckel hinter sich zugemacht; er macht den Sargdeckel von innen zu; er hat den Deckel schon in der Hand; ...*

(2b) *ihm guckt schon der Sargdeckel aus dem Gesicht; ihm hat der Sargdeckel schon ins Gesicht geschlagen; ...*

(2c) *er hat den Deckel auf der Nase; er hat schon lange einen Deckel auf der Nase; er hat sich ein Bett mit Deckel gekauft* usw.

2   Besonderheiten des semantischen Feldes 'sterben'

Das semantische Feld 'Tod und Sterben' ist mehrfach Gegenstand phraseologischer und allgemein-linguistischer Studien gewesen (u.a. Anders 1995; Jachnow 1995; Marín-Arrese 1996; Zöllner 1997; Meyer-Ingwersen 1999; Piñel López im Druck). Auch innerhalb der Dialekte ist dies eines der wenigen Felder, dessen Phraseologie in Ansätzen untersucht worden ist.[5] Die besondere phraseologische

---

[5] Vor allem Sprichwörter, die sich um den Tod gruppieren, haben seit langem das Interesse der Mundartforscher auf sich gezogen. In mehreren Beiträgen werden die

Aktivität dieses Feldes (in den bisher untersuchten Sprachen) wird oft hervorgehoben und zumeist mit der gesellschaftlichen Tabuisierung des Todes erklärt, die nach euphemisierenden Umschreibungen verlange, da eine direkte Benennung des Sachverhaltes – wie bei anderen tabuisierten Bereichen (Körperfunktionen, Sexualität) – gegen gesellschaftliche Konventionen verstoße.

Mehrere Unterschiede sind hervorzuheben. So manifestiert sich das Redetabu („man spricht nicht darüber") der anderen genannten Themen u.a. darin, dass sie in der standardnahen Gegenwartssprache gerade *nicht* phraseologisch produktiv sind; vgl. die spärlichen Einträge für 'Geschlechtsverkehr haben' in (Duden 1998): *Liebe machen, mit jmdm. das Bett teilen; es treiben* und *eine Nummer schieben* im Vergleich zu den immerhin 42 verzeichneten Sterbe-Idiomen im gleichen Band. Auch konnte das Wortfeld 'sterben' bei unbekannten Probanden/innen problemlos abgefragt werden, was bei den anderen genannten Tabuthemen nicht der Fall gewesen wäre. In den Fragebögen finden sich keine Bemerkungen, dass das Abfragen dieses Feldes als anstößig oder verletzend empfunden worden wäre.

Die Besonderheiten des Feldes 'sterben' liegen nicht im Bereich gesellschaftlicher Konventionen, sondern haben tiefere psychologische Ursachen, die mit Furcht und Scheu vor dem Tod und der Bewältigung des existenziell Bedrohlichen zusammenhängen (vgl. Ariès 1985; Anders 1995, 32ff.; Zöllner 1997). Sprachlich manifestieren sich die Bewältigungsstrategien nicht nur in Verharmlosung, Milderung, Beschönigung („Euphemismen"), sondern vor allem in „Disphemismen", die „humorvoll", „grob", „schockierend", „verletzend" usw. sein können.[6] 'Sterben' mit situativ unangemessenen, paradoxen, komischen Bildern zu benennen und ins Lächerliche zu ziehen, ist somit als eine Strategie zur Bewältigung der Furcht vor der Unausweichlichkeit des Todes anzusehen.

Tatsächlich stehen für eine Kommunikation über das definitive Ende der biologischen Existenz eines Menschen nur wenige stereotype, euphemisierende Ausdrücke zur Verfügung (*er ist von seinem Leiden erlöst; er ist heimgegangen; er hat uns für immer verlassen*). Die Verwendung anderer Sterbe-Idiome würde man, trotz der Markierung „gehoben", im Zusammenhang mit dem Tod einer anderen Person als unangemessen empfinden, da eine Grenze zwischen Eu- und Disphemismen oft kaum zu ziehen ist (vgl. die Beispiele (1), die zwar beschönigende, zugleich aber scherzhafte Elemente enthalten). Situativ adäquat ist es allenfalls, selbstironisch, im Sinne einer Angstbewältigung, von dem eigenen

---

[6] bildlichen Grundlagen dieses Feldes und deren kulturhistorische Wurzeln erörtert (Literatur in Piirainen 2000, 176).
In deutschen Wörterbüchern werden Sterbe-Idiome oft „verhüllend" und „euphemistisch" genannt. Sinnvoller erscheint in den meisten Fällen eine Markierungen wie in (Longman 1998): „humoristic expression meaning to die".

unvermeidlichen Tod zu sprechen, wie in Beispiel (3), in dem ein Radrennsportler über die Gefährlichkeit seiner Sportart spricht:

(3) So ein Unfall kann immer passieren. Wenn man auf der Straße trainiert und wird von einem besoffenen Lkw-Fahrer plattgefahren, dann *ist man bei den Engeln* und hat es auch nicht besser. (Der Spiegel 3/2001 12. 01. 2001)

In den mitgeteilten Wendungen begegnen viele Diminutive. Ob darin die verharmlosende, kindersprachlich-verniedlichende Funktion oder die humoristische Wirkung überwiegt, ist kaum zu entscheiden. Vgl. Beispiele aus der Bildlichkeit von 'Sarg und Grab' (4), 'Weg und Reise' (5) und 'letzte körperliche Regungen' (6). Der Widerspruch zwischen einer absurd-komischen Situation und dem Ernst des Gesagten scheint besonders in (4) unüberbrückbar zu sein.

(4) *ins Kistlein hupfen; ein Nickerchen in der Kiste machen; die Blümlein von unten anschauen; er hat jetzt ein Gärtlein auf dem Bauch*

(5) *sein Abtreterchen machen; er macht ein Flöckchen; er hat sein Ränzlein geschnürt*

(6) *er hat sein letztes Lüftchen ausgehaucht; er hat sein letztes Seufzerchen gemacht; er hat sein letztes Fürzchen gelassen*

Als Letztes seien Beispiele genannt, bei denen die Disphemisierung dominiert. Die Wendungen (7) sind zum Teil auf Beobachtungen der letzten körperlichen Symptome beim Eintritt des Todes zurückzuführen (dazu 5.2), wobei die Absicht des Verfremdens, Schockierens mit „groben" Wörtern und absurden Situationen, überwiegt. Idiome wie in (7) gehören zu den besonders häufigen und variantenreichen Meldungen, vgl. auch (28).[7]

(7a) *den letzten Schiss tun; den letzten Furz lassen; er hat aufs Brett geschissen* usw.

(7b) *er hat den Arsch hochgemacht/hochgerissen; seinen Arsch als Fahrradständer benutzen; einen kalten Arsch kriegen; sein Arsch hat Feierabend* usw.

Angesichts salopper, slangartiger Wortfügungen wie (7) könnte gefragt werden, ob Derartiges aus dem Objektbereich der Phraseologie des Gegenwartsdeutsch auszuklammern sei. Dem ist entgegenzuhalten, dass vergleichbare Ausdrücke seit jeher beliebtes Material linguistischer Untersuchungen bilden. Das prominenteste, lange Zeit hindurch auch das einzige untersuchte Idiom der amerikanischen Linguistik, *kick the bucket* (u.a. Gibbs et al. 1989; Gibbs 1990), das für Fragestellungen der Irregularität und Teilbarkeit von Idiomen herhalten musste, steht der Slang-Ebene kaum nach. Vergleichbar ist das deutsche Idiom *ins Gras beißen*, das ebenfalls für Untersuchungen zum syntaktischen Verhalten, zur Passivierbarkeit von Idiomen usw. (u.a. Dobrovol'skij 1999) herangezogen wurde.

---

[7] Bei Wörtern des fäkalischen Bereichs finden sich in den Fragebögen vereinzelt Notationen wie *ihm schnappt das A...ch zu; er hat den letzten Furz gesch...* oder Kommentare wie „Sorry!", „die Sprache ist halt so" u.ä.

3. Zeitliche Schichtung

Hinsichtlich der zeitlichen Dimension der mitgeteilten Sterbe-Idiome sind zwei Faktoren zu trennen: Einerseits ist es das Neu-Entstehen und das Veralten (neue Ausdrücke kommen in Mode, sind z.b. zunächst unter Jugendlichen in Umlauf, während andere außer Gebrauch kommen und vielleicht noch einigen älteren Personen bekannt sind). Andererseits ist es die Bildlichkeit, die Gegebenheiten der modernen Gesellschaft oder längst vergangener Zeiten reflektieren kann. Beide Faktoren fallen nur selten bei einem Idiom zusammen.

Aufgrund der Altersangaben in den Fragebögen lässt sich jeweils das Durchschnittsalter der Informanten, die eine Wendung als bekannt angeben, berechnen. Das Alter der Befragten insgesamt liegt bei durchschnittlich 35,3 Jahren. Vergleichsweise jung sind jene Personen (Studierende im Alter von 22-27 Jahren), die die Ausdrücke (8) anführten; der verstorbene Elvis Presley, einst Kultfigur der Pop- und Jugendszene, erscheint darin wie eine Himmelsfigur.

(8) *er ist jetzt bei Elvis; bei Elvis im Chor singen; er tritt vor Elvis; Elvis hat ihn zu sich gerufen*

Eindeutig „Jugendsprachliches"[8] findet sich jedoch nicht unter den Belegen. Saloppe, „jugendsprachlich" wirkende Wendungen wie *er hat die Mücke/die Biege gemacht* 'er ist gestorben' (43) sind sogar bei den 65-80-jährigen Probanden/innen beliebter als bei den jüngeren. Offensichtliche Neologismen wie (9) wurden von Vertretern aller Altersgruppen aus verschiedenen Gegenden gemeldet; Kenntnisse des Szenarios 'Gerichtsmedizin' wurden vermutlich durch TV-Kriminalserien verbreitet.

(9) *er hat schon einen Zettel am Bein; sein Fuß hat schon einen Zettel; er hat eine Marke am Bein; er trägt einen Zettel am dicken Zeh usw.*

In diesem Abschnitt werden die bildlichen Komponenten einiger Ausdrücke im Hinblick auf die zeitliche Dimension betrachtet. Das Auftreten einer alten bildlichen Schicht in einem gegenwärtig lebendigen, in vielen Regionen verbreiteten Idiomtyp sei mit einem Beispiel veranschaulicht. In (10) wird vormaliges, an strenge Regeln gebundenes, Totenbrauchtum tradiert: Der Tote musste stets mit den Füßen voran aus dem Haus getragen werden.

(10) *er hat mit den Füßen voran das Haus verlassen; das Haus mit den Füßen nach vorne verlassen; mit den Füßen zuerst rausgetragen/hinausgetragen werden; er wurde mit den Füßen nach vorne getragen usw.*

Altes Brauchtum als bildliches Substrat ist in einigen anderen mitgeteilten Sterbe-Idiomen fassbar, z.B. das Bekleiden des Toten (*er hat sein letztes Hemd*

---

[8] Auf die Diskussion, ob „Jugendsprachlichkeit" überhaupt als eigene Varietät oder Stilschicht zu postulieren sei, kann hier nicht näher eingegangen werden.

angezogen) oder der vorgeschriebene Weg des Trauerzuges (*er geht den grasigen Weg*); sie müssten in einem ethnologisch-kulturgeschichtlichen Rahmen eingehender interpretiert werden.

Im Folgenden werden einige Ausdrücke angeführt, deren Bilder aus dem Alltagsleben der jüngsten Zeit schöpfen. Die „Konsumgesellschaft" tritt deutlich zutage; 'einkaufen' erweist sich als eine zentrale Aktivität, die mit dem Tod endet (vgl. 5.1). Neben Ausdrücken wie *er geht nicht mehr einkaufen; er hat lange an fünf Mark* ist es vor allem das Einkaufen in Warenhäusern und Supermärkten, die entweder in ganz Deutschland oder an einem bestimmten Ort und dessen Umgebung (*Wertkauf* in Mannheim, *Leffers* in Oldenburg) bekannt sind (11a). In diesem Idiomtyp spiegelt sich die jüngste Geschichte Deutschlands wider. Aus dem Raum der ehemaligen DDR wurden vergleichbare Wendungen genannt, in denen *Konsum* anstelle der Kaufhausketten begegnet; als Verben dominieren hier *kündigen, austreten* und *sich abmelden* (11b).

(11a) *er kann nicht mehr im Kaufhof/bei Karstadt/bei Aldi einkaufen; er geht nicht mehr bei Karstadt einkaufen; er kauft nicht mehr bei Horten/bei Neckermann/bei C&A; er kauft nicht mehr in der Kaufhalle ein; er darf nicht mehr beim Wertkauf einkaufen; er kauft nicht mehr bei Leffers ein* usw.

(11b) *er hat beim Konsum gekündigt; er ist aus dem Konsum ausgetreten; er hat sich beim Konsum abgemeldet; er kauft nicht mehr im Konsum ein*

Derartige Reflexe der früheren Teilung Deutschlands begegnen insgesamt selten. Eine Ost-West-Dublette wie (11) findet sich beim 'Abbestellen der Tageszeitung' (12). Neben selten gemeldeten DDR-spezifischen Wendungen (*er kann nicht mehr nach Polen fahren*) wurde das Idiom (13) häufig angeführt, z.T. mit Kommentaren wie „versteht nur ein Ossi" oder „Westfernsehen war wichtig":

(12a) *er hat die/seine Zeitung abbestellt; er hat die FAZ/das Handelsblatt/den Heideboten/... abbestellt*

(12b) *er hat das ND/das Neue Deutschland abbestellt*

(13) *er sieht kein Westfernsehen mehr*

Andere Aspekte des modernen Lebens lassen keine Ost-West-Differenzierung erkennen, seien es Bereiche der Administration, die mit dem Tode überflüssig werden (*er hat sich in der Gewerkschaft/bei der Krankenkasse abgemeldet*), sei es das Zahlen von Steuern (14) oder die Knappheit an Wohnraum, die durch das Ableben einer Person gemildert wird (15). Die reale Wohnung kann spielerisch assoziiert werden mit 'Grab und Friedhof', vgl. (33c).

(14) *er zahlt keine Steuern mehr; er kann die Steuer nicht mehr bezahlen; er braucht keine Steuern mehr zu zahlen*

(15) *da wird wieder eine Wohnung frei; jetzt wird eine Wohnung frei*

4. Räumliche Gliederung

Wie bereits ausgeführt, wurden die meisten Sterbe-Idiome aus allen Regionen Deutschlands, einige wenige aus dem Raum der ehemaligen DDR gemeldet. Darüber hinaus ist für einzelne Wendungen ein kleinräumiger Geltungsbereich zu erkennen. In zwei Fällen ergibt sich aus den Fragebögen eine Begrenzung auf den ostmitteldeutschen Raum: bei dem Idiom *sein Sterbchen machen*, das in Wörterbüchern zur Gegenwartssprache bereits erfasst wurde (Küpper 1982-84, 7, 2727, dort ohne diatopische Markierung), und bei dem Idiomtyp (16), der bisher in keinem Lexikon verzeichnet ist. Er scheint jedoch recht lebendig zu sein, da er in vielen Varianten mitgeteilt wurde; dazu einige Originalbeispiele:

(16) *die Hufe hochmachen; Hufe hochklappen; den Hufe hochnehmen; er hat die Hufe hochgeschlagen/hochgerissen/hochgeschmissen; er hat die Hufe hochgelegt; die Hufe langstrecken; er hat die Hufe gestreckt; er knallt den Huf an die Decke; er hat die Hufe an die Decke geschlagen* usw.

Die Bekanntheit dieses Idiomtyps wurde 2001 in einer zweiten Fragebogenaktion, wiederum in ganz Deutschland, abgefragt. Es zeigte sich eine klare Begrenzung auf den Raum Sachsen und Thüringen, die eine Kartierung ermöglicht (vgl. die Karte auf S. 222; zur Projektion der Umfragedaten auf die Karte s. Piirainen im Druck). Zwar finden sich Ausstrahlungen des Idiomtyps nach Berlin und in den Norden der ehemaligen DDR, jedoch nicht nach Westen. Diese areale Isoliertheit im deutschen Sprachgebiet legte die Annahme einer Entlehnung aus dem eng benachbarten Sorbischen nahe, die jedoch nicht bestätigt wurde.[9] Dem Bild liegen Kenntnisse über das Verhalten des Pferdes im Todeskampf zugrunde: Es legt sich auf den Rücken und streckt die Beine nach oben (vgl. 5.2). Obwohl es sich um eine Tiermetapher handelt, wurden die Wendungen (16) in mehreren Einsendungen als „grob" bezeichnet.[10] Wiederholt wird dieser Idiomtyp unmittelbar neben den „groben" Typ *den Arsch hochmachen* (vgl. 7b) gestellt, z.B. in Notationen wie *er hat den Arsch hochgemacht/die Hufe gerissen*. Auch findet sich der Typ *den Hintern/Arsch hochmachen/hochknallen/...* nur innerhalb des gleichen ostmitteldeutschen Verbreitungsgebietes wie Idiomtyp (16).

---

[9] In westslawischen Sprachen finden sich Äquivalente: polnisch *wyciągnąć kopyta* „die Hufe (aus)strecken" (als „derb" bzw.„grob" markiert). Das Sorbische kennt nur das Idiom *nohi zwróćić* „die Beine nach oben kehren"; so dass eine Entlehnung des Idiomtyps (16) aus dem Sorbischen nicht wahrscheinlich ist (für diesen Hinweis danke ich Dr. Susanne Hose, Sorbisches Institut in Bautzen). Vgl. auch russisch *отбросить копыта (otbrosit' kopyta)* „die Hufe wegwerfen".

[10] Möglicherweise sind es Reflexe volksmythologischer Vorstellungen: Das Pferd gilt als ein dem Menschen besonders nahestehendes Wesen; der Verzehr von Pferdefleisch, das Schlachten, selbst das Abziehen der Hufe sind bis heute mit Tabuauffassungen belegt (vgl. Piirainen 2000, 186, 369).

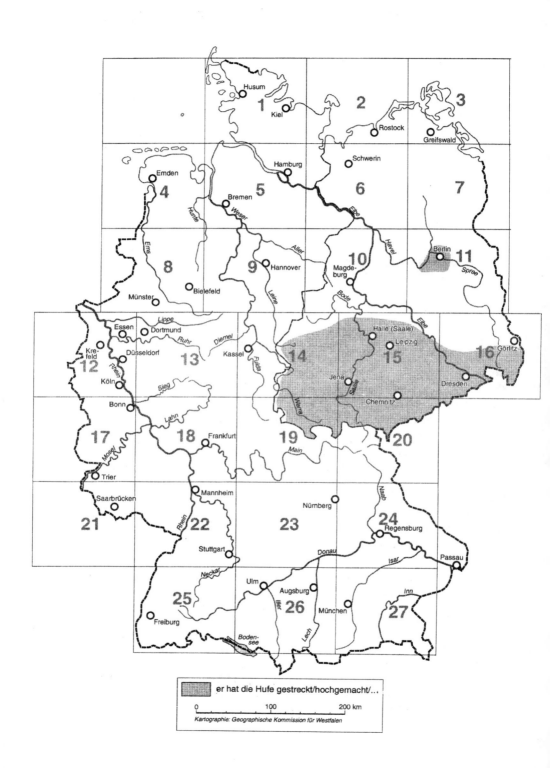

Diatopische Idiom-Markierungen können auch mit regional begrenzten Toponymen und Hydronymen zusammenhängen.[1] So finden sich Varianten des weithin bekannten Idioms *über den Jordan gehen* mit *Wupper* (Meldungen aus Nordrhein-Westfalen) sowie mit den Gebirgsnamen *Deister* (Hannover, Hildesheim, südliches Niedersachsen) und *Harz* (Göttingen, westliches Thüringen) (17). Diatopisch nicht markierte Varianten lauten *er ist über den Bach gegangen; er ist über den Acker gegangen.*

(17) *über die Wupper gehen; er ist über die Wupper gesprungen; über den Deister gehen; er ist übern Deister; über den Harz sein* usw.

Die regionale Markierung kann auch an einen Dialektausdruck gebunden sein. In mehreren Wendungen finden sich mundartliche Wörter für eine volksmythologische Personifizierung des Todes (18): *Bandlkramer, Boandlkramer* u.ä. wurde aus Regensburg, München, Rosenheim, *Gangerl* aus Augsburg, *Katzlmacher* aus Rosenheim gemeldet. Auch die Wendungen (19) mit den Dialektwörtern *Kräpperle, Kreberle* (*Graberle*), die aus dem Vogtland und dem Erzgebirge mitgeteilt wurden, sind eher den bodenständigen Dialekten zuzurechnen.

(18) *ihn holt der Boandlkramer; der Boindlkramer hat ihn geholt; ihn hat der Bandlkramer geholt; dem Boandlkramer Grüß Gott sagen; ihn holt bald der Gangerl; zu ihm kommt der Katzlmacher*

(19) *Kräpperle machen; er hat Kreberle gemacht; er hat's Kreberle/Graberle gemacht*

Schließlich kann die diatopische Begrenzung einiger Wendungen in der Bildlichkeit, und zwar in regionaltypischen Realien, begründet sein. So tritt der Bergbau als Bildquelle in einigen aus dem Erzgebirge mitgeteilten Wendungen hervor: Für den Bergmann wird das Grab mit der Welt unter Tage verglichen; seine „letzte Reise" ist die Fahrt zur „letzten Schicht". Aus anderen Bergbauregionen wie dem Ruhrgebiet wurden vergleichbare Idiome nicht genannt.

(20) *er fuhr auf die 1,50 Meter Sohle; er liegt unter Tage; er ist zur letzten Schicht gefahren; er ist zur letzten Schicht angetreten*

5. Bildlichkeit

Idiome des semantischen Feldes 'sterben', wie sie von den Probanden/innen aus den Umgangssprachen mitgeteilt wurden, lassen sich anhand der bildlichen Komponenten zu größeren Themenkomplexen zusammenfassen. Es ergeben sich

---

[1] Zu regionalen Hydronymen in einem überregional verbreiteten Idiomtyp vgl. *Was-ser in die Elbe schütten*, der in der Umfrage mit 24 verschiedenen Flussnamen ge-meldet wurde (Piirainen 2002b). Auch Mikrotoponyme mit einer viel kleineren räumlichen Bekanntheit können als Konstituenten in regional begrenzten Sterbe-Idiomen vorkommen (vgl. Piirainen 1999, 131f.).

fünf herausragende bildliche Domänen metaphorischer und metonymischer Art, wenngleich Überschneidungen nicht auszuschließen sind. Mehrere Idiome dieses Feldes können sowohl im Rahmen der konkreten, reichen Bildlichkeit (Frames und Skripts) als auch im Rahmen der durch einen höheren Abstraktionsgrad gekennzeichneten konzeptuellen Metaphern beschrieben werden; auch kann die symbolische Funktion einer Konstituente gleichzeitig eine Rolle spielen. Ausgangspunkt bildet hier vor allem die reiche bildliche Ebene.

5.1 Beendigung der Aktivitäten des Menschen

In vielen Idiomen der aktuellen Bedeutung 'er ist gestorben' werden auf der konkreten bildlichen Ebene Aktivitäten des Menschen in den Vordergrund gerückt, die mit dem Tode beendet sind, vgl. *er kauft nicht mehr bei Aldi ein; er sieht kein Westfernsehen mehr; er zahlt keine Steuern mehr* usw. (11-14). Neben diesen speziellen, mit dem modernen Leben verbundenen Aktivitäten sind es allgemeinere Lebensfunktionen, aber auch Schmerz und Leiden, die mit dem Tode enden. Eine zentrale Funktion ist die des Sprechens (21), die entweder direkt benannt wird (*reden, sagen*), oder durch die Unfähigkeit, sich durch Laute zu äußern, sowie durch *schweigen*.

(21a) *er kann nicht mehr reden; er hat den letzten Piep gesagt; er sagt keinen Ton mehr; er sagt nicht mehr zip noch jap; er gibt keinen Laut von sich; er macht keinen Mucks/Muckser mehr; ...*[12]

(21b) *er schweigt; er schweigt jetzt für immer; er ist auf ewig verstummt; zum ewigen Schweiger mutiert sein; er ist jetzt bumsstill* usw.

Die ebenfalls zentrale Lebensfunktion 'essen' wurde nur im Zusammenhang mit 'Brot', dem prototypischen Nahrungsmittel, genannt (22a). Doch ist das 'Weglegen des Essbestecks' zu vergleichen (Anm. 4). Früher war der Löffel für Brei oder Suppe das prototypische Instrument der Nahrungsaufnahme; der Verstorbene braucht keinen Löffel mehr. Das Idiom *den Löffel abgeben* wurde in ver-

---

[12] Manche Idiome werden zugleich auf das Versagen von Geräten, Maschinen u.ä. bezogen (*Das Auto macht keinen Mucks mehr*). Auf den Problemkomplex der (diskursspezifischen) semantischen Entwicklungen von „Sterbe-Idiomen" kann hier nicht näher eingegangen werden. So zeigen die auf einige Textsorten beschränkten elektronischen „Mannheimer Korpora" (COSMAS), dass z.B. das Idiom *das letzte Stündlein hat geschlagen* in Tageszeitungen (Mannheimer Morgen u.ä.) für die Beendigung oder Auflösung aller möglichen Sachverhalte, nicht jedoch für 'sterben' gebraucht wird. Noch spezieller hat sich die Bedeutung von *ins Gras beißen* in der Textsorte „Sportbericht" entwickelt, da es vor allem im „Rasensport" (zunächst wohl als Wortspiel mit *Rasen/Gras*) nur für 'Misserfolg' (Tabellenabstieg u.ä.) vorkommt.

schiedenen scherzhaften Modifikationen mitgeteilt, wobei *Essensmarke(n)* dominiert (22b).[13]

(22a) *er hat das letzte Brötchen gefressen; er hat sein letztes Stück Brot gegessen*
(22b) *er hat seine Essensmarken abgegeben; er hat die letzten Essensmarken abgegeben; er braucht keine Essensmarke mehr* usw.

Als weitere Körperfunktion, die mit dem Tode beendet ist, tritt 'Darmtätigkeit' zu Tage, in einigen „derben", disphemischen Idiomen wie *er hat zum letzten Mal einen fahren lassen* oder *sein Arsch hat Feierabend* (7b), auch erweitert zu einem Zeugma *die arme Seele hat Ruh und der Arsch Feierabend*. Dieses Motiv überschneidet sich mit 'letzten körperlichen Symptomen im Todeskampf' (5.2).

Eine andere Aktivität des Menschen, die mit dem Tode endet, ist 'gehen, laufen'. Diese Lebensfunktion wird entweder direkt benannt (*er geht/hüpft nicht mehr*) oder durch Bilder vom Ablegen der Fußbekleidung angedeutet (Pantoffeln und Schuhe auch in regionalen Varianten: aus Nordfriesland stammt die Version *er hat die Holzschuhe hingestellt*). Die Bildlichkeit der Idiome (23) kann beschrieben werden als 'er benötigt kein Schuhwerk mehr, er wird nicht mehr umhergehen'. Auf einer abstrakten Ebene ergibt sich eine tiefere Dimension. Die konzeptuelle Metapher DAS LEBEN IST EIN WEG ermöglicht eine motivierende Interpretation des Zusammenhangs zwischen der inneren Form „die Schuhe stehen lassen" und der aktuellen Bedeutung 'sterben'.

(23) *er hat die Schuhe stehen lassen; er hat seine Latschen weggeworfen; er hat die Latschen hingestellt; er hat die Pantoffeln abgegeben* usw.

Zur Bildquelle 'Lebensfunktionen des Menschen sind beendet' sind ferner jene Idiome zu stellen, in denen Vorstellungen vom 'Ende körperlicher Leiden und Gebrechen' anklingen (*er hat es hinter sich; er hat's ausgestanden; er hat ausgelitten*). Neben Schmerzen allgemein bilden Zahnschmerzen, Kopfschmerzen oder unangenehme Empfindungen wie Juckreiz herausragende Konzepte (24). Vgl. auch *ihn drückt kein Schuh mehr*, das möglicherweise die Basis für die ironische Abwandlung *ihn drückt keine Brieftasche mehr* bildet.

(24a) *er hat keine Schmerzen mehr; ihm tut nichts mehr weh; er spürt kein Leid mehr; ihm tut nie wieder etwas weh; ihn stört nichts mehr, ...*
(24b) *ihm tun die Zähne nicht mehr weh; er hat keine Zahnschmerzen mehr; ihm tut der Kopf nicht mehr weh; ihn drückt kein Kopf mehr; ihm tut kein Knochen mehr weh*

---

[13] Meldungen wie *er hat seine Zähne abgegeben; er hat die Pfanne/den Spaten/die Stechkarte abgegeben* könnten als Fehlleistungen zu werten sein, nicht jedoch die oft genannte, nicht ganz durchsichtige Form *er hat den Nippel abgegeben*; gemeinsam ist ihnen die Vorstellung, dass der Verstorbene viele Dinge nicht mehr braucht, die zu Lebzeiten von Bedeutung waren. Ein ähnliches Konzept liegt dem in allen Regionen bekannten Idiom *er hat den Schirm zugeklappt* zugrunde.

(24c) *ihn juckt nichts mehr; ihn wird's nie wieder jucken; ihn kratzt jetzt nichts mehr; ...*

Zur Erlösung vom Leid gehören auch die Seelenruhe, die Befreiung von Sorgen des irdischen Daseins (25a). Der Tod wird als etwas Angenehmes, wenn nicht Erstrebenswertes dargestellt; dem Verstorbenen (nun in einer anderen Welt) geht es besser als zu Lebzeiten. In die Nähe dieser Vorstellungen sind Idiome zu stellen, denen der kulturell verankerte Topos vom Tod als einem langen Schlaf zugrunde liegt. Diese reich ausgebaute Metapher kann hier nur mit einigen Beispielen angeführt werden (25b); vgl. auch (37b).

(25a) *den regt nichts mehr auf; er hat für ewig ausgesorgt; er hat keine Seelenschmerzen mehr; er hat keine Sorgen mehr; er ist aller Sorgen ledig; ...*

(25b) *er hat seine ewige Ruhe gefunden; zur ewigen Ruhe eingehen; nun hat er die ewige Ruhe; er ist für immer zur Ruhe gegangen; er hat seinen Frieden gefunden; er hat sich zur letzten Ruhe gebettet; er ist für immer eingeschlafen usw.*

5.2 Letzte körperliche Regungen im Augenblick des Todes

In früheren Zeiten war es selbstverständlich, dass ein Sterbender von den Angehörigen bis zum Ende gepflegt und nie allein gelassen wurde. Die physiologischen Reaktionen des Körpers, der Verlauf der Agonie, waren jedem durch Miterleben am Sterbebett bekannt. Obwohl das Sterben in der gegenwärtigen urbanisierten Gesellschaft möglichst aus der Wahrnehmbarkeit des alltäglichen Leben ausgeklammert wird (Ariès 1985, 763ff.), finden sich unter den Mitteilungen der Fragebögen Idiome, die auf Bildern der typischen körperlichen Symptome des Todeskampfes basieren. Physiologische Reaktionen als verlässliche Anzeichen für das Eintreten des Todes sind Streckbewegungen der Gliedmaßen, letzte Darmtätigkeit, ein letzter Atemzug und das „Brechen der Augen".

Nur in vereinzelten Meldungen tritt das Bild der krampfartigen Fingerbewegungen des Sterbenden hervor (*er spreizt die Finger*). Umso häufiger begegnen das Langstrecken und Emporstrecken der Gliedmaßen. Hierzu gehört Idiom (26a), das in den Wörterbüchern zumeist nur als 'Arme und Beine von sich strecken' (Duden 1998, 767) paraphrasiert wird; vgl. die Varianten in (26b). Aus etymologischer Sicht ist vermutlich Idiom (27) hierhin zu stellen, auch wenn die Sprachteilhaber das Bild nicht unbedingt mit den körperlichen Symptomen assoziieren. Idiom (27) ist etwa einem Drittel der Befragten bekannt, jedoch nicht in der in (Duden 1998, 274) genannten Form *die große Grätsche machen*. Oft findet sich der Zusatz, das Idiom werde eher von Dingen, z.B. vom Unbrauchbarwerden technischer Geräte, gesagt (vgl. Anm. 12). Schließlich weist Idiomtyp (16) *er hat die Hufe gestreckt/langgestreckt/hochgemacht/...* vergleichbare bildliche Komponenten auf, wobei das Strecken der Gliedmaßen verhüllend mit einer Tiermetapher angedeutet wird.

(26a) *alle viere von sich strecken; er hat alle viere von sich gestreckt*
(26b) *er hat alle viere hochgeklappt; er hat die Füße ausgestreckt; er hat die Hacken/ Beine hochgeklappt; die Beine gen Himmel strecken; ...*
(27) *er hat die Grätsche gemacht; er macht eine Grätsche; die ewige Grätsche machen*

Ein anderes Bild, das auf die Beobachtung der letzten Darmtätigkeit im Augenblick des Todes zurückgeht, ist nach Aussage der Fragebögen innerhalb der Sterbe-Idiome besonders produktiv, zumeist im Sinne einer groben, lächerlichen oder humoristischen Disphemisierung; vgl. (7a). Auch finden sich Überschneidungen mit anderen Bildern, z.b. mit dem Erkalten des Körpers (*er hat zum letzten Mal warm geschissen; einen kalten Arsch kriegen*), vgl. auch 5.1.

(28a) *den Hintern zukneifen; den Arsch zumachen; er kneift die Arschbacken zu; ihm ist das Arschloch zugeschnappt; ihm schnappt's Ärschle zu; er kneift den Po zu; ...*

(28b) *er hat seinen letzten Furz getan; er hat den letzten Scheiß gelassen, seinen letzten Köttel kacken; er hat seinen letzten Dreck geschissen* usw.

Ein weiteres Symptom im Verlauf des Todeskampfes ist das schwere, röchelnde Atmen, ein letztes tiefes Atemholen, bis der Atemstillstand eintritt. Für 'Atem' finden sich verschiedene Substantive, jeweils in Verbindung mit dem Adjektiv *letzten*. In den Idiomen (29) überschneiden sich die konkrete Bildlichkeit, die auf Beobachtungen am Sterbebett beruht, und die symbolische Funktion von 'Atem' als Inbegriff des Lebens, vgl. auch Beispiel (6).

(29a) *er hat seinen letzten Schnaufer gemacht; er hat den letzten Schnapper/Keucher/ Japser getan; er hat seinen letzten Atemzug gemacht; den letzten Atem tun; die letzen Atemzüge machen; er tut den letzten Zug; ...*
(29b) *er hat aufgehört zu schnaufen; er hat vergessen, Luft zu holen; ihm wird bald die Luft ausgehen; den Odem aushauchen* usw.

Das „Brechen der Augen", bis sie endgültig geschlossen oder zugedrückt werden, klingt in vielen Wendungen an (30). Auch hier ist neben der konkreten Ebene des körperlichen Symptoms eine tiefere, symbolische Dimension zu eruieren, da 'Auge', 'Augenlicht' symbolisch mit 'Leben' verbunden sind. Ein verhüllender Charakter zeigt sich besonders im letzten Ausdruck, wenn die Augen als *Fensterchen* (durch die das Licht hereintritt) dargestellt werden; vgl. auch die symbolische Funktion von 'Licht' in (51).

(30) *mit gebrochenen Augen daliegen; er hat die Augen verdreht; er hat die Augen auf links gedreht; er hat die Augen ausgemacht; ihm sind die Augen zugewachsen; er hat die Augen zugedrückt; die Fensterchen sind zugegangen* usw.

5.3 Sarg, Grab, Würmer, Friedhof

Besonders zahlreich wurden Idiome gemeldet, die auf der Basis der Frames 'Sarg', 'Grab', 'Friedhof' zu interpretieren sind; in den Wörterbüchern findet sich fast nichts davon. Hier kann nur ein kleiner Ausschnitt präsentiert werden. Einige Beispiele für die Sargmetaphorik wurden schon genannt: *ins Kistlein hupfen* (4), *den Deckel von innen zumachen* (2), *er hat aufs Brett geschissen* (7a). Das zentrale Wort für den Sarg ist *Kiste* (31a); *Kasten* und *Sarg* begegnen selten (31b). Eine scherzhaft-euphemistische Ausformung der Bildes zeigt (31c): Der Sarg wird als ein Ort dargestellt, an dem eine Party gefeiert wird.

(31a) *er hat die Kiste bestiegen; er hat sich in die Kiste gelegt; er ist in der Kiste gelandet; er ist in die Kiste gegangen/gefahren/gestiegen/gehüpft; er ist in die schwarze Kiste gesprungen; er liegt in der Kiste und bekommt kalte Füße; ...*

(31b) *in den Kasten springen; er ist in den Kasten gegangen; er ist in den Sarg gekrochen; er winkt schon aus dem Sarg usw.*

(31c) *er hat Kisten-Party; er kann jetzt Kistenparty feiern*

Der Sarg wird außer durch *Deckel* (2) durch *Bretter* und *Holz* induziert, und zwar in unterschiedlichen Bildern. Oft wird die Anzahl der erforderlichen Bretter (*sechs*) in den Vordergrund gerückt (32a). Auch hier findet sich eine moderne saloppe Abwandlung des Bildes; nach Auskunft der Befragten wurde (32b) durch einen Spielfilm bzw. eine TV-Serie bekannt. Die Wortschöpfung *Holzpyjama* ist mit *Kistenparty* (31c) vergleichbar; das verhüllende Potenzial ist nicht zu verkennen: 'Sterben' ist nichts anderes als das 'Anziehen eines Pyjamas', womit an den Topos vom Tod als langem Schlaf (25b) angespielt wird.

(32a) *er kann schon mal die Bretter nageln; er hat schon Bretter auf dem Buckel; er hat seine sechs Bretter schon zusammen; er richtet seine sechs Bretter her; ...*

(32b) *er hat den Holzpyjama an; im Holzpyjama liegen; den Holzpyjama anziehen*

Die Grabmetaphorik wurde ebenfalls bereits erwähnt: *er fuhr auf die 1,5 Meter Sohle* (20).[14] Herausragende Elemente dieser überaus stark vertretenen Bildlichkeit sind das 'Eingraben in die Erde' (u.a. mit verhüllenden Verben, als ob der Tote selbst Aktivitäten wie *springen, hüpfen, sich legen* übernehme (33a)) und die 'Tiefe des Grabes', die mit unterschiedlichen Zahlen in den Längenmaßen *Meter* und *Fuß* und angedeutet wird (33b). Ebenso werden Beerdigung und Grab assoziiert mit dem Umzug in eine neue Wohnung (33c).

---

[14] Hierzu gehören auch die sehr variantenreichen Wendungen *sich die Gänseblümchen/Rosen/Möhren/Kartoffeln/Erde... von unten ansehen*, die an anderer Stelle erörtert wurden (Piirainen im Druck).

(33a) *ihn haben sie eingegraben; man hat ihn beigebuddelt; er ist in die Kuhle gesprungen; in die Grube hüpfen; in die Gruft fahren; sich ins Grab legen; er ist unter die Erde gegangen; er liegt unterm Torf;* ...

(33b) *jetzt liegt er einen Meter tiefer; er liegt 1,80 m unter der Grasnarbe; er hat drei Meter Erde überm Bauch; er ist jetzt zwei Fuß unter der Erde; er ruht drei Fuß tief; man hat ihn sechs Fuß tiefer gelegt; er ist sechs Fuß unter dem Erdboden; er liegt zehn Fuß tiefer* usw.

(33c) *er ist umgezogen; er ist ein Stockwerk/eine Etage tiefer gezogen; er wohnt jetzt in einer zwei-mal-zwei-Einraumwohnung; er hat jetzt eine Kellerwohnung* usw.

Wie bei den vorigen Beispielen sind auch hier scherzhafte Weiterentwicklungen des Bildes anzutreffen: Der Tote wird nur räumlich „verlegt": *ihn haben sie verlegt von ober- auf unterirdisch* oder in der Art eines Kreuzworträtsels angeordnet: *er liegt jetzt drei senkrecht, zwei waagerecht.* Weitere herausragende Konzepte, die das Grab andeuten, sind 'Erde' (die dem Sterbenden schon anzumerken ist (34a)) und der prototypisch mit 'Erde' verbundene 'Maulwurf' (34b).

(34a) *sich mit Erde vertraut machen; er hat schon Erde in der Tasche; er riecht schon nach Erde; er kaut schon Erde; Mull kauen;* ...

(34b) *den Maulwürfen Gesellschaft leisten; den Maulwürfen guten Tag sagen* usw.

Das Bild von den Würmern, die die sterbliche Hülle zerfressen, nimmt ebenfalls breiten Raum ein. Scherzhaft-groteske Ausprägungen sind z.B. *er geht ins Würmerhotel; er hat eine Suite im Würmerhotel gemietet* u.ä. In den Wendungen dominieren entweder die gute Nachbarschaft des Toten zu den Würmern (35a), er grüßt sie, leistet ihnen Gesellschaft, spielt und tanzt mit ihnen (vergleichbar der *Kistenparty* (31c)), oder seine Funktion als Nahrungsquelle (35b). Bei der Nahrungsaufnahme können sich die Würmer und Maden wie menschliche Wesen benehmen, indem sie Serviette und Lätzchen benutzen.

(35a) *zu den Würmern gehen; er liegt bei den Würmern; den Würmern Gesellschaft leisten; er grüßt die Würmer; er kitzelt die Regenwürmer unter der Erde; er tanzt jetzt mit den Regenwürmern; er spielt Karten mit den Würmern;* ...

(35b) *er wird von den Würmern zerfressen; er füttert jetzt die Regenwürmer; er ist Wurmfutter; an ihm schmatzen die Würmer; die Würmer haben sich schon die Serviette umgebunden; die Maden tun das Lätzchen bald wieder ab* usw.

Neben Ausdrücken, in denen das 'Vermodern' anklingt (*er riecht schon; zu Staub werden; ihn hat's derbröselt*), tritt auch der 'Friedhof' als Bildquelle zu Tage, selten in direkter Benennung (36a), sondern angedeutet durch Bepflanzung und Blumenpflege (36b); vgl. auch (4) und Anm. 14.

(36a) *er wohnt auf dem Friedhof; er liegt beim Pastor im Garten; er liegt auf dem Berg*

(36b) *er bekommt jetzt Besuch mit der Gießkanne; er düngt die Blumen; er hat einen Garten auf dem Bauch* usw.

5.4 Jenseits, Raum und Zeit

Außer den bildlichen Komponenten der Sterbe-Idiome, die sich um recht weltliche Aspekte des irdischen Lebens, um körperliche Symptome beim Eintritt des Todes und den Umgang mit der sterblichen Hülle gruppieren, nehmen metaphysische Vorstellungen vom Übergang in eine andere Welt, von einer postmortalen Existenz, von der Aufhebung von Raum und Zeit, in den mitgeteilten Wendungen ebenfalls breiten Raum ein. Jenseitsauffassungen wurden mit den Beispielen *er geht zu den Engeln; er spielt auf einer Harfe* usw. (1), und mit dem Komplex der 'Erlösung vom Leiden des irdischen Lebens', der 'ewigen Ruhe' (25b) schon genannt. „Metaphysisch" muten auch Wendungen wie *er ist jetzt bei Elvis; er tritt vor Elvis* (8) an. Wie bei mehreren Idiomen bereits gezeigt wurde, ist die Motivation oft mehrschichtig, nicht an einem einzigen Bild festzumachen. So verbinden sich christliche Jenseitsbilder von der Auferstehung, vom ewigen Leben, von der Vereinigung mit Gott und den Engeln im Himmel, mit konzeptuellen Metaphern wie STERBEN IST EINE REISE, DER TOD IST EINE GRENZÜBERSCHREITUNG oder DAS LEBEN IST EINE ZUGEMESSENE ZEIT.

Hier seien zunächst Idiomkomplexe betrachtet, deren Bildlichkeit von christlichem Gedankengut geprägt ist, wie Auferstehung, Dasein im Himmel, Abberufung durch den Schöpfer oder die Nähe Gottes. Die Beispiele (37) mögen veranschaulichen, dass feste Grenzen zwischen den Motiven, die zur Andeutung der Transgression genutzt werden (Hinübergehen an ein anderes Ufer, in eine andere Welt, ins Jenseits, in die Ewigkeit) und den Bildern 'Weg und Reise', 'Ruhe, friedlicher Schlaf' kaum zu ziehen sind.

(37a) *er gleitet hinüber; er hat die Seite gewechselt; ans andere Ufer gehen; er wurde ins Jenseits abberufen; ins Jenseits eintauchen; ...*

(37b) *er ist in einer anderen Welt; in eine bessere Welt gehen; eingehe. in die Glückseligkeit; er geht heim in die Ewigkeit; in die Ewigkeit abberufen werden; er hat seine letzte Heimstatt gefunden; er ruht in ewigem Frieden* usw.

Das 'Hinauffahren in den Himmel' als zentraler christlicher Glaubensinhalt spiegelt sich in einigen Wendungen wider.[15] Eine direkte Benennung des Himmels (38a) ist eher selten im Vergleich zu indirekten Hinweisen auf das Dasein im Himmel aufgrund der Blickrichtung des Verstorbenen „von oben" (38b).

(38a) *er geht himmelan; er ist in den Himmel aufgefahren; gen Himmel schweben; ...*

(38b) *er guckt sich alles von oben an; er besieht die Welt von oben; er schaut uns von oben zu; er sieht die Sterne von oben* usw.

---

[15] Auch in einigen Einzelverben wird die Auffahrt in den Himmel reflektiert: *himmeln, aufhimmeln, amseln, aufamseln* ('wie eine Amsel nach oben fliegen') oder *abfliegen*, vgl. (43).

Häufig wurden Wendungen gemeldet, in denen 'sterben' mit dem Abberufen, Heimholen und der persönlichen Begegnung mit Gott oder Petrus in Verbindung gebracht wird. Zu den selteneren Meldungen gehören u.a. *zum Vater heimgeholt werden, der Himmelsfürst hat ihn gerufen*. Zentral sind dagegen *Gott, Schöpfer* und *Herr, Herrgott* (39a-c) sowie *Petrus*, der zugleich sinnbildlich mit der 'Himmelspforte' verbunden ist (40).

(39a) *zu Gott gerufen werden; er ist zum lieben Gott gegangen;* ...
(39b) *vor den Schöpfer treten; seinem Schöpfer entgegentreten; er ist zu seinem Schöpfer abberufen worden; er schaut den Schöpfer nun von Angesicht zu Angesicht;* ...
(39c) *vom Herrn heimgerufen werden; er schaut dem Herrgott ins Angesicht; vor seinen Herrn und Richter treten; er ist zu seinem Herrn gefahren* usw.
(40) *Petrus hat ihn zu sich genommen; er ist bei Petrus; er klopft bei Petrus an die Tür; klopft bald an die Himmelspforte; er hat an die Himmelstür geklopft* usw.

In einigen der vorigen Beispiele sind die Metaphern DER TOD IST EINE GRENZÜBERSCHREITUNG (vgl. (37a)) und STERBEN IST EINE REISE bereits fassbar, die auch unabhängig von christlichen Glaubensinhalten in vielen Sterbe-Idiomen produktiv in Erscheinung treten. Als 'Überschreitung einer Grenze' sind die Idiome *über den Jordan/über die Wupper gehen* (17) und vermutlich das oft gemeldete *er ist um die Ecke gegangen* zu interpretieren. Die Weg/Reise-Metaphorik wurde mit (5) *sein Abtreterchen machen; er macht ein Flöckchen; er hat sein Ränzlein geschnürt* schon genannt. Im Folgenden werden weitere Idiome betrachtet, die die konzeptuelle Metapher STERBEN IST EINE REISE aktivieren.

Reichlich sind Idiome vertreten, in denen der kulturell verankerte Topos von der 'letzten Reise (ohne Wiederkehr)' mit den Wortgruppen *die letzte Fahrt, die letzte/große Reise* direkt benannt wird (41a). Darüber hinaus werden auf einer konkreten Ebene Elemente des Szenarios 'Reisen' in den Vordergrund gerückt, um die abstrakte konzeptuelle Metapher zu aktivieren,[16] seien es *Reisestiefel* oder *Ränzlein* (5) früherer Zeiten, seien es Details des modernen Reisens mit der Bahn, wobei eine Rückfahrkarte nicht erforderlich ist (41b). Hierzu gehört auch das Abschiednehmen vor der großen Reise (42); das Verlassen der Welt für immer wird mit dem Verlassen eines Hauses gleichgestellt.

---

[16] Zu vereinfachend wendet Marín-Arrese (1996, 39) Lakoff's Metaphernmodell auf die Metapher TOD IST EINE REISE an: „For example, in the 'death is a journey' metaphor the correspondences that constitute the metaphor map our knowledge about journeys onto knowledge about death. Such correspondences permit us to reason about death using the knowledge we use to reason about journeys." Es verhält sich eher umgekehrt: Da die konzeptuelle Metapher einen festen Bestandteil unseres Wissens ausmacht, kann sie mit immer anderen Slots aus dem Erfahrungswissen von 'Reisen' in die konkrete bildliche Ebene umgesetzt werden.

(41a) *er hat die letzte Fahrt gemacht; er tritt seine letzte Reise an; er hat sich auf seine letzte Reise gemacht; er ist auf die große Reise gegangen; er hat sich auf eine lange Reise begeben; er muss auf eine lange Reise gehen;* ...

(41b) *er hat die Reisestiefel schon angezogen; die Fahrkarte lochen; er ist weg ohne Rückfahrkarte; er hat den letzten Zug genommen;* ...

(42) *er hat Abschied genommen; er hat den großen Abschied gemacht; das letzte Lebewohl sagen; er hat der Welt ade/adieu gesagt; das Haus verlassen; er hat die Tür hinter sich zugemacht* usw.

Ferner findet sich eine Fülle von Einträgen wie *den Abgang*[17]*/die Mücke/Flocke machen*, deren primäre Bedeutungen als '(schnell, heimlich, unauffällig) weggehen, sich davonmachen, ausreißen, sich aus der Verantwortung ziehen o.ä.' zu umschreiben sind (43). Sie sind, wie in 3. ausgeführt, nicht „jugendsprachlich", sondern in allen Altersgruppen bekannt. Vereinzelt wurden sie als „grob" oder „vulgär" gekennzeichnet. In den Wendungen mit *Abflug, Fliege* sowie *er hat den Adler gemacht; er hat Flügel gekriegt* verbindet sich die Weg/Reise-Metapher wiederum mit Vorstellungen vom Auffahren in den Himmel (38a).

(43) *er hat den Abflug gemacht; er hat den großen Abgang gemacht; er hat den Abgang für immer gemacht; den großen Abflug machen; er hat die ganz große Flatter gemacht; er hatte die Flatts gemacht; er macht die Flocke; den Flattermann machen; die Biege für immer machen; er hat die (große) Fliege gemacht; er hat die Kurve gekratzt; die Kratze machen; er hat die Mücke gemacht* usw.

Das Leben des Menschen wird als ein linearer Prozess konzeptualisiert, ist daher durch Zeit-Metaphern bestimmt. Das Leben ist eine Zeitspanne, die einen Anfang und ein Ende hat. Innerhalb dieser Vorstellung kann der Tod konzeptualisiert werden als letzte Stunde, Minute oder letzter Tag. 'Zeit' erscheint als bestimmte zugemessene Lebensspanne; im Tod ist die zeitliche Dimension aufgehoben, an ihre Stelle tritt die Ewigkeit. Auch diese metaphorischen Vorstellungen vom Bemessen-Sein, Ablaufen und Verrinnen der Zeit sind in Jahrhunderte hindurch wirksamen kulturellen Traditionen verankert. Das Konzept 'Aufhebung der Zeit' ist in Idiomen wie *jmds. Zeit ist gekommen, das Zeitliche segnen* (s.u.), *in die Ewigkeit eingehen* usw. fassbar (vgl. auch (25b), (37b)). In den Mitteilungen der Probanden/innen dominieren Komplexe, die sich an den Konstituenten *Stunde, Stündlein* (zumeist mit den Verben *schlagen, kommen* (44a), vgl. auch Anm.12) und *Uhr* (zumeist mit *geschlagen* oder *abgelaufen* (44b) festmachen lassen, womit unterschiedliche, sich überschneidende Bild evoziert werden (Uhr als

---

[17] Idiome wie *den Abgang/das Abtreterchen machen* sind auch innerhalb der Metapher DAS LEBEN IST EINE BÜHNE zu interpretieren, vgl. dazu Meldungen wie *von der Bühne abtreten; er ist von der Bühne des Lebens abgetreten; der Vorhang des Lebens geht herunter* usw.

sichtbares Symbol der zugemessenen Zeit und das Schlagen der Uhr als Signal des definitiven Endes).

(44a) *seine Stunde hat geschlagen; seine letzte Stunde hat geschlagen; das letzte Stündlein hat geschlagen; für ihn schlägt das letzte Stündlein; ihm hat schon die letzte Stunde geschlagen; seine Stunde ist gekommen; das letzte Stündlein kommt;* ...
(44b) *seine Uhr ist abgelaufen; die Sanduhr ist abgelaufen; seine Uhr hat geschlagen; seine Uhr ist stehen geblieben* usw.

Einige Male wurden auch *seine letzten Minuten haben geschlagen, seine Tage beschließen* oder *seine Tage sind gezählt* gemeldet. Der Wendung *ihm wird bald das Glöcklein schlagen* liegt eine mehrschichtige Bildlichkeit zugrunde, da *Glöcklein* auch die Totenglocke sein kann, die beim Eintreffen des Trauerzuges auf dem Friedhof läutet. Fehlleistungen (z.B. *das Glöcklein läuten hören*) kommen in allen Bereichen der Sterbe-Idiome vor, besonders reichlich jedoch bei dem Idiom *das Zeitliche segnen*. Offensichtlich hatten die Befragten Probleme, die korrekte Form zu reproduzieren. Oft finden sich Einträge wie *er hat das Zeitige gesegnet, ihn hat das Zeitige gesegnet; er wird vom Zeitlichen gesegnet*, aber auch Kontaminationen wie *er hat das Ewige gesegnet; er hat das Jenseitige gesegnet; er hat die Ewigkeit gesegnet* oder *ihn hat das Weite gesegnet*.

5.5 Mythologische Vorstellungen

In mehreren Fragebogeneinträgen treten mythologische Reminiszenzen alter und fremder Kulturen zu Tage. Zu den selteneren Meldungen gehören „bildungssprachliche" Beispiele wie (45), die auf spezielle Kenntnisse der Mythologien (vom germanischen Totenreich *Walhalla* oder von den antiken Unterwelten *Orkus* und *Hades*) zurückzuführen sind.

(45a) *an Odins Tafel sitzen; nach Walhalla gehen*
(45b) *in den Orkus fahren; er ist in den Hades gegangen*

Selten wurden Idiome wie *sein Lebensfaden ist gerissen* gemeldet, in denen mythologische Vorstellungen jener alten Kulturen (über die Lebenszeit als abgemessener Faden, der von einer Schicksalsgöttin gesponnen und von einer anderen durchtrennt wird) anklingen. Auch das unspezifische Wort *Totenreich* (*er ist ins Totenreich hinübergegangen*) kommt nur vereinzelt vor. Reichlich sind dagegen Idiome vertreten, denen vage mythologische Vorstellungen von der Vereinigung mit den Ahnen (46) und vom Eintritt in ein großes Heer (47) zugrunde liegen, wobei sich Überlagerungen mit christlich geprägten Jenseitsvorstellungen ergeben (vgl. *er hat sich den himmlischen Heerscharen angeschlossen* (1c)). Auf geschlechtsspezifische Restriktionen dieser Idiome wurde in Anmerkung 2 bereits hingewiesen.

(46) *er geht zu den Vätern; er hat sich zu seinen Ahnen/Vätern versammelt; er ist zu den Altvorderen gegangen; er ist zu den Großvätern/zu den Anderen gegangen; er ist zu den Vorvätern eingegangen; er wurde zu den Ahnen abgerufen; zu seinen Vätern versammelt werden; zu seinen Ahnen abreiten; ...*

(47) *er ist ins große Heer eingegangen; er ist in die große Armee eingetreten; er ist ab zur großen Armee; er ist zum letzten Appell angetreten* usw.

Unter den mythologisch-religiösen Vorstellungen fremder Kulturen ist einerseits das indische (buddhistische/hinduistische) *Nirwana* vertreten (48). Besonders zahlreich sind Idiome, die den Glaubensvorstellungen der nordamerikanischen Indianer verbunden sind, wie sie u.a. durch die Bücher von Karl May und Indianerfilme vermittelt wurden. In den Wörterbüchern ist nur die Version *in die ewigen Jagdgründe eingehen* verzeichnet, die von den Probanden/innen in vielen Varianten angeführt wurde (49a). Hinzu kommen Idiome, in denen *Manitu*, der große Geist, Jenseitsvorstellungen der Indianer repräsentiert (49b).

(48) *ins Nirwana gehen/kommen/eingehen; er ist in eine andere Kaste aufgestiegen;* ...

(49a) *er ist in die ewigen Jagdgründe gegangen/eingegangen/gezogen/verschwunden; er zieht in die ewigen Jagdgründe; ins Reich der ewigen Jagdgründe gehen;* ...

(49b) *er ist in Manitus Reich; er ist beim großen Manitu; er ist zum großen Manitu gegangen; dem großen Geist begegnen* usw.

Häufig wurden Idiome genannt, in denen 'Sterben' als Folge der persönlichen Begegnung mit dem Tod gesehen wird (z.B. *der Tod hat ihn geholt; der Tod steht schon vor der Tür/vor dem Fenster; Gevatter Tod schaut bald vorbei*). Die mythologische Figur des Schnitters mit der Sense scheint als Allegorie des Todes besonders präsent zu sein (50).

(50) *den Sensemann begleiten; den Sensemann zu Besuch haben; er hat den Sensemann gesehen; bei ihm war der Sensemann; der Sensemann hat ihn mitgenommen; der Sensemann hat an die Tür geklopft; der Sensemann hat zugeschlagen; vom Sensemann gemäht sein; er hat den Schnitter geholt; der arge Schnitter hat ihn eingeholt; der dunkle Schächer war dabei* usw.

Volkstümliche Personifizierungen des Todes wurden schon anhand der Idiome mit den Dialektwörtern *Bandlkramer, Katzlmacher* usw. (18) erwähnt. Sie reichen vermutlich in eine alte volksmythologische Schicht zurück, ebenso wie die Vorstellung vom Totenvogel, der ruft, wenn jemand sterben muss: *das Käuzchen hat gerufen; der Totenvogel hat schon geschrien; der Totenvogel sitzt auf dem Dach*. Auch sind Bilder, in denen der Teufel als Verursacher des Todes hervortritt, nicht allein christlichem, sondern auch volksmythologischem Gedankengut zuzuordnen, vgl. Einträge wie *er ist zum Teufel/zum Sensemann gegangen; ihn hat der Teufel geholt; er spielt nun Karten mit dem Teufel* u.ä.

Zu den mythologischen Vorstellungen im weiten Sinn gehört schließlich der in verschiedenen kulturellen Überlieferungen (Bibel, Märchen) verwurzelte

Topos vom Lebenslicht. Das Leben des Menschen wird mit einer Kerze verglichen, die abbrennt, erlischt oder (von einer höheren Macht) ausgeblasen werden kann. Diese Bilder wurden in vielen variantenreichen Wendungen angeführt, dazu in (51) ein kleiner Ausschnitt:

(51a) *das Lebenslicht ist verloschen; er hat sein Licht ausgelöscht; sein Lebenslicht ist abgebrannt; sein Lebenslicht wurde ausgeblasen; das Licht ausgeblasen kriegen; er hat sein Lämpchen ausgepustet; ihm hat man das Licht ausgepustet; ...*
(51b) *ihm ist das Licht ausgegangen; bei jmdm gingen die Lichter aus; das Licht ausknipsen; es hat ihm die Lichter ausgeblasen; sein Licht ist ausgeknipst worden; ...*

Hier überlagern sich mythologische Vorstellungen vom Lebenslicht (einer Kerze oder einem Lämpchen), das einer Person zugeordnet ist und mit deren Tod erlischt, mit 'Licht' als Symbol des Lebens allgemein. Dabei kann 'Licht' in den Sterbe-Idiomen (51b) auch durch „modernere" Lichtquellen angedeutet werden, die *ausgehen* und *ausgeknipst werden* können. Auch ist auf die Nähe zur Metapher LEBEN IST SEHEN zu verweisen, in denen 'Licht', 'Augenlicht' zugleich sinnbildlich mit 'Leben' verbunden sind: *die Fensterchen sind zugegangen* (30) oder *er hat die Sonne zum letzten Mal gesehen*.

Bei den vielen mit (51a) vergleichbaren Einträgen in den Fragebögen war wiederum die Schwierigkeit zu erkennen, eine korrekte Form zu reproduzieren. „Fehlerhafte" Idiom-Mitteilungen sind (wie in anderen Fällen auch) nicht die Ausnahme, sondern sie überwiegen. Da das Verb *auspusten* dem Verb *aushauchen* semantisch nahe steht, finden sich verschiedene Kontaminationen mit den Idiomen *sein Leben aushauchen, die Seele aushauchen, den Odem aushauchen*. Häufig wurde gemeldet: *das Lebenslicht aushauchen, man hat ihm das Licht ausgehaucht, er hat sein Licht ausgehaucht*, aber auch *er haucht die Lichter aus, die Lichter im Jenseits aushauchen, er hat das Jenseits ausgehaucht*.

6. Ausblick

Mit diesem Beitrag sollte das Vorhaben, Idiome eines phraseosemantischen Feldes aufgrund von Befragungen in allen Regionen Deutschlands zu ermitteln, mit einigen Ergebnissen vorgestellt werden. Es wurde ausgeführt, dass sich das Feld 'sterben' durch die Tendenz zur sprachlichen Disphemisierung und der damit einhergehenden großen phraseologischen Aktivität von anderen Feldern unterscheidet. Diese Tendenz ist nicht in den gesellschaftlichen Konventionen der Tabuisierung des Todes, sondern eher in tieferen psychologischen Dimensionen der Furcht vor dem Tode begründet.

Obwohl hier nur ein kleiner Ausschnitt aus den in den Fragebögen tatsächlich mitgeteilten Idiomen präsentiert werden konnte, zeigte sich, dass sich das von den Befragten gemeldete phraseologische Material grundlegend von dem in den Wörterbüchern bisher erfassten unterscheidet, sowohl hinsichtlich der bildlichen Quellen als auch der zumeist kaum überschaubaren Variantenvielfalt. Es scheint ein Phänomen der Mündlichkeit zu sein, dass viele der Sterbe-Ausdrücke nicht in der Art „erlernter", festgeprägter lexikalischer Einheiten mitgeteilt, sondern aufgrund bestimmter kognitiver Muster jeweils mehr oder weniger frei entfaltet wurden.

Es ging hier nicht um die Frage, in welchem Maße die Idiome den Sprachteilhabern insgesamt bekannt sind (dafür sind weitere gezielte Befragungen erforderlich). Auch über eine mögliche Kurzlebigkeit einzelner Wendungen können keine Aussagen gemacht werden. Da manche – zuvor nicht lexikographisch erfasste – Idiomtypen jedoch massiv aus allen Gegenden Deutschlands (oder auch aus einer begrenzten Region) mitgeteilt wurden, kann in diesen Fällen durchaus von einer „Usualisierung" gesprochen werden. Auf die Problematik, die variantenreichen Idiomtypen in einer einigermaßen adäquaten, „normgerechten" Nennform lexikographisch darzustellen, sei hier nur hingewiesen.

Ferner konnte gezeigt werden, dass den Bildern der in den Umgangssprachen in Umlauf befindlichen Idiome des Feldes 'sterben' sehr unterschiedliche Wissensstrukturen zugrunde liegen. Die konzeptuellen Metaphern, die das Feld strukturieren, sind auch in anderen (bisher untersuchten) Sprachen des westlichen Kulturkreises anzutreffen. Ebenso sind Metaphern- und Symbolvorstellungen, die auf dem gemeinsamen abendländischen Kultur- und Bildungswissen (Antike, Christentum, Ikonographie, Literatur einschließlich der Indianergeschichten usw.) beruhen, auch in anderen Sprachen zu finden. Hierzu gehören auch Beobachtung der Symptome beim Eintritt des Todes (Strecken der Gliedmaßen usw.), die in Sterbe-Idiomen anderer Sprachen ebenfalls wiederkehren.

Auf der Ebene der konkreten Metaphorik sind jedoch auch deutliche Unterschiede der deutschen umgangssprachlichen Wendungen im Vergleich zu den bisher lexikographisch erfassten Idiomen anderer Sprachen zu erkennen. Auf der einen Seite sind alte bildliche Schichten wie vormaliges, heute nicht mehr ausgeübtes Totenbrauchtum und volksmythologische Vorstellungen in gegenwärtig lebendigen Idiomen fassbar. Auf der anderen Seite treten neue Bildquellen zu Tage, die Ausschnitte des gegenwärtigen gesellschaftlichen Lebens mit seinen aktuellen Bezügen, bis hin zur jüngsten Geschichte Deutschlands, ebenso reflektieren wie Aspekte der modernen Alltagskultur, seien es Film, Popmusik oder Fernsehserien. Ähnliche Umfragen zur Phraseologie des Feldes 'sterben' in anderen Sprachen wären als Vergleichsbasis aufschlussreich.

Literatur

Anders, Heidi (1995): *Never say die – Englische Idiome um den Tod und das Sterben.* Frankfurt a. M. [u.a.]: Peter Lang.

Ariès, Philippe (1985): *Geschichte des Todes.* 2. Aufl. München: dtv.

Baur, Rupprecht S.; Brandt, Rüdiger; Schmitz, Ulrich (Hrsg.) (1999): *Mit Sprache über Sprache als Sprache sprechen. Karl-Dieter Bünting zum 60. Geburtstag.* Essen: Universität.

Burger, Harald (1998): *Phraseologie. Eine Einführung am Beispiel des Deutschen.* Berlin: Erich Schmidt Verlag.

Burger, Harald; Gréciano, Gertrud; Häcki Buhofer, Annelies (Hrsg.) (im Druck): *Phraseologie und Parömiologie – Neue Perspektiven der Forschung.*

Dobrovol'skij, Dmitrij (1999): „Haben transformationelle Defekte der Idiomstruktur semantische Ursachen?" In: Fernandez-Bravo/Rozier (Hrsg.) (1999); 25-37.

Duden (1998): *Duden. Redewendungen und sprichwörtliche Redensarten. Wörterbuch der deutschen Idiomatik.* Bearb. von Günther Drosdowski und Werner Scholze-Stubenrecht. Mannheim [u.a.]: Dudenverlag.

Fernandez-Bravo, Nicole; Behr, Irmtraud; Rozier, Claire (Hrsg.) (1999): Phraseme und typisierte Rede. Tübingen: Stauffenburg; 25-37 [= Eurogermanistik 14].

Gibbs, Raymond W. (1990): „Psycholinguistic studies on the conceptual basis of idiomaticity." In: *Cognitive Linguistics 1*; 417-451.

Gibbs, Raymond W.; Nayak, Nandini P.; Cutting, Copper (1989): „How to kick the bucket and not decompose: analyzability and idiom processing." In: *Journal of Memory and Language 28*; 576-593.

Hoberg, Rudolf (Hrsg.) (2001): *Sprache-Erotik-Sexualität.* Berlin: Erich Schmidt Verlag [= Philologische Studien und Quellen].

Jachnow, Helmut (1995): „Der Tod und die Sprache. Beobachtungen zu sprachlichen Ersatzstrategien mit Hilfe von Phraseologismen und Stereotypen bei der Kommunikation über Sterben und Tod." In: *Slavistische Linguistik 1994. Referate des XX. Konstanzer Slavistischen Arbeitstreffens.* München: Otto Sagner Verlag; 175-195.

Longman (1998): *Longman Idiom Dictionary.* Harlow: Addison Wesley Longman Limited.

Küpper, Heinz (1982-1984): *Illustriertes Lexikon der deutschen Umgangssprache in 8 Bänden*, Stuttgart: Ernst Klett.

Marín-Arrese, Juana I. (1996): „To die, to sleep: a contrastive study of metaphors for death and dying in English and Spanish." In: *Language Sciences 18*; 37-52.

Meyer-Ingwersen, Johannes (1999): „/-Animate, +Human/." In: Baur/Brandt/Schmitz (Hrsg.) (1999); 235-258.

Piirainen, Elisabeth (1999): „Karmis Wäide und Botterhööksken. Mikrotoponymie und Phraseologie aus kultursemiotischer Perspektive." In: *Niederdeutsches Wort. Beiträge zur niederdeutschen Philologie 39*; 127-149.

Piirainen, Elisabeth (2000): *Phraseologie der westmünsterländischen Mundart. Teil 1: Semantische, kulturelle und pragmatische Aspekte dialektaler Phraseologismen. Teil 2: Lexikon der westmünsterländischen Redensarten.* Baltmannsweiler: Schneider Verlag Hohengehren [= Phraseologie und Parömiologie 2 und 3].

Piirainen, Elisabeth (2001a): „Der hat aber Haare auf den Zähnen! Geschlechtsspezifik in der deutschen Phraseologie." In: Hoberg (Hrsg.) (2001); 283-307.

Piirainen, Elisabeth (2001b): „Phraseologie und Arealität." In: *Deutsch als Fremdsprache 38/4*; 240-243.
Piirainen, Elisabeth (2002a): „'Landschaftlich', 'norddeutsch' oder 'berlinisch'? Zur Problematik diatopischer Markierungen von Idiomen." In: *Deutsch als Fremdsprache 39/1*; 37-41.
Piirainen, Elisabeth (2002b): „Bier mit ins Hofbräuhaus nehmen oder Sand in die Sahara tragen? Nochmals zum Idiomtyp 'Eulen nach Athen tragen'". In: *Proverbium. Yearbook of International Proverb Scholarship 19* (im Druck).
Piirainen, Elisabeth (2002c): „'Ein Wink mit dem Scheunentor?' Nochmals zur Bekanntheit von Idiomen." In: *Deutsch als Fremdsprache 39/2* (im Druck).
Piirainen, Elisabeth (im Druck): „Areale Aspekte der Phraseologie: Zur Bekanntheit von Idiomen in den regionalen Umgangssprachen." In: Burger/Gréciano/Buhofer (Hrsg.) (im Druck).
Piñel López, Rosa María (im Druck): „Der Tod und das Sterben in der deutschen und spanischen Phraseologie: ein interkultureller Vergleich." In: Burger/Gréciano/ Buhofer (Hrsg.) (im Druck).
Zöllner, Nicole (1997): *Der Euphemismus im alltäglichen und politischen Sprachgebrauch des Englischen.* Frankfurt a.M. [u.a.]: Peter Lang [= Forum Linguisticum 35].

***

Für wertvolle Hinweise möchte ich mich bei Dmitrij Dobrovol'skij, Stephan Elspaß und Natalia Filatkina bedanken

Schimpf und Schande. Beschimpfungen aus phraseologischer Sicht. Ein deutsch-französischer Vergleich[1]

Françoise Hammer (Karlsruhe)

1.   Einleitung und Fragestellung
1.1 Die Beschimpfung als Sprachhandlung
1.2 Die Beschimpfungshandlung als Text
1.3 Beschimpfungshandlungstypen
2.   Phraseologie und Beschimpfungshandlung
2.1 Der phraseologische Bestand
2.2 Phraseologismen der Rahmeneinheiten
2.3 Phraseologismen der Kerneinheit
3.   Ergebnisse
Literatur

1. Einleitung und Fragestellung

„Phraseologismen wird neben Expressivität auch bescheinigt, daß sie selbst Wertungen von Sachverhalten, insbesondere von menschlichen Verhaltensweisen – und zudem i.d.R. meist als negativ abwertende kritische Einschätzungen – involvieren bzw. zum Ausdruck solcher kritischer Einstellungen bevorzugt herangezogen werden." (Wotjak 1995, 179). An diese Feststellung anknüpfend wird hier nach dem Beitrag phraseologischer Einheiten zu Beschimpfungshandlungen gefragt.

---

[1] Die Textbeispiele sind hauptsächlich den Comics von Hergé „Tintin et Milou" (Castermann 1941-1982) bzw. der deutschen Übersetzung von G. und I. Strasmann (Carlsen Verlag 1998) unter dem Titel „Tim und Struppi" entnommen, und zwar den Bänden „Objectif Lune", „On a marché sur la Lune", „Les bijoux de la Castafiore" und „Le crabe aux pinces d'or". Einer der Protagonisten dieser Zeichengeschichten, Kapitän Haddock, ist in Frankreich für seine Schimpftiraden berühmt.

1.1 Die Beschimpfung als Sprachhandlung

Obwohl Schimpfen bzw. Beschimpfen einem urmenschlichen Bedürfnis entspricht und zu den primären Ausdrücken menschlicher Interaktionen gehört, wurde dieser Sprechhandlung, im Gegensatz zur Höflichkeit, linguistisch relativ wenig Beachtung geschenkt. Die Literatur darüber ist recht spärlich. Die meisten Veröffentlichungen widmen sich den maledicta (vgl. Seibicke 1997).

Beschimpfungshandlungen gehören, nach Schwitallas Einteilung der Streitgespräche (1987, 109) zu den Beziehungskonflikten, d.h. zu den „Handlungen und Verhaltensweisen, die die Beurteilung eines Gesprächsteilnehmers direkt betreffen". Vom Schimpfen unterscheidet sich das Beschimpfen durch zwei Merkmale: Adressierung und Interaktivität. Während das Schimpfen nur den sprachlichen Ausdruck emotionaler Entladung (Marten-Cleef 1991, 309-319, Kiener 1983) darstellt, ist das Beschimpfen zielgerichtet. Das Wort dient dem Sprecher als Waffe (Kiener 1983, Schumann 1990, Winkler 1994), um den Adressaten verbal zu „treffen", ihn „zu verletzen" oder „le toucher, piquer au vif". Im Streitdialog versucht der sich getroffen fühlende Sprecher auf imageschädigende Akte seines Kontrahenten ebenfalls durch Verletzungen und Schädigungen zu reagieren.

Damit die intendierte Handlung jedoch zur Beschimpfung wird, bedarf sie der Ratifizierung des Adressaten, die sprachlich als Aufforderung zur Rücknahme oder Gegenbeschimpfung erfolgt (Sornig 1975, 161; Adamzik 1984, 290). „Charakteristische Passagen in Streitgesprächen bestehen daher häufig aus Sequenzen von Vorwürfen und Gegenvorwürfen" (Hundsnurscher 1997, 370). Erst durch die Bestätigung, d.h. durch die Interaktion, erhält die Handlung perlokutiven Charakter. Die Apostrophierung kann sonst wie *Eh, Du Arsch* in der Jugendsprache (Androutsopoulos 1998, 481-486) zur Annäherungshandlung umfunktioniert werden. Ähnlich werden aus Schimpfwörtern wie *altes Biest, freches Luder* Kosewörter.

Das Gelingen der Beschimpfungshandlung setzt bei Sprecher und Adressat einen gemeinsamen Code von Topoi und Tabus voraus (Lötscher 1978, 12-26). Mit der Beschimpfung *Saupreiß, Japaner* ist bei einem Japaner wohl kaum ein Erfolg zu erzielen. (Schumann 1990)

Im Vergleich zu anderen konfliktären Handlungen wird in der Beschimpfungshandlung nicht versucht, durch Argumentation, also positionell, einen Standpunkt oder Sachverhalt zu verteidigen, sondern strategisch- performativ durch Kränkung und Disqualifizierung den Hörer handlungsunfähig zu machen bzw. „in die Ecke zu manövrieren". So lässt sich der Satz: „Wir haben uns in aller Härte auseinandergesetzt, aber nicht gestritten" verstehen. Wahrheit bzw. Wahrhaftigkeit (Sornig 1975, Winkler 1994) tritt hier hinter Performativität zurück. Schimpfwörter sind daher „Wörter mit einem hohen Affektgehalt" und starker „Gefühlsresonanz" (Kiener 1983, 14f). Die passende Antwort auf den

Angriff kann dementsprechend nicht der Widerspruch sein, sondern nur die Forderung zur Zurücknahme (bzw. Entschuldigung) oder die Gegenbeschimpfung (Lötscher 1978). Dazu zwei Beispiele aus „Tim und Struppi". Auf Haddocks Beschimpfungen antwortet Professor Tournesol:

> „Den Hampelmann? Ich? Ich soll den Hampelmann machen? Aah, das ist zu stark!... Ich verlange eine Entschuldigung! Jawohl! Ich, der Hampelmann, bestehe darauf!" („Schritte auf dem Mond", S.39)

> „Hampelmann!... Das mir! Das geht zu weit! Das laß ich mir nicht gefallen! Nehmen Sie das zurück!" („Schritte auf dem Mond", S.49)

1.2 Die Beschimpfungshandlung als Text

Textlinguistisch stellt die Beschimpfungshandlung einen unkooperativen Dialog aus einer Folge von Angriff- und Gegenangriffsequenzen, Beschimpfungsakten dar, mit denen die Kontrahenten versuchen, sich gegenseitig „mundtot zu machen". Die vorliegende Analyse beschränkt sich zunächst auf die erste Intervention der Beschimpfungshandlung, die Angriffsequenz (hier kurz Beschimpfungshandlung genannt), die selbst eine Reaktion auf eine Handlung darstellen kann.

Die Angriffsequenz bildet prototypisch ein dreigliedriges Konstrukt aus einer Kerneinheit und sie umklammernden Eröffnungs- und Schlusseinheiten. Die Eröffnungseinheit (EE) dient der Ankündigung und Rechtfertigung der eigentlichen Beschimpfung. Sie besteht aus fakultativen Eröffnungsmarkern (EM), die das Einsetzen der Sprechhandlung anzeigen, und aus propositionellen sekundären Sprechakten, die pragmatisch den Angriff stützen und textuell als Ausruf, Frage, Befehl oder (negative) Assertation realisiert werden.

Die Kerneinheit (KE) stellt die eigentliche Beschimpfungshandlung dar. Hier vollzieht sich formell der Wechsel der Diskursebene zur Beziehungsebene. Der primäre und performative Sprechakt der Kerneinheit ist die Apostrophierung des Gegners, d.h. seine Identifikation bzw. Qualifikation (Milner 1978, 238) mit Merkmalen, die von ihm als abwertend empfunden werden sollen. Zur Einheit gehören eine oder mehrere Substantivketten von Schimpfwörtern zwischen fakultativen internen Abgrenzungsmarkern (IM).

Tabelle 1. Makrostruktur der Sprechhandlung

Eröffnungseinheit (EE)	Marker (EM) Proposition (sekundärer Sprechakt)
Kerneinheit (KE)	Marker (IM) Perlokution (primärer Sprechakt) Marker (IM)
Schlusseinheit (SE)	Proposition (sekundärer Sprechakt) Marker (SM)

Die Schlusseinheit (SE) dient rückwirkend der Rechtfertigung der Schimpfhandlung und hat pragmatisch verstärkende Funktion. Sie weist daher propositionell und syntaktisch eine starke Ähnlichkeit mit der Eröffnungseinheit auf. Fakultative Abschlussmarker (SM) mit Intensivierungsfunktion grenzen die Interaktion ab. Tabelle 1 fasst die Ergebnisse zusammen. Einige Beispiele aus „Tintin et Milou" bzw. „Tim und Struppi" zeigen die Realisierung des Musters.

Allez vous coucher, (EE)
espèces de khroumirs!... (KE)
Vous en aurez encore l'occasion de pomper, (SE)
croyez-moi! (SM)
zitiert nach (Algoud 1991, 52)

Pourriez pas parler français comme tout le monde, (EE)
espèce de bayadère de carnaval?!... (KE)
Qu'est-ce que vous me voulez (SE)
à la fin (SM)?
zitiert nach (Algoud 1991, 24)

... Voilà ce qui vous pend au nez, (EE)
bougres d'ectoplasmes à roulettes!! (KE)
zitiert nach (Algoud 1991, 83)

Eh bien! (EM)
Espèces de têtes de mules, (KE)
Allez-y donc à votre Mecque!... (SE)
Mais vous rester là-bas pour toujours!...(SE)
zitiert nach (Algoud 1991, 83)

Denen hätte ich es aber gegeben, (EE)
wenn sie auf mich gewartet hätten! (EE)
Aber sie sind gelaufen wie die Karnickel!...(EE)
Nur einer hat mich am Hinterkopf erwischt, (EE)
der Feigling! (KE)
(„Tim und Struppi", „Die Krabbe mit den goldenen Scheren")

Ich komme ja schon...
Aber? (IM)
dieser Carreidas, dieses geistige Pantoffeltierchen, (KE)
dem ich alles verdanke, (SE)
den mache ich zu Hackepeter, wenn... (SE)
(„Tim und Struppi", „Flug 714 nach Sidney")

Ich bin kein Spielplatz für neurasthenische Mäuse! (EE)
Und wenn Sie auf den Mond wollen, fahren Sie aber ohne mich! (EE)
Machen Sie ruhig den Hampelmann hier (EE)
(„Tim und Struppi", „Schritte auf dem Mond")

1.3 Beschimpfungshandlungstypen

Texttypologisch sind Beschimpfungstypen in zwei Gruppen einzuordnen: direkte (DBS) und indirekte (IBS) Beschimpfungen mit unterschiedlichem phraseologischen Bestand.

Bei direkter Beschimpfung wird der Gegner (bzw. die Gegnergruppe) unmittelbar mit *Du, Ihr* oder *Sie* angesprochen. Bei indirekter Beschimpfung dagegen wird der Adressat nicht unmittelbar angesprochen. Die Beschimpfung wird dem Zuschauer und parteiischen Zeugen als Kommentierung oder indirekte Rede mitgeteilt. An Stelle der Personalpronomina treten bestimmte Artikel oder Demonstrativpronomina auf: *der Feigling, dieses geistige Pantoffeltierchen,* oder usuelle Formeln wie *espèce de* bzw. *so ein, was für ein*.

In der IBS wird der Adressat der Beschimpfung nur durch die Deiktika der Kerneinheit angezeigt, während in der DBS die Personalpronomina diese deiktische Funktion übernehmen. Die Realisierung der Kerneinheit erweist sich daher in der IBS als obligatorisch, während sie euphemistisch in der DBS unterlassen werden kann, wie die angeführten Belege zeigen. Diese pragmatisch nicht relevante Unterscheidung ist texttypologisch und phraseologisch von Bedeutung.

2. Phraseologie und Beschimpfungshandlung

Im Kontext der Beschimpfung gewinnen Phraseologismen um so mehr an Gewicht, als sie zu den akzeptierten Topoi einer Sprachgemeinschaft gehören und als Fertigbausteine der Rede „im Eifer des Gefechts" schnell einsetzbar sind.

Fragt man nach dem Beitrag von Phraseologismen zur Beschimpfungshandlung, so sind folgende Aspekte von Interesse:

1. Weist die Beschimpfungshandlung als Text Formelhaftigkeit und somit phraseologischen Charakter auf?
2. Wie setzt sich der phraseologische Bestand der Beschimpfungshandlung zusammen?
3. Welche semantisch-pragmatische Funktion übernehmen Phraseologismen in der Beschimpfungshandlung?

Da hier weniger Idiomatizität als Festigkeit durch Gebräuchlichkeit (Burger 1998, 16), Abrufbarkeit und Usualität relevant sind, wird von einer weit gefassten Definition des Phraseologismus ausgegangen, die sowohl tradierte Idiome wie auch formelhafte, usuelle Einheiten, pragmatische Stereotypen und Phraseoschablonen einschließt.

2.1 Der phraseologische Bestand

Die oben zitierten Beispiele belegen den hohen Anteil an Phraseologismen in der Beschimpfungshandlung. Die Beschimpfungshandlung selbst weist auf der Makroebene im Deutschen und im Französischen eine stark stereotypisierte Struktur mit vorgeprägtem Charakter (Gülich/Krafft 1998, Feilke 1996, 211f.) auf. Auch wirkt sich die Art der Eröffnungseinheit einschränkend auf die der Kerneinheit und dementsprechend der Schlusseinheit aus. Die Realisierung der Beschimpfung setzt vom Sprecher Textmusterkompetenz voraus. Auf Grund der zahlreichen kontextabhängigen Variationsmöglichkeiten des Textmusters und ihrer möglichen Reduzierung auf die einzige Kerneinheit erscheint es jedoch nicht angemessen, von einem Textphraseologismus bzw. Meta-Phraseologismus oder von Makrolexemen auszugehen (vgl. auch Tappe in diesem Band).
 Die einzelnen Texteinheiten sind aber phraseologisch stark markiert. Rahmen- und Kerneinheiten weisen einen unterschiedlichen phraseologischen Bestand auf, da sie, so die vertretene These, zwei verschiedenen Sprachebenen angehören. Maledicta der Kernphase (bzw. Interaktionsebene) bilden phraseologische Fügungen eigenständiger Prägung, die sich, entgegen geläufiger Annahme (Lötscher 1978; Büchle 1994) nicht als Ellipsen von Phraseologismen (vgl. Adamzik 1984, 294) der Rahmeneinheiten (bzw. Propositionsebene) beschreiben lassen. Phraseologismen der Rahmeneinheiten können nicht per se als Schimpfformeln der Kerneinheit verwendet werden. Die in die Rahmeneinheiten eingebetteten Phraseologismen lassen sich eher als Zitate von Schimpfformeln der Kerneinheit beschreiben. Während in den Rahmeneinheiten Modalitätsmarker wie *doch, einfach, eben* usw. verstärkend auftreten, lassen dies die maledicta der Kerneinheit nicht zu. *Du bist eben ein Scheißkerl, *Eben Scheißkerl*. Dazu einige Beispiele:

(EE) Tu es *bête comme un panier* → (KE) *panier
(EE) T'es une *belle saloppe* → (KE) *belle saloppe
(EE) Du bist *strohdumm* → (KE) *Stroh
(EE) Du bist ein *Schleißkerl* ← (KE) Du Scheißkerl
(EE) Du bist eine *dumme Gans* ← (KE) dumme Gans
(KE) *Sie Spaghettifresser!* ← (EE) *Sie sind ein Spaghettifresser
(EE) Sie sind ein *verdammter Spaghettifresser* ← (KE) verdammter Spaghettifresser

Es scheint daher angebracht, in der Beschimpfungshandlung zwischen Abwertungs-Phraseologismen der Rahmeneinheiten und Beschimpfungs-Phraseologismen der Kerneinheit zu unterscheiden.

Als Textmarker und „textgliedernde und kommunikationssteuernde Signale" (Fleischer 1997, 131) fungieren in den einzelnen Einheiten Phraseologismen von unterschiedlichster syntaktischer Struktur, die in Konkurrenz oder Kookurrenz mit anderen Modalisationswörtern (Gréciano 1998) auftreten. Es sind Interjektionen, Flüche sowie Routine- und Kommunikationsformeln, die oft kontextspezifisch idiomatisiert werden. Bezeichnend für zahlreiche Marker ist, auf Grund semantischer Referenzlosigkeit, ihre Verwendung am Anfang wie auch am Schluss der Sequenz. Hier einige Beispiele:

Appellativa, d.h. idiomatisierte Imperativsätze:
Dis-donc (un peu), Sag mal, Va donc, eh

Satzwertige Phraseologismen in IBS:
Non mais, regardez-moi un peu, visez ça un peu.

Kollokationen oder Konjunktionsfolgen als Ausdruck von Ärger und Entrüstung:
Ma parole, Non mais alors

Gotteslästerung:
(*sacré*) *nom de Dieu, nom d'un chien, saprebleu, verdammt nochmal, Herrgott nochmal, Donnerwetter, verflixt und zugenäht*

Formeln mit ähnlicher Funktion wie Haddocks
mille milliards de mille sabords, Tonnerre de Brest

Textmarker haben aber auch vor allem Intensivierungs- und Expressivitätsfunktion, wie es die elsässische Formel *Herrgottmildediö* (Matzen 2000, 17) zeigt.

Der phraseologische Bestand zeichnet sich durch eine Vielfalt aus, die in den einzelnen Einheiten näher untersucht werden soll.

2.2 Phraseologismen der Rahmeneinheiten

Kennzeichnend für die Eröffnungs- und Schlusseinheit ist die starke Häufigkeit satz(teil)wertiger Phraseologismen, die sich an unterschiedlichste Kontexte anpassen:

> *J'en ai plein le dos*
> *J'en ai plein le dos (de tes conneries/de tes bêtises)*
> *Ich habe die Nase voll*
> *Ich habe die Nase (mehr als) voll (von deinen Dummheiten)*

Als Rechtfertigung und Stützung des Angriffs müssen sie eine Distanz zwischen Sprecher und Adressaten aufbauen. Zur Behauptung seiner Machtposition und Erniedrigung seines Gegners bedient sich der Schimpfende verschiedener Strategien mit entsprechendem Phrasembestand. Zu den häufigsten Strategien gehören:

Verteidigung
Einem reell oder fiktiv vorangegangenen (Sprech)akt des Gegners tritt der Sprecher entgegen durch Hervorhebung überlegener Qualitäten wie Intelligenz und Erfahrung. Dazu dienen satzwertige Phraseologismen des onomasiologischen Bereichs der Dummheit, die verneint verwendet werden:

> *J'ai pas la berlue*
> *Je suis pas tombé sur la tête!*
> *Ich bin doch nicht von gestern*
>
> *Ich bin nicht auf den Kopf gefallen*
> *Ich lasse mich nicht für dumm verkaufen*

Ausdruck von Missfallen
Wird die Handlung des Gegners zum Anlass negativer Gefühlsäußerungen, so werden erweiterungs- und variationsfähige satzteilwertige Phraseologismen aus dem onomasiologischen Bereich des Ärgers herangezogen, die dem Kontext angepasst werden, wie:

> *Tu commences à me taper sur les nerfs*
> *J'en ai ras-le-bol (de...)*
> *J'en ai plein le dos*
> *J'ai marre de...*
> *Du fällst mir auf den Wecker/den Geist*
> *Ich habe es satt*
> *Ich habe die Nase voll (von...)*

Drohung
Aus seiner (reellen oder fiktiven) Machtposition heraus versucht der Sprecher, den Gegner durch Ankündigung für ihn unerfreulicher Konsequenzen einzuschüchtern. Dazu dienen meist schwach idiomatisierte, satzwertige Phraseolo-

gismen aus den Metapherbereichen des Rächens oder Zerstörens oder kommunikative Routineformeln:

Si tu ne veux pas avoir affaire à moi! Fais gaffe
Tu me le paieras!
Ça va mal aller pour (ton matricule)
Das wirst du mir büßen!
Du wirst es mit mir zu tun haben
Du wirst mich kennen lernen
Ich mache Hackfleisch aus dir
Ich schlage dir die Zähne ein

Befehl bzw. Verbot

Mit einem Befehl zeigt der Sprecher zugleich Autorität und Kontaktverweigerung an. Der Gegner soll *mundtot* gemacht werden. So wird ihm auch befohlen, *zu schweigen* oder *sich zu entfernen*. Der Befehl kann durch eine Drohung verstärkt werden. Es werden dazu satzwertige Phraseologismen mit Imperativstruktur eingesetzt:

Ferme-la!
Halt die Klappe!
Allez vous faire voir ailleurs!
Foutez-moi le camp!
Va te faire cuire un oeuf!
Scher dich zum Teufel!

Vorwurf

Mit dieser Strategie begründet der Sprecher seine Handlung als Reaktion auf (Sprach)handlungen oder (Sprach)verhalten des Beschimpften. Dazu wird im Allgemeinen auf satzwertige Phraseologismen wie Routineformeln oder variierte Phraseoschablonen in Form von Imperativ- oder Interrogativsätzen zurückgegriffen:

Musst du dich so dumm/blöd/dämlich anstellen!
Fais pas le singe/le con/le crétin/le couillon!
Kannst du auch nicht den Mund halten?
Komm mir nicht mit solchem Käs/Quark/Mist!
Raconte pas d'histoire!
Für wen hältst du dich? Tu te prends pour qui?

Abwertung (typisierende Beschimpfung)

Charakterfehler, physische und geistige Mängel des Adressaten oder seine Zugehörigkeit zu ethnischen, religiösen und/oder sozialen Randgruppen (Edouard 1979, 303-329; Sornig 1975; Wotjak 1995) werden zur Imageschädigung ausgenutzt. Stark vertreten sind hier exklamativ oder interrogativ formulierte, satzwertige Phraseologismen. Hier einige Beispiele aus dem onomasiologischen Bereich des Intelligenzmangels:

Du hast wohl Gips im Kopf!?
Du hast nicht alle Tassen im Schrank, oder?
Du hast wohl einen Vogel/eine Meise!
Aber sonst bist du gesund, ja?
Tu travailles du chapeau! ma parole!
T'as pas un ptit grain, non?
T'as un ptit grain, ou quoi?
T'as une araignée au plafond, ma parole!
T'as une araignée au plafond, ou quoi?
Ça va pas la tête?
Tu n'as pas les pieds sur terre, non?!

Es handelt sich dabei häufig um Verbalgefüge der Form: *avoir* bzw. *haben* + Objekt. Eine stark vertretene Gruppe bilden hier phraseologische Vergleiche:

Fressen wie ein Schwein
Saufen wie ein Loch
Faul wie ein Stinktier
Dumm wie ein Esel
Dumm wie Bohnenstroh
Stinken wie die Pest
Hausen wie die Vandalen
bête comme ses pieds
con comme un bouc
gros comme une citrouille
mentir comme un arracheur de dents
bavarder comme une pie

Zu den bevorzugten metaphorischen Bezugsbereichen der Beschimpfungskomparativa gehören in beiden Sprachen Tabubereiche: Körperteile, Fäkalien, Sexualität (Büchle 1994), Normwidrigkeiten (Charakter-, Körpermängel, Zugehörigkeit zu Randgruppen (Wotjak 1995) und Unterlegenes (Tierwelt, Flora, Kulinaria). Dies gilt auch für die maledicta der Kerneinheit.

Trotz starker Ähnlichkeit der Metaphorik auf der Mesoebene (Wotjak 1995; Winkler 1994; Dobrovol'ski/Piirainen 1997) unterscheiden sich die beiden Sprachen auf der Mikroebene. Außersprachliche (raum- und geschichtsabhängige) Faktoren (Büchle 1994) und intrasprachliche (morphosyntaktische und phonologische) Eigenschaften führen intersprachlich und intrasprachlich zu paradigmatischen Variationen wie:

bête comme ses pieds/une cruche/un panier/un âne/une oie
dumm wie *seine Füße/*ein Krug/*ein Korb/ein Esel/eine Gans

avoir une araignée au plafond/une souris dans la contrebasse
einen Vogel/eine Meise haben

Bezeichnend für die Funktion der Phraseologismen der Rahmeneinheiten ist ihr Auftreten gleichermaßen in der Eröffnungs- wie auch in der Schlusseinheit. Dies weist darauf hin, dass Rahmenhandlungen und Kernhandlung nicht in einer linearen, deduktiven argumentativen Beziehung stehen. Die Teilidiomatizität und Variationsbreite der satz(teil)wertigen Phraseologismen der Rahmeneinheiten entspricht der diskursstrategischen Anpassung an den soziokulturellen und situativen Kontext.

2.3 Phraseologismen der Kerneinheit

Die Kerneinheit und eigentliche Beschimpfung besteht im Französischen wie im Deutschen aus mindestens einer zur Kollokation gewordenen Nominalgruppe (Lötscher 1978) mit prototypisch fünf- bzw. dreistelliger Struktur entsprechend Tabelle 2.

Tabelle 2. Struktur der Schimpfformel

	1	2	3	4	5
Komponente	Vokativ	Typmarker	Adjektiv	Substantiv	Gradmarker
französisch	±	±	±	+	±
deutsch	±	–	±	+	–

Vom Französischen unterscheidet sich das Deutsche morphosyntaktisch dadurch, dass die Komponente (2) nicht als freies Lexem auftritt und eine adjektivische Erweiterung wie die Komponente (5) nicht möglich ist. Damit müssen im Deutschen auf der Mikroebene andere Mittel, etwa Substantivreihen, idiomatisierte Nominalkomposita oder vorangestellte adjektivische Verbindungen, eingesetzt werden, wie in *Du alte Drecksau*.

Die minimale Kerneinheit besteht in beiden Sprachen aus der Komponente (4) in der direkten Beschimpfung und in der indirekten Beschimpfung aus (1)+(4). Die häufigsten Kombinationen der direkten Beschimpfungen sind im Französischen (2)+(4); (3)+(4) und (2)+(4)+(5).

Die Komponente (1) als Anzeiger der Beziehungsebene oder „Anrede" (Lötscher 1978) besteht aus Personalpronomen bzw. Demonstrativpronomen und bestimmtem Artikel in der indirekten Beschimpfung. Die Komponente (1) bildet im Deutschen eine relativ feste Verbindung mit der Schimpfformel. Im Französischen dagegen tritt sie weniger oft auf. Die häufigere Komponente (2) übernimmt diese Funktion: *Du, Stasi, du!* (Büchle 1994), *du Dummkopf = espèce d'imbécile*.

Die obligatorische Komponente (4) stellt die eigentliche Apostrophierung dar. Sie besteht meist aus tradierten Schimpfwörtern (gros mots) d.h. desemantisierten Lexemen bzw. Nominalkomposita, die einzelsprachlich differieren oder unterschiedlichen pragmatischen Wert (Büchle 1994) erhalten. Dazu gehören beispielsweise Formeln ohne direkte Entsprechungen in der Vergleichssprache wie: *espèce d'andouille, espèce de melon, grosse tarte* im Französischen oder *Hornochse, verdammtes Rindvieh* und *Kümmeltürke* im Deutschen oder Formeln mit unterschiedlicher Bedeutung wie: *espèce de chameau, du Kamel, sale chien, dreckiger Hund, sale vache, dumme Kuh*, die als faux amis das Verstehen und Übersetzen von Beschimpfungen erschweren.

Als Komponente (4) können neben tradierten Formeln aber auch okkasionelle, desemantisierte Nominalgruppen (Sornig 1975; Lötscher 1978) fungieren, die durch kontextuelle Verschiebung expressiven Mehrwert und Maledictumcharakter erhalten. Darin besteht der Reiz der Beschimpfungen von Kapitän Haddock:

> *Anacoluthe!... Invertébré!... Jus de réglisse!*
> *Cloportes!... Négriers!... Coléoptères!... Sapajous!*

Phraseologisch relevant sind die Verbindungen (3)+(4) und die Kollokationen aus (2)+(4) bzw. (4)+(5). Als Komponente (3) fungiert nur eine begrenzte Anzahl von Adjektiven wie *grand, sacré, sale, petit, vieux, jeune*, die im Kontext der Beschimpfung demotiviert bzw. modalisiert werden und zusammen mit einem maledictum (4) usualisierte Solidaritäten bilden:

> *grand couillon, *grand cochon, *grand hibou, sale vache, sale cochon, *sale hibou, vieux hibou, vieux con, vieux couillon*

Ähnliches gilt im Deutschen für die Adjektive *albern, alt, blöd, dumm, dreckig, elend, faul, frech, gemein, unverschämt, verdammt*:

> *alte Hexe, alte Schraube, blöde Kuh, elende Dreckschleuder, dreckiger Hund, *alter Hund, gemeiner Hund, *gemeiner Idiot.*

Die Gegenüberstellung mit den phraseologischen Vergleichen der Rahmenhandlungen macht die Eigenständigkeit der Kollokationen der Kernhandlung deutlich. Nur in wenigen Fällen liegen gleiche lexematisch-semantische Verbindungen vor. *Dreckig wie ein Schwein* und *dreckiges Schwein* gehören zwei unterschiedlichen Registern an.

Die im Französischen bevorzugte Verbindung (2) + (4) bzw. (2) + (3) + (4) besteht aus dem maledictum (4) und einer Nominalgruppe (2) der Form (N + de), die als Beschimpfungsanzeiger und Modalitätsmarker zugleich fungiert. Vertreter dieser Gruppe sind: *espèce de, tête de, face de, bougre de, bande de, fils de*. Im

Repertoire von Haddock finden sich: *espèce de cannibale, espèce d'hurluberlu, bougre de crétin, tête de mule, face de clown, extrait d'hydrocarbure, bande de cochons.*

Die Beschimpfung erfolgt im Französischen vorwiegend durch Zuordnung des Beschimpften zu einer stereotypisierten Klasse durch kontextuell demotivierte Phraseoschablonen mit großem Variationsspielraum. Eine solche Zuordnung kann im Deutschen nur durch Nominalkomposita wie *Dummkopf, Dickkopf, Schweinebande* oder *Hurensohn* realisiert werden. Die Beschimpfungsmarkierung übernimmt hier die Komponente (1). Die Standardbeschimpfung nimmt im Deutschen die direktere Form (1+4) an, wie Übersetzungsbeispiele aus „Tintin et Milou" zeigen:

Espèces de Canaques,... Bande des Ku-Klux-Klans!
Ihr Helden!... Ihr Ku-Klux-Klans!
Espèce de zouave interplanétaire! Sie interplanetarischer Reiseleiter!
Espèce de petite tigresse! Du kleines Biest!

Die Komponente (5) des Französischen ist eine desemantisierte Nominalverknüpfung der Form: *à* + Substantiv oder *de* + Substantiv, die als usualisierte Schablone Verstärkungs- und Schlussmarkerfunktion zugleich übernimmt, wie in *(connard) à la noix de coco, (espèce de vieux connard) de crétin, (espèce d'andouille) de merde.* Die Formel kann vielfach bis zur semantisch-syntaktischen Unverständlichkeit wiederholt werden, wie in *bougre de sacré fils d'enfant de putain de salaud de merde* oder *Mille millions de mille milliards de mille sabords!*

Die „Expressivität erhöhende" (Adamzik 1984, 301) Funktion der französischen Komponente (5) übernehmen im Deutschen wieder usualisierte, kontextuell demotivierte Lexeme wie *Scheiß-, Mist-, Sau-, Voll-, Ober-, Erz-* in Nominalkomposita vom Typ *Oberrindvieh, Miststück, Scheißkerl.* Damit nimmt die Beschimpfung des Deutschen im Gegensatz zur häufig schablonenhaften Strukturierung des Französischen die Form einer Reihung aufeinander folgender, mehr oder weniger idiomatisierter Kollokationen (Adamzik 1984, 295-296) an. Bezeichnend für die Reihungen und Schablonen beider Sprachen ist die semantische Beziehungslosigkeit ihrer Komponenten und ihre Referenzlosigkeit. Wie Milner (1978, 204ff) an Hand des Beispiels *imbécile de salaud de gendarme* zeigt, kann die Formel ohne Sinnänderung erweitert oder gekürzt werden.

Die oft als mangelhaft empfundenen Übersetzungen von „Tintin et Milou" ins Deutsche zeigen, wie schwierig sich die Übertragung von Beschimpfungsphraseologismen der Kerneinheit gestaltet, da neben morpho-syntaktischen und phonologischen Eigenarten konnotative und kulturelle Faktoren berücksichtigt werden müssen und, bei Sprechblasen, auch der zugeteilte Bildraum.

Es zeigt sich aber, dass die einzelnen Einheiten der Beschimpfung zum überwiegenden Teil aus Phraseologismen bestehen. Neben Routineformeln, die als Text- und Handlungsmarker fungieren, sind es vor allem satz(teil)wertige

Phraseologismen mit argumentativer Funktion in den Rahmeneinheiten und mehr oder weniger usualisierte Nominalkollokationen in der Kerneinheit. Die Beherrschung des Beschimpfens setzt gute phraseologische Kenntnisse voraus.

3. Ergebnisse

Kennzeichnend für die Beschimpfungshandlung im Deutschen und im Französischen sind ihr festgeprägter, ritualisierter Charakter und ihre hohe Dichte an Phraseologismen. Die Ähnlichkeit der einbezogenen, metaphorischen Herkunftsbereiche weist zugleich auf ein gemeinsames Weltbild beider Sprachen hin, wie auch auf die Übereinzelsprachlichkeit der eingesetzten phraseologischen Verfahren, trotz einzelsprachlicher Unterschiede auf der Mikroebene.

Die Beschimpfung erweist sich als eine komplexe Handlung, die Sprachebenen mit unterschiedlichem Phrasembestand einbezieht. Eine differenzierte phraseologische Beschreibung der Sprachhandlung führt texttypologisch zu einer Unterscheidung zwischen Phraseologismen des Abwertens und des Beschimpfens. Die phraseologische Analyse erweist sich somit als ein wertvolles Investigationsmittel zur Aufdeckung der Komplexität und Vielschichtigkeit von Sprechhandlungen.

Literatur

Adamzik, Kerstin (1984): *Sprachliches Handeln und sozialer Kontakt*. Tübingen: Gunter Narr [= Tübinger Beiträge zur Linguistik 213].

Algoud, Albert (1991): *Le Haddock illustré, l'intégrale des jurons du capitaine*. Castermann.

Androutsopoulos, Jannis K. (1998): *Deutsche Jugendsprache und Textsorten der Jugendkultur*. Frankfurt a.M. [u.a.]: Lang.

Büchle, Karin (1994): „Schimpfwörter im DaF-Unterricht – Tabuthema, Randerscheinung oder mehr." In: *Beiträge zur Fremdsprachenvermittlung 27*; 18-36.

Burger, Harald (1998): *Phraseologie: Eine Einführung am Beispiel des Deutschen*. Berlin: Erich Schmidt.

Dahmen, Wolfgang et al. (Hrsg.) (1995): *Konvergenz und Divergenz in den romanischen Sprachen. Romanistisches Kolloquium VIII*. Tübingen: Gunter Narr [= Tübinger Beiträge zur Linguistik 396].

Dobrovol'skij, Dmitrij; Piirainen, Elisabeth (1997): *Symbole in Sprache und Kultur. Studien zur Phraseologie aus kultursemiotischer Perspektive*. Bochum: Brockmeyer [= Studien zur Phraseologie und Parömiologie 8].

Edouard, Robert (1979): *Dictionnaire des injures*. Paris: Tchou.

Feilke, Helmuth (1996): *Sprache als soziale Gestalt: Ausdruck, Prägung und die Ordnung der sprachlichen Typik*. Frankfurt a.M.: Suhrkamp.
Fleischer, Wolfgang (1997): *Phraseologie der deutschen Gegenwartsprache*. Tübingen: Niemeyer.
Gréciano, Gertrud (1998): „Phrasem und Partikel: von der Ähnlichkeit im System zur Interaktion im Text." In: *Nouveaux Cahiers d'Allemand 3*; 239-284.
Gülich, Elisabeth; Krafft, Ulrich (1998): „Zur Rolle des Vorgeformten in Textproduktionsprozessen". In: Wirrer (Hrsg.) (1998); 11-39.
Herdeling, Robert; Weibel, Viktor (Hrsg.) (1978): *Fimschustim*. Bayreuth: Lehrstuhl für Deutsche Sprachwissenschaft, Universität Bayreuth [= Bayreuther Beiträge zur Sprachwissenschaft 1].
Holzinger, Herbert (1984): *Beschimpfung im heutigen Französisch, pragmatische, syntaktische und semantische Aspekte – Korpusauswertung literarischer Texte*. Salzburg: Diss. Universität Salzburg.
Hundsnurscher, Franz (1997): „Streitspezifische Sprechakte: Vorwerfen, Insistieren, Beschimpfen". In: Preyer/Ulkan/Ulfig (Hrsg.) (1997); 363-376.
Kiener, Franz (1983): *Das Wort als Waffe. Zur Psychologie der verbalen Aggressionen* Göttingen: Vandenhoeck und Ruprecht.
Lötscher, Andreas (1978): „Zur Grammatik und Pragmatik von Beschimpfungen im Schweizerdeutschen." In: Herdeling/Weibel (Hrsg.) (1978); 117-136.
Marten-Cleef, Susanne (1991): *Gefühle ausdrücken – die expressiven Sprechakte*. Göppingen: Kümmerle Verlag.
Matzen, Raymond (2000): *Dictionnaire trilingue des gros mots alsaciens*. Illkirch-Grafenstaden: Le Vergé.
Milner, Jean-Claude (1978): *De la syntaxe à l'interprétation. Quantités, insultes, exclamations*. Paris: Editions du Seuil.
Pfeiffer, Herbert (1997) (Hrsg.): *Das große deutsche Schimpfwörterbuch*. Frankfurt a.M.: Eichborn.
Preyer, Gerhard; Ulkan, Maria; Ulfig, Alexander (Hrsg.) (1997): *Intention – Bedeutung – Kommunikation*. Opladen: Westdeutscher Verlag.
Schank, Gerd; Schwitalla, Johannes (Hrsg.) (1987): *Sprachliche Mittel der Konfliktreduzierung in Streitgesprächen*. Tübingen: Gunter Narr.
Schemann, Hans; Raymond, Alain (1994): *Idiomatik – Deutsch-Französisch*. Stuttgart/Dresden: Klett.
Schumann, Hanna Brigitte (1990): „Sprecherabsicht: Beschimpfung." In: *Zeitschrift für Phonetik, Sprachwissenschaft und Kommunikationsforschung 43*; 259-281.
Schwitalla, Johannes (1987): „Sprachliche Mittel der Konfliktreduzierung in Streitgesprächen." In: Schank/Schwitalla (Hrsg.) (1987); 99-164.
Seibicke, Wilfried (1997): „Nachwort und Bibliographie." In: Pfeiffer (Hrsg.) (1997); 494-517.
Sornig, Karl (1975): „Beschimpfungen." In: *Grazer Linguistische Studien 1*; 150-170.
Winkler, Andreas (1994): „Ethnische Schimpfwörter und übertragener Gebrauch von Ethnika." In: *Muttersprache 104*; 320-37.
Wirrer, Jan (Hrsg.) (1998): *Phraseologismen im Text und Kontext. Phrasemata I*. Bielefeld: Aisthesis Verlag [= Bielefelder Schriften zu Linguistik und Literaturwissenschaft 11].

Wotjak, Gerd (1995): „'Filer à l'anglaise'. Völkerbezeichnungen (VB) in onymischen Phraseologismen des Französischen, Spanischen und Deutschen". In: Dahmen et al. (Hrsg.) (1995); 269-283.

> E. Piirainen; I.T. Piirainen (Hrsg.) (2002)
> *Phraseologie in Raum und Zeit*
> Baltmannsweiler; 255-271.

Textmuster und Aufgabenschemata in argumentativen Gebrauchstexten

Silke Tappe (Bielefeld)

1. Einleitung
2. Gebrauchstexte und argumentative Gebrauchstexte
3. Textmuster und Aufgabenschemata
4. Das Aufgabenschema von Einspruchsbriefen anhand der Analyse der Beispieltexte
5. Zur Formelhaftigkeit von argumentativen Gebrauchstexten
6. Ein weiteres Beispiel für einen formelhaften argumentativen Gebrauchstext
7. Fazit
8. Anhang
Literatur

1. Einleitung

Gebrauchstexte sind Teil des Alltags- oder Berufslebens; fast jeder in unserer Gesellschaft sieht sich mit den unterschiedlichsten Gebrauchstexten konfrontiert. Das Spektrum dieser Textsorte ist groß und nicht klar eingegrenzt, es reicht vom Kochrezept, dem Wetterbericht und der Traueranzeige über unterschiedliche Briefsorten bis hin zu Gesetzestexten und -urteilen. Dieser Umstand spiegelt sich auch in den wissenschaftlichen Untersuchungen, die unterschiedlichste Gebrauchstexte zum Thema haben, wider. Sandig (1972) erarbeitet eine Differenzierung gebrauchssprachlicher Textsorten und stellt dabei eine Liste prototypischer Gebrauchstextsorten vor, die sie anhand von Merkmalsoppositionen kategorisiert. Mit einzelnen Untergruppen gebrauchs-sprachlicher Textsorten befassen sich beispielsweise Ermert (1979), der die Textsorte Brief anhand unterschiedlicher Briefsorten untersucht, und Alteheger (1996), der das Gerichtsurteil als Textsorte betrachtet und analysiert. In all diesen Untersuchungen wird deutlich, dass neben den kommunikationsorientierten Faktoren, wie sie Sandig zur Klassifizierung der Texte verwendet, und der jeweils spezifischen Thematik und

Zielsetzung eine relevante Eigenschaft von Gebrauchstexten die jeweils typische Struktur in der Gliederung oder im Aufbau ist. Darauf soll im Anschluss an eine allgemeinere Definition des Begriffs *Gebrauchstext*, wie sie meist verwendet wird, nochmals vertiefend eingegangen werden.

2. Gebrauchstexte und argumentative Gebrauchstexte

Gebrauchstexte stellen zunächst allgemein eine Sammelklasse dar, die die nichtfiktionalen Texte von den fiktionalen Texten unterscheidet. Die Bezeichnung wird also in Opposition zu literarischen Texten gesehen (Vater 1994, 164). Gebrauchstexte zeichnen sich in der Regel durch Situationalität und Intentionalität aus (Sowinski 1983, 76); sie werden also in bestimmten oder für bestimmte Situationen produziert und haben eine spezifische Intention. Zu den Gebrauchstexten zählen, wie oben schon erwähnt, ganz unterschiedliche Textsorten; für den vorliegenden Aufsatz sind in Anlehnung an die von Sandig (1972) erarbeiteten Merkmalsoppositionen Texte der Kategorie *geschrieben, nicht spontan* und *monologisch*, d.h. ohne direkten Kontakt zwischen Sender und Empfänger, relevant. Zu dieser Kategorie zählen beispielsweise offizielle Briefe, Annoncen, Kochrezepte, Gesetzestexte und Urteile, Traueranzeigen sowie Gebrauchsanweisungen.

Diese Texte kann man nach ihrer Funktion nochmals subklassifizieren. Durch Annoncen und Traueranzeigen wird dem Rezipienten etwas mitgeteilt und dieser wird dadurch zu bestimmten Handlungen (Kauf, Antwort, Kondolenzhandlungen) angeregt. Kochrezepte und Gebrauchsanweisungen beschreiben bestimmte Handlungen und liefern notwendige Handlungsanweisungen zum Kochen oder für die Anwendung des Produktes. Bei diesen Sorten von Gebrauchstexten geht es also um Handlungsbeschreibungen und -anregungen im weitesten Sinne.

Gerichtsurteile dagegen legen eine Entscheidung – das Urteil – dar und begründen diese. Das vorrangige Ziel ist die Überzeugung des Rezipienten, der durch den Text von der Gültigkeit des Urteils überzeugt werden soll. Dies kann natürlich nur durch Argumentation geschehen – Urteile sind also als dominant argumentativ anzusehen. Es gibt auch Briefsorten, deren dominantes Merkmal die Argumentation ist. Dazu gehören die im vorliegenden Aufsatz untersuchten Briefe, in denen ein Einspruch oder Widerspruch gegen einen Beschluss oder eine Handlung erhoben und begründet wird. Auch hier soll der Rezipient von der Sichtweise des Produzenten überzeugt werden. Die Hauptfunktion dieser Briefe ist der Einspruch; außerdem sind die Briefe dominant argumentativ, denn der Einspruch lässt sich natürlich nicht ohne Argumentation begründen und durchsetzen.

Da sowohl bei dem Gerichtsurteil als auch bei der spezifischen Briefsorte zwar nicht die Hauptfunktion, aber doch das dominante Merkmal die Argumentation ist, können diese Textsorten unter dem Begriff *argumentative Gebrauchstexte* zusammengefasst werden.

3. Textmuster und Aufgabenschemata

Betrachtet man Textsorten allgemein und die Textsorte *Gebrauchstext* bzw. *argumentativer Gebrauchstext* im speziellen, so werden nicht nur kommunikationsorientierte Kriterien zur Klassifikation herangezogen, sondern man geht auch davon aus, dass das Vorkommen typischer Textkomponenten eine Rolle spielt. Der Gesamttext lässt sich in diesem Sinne in einzelne funktionelle Teile gliedern, und diese Teiltexte machen die spezifische Makrostruktur des Textes aus (Gülich/Raible 1974, 74). Eine bestimmte Textsorte besteht also aus bestimmten obligatorischen und fakultativen Teiltexten, die in einer mehr oder weniger festen Reihenfolge angeordnet sind. An diesem Muster orientiert man sich dann bei der Produktion der Textsorte. Der Begriff *Textmuster,* wie er weiterentwickelt von Gülich/Krafft (1998) verwendet wird, umfasst jedoch nicht nur Angaben zur Struktur des Textes (*"Welche Informationen? In welcher Reihenfolge? Gibt es bei der Auswahl und der Anordnung Prioritäten?"*), sondern bezieht sich auch auf die Verwendungsbedingungen der Textsorte (*"Wo? Wann? Unter welchen Umständen wird der Text angemessen verwendet?"*) und verweist oft auf vorgeformte Ausdrücke, die an bestimmten Stellen des Textes vorkommen (Gülich/Krafft 1998, 24f., Kursivdruck ist Zitat).

Die Kenntnis von Textmustern gehört zum kollektiven Wissen einer Kommunikationsgruppe (Gülich/Krafft 1998, 24). Textmuster sind in der Regel durch Konventionen standardisiert und normativ vorgegeben. Einige Textmuster werden beispielsweise in der Schule erlernt (Argumentation oder Erörterung, offizieller Brief, Bewerbungsschreiben), oder es gibt für bestimmte Textsorten Musterbögen, die nur durch die individuellen Daten ergänzt werden müssen (man denke hier an amtliche Formulare, Musterverträge etc.). Sind für eine bestimmte Textsorte die Textmuster nicht expliziert, reicht es in der Regel, einfach mehrere Texte dieser Textsorte zu lesen und so mehr oder weniger intuitiv ein Muster zu rekonstruieren (Gülich/Krafft 1998, 25).

Schon an dieser Stelle soll erwähnt werden, dass allein der Aufbau eines Textes anhand eines Textmusters nicht ausreicht, um diesen Text als formelhaft zu bezeichnen. Zur Definition des Begriffs *formelhafter Text* möchte ich mich an Gülich (1997) anlehnen, deren Ansatz jedoch etwas einschränken und somit die Definition der Formelhaftigkeit von Texten enger fassen. Nach Gülich (1997) hat ein formelhafter Text folgende Merkmale: „Konstante inhaltliche Textkomponenten, relativ feste Reihenfolge, formelhafte Realisierung der Komponenten, Bindung des ganzen Textes an eine bestimmte Situation, aus der sich eine Hauptfunktion ergibt" (Gülich 1997, 154). Diese Merkmale lassen sich weitgehend bei den unterschiedlichen argumentativen Gebrauchstexten finden, wie später bei der Analyse spezieller Texte deutlich werden soll. Das Merkmal „relativ feste Reihenfolge" schränkt Gülich ein und schlägt vor, es durch „wiedererkennbare Textstruktur" (Gülich 1997, 154) zu ersetzen. Texte, die einer bestimmten Textstruktur folgen, aber nicht alle diese Kriterien erfüllen, bezeichnen Gülich/Krafft (1998, 25) als „nur" vorgeformte Texte. Bei dieser Unterscheidung wird also mit einem graduellen Begriff von Formelhaftigkeit gearbeitet. Ich möchte in diesem Aufsatz davon ausgehen, dass die die Textoberfläche und die Makrostruktur, den Inhalt und den Kontext betreffenden Merkmale zwar eine Basis für die Formelhaftigkeit eines Textes sind, diese jedoch nicht ausmachen. Der entscheidende Faktor, um einen Text als formelhaft einordnen zu können, betrifft im weiteren Sinne das, was Gülich als „formelhafte Realisierung der Komponenten" bezeichnet. Ein Text ist also dann als formelhaft zu bezeichnen, wenn an bestimmten Stellen des Textes oder der Textteile, die durch die Textstruktur vorgegeben sind, prototypische formelhafte Wendungen stehen, wie dies z.B. bei offiziellen Briefen in der Anredezeile („Sehr geehrte Damen und Herren") gegeben ist.

Die Teiltexte einer Textsorte und deren Anordnung sind nicht willkürlich gewählt, sondern haben in der Regel spezifische Funktionen. Sie erfüllen bestimmte Aufgaben bzw. in ihnen werden bestimmte Aufgaben erfüllt. Nach Fiehler/Kindt/Schnieders (1999) kann man davon ausgehen, dass es für jeden Kommunikationstyp – und dazu gehören auch die unterschiedlichen Textsorten – ein sozial stabilisiertes und kollektives Schema durchzuführender Aufgaben gibt. Da die Durchführung dieser Aufgaben durch kommunikative Handlungen erfolgt, bezeichnet man dieses Schema als *Aufgaben-* oder *Handlungsschema*. Das Aufgabenschema rekonstruiert die Erwartungen der Kommunikationsgemeinschaft über notwendige Aufgaben, die zur Realisierung des Zwecks der Textsorte (z.B. Einspruch) bearbeitet werden müssen, und beschreibt deren standardisierte, prinzipielle oder auch sachlogische Abfolge (Fiehler/Kindt/Schnieders 1999, 134). Ein Textmuster kann also ein Aufgabenschema darstellen. Dabei bestimmt das Aufgabenschema auch die kommunikativen Aktivitäten, wie die Realisierung der Aufgaben auszusehen hat: Dies betrifft z.B. die Anwendungsbedingungen oder die Frage, ob Aufgabenteile durch bestimmte Formeln sprachlich realisiert werden müssen – wodurch der Text dann formelhaften Charakter bekommen kann (s.o.).

Die Aufgaben sind in der Regel unterschiedlich allgemein und können hierarchisch voneinander abhängen bzw. ineinander eingebettet sein (Fiehler/ Kindt/Schnieders 1999, 134). So lässt sich erwarten, dass bei einem Einspruchsbrief auch das Aufgabenschema eines Einspruchsbriefs vorliegt, in das prototypisch das Schema von Argumentation eingebettet ist, da – wie anfangs schon gesagt – ein Einspruch nur durch Argumentation durchgesetzt werden kann. Dies sei an den Beispielen verdeutlicht.

4. Das Aufgabenschema von Einspruchsbriefen anhand der Analyse der Beispieltexte

Der erste Beispieltext (Text 1, siehe Anhang) stellt einen Musterbogen für ein Einspruchsschreiben dar. Der Text ist eine Vorlage aus einem Hilfsprogramm für Steuerberater, wobei der Steuerberater nur noch die individuellen Daten in die Lücken einsetzen muss.[1] Dieser Text ist also die Vorlage für ein offizielles Schreiben, der Adressat und Rezipient ist der Vertreter eines Amtes, der Produzent ist der offizielle Vertreter einer Privatperson (nicht die Privatperson selbst). Der zweite Beispieltext (Text 2, siehe Anhang) stellt einen anhand dieses Musterbogens verfassten Brief dar und soll die folgende Analyse des Musterbogens durch ein konkretes Anwendungsbeispiel ergänzen und illustrieren.

Das Aufgabenschema bzw. Textmuster wird bei der Betrachtung des Musterbogens in Textbeispiel 1 (siehe Anhang) deutlich. Grob gliedert sich der – wie anfangs erläutert – dominant argumentative Text in das schon in der antiken Rhetorik bekannte Muster *Einleitung*, *Hauptteil* und *Schluss*, wobei die einzelnen Komponenten nochmals zu unterteilen sind.[2]

Die folgende schematische Darstellung des Aufgabenschemas von Einspruchsbriefen wird im Anschluss anhand der Beispieltexte erläutert:

---

[1] BDL-Handbuch für Lohnsteuerhilfevereine 2000, Veranlagungsordner 2000 inkl. CD, auf der sich der Beispieltext befindet.
[2] Zur Betrachtung des Argumentationsmusters in Texten im Hinblick auf die Formelhaftigkeit dieser Texte sieh auch Tappe (2001, im Druck).

Aufgabenschema eines Einspruchsbriefes:

Erste grobe Gliederung in *Einleitung*, *Hauptteil* und *Schluss*, wobei die einzelnen Komponenten nochmals zu unterteilen sind:

Einleitung (Briefkopf):
- **Kommunikationseröffnung** - Einführung in die Kommunikationssituation:
- **zeitliche Einordnung des Briefes:** Datumszeile
- **Identifizierung der Beteiligten:** Absender, Adressaten
    knappe **Einführung in den Sachverhalt:** Betreff-Zeile
    evtl. **Verdeutlichung des Kommunikationstyps:** Betreff-Zeile
- **Anknüpfung an vorausgegangene Kommunikationskontakte:** Betreff-Zeile oder fakultative Bezug-Zeile
- **Begrüßung:** Anrede (leitet vom Briefkopf in den Lauftext des Briefes über)

Hauptteil des Einspruchsbriefes (Lauftext des Briefes):
- **explizite Deklarierung des Kommunikationstyps:** Einspruchsformel
- **Festlegung von Zweck und Funktion** des Schreibens: Einspruchsformel

Es folgt das eingebettete Argumentationsmuster:
- **Argumentationsmuster: stritiger Sachverhalt:** Einspruchsformel
- **Argumentationsmuster: Begründung:**
    narratio - Schilderung des Sachverhalts (Tatsachen, Sachlage)
    argumentatio - Ziehen von Folgerungen
- **Schluss des Argumentationsmusters: peroratio** - Appell und Rekapitulation der vorausgehenden Gedanken, durch die der Rezipient zu bestimmten Handlungen bewegt werden soll.

weitere fakultative Komponente im Hauptteil des Einspruchsbriefes:
- **Beziehungs- und Emotionsbearbeitung**

Schluss des Einspruchsbriefes:
- Kommunikationsbeendigung
- fakultativ **Danksagung**, evtl. mit **Ausdruck von Hoffnung:** z.B. durch Danksagung in Erwartung einer positiven Wendung
- **Verabschiedung:** formelhafte Grußzeile und Unterschrift

In der *Einleitung* erfolgt die *Kommunikationseröffnung*, indem *in die Kommunikationssituation eingeführt* wird. Dies geschieht durch die Datumszeile, die die *zeitliche Einordnung des Briefes* ermöglicht – auch noch später, z.B. zur etwaigen Bezugnahme. Die *Beteiligten* werden durch die Angabe von Absender und Adressaten *identifiziert*. Diese für jeden offiziellen Brief typischen Aufgaben sind notwendig, um die genaue und unproblematische Zustellung des Briefes zu gewährleisten, da es sich bei einem solchen Brief um eine indirekte und zeitlich verzögerte Kommunikation handelt: Die Beteiligten haben nur über das schriftliche Medium *Brief* Kontakt, sie kennen sich wahrscheinlich nicht persönlich und jede Reaktion wird durch den notwendigen Postweg schriftlicher Kommunikation verzögert.

Zur Kommunikationseröffnung zählt auch die Betreff-Zeile. Sie dient einer kurzen und knappen *Einführung in den Sachverhalt*, dessen wesentliche Aspekte stichpunktartig dargestellt werden („Ablehnung meines Antrages auf Aussetzung der Vollziehung" beispielsweise). Weiterhin kann eine *Verdeutlichung des Kommunikationstyps* erfolgen, wenn z.B. der Begriff „Einspruch" vorkommen würde (in diesem Beispiel nicht). Wenn dem Schreiben, wie es bei Einsprüchen immer der Fall ist, schon *Kommunikationskontakte vorausgehen*, wird an diese *angeknüpft* (z.B. durch einen Hinweis auf den „Steuerbescheid vom ..."). Dies kann auch in einer fakultativen Bezug-Zeile geschehen.

Die Anrede („Sehr geehrte Damen und Herren") dient der *Begrüßung* und leitet vom Briefkopf in den Lauftext des Briefes über. Die formelhafte Wendung „gegen den o.g. (oder o.a.) Bescheid lege ich hiermit Einspruch ein" ist typisch für Einspruchsschreiben und kann daher als obligatorische Einspruchsformel bezeichnet werden. Sie leitet den Lauftext ein und *deklariert* den *Kommunikationstyp explizit* als Einspruch und *legt* somit *Zweck und Funktion des Schreibens fest*. Eine eventuelle Redundanz zur Bezugszeile wird in Kauf genommen. Der Lauftext kann als *Hauptteil* des Gesamttextes betrachtet werden, da hier das eigentliche Thema des Einspruchsbriefes abgehandelt wird: die den Rezipienten hoffentlich überzeugende Begründung und somit angestrebte Durchsetzung des Einspruchs. Dies kann nur durch Argumentation geschehen, die anhand eines Argumentationsmusters, wie es schon in der antiken Rhetorik formuliert wurde, verläuft.

Verlauf und Inhalt der *Einleitung des Argumentationsmusters* sind in der antiken Rhetorik nicht festgelegt, sie dient lediglich dem Zweck der Kontaktaufnahme mit dem Publikum, das wohlgesonnen und aufmerksam gemacht werden soll. Dies geschieht schon in der Einleitung des Einspruchsschreibens, da diese den Erwartungen des Rezipienten entspricht und ihn so auf jeden Fall nicht missmutig stimmt.

Die Einspruchsformel formuliert den *strittigen Sachverhalt*, der im folgenden begründet werden soll. Die *Begründung* ist im vorliegenden Beispiel explizit ausgeschrieben. Sie erfolgt durch die *narratio*, das ist die Schilderung des Sachverhalts, der die Tatsachen darstellt. Im Beispieltext ist dies ein „vollinhaltlicher Verweis auf bisher geführten Schriftverkehr" sowie die „zusätzliche Berücksichtigung" noch einzusetzender Tatsachen. Im weiteren Verlauf des Textes werden diese Schilderungen als „Sachlage" bezeichnet.

Nach der *narratio* folgt die eigentliche *argumentatio*, d.h. das Ziehen von Folgerungen aus den dargestellten Tatsachen. Dies geschieht im Beispiel nicht explizit, wird jedoch zusammengefasst durch den Verweis auf die in der *narratio* dargestellte Sachlage und den schlussfolgernden Appell „Ich bitte in Anbetracht dieser Sachlage ... dem ... Einspruch stattzugeben".

Der Appell und die Rekapitulation der vorausgehenden Gedanken entsprechen der *peroratio*, dem Schluss des Argumentationsmusters, wodurch der Rezipient zu bestimmten Handlungen bewegt werden soll.

Die *Kommunikationsbeendigung* ist ein weiterer Textteil im Schema des Einspruchsbriefes und stellt dessen *Schluss* dar. Dies erfolgt im Beispiel durch die formelhafte Grußzeile und Unterschrift, die der *Verabschiedung* dienen. Möglich wäre auch noch eine *Danksagung* (z.B. „verbleibe ich mit Dank im voraus ...") oder der *Ausdruck von Hoffnung* auf einen positiven Verlauf des Geschehens durch Wendungen wie „in Hoffnung auf positiven Bescheid ...". Diese Wendungen finden sich im vorliegenden Beispiel jedoch nicht, denn sie werden eher in Briefen zu finden sein, die eine Privatperson, nicht ein offizieller Vertreter schreibt.

Es wird deutlich, dass im Argumentationsmuster bei bestimmten Musterkomponenten spezifische formelhafte Wendungen oder Termini vorkommen. Hier besteht jedoch weit mehr Spielraum als in der Einleitung oder dem Schluss des spezifischen Musters des Einspruchsbriefes. Das wird im Vergleich mit dem dritten Beispiel (Text 3, siehe Anhang) deutlich. Dieser Brief ist ebenfalls ein Einspruchs- bzw. Widerspruchsbrief.[3] Er ist jedoch von einer Privatperson und nicht vom offiziellen Vertreter an ein Amt gerichtet. Das Schreiben ist nicht anhand eines Musterbogens erstellt worden, sondern aus dem Wissen der Privatperson.

Die *Einleitung*, d.h. der Briefkopf dieses Schreibens, ist weitgehend identisch mit dem eben dargestellten Muster. Die Unterschiede wie z.B. eine fakultative Bezug-Zeile und die Formulierung der Grußformel (die daraus resultiert, dass dem Produzenten die Angeredeten namentlich bekannt sind) liegen im Rahmen des Vorgegebenen des Aufgabenschemas für Einspruchsbriefe. Sie können daher vernachlässigt werden. Auch die Einspruchsformel weicht nur geringfügig von der prototypischen Formel des Musterbogens ab, denn der Bezug zum Mandanten ist in dem Steuerbescheid notwendig, hier jedoch – da vom Betroffenen selbst geschrieben, weshalb kein Mandant in dem Sinne vorhanden ist – überflüssig bzw. sachlich falsch.

Das eingebettete *Argumentationsmuster* weist ebenfalls die vorhin dargestellte Form auf: Zuerst wird mit der Formel der strittige Sachverhalt genannt und dann die Begründung gegeben („liegen ... hinreichende Gründe ... vor"). Diese erfolgt durch die Schilderung des Sachverhalts (*narratio*), die fast schon narrativ beginnt: „in den letzten 20 Jahren ..." und in der die Tatsachen als defi-

---

[3] Der Unterschied zwischen Einspruchs- und Widerspruchsbrief ist an dieser Stelle vernachlässigbar, da die Terminologie lediglich auf unterschiedliche Gerichtsverfahren hinweist: Der Einspruch bereitet ein finanzgerichtliches Verfahren vor, der Widerspruch ein verwaltungsgerichtliches Verfahren. Für diese Informationen danke ich Dr. Bernhard Kretschmer, Universität Bielefeld.

zitär dargestellt werden. Daraus werden Folgerungen gezogen, nämlich, „dass ... eine Gefährdung nicht ausgeschlossen" werden kann, was im Sinne der *argumentatio* die Schlussfolgerung ermöglicht, dass die Handlungen, gegen die Ablehnungsbescheid erlassen wurde, notwendig sind, um eben diese „Gefährdung" zu vermeiden.

Ein weiterer Aspekt, der die Notwendigkeit der Aufhebung der Ablehnung deutlich macht, wird durch die – auch im vorherigen Beispiel ähnlich vorkommende Formel – „Dabei möchte ich Sie bitten zu berücksichtigen ..." angeführt. Dabei wird im Sinne einer *refutatio* potenziellen Gegenargumenten vorgebeugt.

Der folgende Absatz entspricht der *peroratio*, also dem Schluss des Argumentationsmusters. Dies geschieht hier mit einer Drohung („für eventuelle Schäden haftet ..."), wodurch die Appellfunktion natürlich vehement verstärkt wird. Der am Beginn der *peroratio*, also vor der Drohung, erbrachte Hinweis auf eigene Handlungen des Produzenten, die in einem vorausgehenden Schreiben von ihm gefordert wurden („einen Auftrag zur Beseitigung des Todholzes habe ich heute der Firma ... erteilt") stellt diesen als kooperationswillig dar – er hat seinen Teil bereitwillig erledigt – und schwächt die Drohung ab, so dass diese nicht unverschämt wirkt und der Rezipient verärgert wird. Dieser Teil des Briefes kann – wie schon gesagt – als Schlussteil des Argumentationsmusters betrachtet werden. Gleichzeitig erfolgt eine weitere Musterkomponente des Einspruchsbrief-Schemas, die fakultativ ist: die *Beziehungs- und Emotionsverarbeitung*. Diese Komponente findet sich wahrscheinlich eher in Schreiben, die von Privatpersonen verfasst sind, als in institutionalisierten Schriftformen wie dem Steuerberater-Schreiben, wo auch der Produzent gar nicht der Betroffene ist.

Der *Schluss* des Schreibens entspricht wieder ganz dem schon vorgestellten Muster des Einspruchsbriefes.

5. Zur Formelhaftigkeit von argumentativen Gebrauchstexten

Als Ergebnis der Analyse ist festzuhalten: Aufgabenschemata und Textmuster konstituieren nicht zwangsläufig formelhafte Texte, d.h. nicht jeder Text, der anhand eines solchen Schemas produziert wurde, ist formelhaft.[4] Auch Sätze werden anhand eines Satzbaumusters produziert, doch wird man nicht jeden vollständigen Satze als vorgeformt bezeichnen. Überträgt man jedoch das graduelle Begriffsverständnis von Formelhaftigkeit von der Satzebene auf die Textebene, so betrachtet man die im Objekt fixen Stellen gegenüber den frei besetzbaren Positionen.[5]

---

[4] Diese Einsicht resultiert aus den anregenden Gesprächen mit Prof. Dr. Kindt und Prof. Dr. Wirrer, denen ich an dieser Stelle für Ihre Unterstützung danken möchte.

[5] Zur Verdeutlichung noch einmal die graduelle Definition von Formelhaftigkeit: Je mehr Positionen in einem Satzbau- oder Textmuster fix sind und je weniger Posi-

Wenn also in einem Text spezifische Formulierungen an bestimmten Stellen des Textes oder der Musterkomponenten stehen (wie z.B. die Einspruchsformel) kann man den Text in gewissem Grade als formelhaft bezeichnen. Formelhaftigkeit von Texten bezieht sich also auf die Formulierungen und nicht auf die Muster. Je mehr Formulierungen an bestimmten Stellen des Textes fixiert sind, desto höher ist der Grad der Formelhaftigkeit eines Textes. Die vorgegebenen Formulierungen sind häufig formelhafte Wendungen, da sie in ihrer spezifischen Anwendung fest und stabilisiert vorkommen und so der Kommunikationsgemeinschaft bekannt sind. Sie haben in der Regel auch spezifische Funktionen, wie sie bei der Einspruchsformel deutlich wurden.

Aus der beschriebenen Perspektive ist das 2. Beispiel (Text 2: Einspruchschreiben des Steuerberaters) formelhafter als das 3. Beispiel (Text 3: Widerspruchsschreiben einer Privatperson), da allein durch den Musterbogen (Beispieltext 1) die meisten Formulierungen vorgegeben sind. Bei allen Beispielen lässt sich erkennen, dass im Aufgabenschema des Briefes bzw. Einspruchsbriefes viel mehr Musterkomponenten durch festgelegte Formulierungen realisiert werden als im eingebetteten Argumentationsmuster. Somit ist festzustellen, dass das Textmuster des Briefes formelhafter ist als das Textmuster von Argumentation. Dies lässt sich vielleicht dadurch erklären, dass der Aufbau eines offiziellen Briefes stark konventionalisiert und sogar durch eine DIN-Norm vorgegeben ist, während das Muster von Argumentation weitgehend sachlogisch bedingt ist. Argumentation, wenn sie überzeugen soll, lässt sich logisch nicht anders aufbauen als durch die musterhafte Anordnung der Teilkomponenten, wie sie hier vorgestellt wurde. Zwar gibt es im Argumentationsmuster einige Formulierungen, die bestimmte Musterkomponenten einleiten (z.B. „Zur Begründung", „Es gibt hinreichende Gründe", oder recht häufig, aber nicht in den vorliegenden Beispielen, eine Formulierung wie: „daraus lässt sich der Schluss ziehen ..."), diese sind jedoch nicht so fixiert wie die sprachlichen Realisierungen von Musterkomponenten beim offiziellen Brief, weil sich der Zweck der Musterkomponenten von Argumentation in der Regel durch den Inhalt und den sachlogischen Aufbau des Gesamtmusters erkennen lässt.

Nicht nur die unterschiedlichen Formen der Einspruchsbriefe weisen also verschiedene Grade von Formelhaftigkeit auf, sondern auch die beiden hierarchisch voneinander abhängigen Aufgabenschemata, die sich in einem Einspruchsbrief finden lassen.

---

tionen frei besetzbar sind, desto höher ist der Grad der Formelhaftigkeit. Eine endgültige Differenzierung zwischen den Begriffen Formelhaftigkeit und Vorgeformtheit soll hier nicht gemacht werden; es sei lediglich angemerkt, dass formelhafte Texte einen wesentlich höheren Grad an Formelhaftigkeit aufweisen (also an möglichst vielen Stellen fixe Formulierungen erfordern) als vorgeformte Texte.

6. Ein weiteres Beispiel für einen formelhaften argumentativen Gebrauchstext

Zum Vergleich soll ein weiteres Beispiel für einen formelhaften argumentativen Gebrauchstext angeführt werden: das Gerichtsurteil. Die Darstellung erfolgt nur sehr knapp, da lediglich die für den vorliegenden Aufsatz relevanten Aspekte angesprochen werden.[6] Das Gerichtsurteil ist insofern prototypisch für einen argumentativen Gebrauchstext, als dass der Aufbau und die Gliederung der einzelnen Komponenten strikt vorgegeben sind und kaum bzw. gar kein Spielraum beim Aufbau des Textes besteht.

Das Gerichtsurteil soll dem Rezipienten nicht nur das Urteil mitteilen, sondern ihn auch von der Richtigkeit desselben überzeugen. Deshalb werden außer den betroffenen Personen und dem Urteil auch die Sachlage genannt und erläutert sowie Gründe für die Urteilsfindung geschildert. Dies stellt den argumentativen Aspekt des Gerichtsurteils dar. Wenn man ein Gerichtsurteil als argumentativen Gebrauchstext betrachtet, ist zu erwarten, dass sowohl ein spezifisches Textmuster der Textsorte *Urteil* als auch – in irgendeiner Weise integriert – das schon beschriebene Argumentationsmuster, das sachlogisch für Argumentation notwendig ist, im Aufbau des Gesamttextes erkennbar sind.

Ein Gerichtsurteil wie in Beispieltext 4 gliedert sich grob in die Textteile *Rubrum, Tenor, Sachverhalt* und *Begründung*. Die beiden letztgenannten sind nochmals unterteilt in weitere Teiltexte, auf die ich hier nicht weiter eingehen möchte. Das *Rubrum* (von „Im Namen des Volkes" bis „... für Recht erkannt") dient der *Kommunikationseröffnung* und *führt* durch *Identifizierung der Personen und Amtsstellen* und *Darstellung* der wichtigsten Aspekte *des Geschehens-Sachverhalts* in die *Kommunikationssituation ein*. Engberg (1992) untersucht den Teiltext *Rubrum* detailliert und betont: „Es reicht [...] nicht aus, das Rubrum schlicht als Überschrift des Urteils zu charakterisieren" (Engberg 1992, 171). Er verweist auf den Stellenwert des *Rubrums*, das durch seine Angaben zur Gesprächssituation die Voraussetzungen für den deklarativen Sprachgebrauch des gesamten Urteils schafft.

Im *Tenor* (das ist der eingerückte, eigentliche Urteilsspruch: „Die Klage wird ..." bzw. „Der Beklagte wird verurteilt ...") wird das *Urteil* – die strittige Entscheidung – verkündet, die dann durch die explizit genannte *Darstellung des Sachverhalts* und mit der ebenfalls explizit genannten *Begründung* fundiert wird. In dem Urteils-Aufgabenschema werden die speziellen und notwendigen Teile des Urteils mit den zum Teil explizierten Komponenten des Argumentationsmusters gemischt bzw. komprimiert – anders als bei den Einspruchsbriefen, bei

---

[6] Die Darstellung bezieht sich auf ein Gerichtsurteil in einem Zivilverfahren. An dieser Stelle möchte ich Dr. Bernhard Kretschmer (Universität Bielefeld) für seine Hilfe und die Informationen zu Gerichtsurteilen danken.

denen das Argumentationsmuster als Ganzes in das Gesamtmuster des Einspruchsbriefes eingefügt war.

Insbesondere das *Rubrum* und der *Tenor* sind stark formelhaft, da hier nicht nur das Aufgabenschema restringierend vorgegeben ist, sondern auch jegliche die Aufgaben realisierende Formulierungen. Im Beispieltext 4, der ein Gerichtsurteil darstellt, wird deutlich, dass die frei besetzbaren Positionen (zur Verdeutlichung kursiv gedruckt) auch notwendigerweise frei besetzbar sein müssen, da sie die individuellen Daten angeben. Ansonsten gibt es so gut wie keine Formulierungsspielräume. Der *Tenor* wird auch *Urteilsformel* genannt und die Formulierungen sind auch hier vorgegeben, wobei man natürlich zwischen den unterschiedlichen Wendungen der verschiedenen Urteilsbeschlüsse die Wahl hat.

Sachverhalt und *Begründung* können etwas freier formuliert werden, doch sind auch hier formelhafte Wendungen vorgegeben. So werden beispielsweise in Lehrbüchern zum Assessorexamen für die Einleitung und Realisierung dieser Musterkomponenten formelhafte Wendungen aufgeführt (z.B. in Anders/Gehle 1996).

7. Fazit

Vergleicht man die anhand der Beispiele dargelegten und analysierten unterschiedlichen Textsorten innerhalb der Gruppe der argumentativen Gebrauchstexte (formeller Einspruchsbrief anhand eines vorgegebenen Musters, Einspruchsbrief von privater Hand, Gerichtsurteil), so wird deutlich, dass in dem Muster der spezifischen Textsorte jeweils das typische Argumentationsmuster, wie es schon in der antiken Rhetorik beschrieben wurde, vorkommt. Das Argumentationsmuster ist entweder als Ganzes eingeschoben (bei den Einspruchsbriefen) oder aber in das Muster der spezifischen Textsorte integriert, wie bei der Analyse des Gerichtsurteils gezeigt wurde.

Das Argumentationsmuster selbst ist in der Regel nicht oder wenig formelhaft, da es sachlogisch bedingt ist und keine Formulierungsvorgaben – wohl aber prototypische Formulierungen für die einzelnen Musterkomponenten – vorkommen (siehe Abschnitt 5). Die Muster der spezifischen Textsorten, in die das Argumentationsmuster eingebettet ist, weisen dagegen bei den Beispielen einen gewissen Grad an Formelhaftigkeit auf, da beim formellen Einspruchsbrief, der anhand einer direkten Mustervorgabe produziert wird, und besonders beim Gerichtsurteil, die Formulierungen weitgehend vorgeschrieben sind. Selbst der Einspruchsbrief einer Privatperson, die sich nicht an einer direkten Vorlage orientiert, lässt das Muster des Einspruchsbriefes mitsamt prototypischen Formulierungen erkennen.

8. Anhang

BEISPIELTEXT 1:

Steuerberater[7]

01.01.01

An das
Finanzamt ...

Betrifft:

Frau/Herr...
St.-Nr....
Steuerbescheid 19... vom...
Bescheid über die Ablehnung meines Antrags
auf Aussetzung der Vollziehung/
auf Aufhebung der Vollziehung/
auf Stundung/Erlaß/
auf Änderung der ...- Steuerfestsetzung/auf Aufhebung/Anpassung der
          ...- Vorauszahlungen vom ...

Sehr geehrte Damen und Herren,

gegen den o.a. Bescheid meines Mandanten lege ich hiermit

Einspruch

ein.

Begründung:

Zur Begründung meines Einspruchs verweise ich zunächst vollinhaltlich auf den bisher geführten Schriftverkehr/auf die Ausführungen in meinem Schriftsatz vom ... Darüber hinaus bitte ich noch folgendes zu berücksichtigen:...

Ich bitte in Anbetracht dieser Sachlage meinem mit Schreiben vom ... gestellten Antrag auf ... zu entsprechen und dem vorliegenden Einspruch stattzugeben.

Mit freundlichen Grüßen

Steuerberater

---

[7] Entnommen aus der CD zum BDL-Handbuch 2000.

BEISPIELTEXT 2:

LOHNSTEUERHILFEVEREIN *XX*
XX e.V.
<*Adresse*>

22.01.2001

An das
Finanzamt *XX*
<*Adresse*>

Betrifft:
Unsere Mitglieder: *Name*
ESt.-Nr: *123*
Steuerbescheid <*Nummer*> vom <*Datum*>

Antrag auf Aussetzung der Vollziehung/
auf Änderung der EST.-Steuerfestsetzung

Sehr geehrte Damen und Herren,

gegen den o.a. Bescheid unserer Mitglieder legen wir hiermit fristgerecht Einspruch ein.

Begründung:

Die Steuerpflichtigen erzielen aus ihrem teilweise selbstgenutzten Haus Miteinkünfte wie im Vorjahr
in Höhe von DM 5324.

Werbungskosten sind ebenfalls wie bisher mit 51 % anzusetzen.

Der Ausbildungsfreibetrag für das 1. Kind ist nach unserer Berechnung noch mit
DM 700,-
zu berücksichtigen

Ich bitte in Anbetracht dieser Sachlage dem vorliegenden Einspruch stattzugeben.

Mit freundlichen Grüßen

<*Unterschrift des Steuerberaters*>

BEISPIELTEXT 3:

<Name>
<Adresse>

An die
Gemeinde *XX*
<Adresse>
z.H. Frau *X* / Herrn *Y*

Betr.   <Adresse>, Buche und Eiche auf dem gen. Grundstück, mein Antrag vom 05.09.1999 auf Genehmigung, die o.g. Bäume zu beschneiden und auszudünnen

Bezug: Ihr Ablehnungsbescheid vom 09.09.1999

<Ort>, den 10. September 1999

Sehr geehrte Frau *X*, sehr geehrter Herr *Y*,

gegen Ihren o.g. Ablehnungsbescheid lege ich hiermit **Widerspruch** ein. Meiner Auffassung nach liegen hinreichende Gründe auf einen Ausnahmetatbestand gem § 5 der Baumschutz-Satzung der Gemeinde G vor. Die Bäume haben in den letzten 20 Jahren, in denen fast nichts an ihnen getan wurde, einen *(sic)* Ausdehnung angenommen, welche Anlaß zu der Vermutung gibt, dass zumindest bei Eis- und Schneelasten eine Gefährdung von Personen und Sachen nicht ausgeschlossen werden kann. Dabei möchte ich Sie bitten zu berücksichtigen, dass sich die Bäume nicht in einem Naturschutzgebiet oder einem Landschaftsschutzgebiet befinden, wo solche Maßnahmen nicht erforderlich wären.

Einen Auftrag zur Beseitigung des Todholzes habe ich heute der Fa. *Z* in *A* erteilt. Für eventuelle Schäden, die nicht auf das Todholz zurückzuführen sind, haftet aufgrund des o.g. Ablehnungsbescheides die Gemeinde *XX*.

Mit freundlichen Grüßen

<Unterschrift>

BEISPIELTEXT 4: Urteilsentwurf[8]

Landgericht *XX*
<Aktenzeichen>

IM NAMEN DES VOLKES
URTEIL

In dem Rechtsstreit

des *<Beruf, Name, Adresse>*

                                                          Klägers,

- Prozeßbevollmächtigter: Rechtsanwalt *<Name, Ort>* -

                    gegen

die *<Beruf, Name, Adresse>*

                                                          Beklagte,

- Prozeßbevollmächtigte: Rechtsanwälte *<Name, Ort>*-

hat die ...Zivilkammer des Landgerichts *<Ort>*
auf die mündliche Verhandlung vom *<Datum>*
durch den Vorsitzenden Richter am Landgericht *<Titel, Name>*,
den Richter am Landgericht *<Titel, Name>*
und die Richterin *<Titel, Name>*
für R e c h t erkannt:

        Die Klage wird abgewiesen.
        (bzw. Der Beklagte wird verurteilt ....)
        Die Kosten des Rechtsstreits trägt *der Kläger*
        (bzw. der Beklagte).
        Das Urteil ist ... vorläufig vollstreckbar.

T a t b e s t a n d :
Der Kläger erhielt ...   (*Erläuterung des Sachverhalts: alles, was unstreitig ist. Dieser Abschnitt wird im Imperfekt formuliert*).
Der Kläger behauptet ...
Der Kläger beantragt ...
Die Beklagte beantragt ...
Die Beklagte behauptet ...

Das Gericht hat Beweis erhoben durch Vernehmung von Zeugen. Wegen des Ergebnisses der Beweisaufnahme wird auf das Sitzungsprotokoll vom *<Datum>* Bezug genommen.

E n t s c h e i d u n g s g r ü n d e :
Die Klage ist unbegründet.
...   (*Begründung des Urteils*)

---

[8] Stark gekürzt aus Anders/Gehle (1996, 188ff.). Die im vorliegenden Beispieltext kursiv gedruckten Begriffe wurden von der Verfasserin dieses Beitrages anstelle der in Anders/Gehle (1996) genannten Beispielnamen eingesetzt.

Literatur

Alteheger, Bernhard (1996): *Forensische Texte. Aspekte einer Explikation der im forensischen Diskurs vorkommenden Texte und ihrer Verarbeitung am Beispiel des Zivilprozesses.* Hamburg: Helmut Buske Verlag.

Anders, Monika; Gehle, Burkhard (1996): *Das Assessorexamen im Zivilrecht.* Düsseldorf: Werner-Verlag.

Bastian, Sabine; Dalmas, Martine; Hammer, Françoise (Hrsg.) (im Druck): *Studien zur Argumentation und Metakommunikation im Deutschen und Französischen.* Tübingen: Stauffenburg Verlag.

BDL (2000): *BDL-Handbuch für Lohnsteuerhilfevereine 2000.* Freiburg: WRS-Verlag (Veranlagungsordner inkl. CD).

Berens, Franz-Josef; Wimmer, Rainer (Hrsg.) (1997): *Phraseologie und Wortbildung.* Tübingen: Gunter Narr.

Brünner, Gisela (Hrsg.) (1999): *Angewandte Diskursforschung.* Opladen/Wiesbaden: Westdeutscher Verlag.

Bungarten, Theo (Hrsg.) (1992): *Beiträge zur Fachsprachenforschung. Sprache in Wissenschaft und Technik, Wirtschaft und Rechtswesen.* Tostedt: Attikon-Verlag.

Engberg, Jan (1992): „Textanalyse von juristischen Texten auf kommunikativer Grundlage." In: Bungarten (Hrsg.) (1992); 162-182.

Ermert, Karl (1979): *Briefsorten. Untersuchungen zu Theorie und Empirie der Textklassifikation.* Tübingen: Max Niemeyer.

Fiehler, Reinhard; Kindt, Walther; Schnieders, Guido (1999): „Kommunikationsprobleme in Reklamationsgesprächen." In: Brünner (Hrsg.) (1999); 129-154.

Gülich, Elisabeth (1997): „Routineformeln und Formulierungsroutinen. Ein Beitrag zur Beschreibung 'formelhafter Texte'." In: Berens/Wimmer (Hrsg.) (1997); 131-175.

Gülich, Elisabeth; Krafft, Ulrich (1998): „Zur Rolle des Vorgeformten in Textproduktionsprozessen." In: Wirrer (Hrsg.) (1998); 11-38.

Gülich, Elisabeth; Raible, Wolfgang (1974): „Überlegungen zu einer makrostrukturellen Textanalyse." In: Gülich/Heger/Raible (Hrsg.) (1974); 73-126.

Gülich, Elisabeth; Raible, Wolfgang (Hrsg.) (1972): *Textsorten.* Frankfurt a.M.: Athenäum.

Gülich, Elisabeth; Heger, Klaus; Raible, Wolfgang (Hrsg.) (1974): *Linguistische Textanalyse. Überlegungen zur Gliederung von Texten.* Hamburg: Helmut Buske Verlag.

Sandig, Barbara (1972): „Zur Differenzierung gebrauchssprachlicher Textsorten im Deutschen." In: Gülich/Raible (Hrsg.) (1972); 113-124.

Sowinski, Bernhard (1983): *Textlinguistik.* Stuttgart [u.a.]: Kohlhammer.

Tappe, Silke (2001): *Formelhaftigkeit in der Sprache. Argumentationsstrategien im Rahmen der Zwangsumsiedlungen in der DDR.* Wiesbaden: Deutscher Universitäts-Verlag.

Tappe, Silke (im Druck): „Formelhaftigkeit und Argumentation." In: Bastian/Dalmas/Hammer (Hrsg.) (im Druck).

Vater, Heinz (1994): *Einführung in die Textlinguistik.* München: Wilhelm Fink Verlag.

Wirrer, Jan (Hrsg.) (1998): *Phraseologismen in Text und Kontext.* Bielefeld: Aisthesis Verlag.

Kommunikative Funktionen von Sprichwörtern: Ein Beispiel für die notwendige Verbindung von Phraseologie und Pragmatik

Walther Kindt (Bielefeld)

1. Einleitung: Für eine stärkere Einbindung der Phraseologie in die Linguistik
2. Anmerkungen zum Stand der Forschung
3. Argumentative Funktionen
4. Argumentationsbasierte Funktionen
5. Fazit
Literatur

1. Einleitung: Für eine stärkere Einbindung der Phraseologie in die Linguistik

In neueren Einführungsbüchern der Phraseologie (Palm 1995; Burger 1998) wird zu Recht konstatiert, dass sich die Teildisziplin „Phraseologie" eines wachsenden Interesses in der europäischen Linguistik erfreut. Diese Feststellung betrifft allerdings hauptsächlich den quantitativen Umfang der Beschäftigung mit phraseologischen Fragestellungen und – so meine These – weniger die qualitative Beziehung zwischen Phraseologie und den anderen linguistischen Teildisziplinen. Einerseits werden m.E. Phraseologismen in den klassischen Gebieten Syntax, Semantik und Pragmatik nach wie vor kaum als relevanter Unterschungsgegenstand wahrgenommen und in Modellierungsbemühungen einbezogen. Andererseits bedient man sich in der Phraseologie noch zu wenig der aus diesen Gebieten zur Verfügung stehenden Theorien und Methoden.

Wenn man die Weiterentwicklung der Phraseologie gezielt fördern möchte, dann muss man auch die Faktoren kennen, die eine solche Förderung gegenwärtig behindern. Nachfolgend sollen zwei maßgebliche Sachverhalte für die m.E. noch unzureichende Einbindung der Phraseologie in die Linguistik diskutiert werden. Sie betreffen zum einen den strukturtheoretischen und zum anderen den verständigungstheoretischen Status von Phraseologismen bzw. genereller von sprachlichen Formeln.

Ein wesentlicher Grund für die Nichtbeachtung von Phraseologismen in der klassischen Linguistik liegt nach Müller (1997) in dem Umstand, dass sie dort als irreguläre Phänomene gelten. Demgegenüber weist Müller für das Beispiel der Binomialbildung nach, dass in Wirklichkeit ein reguläres Phänomen vorliege. Zu dieser Einschätzung gelangt man allerdings erst, wenn man bemerkt, dass dem scheinbar irregulären Verhalten der Paarbildung bestimmte, bisher nicht erkannte Gesetzmäßigkeiten und Restriktionen zugrunde liegen. Somit ist m.E. zu vermuten, dass das Irregularitätsurteil generell auf einem Wahrnehmungsproblem beruht.

Der Eindruck von Irregularität, der häufig zu einer Ausklammerung von Phänomenen führt, kann also umgekehrt auch Anlass dafür sein, die Struktur eines Gegenstands noch genauer zu beschreiben und verstärkt nach zugrunde liegenden Gesetzmäßigkeiten zu suchen. Was speziell die Strukturbeschreibung von Phraseologismen angeht, so gibt es eine interessante Parallele zur Chemie. Dort beschäftigt man sich gegenwärtig intensiv mit so genannten großen Molekülen, die zusätzliche, bisher unbekannte Bindungseigenschaften aufweisen. In ähnlicher Weise lassen sich Phraseologismen als Strukturen auffassen, die einen höheren Organisationsgrad als freie Verbindungen besitzen und deren zusätzliche Bindungsverhältnisse im Detail beschrieben werden müssen. Für eine solche Strukturbeschreibung reicht das bisherige Beschreibungsinstrumentarium gängiger Grammatiktheorien aber nicht aus. Es gibt nämlich bislang keine Strukturdarstellung, die das phraseologische Beschreibungskonzept der Festigkeit geeignet integriert und zugleich der formalen Präzision von Strukturbeschreibungen entspricht, wie sie in der Grammatiktheorie etwa mit Konstituentenstrukturbäumen üblich sind.

Was die Forderung nach einer geeigneten strukturtheoretischen Grundlage bedeutet, soll an folgendem Beispiel konkretisiert werden.

(1a) *Sie gibt ihm einen Korb.*
(1b) *Einen Korb gibt sie ihm.*

Nach der bisher gängigen Sichtweise liegt bei Wahl der idiomatischen Bedeutung von *einen Korb geben* ein irreguläres grammatisches Phänomen vor, weil die regulär bestehende Möglichkeit einer Topikalisierung des Akkusativobjekts in (1b) Beschränkungen unterliegt. Demgegenüber besagt eine differenziertere theoretische Betrachtung: Die Topikalisierung ist zulässig, wenn keine zusätzliche Bindung zwischen Akkusativobjekt und Verb vorliegt, die durch eine Topikalisierung gestört wird. Um so argumentieren zu können, muss man aber wissen, welche Struktur (1b) im Vergleich zu (1a) zuzuordnen ist, damit wird eine die Repräsentation von Informationsstrukturen betreffende Frage angesprochen, die in gängigen Grammatikmodellen bisher noch nicht ausreichend beantwortet ist. Insofern kann die strukturtheoretische Untersuchung von Phraseologismen gerade Anlass sein, bestehende Grammatikmodelle weiter zu entwickeln.

Im vorliegenden Beitrag geht es allerdings nicht um die strukturtheoretische, sondern um die verständigungstheoretische Perspektive. Dass der diesbezügliche Stellenwert von Phraseologismen und Formeln innerhalb von Semantik und Pragmatik bislang nicht ausreichend erkannt wurde, hängt vermutlich mit der noch wenig entwickelten Interpretationsmethodologie der Linguistik zusammen (vgl. Kindt 1999a). Speziell aus konversationsanalytischen Untersuchungen ist bekannt, dass es für die Bewältigung wiederkehrender kommunikativer Aufgaben in den einzelnen Kommunikationsgattungen häufig bestimmte stereotype sprachliche Realisierungen gibt. Dieses Wissen hat allerdings nicht zu einer systematischen phraseologischen Forschung geführt, d.h. man hat bisher nicht versucht, das jeweilige gattungsspezifische Repertoire sprachlicher Formeln zusammenzustellen.

Dass mit sprachlichen Formeln spezifische kommunikative Aufgaben realisiert werden können und dass dieses Verfahren verständigungsökonomisch besonders zweckmäßig ist, wurde für den Fall genereller Aufgaben der Gesprächsorganisation und Verständigungssicherung erstmals von Stein (1995) thematisiert. Die empirische Relevanz von Formelhaftigkeit und die methodischen Möglichkeiten einer Funktionsbestimmung für Formeln werden aber noch deutlicher, wenn man – anders als Stein – gattungsbezogen homogene Korpora untersucht. Beispielsweise gibt es für Erzählungen spezifische Gliederungssignale wie *ja und dann* oder *kurz und gut* und formelhafte Evaluationen wie *zu allem Unglück* (Komplikationsverschärfung) oder *blieb nichts anderes übrig* (negative Konsequenz), deren Stellenwert aber erst in systematischen Korpusanalysen ermittelt werden kann.

Für den vorliegenden Diskussionszusammenhang besonders wichtig ist die Erkenntnis, dass auch Argumentationen in starkem Maße durch die Verwendung von sprachlichen Formeln geprägt sind. Dies wurde erstmals in den Untersuchungen von Kindt (1992a, b) deutlich. Zugleich kann der Untersuchungsgegenstand „Argumentation" als ein prototypisches Beispiel für das notwendige methodische Zusammenspiel zwischen phraseologischer und kommunikationsanalytischer Forschung gelten. Einerseits müssen nämlich durch Rekurrenzuntersuchungen häufig vorkommende argumentationsspezifische Formeln in größeren Korpora identifiziert werden. Andererseits erlaubt nur die kommunikationsanalytisch erworbene Kenntnis einschlägiger argumentativer Handlungen und zugehöriger Handlungsmuster eine zuverlässige Funktionsbestimmung. Das betreffende Zusammenspiel soll abschließend an einem Beispiel erläutert werden.

In Argumentationen kommt häufig die monolexikalische Formel *selbst* in Erstposition von Nominalphrasen vor. Welche Funktion diese Formel besitzt, kann erfahrungsgemäß nur jemand sagen, der spezielle Vorkenntnisse über Argumentationsmuster besitzt. Trotzdem weiß jeder kompetente Sprecher des

Deutschen, dass sich aus einer Äußerung wie *Selbst der Rektor kannte den neuen Erlass nicht* in einem geeigneten Kontext etwa die Schlussfolgerung *Deshalb war auch nicht erwartbar, dass der Dekan den Erlass kannte* ergibt. Insofern ist klar, dass man *selbst* eine spezielle argumentative Funktion zuschreiben kann. Das kommunikationsanalytische Verfahren der Funktionsermittlung besteht dann darin, dass man das der jeweiligen Schlussfolgerung zugrunde liegende Argumentationsmuster aufgrund der eigenen Sprachkompetenz vervollständigt oder im Korpus nach vollständigeren Realisierungen sucht und die so gewonnene Vervollständigung mit bereits bekannten Argumentationsmustern vergleicht. So muss man für die Schlussfolgerung im konkreten Äußerungsbeispiel offensichtlich die Prämisse ergänzen, dass der Rektor im Allgemeinen mehr und Dekane weniger Informationen aus dem Kultusministerium besitzen. Diese Ergänzung legt dann die Vermutung nahe, dass die Formel *selbst* auf den bekannten Topos vom Mehr und Minder (Aristoteles 1980) verweist. Tatsächlich lässt sich für das Vorkommen dieser Formel häufig empirisch nachweisen, dass sie eine Anwendung des zu dem Topos gehörigen Schlussmusters (vgl. Kindt 1988) beinhalten.

Insgesamt ergibt sich bei der Untersuchung von Argumentationen einerseits, dass der besondere Stellenwert von sprachlichen Formeln als konventionalisierten Verständigungsmitteln in der Linguistik bisher nicht ausreichend erkannt wurde. Andererseits lässt sich die in der Phraseologie gestellte Frage nach der kommunikativen Funktion von Formeln nur bei Einsatz einschlägiger semantischer und pragmatischer Analysemethoden angemessen beantworten. Dieser Sachverhalt soll im Folgenden am Beispiel der kommunikativen Funktion von Sprichwörtern (im weiten Sinne unter Einschluss von Gemeinplätzen) genauer diskutiert werden.

2. Anmerkungen zum Stand der Forschung

In der Phraseologieforschung gibt es seit langem Aussagen über unterschiedliche kommunikative Funktionen von Phraseologismen. In diesem Zusammenhang sind Sprichwörter ein besonders interessanter Untersuchungsgegenstand, weil für sie längere Funktionslisten erstellt wurden, die offensichtlich eine große Flexibilität der Sprichwortverwendung belegen. So umfasst die bekannte Liste von Röhrich und Mieder (1977, 81) folgende Funktionen:

Warnung, Überredung, Argument, Bestätigung, Trost, Besänftigung, Überzeugung, Mahnung, Zurechtweisung, Feststellung, Charakterisierung, Erklärung, Beschreibung, Rechtfertigung, Zusammenfassung.

Diese Liste enthält einerseits mehrere eindeutig argumentative Sprechhandlungen und andererseits eine Reihe von Handlungen, die zunächst keinen Zusammenhang mit Argumentation zu haben scheinen. In Abschnitt 4 wird allerdings deutlich werden, dass auch die Handlungsfunktionen der zweiten Gruppe in vielen Fällen eine argumentative Grundlage besitzen.

Überprüft man in der Literatur, wie für konkrete Äußerungsbeispiele mit Sprichwörtern Funktionszuweisungen vorgenommen werden, so zeigt sich, dass diese Zuweisungen hauptsächlich auf „Augenscheinhypothesen" beruhen und nicht näher begründet werden. Dies gilt etwa für die Beispieldiskussionen von Gülich (1981), Günthner (1991), Burger (1998), Hose (2000). Natürlich ist eine rein interpretative Funktionszuweisung für die betreffenden Plausibilitätserwägungen vollkommen ausreichend. Bei einer systematischen Betrachtung würde man aber gern genauer wissen, warum sich jemand mit dem Gemeinplatz *Man lebt nur einmal* dafür rechtfertigen kann, dass er auf einer Party „versumpft" ist (Burger 1998, 39), oder wie es im Einzelfall (Hose 2000) genauer dazu kommt, dass der Spruch *Drum prüfe, wer sich ewig bindet, ob sich nicht noch etwas Besseres findet* als Warnung zu verstehen ist.

Ansätze für eine theoriegeleitete Erklärung kommunikativer Funktionen von Sprichwörtern gibt es m.W. nur für den Fall argumentativer Funktionen. So bemerkt etwa Burger (1998, 112): „Da Sprichwörter in der Regel All-Sätze sind, eignen sie sich in argumentativen Zusammenhängen als ‚Schlußregel', die einer Behauptung als Stütze dienen kann." Allerdings ergibt sich die im Kontext zu stützende Behauptung (auch bei den von Burger behandelten literarischen Beispielen) nur in seltenen Fällen unmittelbar als Schlussfolgerung aus dem jeweiligen All-Satz, deshalb müssen für eine genauere Rekonstruktion der argumentativen Funktion im Allgemeinen noch bestimmte Zwischenschritte eingeführt werden. Dabei ist vielfach auch ein Bezug auf implizit bleibende Muster von Schlusstopoi erforderlich, so dass sich eine Bestimmung argumentativer Funktionen von Sprichwörtern ohnehin nur in einem umfassenden argumentationstheoretischen Rahmen erreichen lässt. Ein erster systematischer Rekonstruktionsversuch in diesem Sinne stammt von Wirrer (1999). Einerseits werden in dieser Arbeit verschiedene an Kindt (1992a, b) anschließende Grundzüge einer expliziten, topostheoretisch fundierten Analyse argumentativer Phraseologismen vorgeführt. Andererseits stellt sich bei genauerer Betrachtung heraus, dass in der Arbeit noch verschiedene Probleme unzureichend reflektiert sind.

Grundsätzlich ist eine zuverlässige Zuordnung von Phraseologismen zu bestimmten Topoi nur möglich, wenn die semantische/logische Struktur des jeweiligen Topos geklärt ist und bei einer Zuordnung auf sie Bezug genommen werden kann. Da Wirrer (1999, 427) in seiner Zuordnungstabelle mit einer Ausnahme keine einschlägigen Strukturexplikationen zugrunde legt, ist die Berechtigung seiner Zuordnungen teilweise nicht nachvollziehbar oder sogar anzuzweifeln. Eine detailliertere Begründung liefert Wirrer nur für die Zuordnung des Sprichworts *Was Hänschen nicht lernt, lernt Hans nimmermehr* zum Topos vom Mehr und Minder. Diese Begründung ist allerdings nicht korrekt, was sich schon daraus ergibt, dass Wirrer nicht mit der Kategorie des Lernens, sondern der Lernfähigkeit argumentiert; mit anderen Worten: seine Begründung würde nur zutreffen, falls das Sprichwort *Was Hänschen zu lernen nicht fähig ist, kann Hans nimmermehr lernen* hieße.

Auch das von Wirrer (1999, 434-436) diskutierte Beispiel einer Anwendung des Sprichworts *Wo gehobelt wird, da fallen Späne* weist noch erhebliche Probleme in der Argumentationsrekonstruktion auf. Die Zuordnung dieses Sprichworts zum Konsequenztopos ist zwar im Prinzip korrekt, sie müsste aber zu dem Sachverhalt präzisiert werden, dass mit dem Sprichwort der Abwägungsprozess bei Anwendungen des Konsequenztopos thematisiert wird: Danach sollen nämlich weniger gravierende und evtl. nicht vermeidbare negative Konsequenzen einer Handlung mit überwiegend positiven Konsequenzen außer Acht gelassen werden, die betreffende Handlung ist jedenfalls als gerechtfertigt anzusehen. In dieser Bedeutung lässt sich das Sprichwort in dem Beispiel von Wirrer zunächst auf die Bewertung des entstandenen Schadens anwenden: Die Verwaltung der Stadt Spenge, die Jan Wirrer verschiedene Exponate für eine Ausstellung in der Universität Bielefeld ausgeliehen hatte, stufte es als eine vergleichsweise geringfügige negative Konsequenz ein, dass das Glas im Rahmen eines der Exponate zerbrochen war. Die in der Argumentationsrekonstruktion gesuchte Begründung für den von einem Verwaltungsangehörigen der Stadt Spenge mit den Worten *Och, lassen Sie man. Wo gehobelt wird, da fallen Späne* ausgesprochenen Verzicht auf eine finanzielle Entschädigung bzw. für die zugehörige Unterlassungsaufforderung ergibt sich aber erst durch einen weiteren Argumentationsschritt. Vermutlich wird nämlich das im Allgemeinen für den Ausgleich von Schäden geltende Verursacherprinzip durch eine weitere implizite Anwendung des Konsequenztopos aufgehoben: Mithilfe des zweiseitigen Konsequenztopos von Aristoteles kann nämlich verglichen werden, für wen die Beseitigung des Schadens weniger gravierende negative Konsequenzen hat. Dieser Vergleich dürfte so ausgefallen sein, dass es eher der Stadt Spenge als einer Privatperson, die schon eine erhebliche Leistung für die Ausstellung erbringen musste, zumutbar ist, die Kosten für das zerbrochene Glas zu übernehmen.

3. Argumentative Funktionen

Aus der bisherigen Diskussion dürfte deutlich geworden sein, dass die Verwendung von Sprichwörtern in Argumentationszusammenhängen eine wichtige Rolle spielt. Insofern lohnt es sich, die zugehörigen argumentativen Funktionen in einem ersten Schritt gesondert zu behandeln. Dabei ist es für eine systematische Vorgehensweise zweckmäßig, sich zunächst einen Überblick über mögliche argumentative Sprechhandlungen zu verschaffen. Allerdings gibt es in der Literatur bislang keine vollständige Zusammenstellung dieser Sprechhandlungen, so dass man aus verschiedenen Quellen einschlägige Informationen zusammensuchen muss. Grundsätzlich kann man sagen, dass argumentative Sprechhandlungen Assertiva sind, bei denen die Geltung einer Aussage thematisiert wird. Dabei lassen sich im engeren Sinne Rechtfertigungs- und Problematisierungshandlungen voneinander unterscheiden (vgl. Kindt 1992b). Sehr häufig werden allerdings nur die Rechtfertigungshandlungen betrachtet. Dies gilt z.B. für Klein (1987), der die logische Struktur für *begründen, eine Handlung erklären, folgern* und *erklären* zu explizieren versucht.

Neben diesen vier besonders wichtigen Rechtfertigungshandlungen dürfen aber auch problematisierende Sprechhandlungen wie *anzweifeln, bestreiten, richtig stellen* nicht unberücksichtigt bleiben. Im weiten Sinne sind zu den argumentativen Sprechhandlungen aber auch alle Assertiva zu rechnen, die konstitutive Bestandteile des Aufgabenschemas von Argumentationen bilden. Dieses Schema besitzt die makrostrukturelle Organisationsform von Positionsaushandlungen (Kindt 1992b) und umfasst deshalb auch Handlungen wie *eine Behauptung aufstellen, eine Feststellung machen, auf einer Behauptung beharren, eine Behauptung zurücknehmen, jemandem zustimmen* etc. Will man nun eine Liste der verschiedenen Typen von argumentativen Handlungen zusammenstellen, so kann man etwa die relativ ausführliche Liste von Assertiva in Rolf (1997) nach den genannten Kriterien absuchen, wird allerdings auch auf diese Weise noch keine Vollständigkeit erreichen (z.B. fehlen die Handlungen *folgern, ein Fazit ziehen*).

Als Nächstes ist zu fragen, welche argumentativen Handlungen mit der Äußerung eines Sprichworts direkt oder indirekt vollzogen werden können. Einen ersten Eindruck von der Vielfalt realisierbarer argumentativer Funktionen erhält man, wenn man eine Liste bekannter Sprichwörter wie etwa die im Folgenden zugrunde gelegte Liste von Baur und Chlosta (1996) durchgeht und sich für nahe liegende Argumentationshandlungen geeignete Kontexte ausdenkt. Mit *Wer A sagt, muss auch B sagen* lassen sich sicherlich bestimmte Handlungen rechtfertigen, man kann damit auch der Auffassung einer Person über eine Handlungskonsequenz zustimmen oder widersprechen; außerdem mag das Sprichwort dazu dienen, eine Feststellung zu treffen oder eine Frage zu bejahen etc. Eine Anwendung dieses Verfahrens legt als Ergebnis die Vermutung nahe, dass es – von Spezialfällen abgesehen – zu jedem Typ von Argumentationshandlungen bestimmte Sprichwörter gibt, die eine Realisierung des Handlungstyps erlauben.

Will man über den ersten Plausibilitätsanschein hinaus präzise Aussagen über argumentative Funktionen machen, dann sind drei Aufgaben zu bewältigen. Erstens müssen für die jeweils interessierenden Argumentationshandlungen, wie in der Sprechakttheorie üblich, Definitionsbedingungen expliziert werden. Zweitens sind die argumentationsrelevanten semantischen Eigenschaften von Sprichwörtern zu identifizieren. Drittens muss man untersuchen, welche dieser Eigenschaften welche Arten des Einbaus in vorgängige Argumentationsmuster und welche argumentativen Funktionen ermöglichen. Die Durchführung dieser drei Aufgaben kann im vorliegenden Beitrag nur exemplarisch vorgeführt werden, dabei will ich zunächst wieder an die Diskussion in Wirrer (1999) anknüpfen.

Eine Diskussion über das Funktionspotenzial des Sprichworts *Der Apfel fällt nicht weit vom Stamm* kann mit der Beobachtung beginnen, dass sich dieses Sprichwort als eine Ursache-Wirkungs-Regularität hinsichtlich der Weitergabe von Persönlichkeitsmerkmalen auf Nachkommen interpretieren lässt. Die Aussage von Wirrer (1999, 437), das Sprichwort repräsentiere den Topos der Ursache, ist aber folgendermaßen zu präzisieren. Jede Ursache-Wirkungs-Regularität kann als *Warrant* (im Sinne von Toulmin 1958) in einer Argumentationsstruktur nach dem Muster des Ursacheschlusstopos (vgl. etwa Kienpointner 1992, 328ff.) eingebaut werden. Hieraus ergibt sich, dass eine solche Regularität je nach Verwendung der vervollständigten Argumentationsstruktur u.a. als kausale Erklärung oder als Prognose fungieren kann. Ist also, wie in dem konstruierten Beispiel von Wirrer, die Person Franz kriminell geworden, dann lässt sich dieser Sachverhalt mithilfe des Sprichworts und der zu ergänzenden impliziten Prämisse erklären, dass schon der Vater von Franz ein Krimineller ist. Genauso gut kann man mit dem Sprichwort und dieser Prämisse vorhersagen, dass der gegenwärtig vielleicht noch unbescholtene Franz in Zukunft (wahrscheinlich oder möglicherweise) kriminell werden wird.

Der Befund des eben diskutierten Beispiels lässt sich verallgemeinern. Sprichwörter besitzen einen mehr oder weniger großen Interpretationsspielraum, der kontextabhängig zu einer bestimmten Bedeutungsspezifikation genutzt werden kann. Zugleich handelt es sich bei Sprichwörtern durchweg um Generalisierungen, d.h. um Aussagen über faktische oder normative Regularitäten (im weiten Sinne), die insbesondere als *Warrant* einer Argumentation dienen können. Deshalb lassen sie sich auch für grundlegende Argumentationsfunktionen wie Begründung, Folgerung und Widerlegung nutzen. Die Möglichkeit einer Realisierung speziellerer Funktionen hängt einerseits vom Typ der Regularität ab und andererseits vom tatsächlichen Status in der jeweiligen Argumentation (ein Sprichwort kann nämlich u.a. auch als Konklusion fungieren, z.B. in *Da sieht man's wieder: Lügen haben kurze Beine*).

Da es im vorliegenden Beitrag nicht um die Beschreibung konkreter Kommunikationsdaten geht, ist abschließend zu fragen, welche Zusammenhänge es zwischen Regularitätstyp und Funktionspotenzial gibt. Neben dem schon behandelten Fall von Ursache-Wirkungs-Beziehungen, der in der Liste von Baur und Chlosta (1996) mehr oder weniger eindeutig z.B. auch durch *Viele Köche verderben den Brei, Andere Länder, andere Sitten, Von nichts kommt nichts* und *Wer rastet, der rostet* realisiert sind, fallen in dieser Liste natürlich sofort die verschiedenen Handlungsmaximen auf (z.B. *Wer A sagt, muss auch B sagen; Erst die Arbeit, dann das Vergnügen*). Dass mithilfe solcher Maximen durch Anwendung der logischen Regeln der Spezialisierung auf den Einzelfall und des *Modus ponens* Handlungen begründet/gerechtfertigt werden können, ist unmittelbar evident. Eine zweite Möglichkeit, Handlungen zu rechtfertigen sowie funktionale Handlungserklärungen zu geben, basiert auf der Anwendung des Konsequenztopos, der eine Abwägung positiver und negativer Handlungen unter dem Aspekt von Wahrscheinlichkeit und Relevanz vorsieht (vgl. etwa Kindt 1994, 474f.). Regularitäten über positive oder negative Konsequenzen bestimmter Handlungen lassen sich also immer in Argumentationen nach dem Muster des Konsequenztopos einbauen.

Einen Spezialfall von Konsequenzregularitäten bilden Aussagen über unvermeidbare negative Nebenkonsequenzen, wie sie im vorigen Abschnitt schon am Beispiel des Sprichworts *Wo gehobelt wird, fallen Späne* diskutiert wurden. Obwohl solche Konsequenzen absolut gesehen durchaus gravierend sein können, sollen sie sich wegen ihrer Unvermeidbarkeit nicht negativ auf die Entscheidung für solche Handlungen auswirken, mit denen sich ein wichtiges Ziel erreichen lässt. Als eine derartige Regularität lässt sich z.B. auch *Aller Anfang ist schwer* interpretieren. Noch expliziter wird der Abwägungsprozess in Sprichwörtern thematisiert, die für die Anwendung des zweiseitigen, d.h. Alternativhandlungen vergleichenden Konsequenztopos Präferenzaussagen über zugehörige Konsequenzen machen. Ein Beispiel liefert *Reden ist Silber, Schweigen ist Gold* ebenso wie das in dem Beitrag von Nöcker und Rüther im vorliegenden Band behandelte Sprichwort *Es ist besser, in Ehre zu sterben, als mit Schande zu leben.*

Ein besonders wichtiger Spezialfall von Konsequenzaussagen sind Mittel-Ziel-Regularitäten. Im Vordergrund von argumentativen Texten/Kommunikationen steht häufig das Ziel, bestimmte Probleme zu lösen. Dann stellt sich die Frage, mit welchen Handlungen bzw. Handlungsmitteln eine solche Lösung erreichbar ist. Insofern verwundert es nicht, dass in der Liste von Baur und Chlosta relativ viele Mittel-Ziel-Regularitäten vorkommen (vgl. etwa *Doppelt hält besser, Ohne Fleiß kein Preis, In der Kürze liegt die Würze*).

Um ein Ziel optimal zu erreichen, genügt es nicht immer, dass man ein geeignetes Mittel kennt, sondern es kommt auch oft darauf an, dass man zum richtigen Zeitpunkt bzw. in einer geeigneten Situation handelt. Der bei der Anwendung des Konsequenztopos häufig vorkommende Argumenttyp, dass eine besonders günstige oder ungünstige Konsequenzenkonstellation vorliege, wird im Anschluss an Kindt (1992a) Gelegenheitstopos genannt. Die positive Variante dieses Topos wird beispielsweise in *Morgenstund hat Gold im Mund* realisiert und die negative Variante in *Den Letzten beißen die Hunde* sowie in dem Gorbatschow-Zitat *Wer zu spät kommt, den bestraft das Leben.*

Insgesamt stellt sich heraus, dass in der Liste von Baur und Chlosta über die Hälfte der Sprichwörter als Handlungsmaximen oder als Regularitäten, die einer Anwendung des Konsequenztopos dienen, in naheliegender Weise die Funktion von Handlungsrechtfertigungen und -erklärungen haben können. Ansonsten gibt es neben den eingangs diskutierten Ursache-Wirkungs-Regularitäten noch eine größere Gruppe von Erfahrungssätzen wie z.B. *Was sich liebt, das neckt sich* und *Ein Unglück kommt selten allein*. Auch die in solchen Erfahrungssätzen formulierten Regularitäten werden häufig zur Erklärung von Sachverhalten oder zur Ableitung von Folgerungen benutzt. Außerdem lassen sie teilweise eine übertragene Bedeutung zu, wie z.B. *Hunde, die bellen, beißen nicht* und *Unkraut vergeht nicht*. Schließlich lässt sich in einigen der Erfahrungssatz-Sprichwörter die Realisierung genereller Argumenttypen erkennen, für die man entsprechende Aspekttopoi (vgl. Kindt 1992b) einführen kann. Beispielsweise thematisieren *Es ist nicht alles Gold, was glänzt* und *Hunde, die bellen, beißen nicht* beide einen Unterschied zwischen 'Schein' und 'Sein', und ein entsprechender Schein-Sein-Topos bildet eine Spezialisierung des bekannten Topos vom Unterschied. In *Unkraut vergeht nicht* und *Wie gewonnen, so zerronnen* wird die Stabilität bzw. Instabilität von Verhältnissen angesprochen, ein entsprechender Aspekttopos spielt in sehr vielen Argumentationen bei der Durchführung oder Widerlegung induktiver Schlüssen eine Rolle.

Als Fazit der bisherigen Diskussion fällt auf, dass von den klassischen Aspekt- und Schlusstopoi bisher nur wenige angesprochen wurden. Deswegen wäre auch die umgekehrte, im vorliegenden Beitrag aber nicht mehr zu realisierende Vorgehensweise sinnvoll, eine möglichst vollständige Liste von Topoi samt semantischer/logischer Explikation zugrunde zu legen und nach korrespondierenden Sprichwortrealisierungen zu suchen. Was einerseits die Aspekttopoi betrifft, so sind einige von ihnen allerdings in die Sprichwörter der Liste von Baur und Chlosta integriert, ohne dass darauf bisher aufmerksam gemacht wurde; z.B. wird der zentrale Topos der Zeit explizit realisiert in *Die Zeit heilt alle Wunden* und *Kommt Zeit, kommt Rat*. Dieser Topos spielt auch für die Bestimmung argumentativer Funktionen von Sprichwörtern eine wichtige Rolle, weil es von der zeitlichen Spezifizierung einer Folgerung abhängt, ob sie eine Prognose darstellt. Andererseits ist bezüglich der Schlusstopoi zu erwähnen, dass in der Liste von Baur und Chlosta noch Spezialisierungen des Teil-Ganze-Topos und des Definitionstopos realisiert sind. Beispielsweise können *Man ist so alt, wie man sich fühlt* und *Aufgeschoben ist nicht aufgehoben* als Definitionsbedingungen eingestuft werden, mit denen sich bei Hinzunahme geeigneter Prämissen im Rahmen des Schlussschemas des Definitionstopos Aussagen über die Jugendlichkeit einer Person bzw. die Ankündigung, eine versprochene Handlung nachzuholen, begründen lassen. Als Anwendung des Teil-Ganze-Topos kann man Argumentationen mit den Sprichwörtern *Ende gut, alles gut* und *Einmal ist keinmal* auffassen; denn die Bewertung vom Ende eines Geschehens als qualitativ wesentlicher Teil lässt sich auf das Ganze übertragen, und umgekehrt kann ein quantitativ unwesentlicher Teil bei der Bewertung des Ganzen vernachlässigt werden. Allerdings ist nicht eindeutig zu entscheiden, ob bei Argumentationen mit diesen beiden Sprichwörtern ein Schluss nach dem Teil-Ganze-Topos aufgebaut wird oder ob man die Geltung der beiden Sprichwörter aufgrund einer

Ableitung mit diesem Topos schon voraussetzt und nur einen klassischen Subsumtionsschluss durchführt; diese beiden Möglichkeiten müssen zumindest theoretisch genau voneinander unterschieden werden.

4. Argumentationsbasierte Funktionen

In der Funktionsliste von Röhrich und Mieder (1997) werden einige kommunikative Funktionen von Sprichwörtern genannt, die primär nicht argumentativ sind und auch über den Bereich assertiver Handlungen hinaus gehen. Dies betrifft insbesondere die Funktionen: Warnung, Trost, Besänftigung, Mahnung und Zurechtweisung. Insofern liegt es nahe, systematisch zu untersuchen, welche nicht-assertiven Funktionen Sprichwörter in der Kommunikation haben können. Als Einstieg in eine solche Untersuchung ist es analog zu der im vorigen Abschnitt dargestellten Vorgehensweise zweckmäßig, auf der Grundlage einer Sprichwortliste und einer Liste von Sprechhandlungen durch Erfinden passender Beispielkontexte einen ersten Überblick über mögliche nicht-assertive Funktionen von Sprichwörtern zu gewinnen. Das Ergebnis einer solchen Vorgehensweise zeigt, dass sich neben den von Röhrich und Mieder genannten noch eine Vielzahl anderer kommunikativer Funktionen realisieren lassen. Dies soll im Folgenden für kommissive, direktive und expressive Sprechhandlungen konkretisiert werden.

Was die Kommissiva angeht, so kann man mit *Aufgeschoben ist nicht aufgehoben* sicherlich den Vollzug einer Handlung geloben, mit *Eine Hand wäscht die andere* lässt sich ein Versprechen geben, die Verwendung von *Ein Küsschen in Ehren kann niemand verwehren* kann eine Erlaubnis bedeuten, mit *Einmal ist keinmal* gibt man eventuell seine Einwilligung zu einer normalerweise nicht zulässigen Handlung.

Mit Sprichwörtern lässt sich auch eine große Zahl von Direktiva durchführen. Das Sprichwort *Wer A sagt, muss auch B sagen* kann zur Formulierung einer Aufforderung dienen; die Verwendung von *Wie du mir, so ich dir* ist evtl. als Drohung zu verstehen; mit *Erst die Arbeit, dann das Vergnügen* wird evtl. ein Befehl und/oder ein Verbot ausgesprochen; mit *Doppelt hält besser* kann man eine Anregung geben und mit *Wer wagt, gewinnt* einen Vorschlag machen; *Reden ist Silber, Schweigen ist Gold* lässt sich als Ratschlag verstehen; mit *Probieren geht über Studieren* kann man eine Empfehlung aussprechen; *Aller Anfang ist schwer* lässt sich als Ermutigung interpretieren.

Schließlich ist auch plausibel, dass sich verschiedene Expressiva mit Sprichwörtern realisieren lassen. *Irren ist menschlich* kann als Entschuldigung gelten; mit *Wer den Pfennig nicht ehrt, ist des Talers nicht wert* missbilligt man möglicherweise ein Verhalten; ein Lob oder ein Kompliment kann man mit *Der Klügere gibt nach* formulieren; *Eigenlob stinkt* ist als Kritik zu verstehen; mit

Wer andern, eine Grube gräbt, fällt selbst hinein kann man jemanden verspotten; *Ein Unglück kommt selten allein* lässt sich als Klage auffassen; mit *Wer nicht wagt, der nicht gewinnt* lässt sich ein Tadel aussprechen; *Geld allein macht nicht glücklich* ist evtl. als Vorwurf zu verstehen.

Der nächste, linguistisch entscheidende Untersuchungsschritt besteht dann in einer Beantwortung der Frage, wie diese Vielzahl kommunikativer Funktionen zu erklären ist. Auch bei einer Beantwortung dieser Frage kann man wieder analog zu Abschnitt 3 vorgehen. Praktisch durchführen lässt sich das dort skizzierte Verfahren jetzt nur exemplarisch. Das hauptsächliche Ziel der nachfolgenden Überlegungen besteht ohnehin darin zu zeigen, dass auch bei nicht-argumentativen Sprechhandlungen vielfach Argumentationen zu den konstitutiven Teilhandlungen oder den konditionell relevanten (erwartbaren) Anschlusshandlungen gehören. Somit lassen sich durch Sprichwörter realisierte Argumentationshandlungen in einschlägigen Kontexten gegebenenfalls zu größeren Handlungskomplexen vervollständigen, mithilfe derer auch nicht-argumentative kommunikative Funktionen vollzogen werden. Das in der Sprechakttheorie für einen solchen Vorgang eingeführte Beschreibungskonzept ist das der indirekten Sprechhandlung; allerdings wurden die bei indirekten Sprechhandlungen erforderlichen Gestaltschließungs- und Inferenzprozesse bisher kaum im Detail untersucht (vgl. Kindt 2001).

Wie ist in der angedeuteten Weise z.B. zu erklären, dass mit *Eine Hand wäscht die andere* ein Versprechen gegeben werden kann? Wenn eine Person X eine Person Y um einen Gefallen H bittet, dann kann Y mit der Äußerung dieses Sprichworts die Durchführung der Handlung H versprechen, wenn als implizite Prämisse vorausgesetzt wird, dass X zuvor Y einen Gefallen getan hat und Y jetzt mit dem Sprichwort die soziale Verpflichtung begründet, als Ausgleich für diesen Gefallen das gewünschte H zu tun. Tatsächlich sind bei einer solchen Konstellation die für ein Versprechen wesentlichen Voraussetzungen erfüllt: H ist eine zukünftige Handlung von Y, X wünscht H, und Y verpflichtet sich, H auszuführen (vgl. etwa Rolf 1997, 167).

Als Beispiel für die Durchführung einer direktiven Handlung soll eine Drohung mit *Wie du mir, so ich dir* diskutiert werden. Grundsätzlich machen Drohungen und Erpressungen maßgeblich vom Konsequenztopos Gebrauch, indem einer Person X von einer Person Y gravierende negative Konsequenzen für den Fall angekündigt werden, dass X eine bestimmte Handlung H durchführt bzw. unterlässt. Wenn also z.B. bei einem Streit zwischen zwei Nachbarn X dem Y eine Beleidigungsklage androht, dann kann u.U. Y mit der Äußerung des Sprichworts die Gegendrohung aussprechen. Etwas genauer soll abschließend die expressive Sprechhandlung des Tröstens behandelt werden. Als konstitutive Teilhandlung gehört zum Trösten eine häufig explizit begründete Relativierung des zu beklagenden negativen Sachverhalts S. Eine solche Relativierung kann u.a. erreicht werden durch:

- eine Prognose, dass sich S noch zum Guten wendet (z.B. mit *Aufgeschoben ist nicht aufgehoben*)
- eine Prognose, dass S später durch einen positiven Sachverhalt ausgeglichen wird (z.B. mit *Scherben bringen Glück*)
- eine Prognose, dass S später nicht mehr als so gravierend gilt (z.B. mit *Die Zeit heilt alle Wunden*)
- ein Argument, dass S zeitlich begrenzt ist (z.B. mit *Kommt Zeit, kommt Rat*)
- ein Argument, dass S mit einem positiven Sachverhalt zu verrechnen ist (z.B. mit *Der Klügere gibt nach*)
- ein Argument, dass S normal oder unvermeidlich ist (z.B. mit *Aller Anfang ist schwer*).

Mit jeder solcher argumentativen Relativierung lässt sich also auch eine indirekte Sprechhandlung des Tröstens durchführen; daran wird noch einmal die besondere Relevanz einer Analyse zugrunde liegender Argumentationshandlungen für die Bestimmung kommunikativer Funktionen von Sprichwörtern deutlich.

5. Fazit

Im vorliegenden Beitrag sollte gezeigt werden, wie wichtig eine systematische Verbindung von phraseologischer und pragmatischer Forschung für die Bestimmung kommunikativer Funktionen von Äußerungen ist. Dabei wird vielfach auch eine genaue argumentationstheoretische Analyse benötigt. Natürlich hängt die Relevanz einer Verwendung von Sprichwörtern von verschiedenen sozialen und kulturellen Faktoren ab, und sie spielt in der gegenwärtigen deutschsprachigen Alltagskommunikation sicher nicht mehr eine so große Rolle wie in früheren Zeiten (vgl. Burger 1998, 112ff.). Für das Ziel dieses Beitrags, die verschiedenen theoretischen und methodischen Zusammenhänge bei einer Funktionsbestimmung für sprachliche Formeln zu konkretisieren, waren Sprichwörter aber ein besonders geeigneter Untersuchungsgegenstand.

Literatur

Aristoteles (1980): *Rhetorik*. München: Wilhelm Fink Verlag.
Baur, Rupprecht S.; Chlosta, Christoph (1996): „Welche Übung macht den Meister? Von der Sprichwortforschung zur Sprichwortdidaktik." In: *Fremdsprache Deutsch 15*; 17-24.
Baur, Rupprecht S.; Chlosta, Christoph; Piirainen, Elisabeth (Hrsg.) (1999): *Wörter in Bildern – Bilder in Wörtern. Beiträge zur Phraseologie und Sprichwortforschung aus dem Westfälischen Arbeitskreis*. Baltmannsweiler: Schneider Verlag Hohengehren [= Phraseologie und Parömiologie 1].

Brünner, Gisela (Hrsg.) (1999): *Angewandte Diskursforschung.* Band 1. Opladen/Wiesbaden: Westdeutscher Verlag.
Burger, Harald (1998): *Phraseologie. Eine Einführung am Beispiel des Deutschen.* Berlin: Erich Schmidt Verlag.
Gülich, Elisabeth (1981): „'Was sein muß, muß sein.' Überlegungen zum Gemeinplatz und seiner Verwendung." In: Weydt (Hrsg.) (1981); 343-363.
Günthner, Susanne (1991): „'A language with taste': Uses of proverbial sayings in intercultural communication." In: *Text 11/3*; 399-418.
Hose, Susanne (2000): „Sprichwörter im Kommunikationsprozess." In: *Proverbium. Yearbook of International Proverb Scholarship 17*; 133-150.
Kienpointner, Manfred (1992): *Alltagslogik. Struktur und Funktion von Argumentationsmustern.* Stuttgart-Bad Canstatt: Fromann-Holzboog.
Kindt, Walther (1988): „Zur Logik von Alltagsargumentationen." In: *Fachberichte Information 3/88.* Universität Koblenz.
Kindt, Walther (1992a): „Argumentation und Konfliktaustragung in Äußerungen über den Golf-Krieg." In: *Zeitschrift für Sprachwissenschaft 11,2*; 189-215.
Kindt, Walther (1992b): „Organisationsformen des Argumentierens in natürlicher Sprache." In: Paschen/Wigger (Hrsg.) (1992); 95-120.
Kindt, Walther (1994): „Nichtmonotonie und Relevanz." In: *Sprachwissenschaft 19*; 455-482.
Kindt, Walther (1999a): „Interpretationsmethodik." In Brünner (Hrsg.) (1999); 69-92.
Kindt, Walther (1999b): „Was sollte man in der Schule über Argumentationsforschung lernen?" In: *Der Deutschunterricht 5*; 26-36.
Kindt, Walther (2001): „Neue Wege der Inferenzforschung." Erscheint in: Sichelschmidt/Strohner (Hrsg.); 109-124.
Klein, Josef (1987): *Die konklusiven Sprechhandlungen.* Tübingen: Niemeyer.
Müller, Gereon (1997): „Beschränkungen für Binomialbildung im Deutschen." In: *Zeitschrift für Sprachwissenschaft 16*; 5-51.
Palm, Christine (1995): *Phraseologie. Eine Einführung.* Tübingen: Gunter Narr.
Paschen, Harm; Wigger, Lothar (Hrsg.) (1992): *Zur Analyse pädagogischer Argumentationen. Bericht des Forschungsprojektes „Bielefelder Katalog pädagogischer Argumente".* Weinheim: Dt. Studien-Verlag.
Röhrich, Lutz; Mieder, Wolfgang (1977): *Sprichwort.* Stuttgart: Metzler.
Rolf, Eckard (1997): *Illokutionäre Kräfte. Grundbegriffe der Illokutionslogik.* Opladen: Westdeutscher Verlag.
Sichelschmidt, Lorenz; Strohner, Hans (Hrsg.) (2001): *Sprache, Sinn und Situation.* Wiesbaden: Deutscher Universitätsverlag.
Stein, Stephan (1995): *Formelhafte Sprache. Untersuchungen zu ihren pragmatischen und kognitiven Funktionen im gegenwärtigen Deutsch.* Frankfurt a.M. [u.a.]: Peter Lang.
Toulmin, Stephen Edelston (1958): *The Uses of Argument.* Cambridge: Cambridge University Press.
Weydt, Harald (Hrsg.) (1981): *Logos Semantikos*, Vol. II. Berlin: de Gruyter.
Wirrer, Jan (1999): „Phraseologie und Rhetorik." In: Baur/Chlosta/Piirainen (Hrsg.) (1999); 421-455.

Zur Satzlänge deutscher Sprichwörter
Ein Neuansatz

Peter Grzybek, Rudi Schlatte (Graz)

0. Zur Linguistik des Sprichworts: Symptomatische vs. systematische Beschreibung
1. Zur Satzlänge von Sprichwörtern
2.1. Beispiel I: Interlinguale Vergleiche
2.2. Beispiel II: Intralinguale Vergleiche
3. Ein Neuansatz
3.1. Zur Häufigkeitsverteilung von Satzlängen
3.2. Analyse der Häufigkeitsverteilung sprichwörtlicher Satzlängen
4. Resümee und Interpretation
Literatur

0. Zur Linguistik des Sprichworts: Symptomatische vs. systematische Beschreibung

Fragen nach formalen Eigenschaften von Sprichwörtern haben die Parömiologie wiederholt beschäftigt. Dabei ging es unter anderem auch um „eigentlich sprachliche" Eigenschaften wie lexikalische oder syntaktische Charakteristika. Allerdings sind Versuche, sich dieser Frage zu nähern, häufig nicht über den Status einer exemplarischen und insofern „symptomatischen" Beschreibung hinaus gekommen – eine systematische Beschreibungsebene hat die Sprichwortforschung bei der Untersuchung linguistischer Fragen in der Regel nicht erreicht.

Es ist hier nicht der Ort, auf die Frage einzugehen, unter welchen Bedingungen eine solche *systematische Beschreibungsebene* als erreicht angesehen werden kann. Auf jeden Fall aber setzt dies die Untersuchung eines umfangreicheren Sprichwort-Korpus voraus. Des weiteren wird es nicht ausreichen, an ausgewählten Beispielen auf das Vorkommen bestimmter zur Disposition stehender Phänomene hinzuweisen und – gegebenenfalls – darüber hinaus weiterführende Vermutungen über die Repräsentativität dieser Ergebnisse anzustellen. Vielmehr muss es als Voraussetzung angesehen werden, dass sich die Frequenz (und in der

Folge dessen die Repräsentativität) der Ergebnisse im Hinblick auf das gesamte Korpus relativieren und so auch mit an anderem Untersuchungsmaterial gewonnenen Ergebnissen vergleichbar machen lässt. In der einen oder anderen Weise wird man somit nicht an quantifizierenden Verfahren vorbeikommen, wenn man eine angemessene Systematik der Beschreibung erreichen will. Wie dies im einzelnen aussehen könnte, soll im vorliegenden Beitrag am Beispiel der Satzlänge von Sprichwörtern dargestellt werden.

1. Zur Satzlänge von Sprichwörtern

Gerade die Satzlänge eignet sich zur Veranschaulichung dessen, was mit systematischer Beschreibung gemeint ist, in besonderem Maße; denn immer wieder ist dem Sprichwort so etwas wie „Prägnanz", „Tendenz zur Kürze" o.ä. unterstellt worden. Eine Bestandsaufnahme der einschlägigen Arbeiten und eine methodologische Standortbestimmung der im Rahmen der Parömiologie vorgenommenen Satzlängenforschungen ist an anderer Stelle ausführlich erfolgt (Grzybek 2000a). Was in diesen Arbeiten untersucht worden ist, mit welchen Mitteln die Fragestellung bearbeitet worden ist, welche methodischen und methodologischen Probleme mit den bisherigen Untersuchungen und den in ihnen verwendeten Verfahren verbunden sind, welche kurzfristigen Reparaturmaßnahmen an den bisherigen Untersuchungen durchzuführen sind und welche Rückschlüsse im Hinblick auf zukünftige Forschungen aus diesen Studien zu ziehen sind, wurde dort ebenfalls ausführlich dargestellt.

Im Hinblick auf Ziele und Methoden der einschlägigen Untersuchungen lässt sich zusammenfassend festhalten, dass die meisten einschlägigen Studien auf intra- oder interlinguale Vergleiche ausgerichtet sind: Während es in den interlingualen Vergleichen um einen Vergleich von Sprichwörtern verschiedener Sprachen geht, haben die intralingualen Vergleiche z.B. Sprichwörter verschiedener Epochen, Sprichwörter mit unterschiedlichem Bekanntheitsgrad u.a.m. zum Gegenstand. Methodologisch sind die meisten Studien auf zwei einfache Verfahren beschränkt, aus denen intuitive Schlussfolgerungen gezogen werden: zum einen auf graphische Darstellungen des Datenmaterials, zum anderen auf die Berechnung von Mittelwerten, d.h. auf die Berechnung der durchschnittlichen (in Worten gemessenen) Satzlänge.

Im Folgenden soll zunächst an zwei Untersuchungen, einer interlingual und einer intralingual ausgerichteten, demonstriert werden, welche Probleme sich ergeben, wenn man sich auf diese einfachen Verfahren beschränkt, bevor im Anschluss daran ein Neuansatz zur Untersuchung sprichwörtlicher Satzlängen unternommen werden soll.

2.1. Beispiel I: Interlinguale Vergleiche

Als typisch für interlinguale Untersuchungen kann eine Arbeit von Tóthné Litovkina (1990) zu russischen und ungarischen Sprichwörtern angesehen werden. Die Autorin hat die in der Wortanzahl pro Satz berechnete Satzlänge von 151 – ihren Angaben zufolge bekannten – ungarischen Sprichwörtern und 151 russischen Sprichwörtern, der Autorin zufolge „vollständige semantische Äquivalente" der ungarischen Sprichwörter, vergleichend untersucht.

Den Angaben von Tóthné Litovkina zufolge fallen 92% des ungarischen und 89% des russischen untersuchten Sprichwortmaterials in das Intervall von 3-7 Wörtern pro Satz. Weitere statistische Analysen im engeren Sinne werden nicht durchgeführt. Allerdings interpretiert die Autorin das genannte Intervall als eine die Merkfähigkeit der Sprichwörter fördernde prototypische Satzlänge von Sprichwörtern.[1]

Wie das in Tabelle 1 reproduzierte Datenmaterial zeigt, ist der Autorin bei der Angabe der Prozentzahlen ein Fehler unterlaufen: Denn de facto fallen 88.08% des russischen ($N = 133$) und 87.42% des ungarischen Materials ($N = 132$) in den genannten Bereich; die von der Autorin anscheinend gemeinten 92.05% der russischen Sprichwörter ($N = 139$) und 89.04% der ungarischen Sprichwörter ($N = 135$) hingegen betreffen den Bereich der Sätze mit 2-7 Wörtern.

---

[1] Diese weiterführende Argumentation von Tóthné Litovkina bedarf einer Nebenbemerkung: Sie verweist in diesem Zusammenhang nämlich auf die Tatsache, dass lediglich fünf der russischen und nur eines der ungarischen Sprichwörter mehr als neun Wörter aufweisen, und sieht dies als Bestätigung der sog. Yngve-Hypothese an.– Die mit dieser Hypothese verbundenen Annahmen von Yngve (1960) besagen, dass die syntaktische Komplexität von Sätzen der Umgangssprache der Tendenz nach nicht über 7±2 Einheiten hinausgeht. Bei Yngve handelt es sich bei diesen Einheiten aber gerade nicht um die Anzahl von Wörtern pro Satz, wie Tóthné Litovkina das impliziert; er geht im Gegenteil davon aus, dass das Gedächtnis weniger durch die Anzahl der Wörter als durch die Art der Verästelung der syntaktischen Struktur (gemäß der Chomsky'schen Transformationsgrammatik) belastet wird.

Tabelle 1: Satzlängenhäufigkeit ungarischer und russischer Sprichwörter nach Tóthné Litovkina (1990)

Wörter pro Satz	Ungarisch		Russisch	
	f_i	$f_\%$	f_i	$f_\%$
1	0	0.00	0	0.00
2	3	1.99	6	3.97
3	9	5.96	20	13.25
4	41	27.15	41	27.15
5	32	21.19	42	27.81
6	32	21.19	20	13.25
7	18	11.92	10	6.62
8	11	7.28	4	2.65
9	4	2.65	3	1.99
10	1	0.66	3	1.99
11	0	0.00	2	1.32
Total	151		151	

Ungeachtet der abweichenden Prozentzahlen wird die Schlussfolgerung der Autorin, was die Prototypikalität des Intervalls von 2-7 bzw. 3-7 Wörtern pro Sprichwort angeht, auf den ersten Blick durch die von ihr dargebotene (Tóthné Litovkina 1990, 251) graphische Darstellung (Abbildung 1) anscheinend unterstützt.

Abbildung 1: Häufigkeitsverteilung der Satzlängen ungarischer und russischer Sprichwörter nach Tóthné Litovkina (1990)

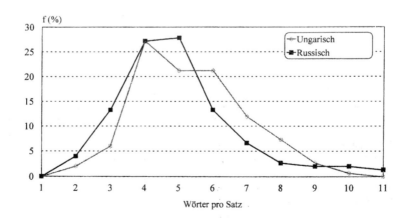

Allerdings ließe sich mit gleichem Recht postulieren, dass z.B. das Intervall von 4-6 Wörtern pro Sprichwort als prototypisch anzusehen sei, da sich unter dieser Voraussetzung in beiden Fällen jeweils mehr als zwei Drittel der Sprichwörter (69.54% der ungarischen bzw. 68.21% der russischen Sprichwörter) konzentrieren. Damit soll gesagt werden, dass bei Schlussfolgerungen über vermeintlich prototypische Intervalle insofern Vorsicht geboten ist, als solche Intervallgrenzen nicht vorgegeben, sondern Ergebnis einer ad-hoc-Entscheidung sind.

Im gegebenen Zusammenhang ist jedoch eine andere Frage wichtiger, nämlich die Ausgangsfrage nach der Vergleichbarkeit der Satzlänge in den russischen und ungarischen Sprichwörtern. Tóthné Litovkina (1990) beschränkt sich hier auf eine Darstellung der absoluten Zahlen; diese beinhaltet eine Aussage darüber, wie viele der Sprichwörter in einer der beiden Sprachen jeweils länger sind. Das Ergebnis dieses Vergleichs besagt, dass von den 151 Sprichwörtern und ihren Äquivalenten in 84 Fällen (55.63%) die ungarischen Sprichwörter länger als die russischen sind, in 32 Fällen (21.19%) die ungarischen kürzer als die russischen, und in den verbleibenden 35 Fällen (23.18%) die ungarischen und die russischen Sprichwörter gleich lang sind. Tóthné Litovkina (1990) belässt es bei dieser Feststellung. Aufgrund des Übergewichts der Fälle mit längeren ungarischen Sprichwörtern drängt sich jedoch ganz natürlich der Eindruck auf, dass die ungarischen Sprichwörter nicht nur im Vergleich der absoluten Vorkommnisse, sondern auch insgesamt, d.h. im Durchschnitt, länger sind als die entsprechenden russischen.

Tóthné Litovkina (1990) hat einschlägige Berechnungen nicht durchgeführt; da sie jedoch die Rohdaten angeführt hat, lassen sich auf der Basis dieser Daten entsprechende Re-Analysen vollziehen; dies soll im Folgenden nachgeholt werden. Dabei zeigt sich unter anderem, dass in der Tat die ungarischen Sprichwörter im Durchschnitt länger sind als die russischen: Während nämlich die russischen Sprichwörter eine durchschnittliche Länge von $\bar{x} = 4.95$ Wörtern pro Sprichwort bei einer Standardabweichung von $s = 1.76$ aufweisen, liegt der Mittelwert der ungarischen Sprichwörter bei $\bar{x} = 5.36$ ($s = 1.58$). Dieser Unterschied ist – wie ein entsprechender t-Test zeigt – signifikant ($t_{FG=267;0.05} = 2.03$, $p < 0.05$).

Eine in diesem Zusammenhang offen bleibende Frage ist freilich, ob der zu beobachtende Satzlängenunterschied der Sprichwörter in der Tat spezifisch von den Sprichwörtern abhängig oder durch allgemeinsprachliche Unterschiede bedingt ist, die sich auf die durchschnittlichen Satzlängen in den gegebenen Sprache(n) allgemein auswirken – eine Frage, die hier nicht ohne weiteres beantwortet werden kann.

Eine andere Frage hingegen wäre weiterer Überlegungen wert, ob das von Tótné Litovkina postulierte prototypische Intervall von 2-7 bzw. 3-7 Wörtern pro Sprichwort die ungarischen und die russischen Sprichwörter in gleicher Weise charakterisiert. Zu diesem Zweck lassen sich die beiden Stichproben dichotomisieren, indem die Sprichwörter mit 2-7 bzw. 3-7 einer jeden Stichprobe den jeweils übrigen gegenübergestellt und dann der Anteil der Sprichwörter mit 2-7 bzw. mit 3-7 Wörtern in beiden Stichproben miteinander verglichen wird. Ein entsprechender χ^2-Test zeigt, dass sich der Anteil der Sprichwörter mit 2-7 bzw. mit 3-7 vs. übrige Sprichwörter in beiden Fällen nicht signifikant unterscheidet (Sprichwörter mit 3-7 Wörter pro Satz vs. übrige Sprichwörter: $\chi^2 = 0.03, p > 0.1$; 2-7 vs. übrige: $\chi^2 = 0.63, p > 0.1$).

Doch auch diesen Berechnungen legt man weiterhin die willkürlich gezogenen Intervallgrenzen zugrunde. Um deren möglichen Einfluss zu reduzieren, gibt es noch eine weitere Möglichkeit, die nicht die jeweiligen Stichproben dichotomisiert und dann einen 2x2-Felder-Test (χ^2-Test) vorsieht, sondern den Anteil aller einzelnen Längenklassen in beiden Stichproben in Form eines kx2-Felder-Tests nach Brandt-Snedecor durchführt. Hierbei stellt sich heraus, dass der Unterschied im Anteil aller Satzlängenklassen zwischen den russischen und den ungarischen Sprichwörtern nicht signifikant ist ($\chi^2_{FG=10} = 10.55, p > 0.1$).

Damit stellt sich in der Zusammenfassung unserer Re-Analysen folgendes heraus: Auf der einen Seite unterscheidet sich die durchschnittliche Länge der ungarischen und russischen Sprichwörter signifikant voneinander, auf der anderen Seite stellt sich aufgrund des nicht-signifikanten Unterschieds im Anteil aller Satzlängenklassen die Frage nach einem einheitlichen Modell der Häufigkeitsverteilung. Diese Frage wird unten nochmals aufzugreifen sein.

2.2. Beispiel II: Intralinguale Vergleiche

Als Beispiel einer intralingual ausgerichteten Studie zur Satzlänge von Sprichwörtern kann die Arbeit von Grzybek (1995) gelten. Hier ging es darum, die Satzlänge in Abhängigkeit vom Bekanntheitsgrad der Sprichwörter zu untersuchen. Als Material dienten die 12.977 sprichwörtlichen Sätze aus der Sammlung *Die deutschen Sprichwörter* von Karl Simrock (1846).

Unterschieden wurden innerhalb des gesamten Korpus drei zuvor empirisch ermittelte Bekanntheitsklassen (> 50%, > 75%, 100% Bekanntheit). Auf der Basis der absoluten Häufigkeiten wurden jeweils für die unterschiedlichen Bekanntheitsklassen Mittelwert und Standardabweichung der Satzlängen (gemessen in Anzahl der Wörter pro Satz) berechnet; die Ergebnisse sind der Tabelle 2 zu entnehmen:

Tabelle 2: Klassenumfang, Mittelwert und Standardabweichung in den unterschiedenen Bekanntheitsklassen der *Deutschen Sprichwörter* von Simrock

Bekanntheit	N	in %	$\bar{x}$	s
gesamt	12977	100	7.86	3.41
> 50%	723	5.57	6.60	2.42
> 75%	346	2.66	6.35	2.35
100%	61	0.47	6.16	2.37

Der Tabelle 2 ist auf den ersten Blick eine eindeutige Tendenz zu entnehmen: Je höher der Bekanntheitsgrad der Sprichwörter, desto kürzer die durchschnittliche Satzlänge der Sprichwörter. Dieser Umstand spiegelt sich auch in der graphischen Darstellung der Häufigkeitsverteilung wider: Es zeigt sich, dass sich mit zunehmender Bekanntheit der Sprichwörter der Verlauf der Kurve ändert: sie wird steiler und verlagert sich nach links (der Exzess wird deutlicher positiv, die Kurve leptokurtisch, vgl. Abb. 2) – die entsprechenden Maße für Schiefe und Exzess wurden in Grzybek (1995) freilich nicht angegeben.

Abbildung 2: Darstellung der relativen Satzlängenhäufigkeiten der *Deutschen Sprichwörter* von Simrock

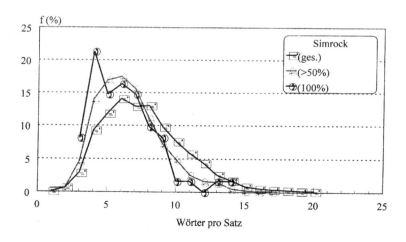

In Grzybek (1995) wurden zwischen den einzelnen Bekanntheitsklassen Mittelwertvergleiche durchgeführt; so kommt man zum Beispiel zu dem Ergebnis, dass sich die Durchschnittslänge der Sprichwörter des gesamten Korpus signifikant von der Durchschnittslänge aller anderen unterschiedenen Bekanntheitsklassen unterscheidet, so z.B. von den Sprichwörtern mit mehr als 50% Bekanntheit ($t_{FG=890} = 13.28, p < 0.001$).

Auch die mit dieser Studie verbundenen Ergebnisse sind jedoch methodologisch nicht unproblematisch. Zum einen basieren die Ergebnisse auf willkürlich festgelegten Bekanntheitsklassen. Grzybek (2000a) weist deshalb darauf hin, dass es sinnvoller wäre, keine Mittelwertvergleiche zwischen mehr oder weniger willkürlich festgelegten Bekanntheitsklassen durchzuführen, sondern – im Falle eines linearen Zusammenhangs – den Regressionskoeffizienten zu bestimmen sowie einen Test auf Linearität durchzuführen, um eine etwaige Abweichung von der Linearität feststellen zu können bzw. – im Falle eines nicht-linearen Zusammenhangs – ein geeignetes Regressionsmodell zu bestimmen.

Mit diesem Vorgehen würde auch ein anderes methodologisches Problem beseitigt, welches darin besteht, dass die multiplen Mittelwertvergleiche mit Hilfe von t-Tests innerhalb ein und derselben Stichprobe durchgeführt werden, d.h. ohne eine entsprechende Korrektur aufgrund der mehrfachen Anwendung von Tests auf ein und dasselbe Datenmaterial (sog. Bonferroni-Korrektur). Erschwerend kommt hierbei hinzu, dass sich die unterschiedenen Untergruppen der Stichprobe bei Grzybek (1995) überlappen, insofern die Sprichwörter mit > 50% Bekanntheit auch in der Untergruppe mit 100% Bekanntheit enthalten sind, bzw. beide Bekanntheitsklassen auch Bestandteil der Gesamtstichprobe sind. Die Lösung dieser Fragen kann hier ebenfalls nicht im Detail weiter verfolgt werden und muss andernorts in eigenem Kontext wieder aufgegriffen werden.

Ungeachtet dessen ergibt sich bei der intralingualen in gleicher Weise wie bei der interlingual (s.o.) Ausrichtung des Vergleichs die Fragestellung, ob die Sprichwörter der unterschiedlichen (Teil-)Stichproben ein und demselben Häufigkeitsmodell folgen; beim intralingualen Vergleich lautet die Frage konkret, ob der Bekanntheitsgrad der Sprichwörter einen Einfluss auf das Häufigkeitsmodell der Satzlängenverteilung hat, d.h. ob er womöglich derart stark auf die sprachliche Form einwirkt, dass sich hier unterschiedliche Modelle als geeignet herausstellen.

3. Ein Neuansatz

3.1. Zur Häufigkeitsverteilung von Satzlängen

Vor dem Hintergrund der genannten methodologischen Probleme stellt sich also insgesamt die Frage, inwiefern die in einem bestimmten Korpus enthaltenen Sprichwörter (einer Sprache, einer bestimmten Bekanntheitsklasse u.a.m.) einem bestimmten Verteilungsmodell folgen. Die mit der Problemstellung verbundenen Fragen lassen sich wie folgt spezifizieren:

1. Die allgemeine Ausgangsfrage lautet:
   - Wie oft kommen Sprichwörter mit einer bestimmten Satzlänge in einem gegebenen Sprichwortkorpus vor?
2. Daraus leitet sich die folgende Spezialfrage ab:
   - Folgt die Häufigkeitsverteilung von Satzlängen in Sprichwörtern einer bestimmten Gesetzmäßigkeit?, bzw.:
   - Lässt sich die spezifische Häufigkeitsverteilung von Satzlängen in Sprichwörtern formal beschreiben?
3. In Abhängigkeit von den erhaltenen Ergebnissen ergeben sich sodann die folgenden weiterführenden Fragen:
   - Wie steht ein solches Gesetz zu Satzlängen in anderen sprachlichen Texten?
   - Ist ein solches Gesetz sprachspezifisch oder sprachübergreifend?
   - Wie wirken sich spezifische Faktoren wie z.B. Bekanntheit der Sprichwörter auf das Modell der Häufigkeitsverteilung aus?

Zur Beantwortung dieser Fragen bietet es sich an, auf Grundannahmen der quantitativen Linguistik zurückzugreifen, wie sie etwa von Altmann (1988) formuliert wurden. Demnach ergeben sich die folgenden Grundannahmen:

1. Die Organisation der Häufigkeitsverteilungen zu differenzierender Elemente (Silben/Wörter/Teilsätze/Sätze) in einem gegebenen Text ist gesetzmäßig.
2. Wesentlich ist die Differenz zwischen zwei benachbarten Wahrscheinlichkeiten (z.B. Sätze mit 1, 2, 3, usw. Wörtern), d.h.:

   (1) $\quad P_x - P_{x-1} = \Delta P_{x-1}$

3. Die Differenz (D) zwischen zwei benachbarten Wahrscheinlichkeiten ist nicht konstant, sondern relativ, d.h.:

$$\text{(2)} \quad D = \frac{P_x - P_{x-1}}{P_{x-1}} = \frac{\Delta P_{x-1}}{P_{x-1}}$$

Natürlich kommt es letztlich darauf an, allfällig quantifizierbare Zusammenhänge qualitativ interpretieren zu können. Aus diesem Grunde geht man davon aus, dass auf die Differenz D im konkreten Fall verschiedene Faktoren einwirken. Nach Altmann (1988, 152) – der in diesem Zusammenhang in Anlehnung an G. K. Zipf auch von „Zipf'schen Kräften" spricht – lassen sich in erster Linie die folgenden Einflussfaktoren unterscheiden:

$\quad a$ – Produktionsfaktoren (Stil etc.)
$\quad b$ – Textfaktoren
$\quad c$ – Rezeptionsfaktoren (Sprachgemeinschaft)
$\quad d$ – Faktoren der Sprachebene

Im Hinblick auf die Satzlänge in Texten postuliert Altmann (1988), dass a ('Produktionsfaktoren') und b ('Textfaktoren') „gestaltend" wirken, während c ('Rezeptionsfaktoren') „bremsend" wirken. Insofern ein Produzent versuche, in die Bindung der Textsorte (b) seinen eigenen Stil einzubringen, ergibt sich folgende Funktion:

$$\text{(3)} \quad D = \frac{b - ax}{cx}$$

Im Falle der Berechnung der Satzlängen nach der Anzahl der Wörter pro Satz kommt noch als Faktor d die Wirkung der intervenierenden Ebene der Teilsätze hinzu; so ergibt sich

$$\text{(4)} \quad D = \frac{b - ax}{cx + d}.$$

Letzteres führt nach entsprechenden Auflösungen, auf die hier nicht im Detail eingegangen werden muss, zu dem Ansatz (5):

$$\text{(5)} \quad P_x = \left(1 + \frac{b - ax}{cx + d}\right) P_{x-1} = \frac{(d+b) + (c-a)x}{cx + d} P_{x-1} = \frac{B + Ax}{cx + d} P_{x-1}.$$

Dieser Ansatz basiert auf der Annahme, dass zwei jeweils benachbarte Wahrscheinlichkeitsklassen in einer spezifischen Proportionalität zueinander stehen, die sich durch eine Funktion ausdrücken lässt, im gegebenen Fall also durch $g(x) = (b-ax)/(cx+d)$. Wir können uns hier die weiteren detaillierten Ableitungen ersparen und wollen uns statt dessen auf das für die in der Anzahl der Wörter gemessene Satzlänge relevante Verteilungsmodell beschränken. Hierbei handelt es sich, wie gesagt, um die sog. Hyperpascal-Verteilung (6), die sich durch Auflösung und Reparametrisierung von (5) ergibt:

$$\text{(6)} \qquad P_x = \frac{\binom{k+x-1}{x}}{\binom{m+x-1}{x}} q^x P_0 \qquad x = 0, 1, 2, \ldots$$

Im Hinblick auf die Untersuchung von Satzlängenhäufigkeiten in Sprichwörtern wäre also zu erwarten, dass die dargestellte Hyperpascal-Verteilung ein geeignetes Modell für die Häufigkeit der in der Anzahl der Wörter pro Satz berechneten Satzlängen darstellt.

Dazu ist allerdings einschränkend zu sagen, dass empirische Befunde zur Satzlänge deutscher Texte in jüngster Zeit (Best 2001; Niehaus 2001) die uneingeschränkte Gültigkeit dieser Annahme in Frage gestellt haben, und zwar vor allem in Abhängigkeit davon, ob die einzelnen Satzlängenklassen zusammengefasst werden oder nicht. Solche Zusammenfassungen bieten sich in erster Linie aufgrund der extremen Streubreite des Datenmaterials und den damit einhergehenden geringen Klassenumfängen an. In dieser Hinsicht stellt Best (2001) fest, dass sich ohne jegliche Zusammenfassung nur wenige gute Anpassungsergebnisse der Hyperpascal-Verteilung erzielen ließen, und dass sich bei seinen Daten deutscher Texte die (1-verschobene) negative Binomialverteilung – die Altmann ja für die Berechnung von Satzlängen in der Anzahl der Teilsätze postuliert hatte – als geeigneter erweist; diese Verteilung stellt sich nach Best (2001) auch als geeignet dar, wenn die Satzlängen in 5er-Gruppen (d.h. in Sätzen von 1-5, 6-10, 11-15, usw. Wörtern pro Satz) zusammengefasst werden. Für die Satzlängenverteilung ohne Zusammenfassung kann Niehaus (2001) diesen Befund insgesamt bestätigen, insofern sich auch bei ihr die (1-verschobene) negative Binomialverteilung als wesentlich besseres Modell erweist; letzteres gilt im Prinzip auch für die Daten mit in 5er-Gruppen zusammengefassten Satzlängenklassen, doch erweist sich unter dieser Bedingung in ihrer Untersuchung auch die Hyperpascal-Verteilung als geeignet.

Während sich hier also für die Satzlängenforschung offenbar eine Reihe offener Probleme abzeichnet, kommt für die Untersuchung sprichwörtlicher Satzlängen ein weiterer Umstand erschwerend hinzu: Hier ist es nämlich grundsätzlich fraglich, ob ein allgemeines Modell für Satzlängenhäufigkeiten ohne jegliche Modifikation auf die Satzlängenhäufigkeiten eines Sprichwortkorpus übertragen werden kann. Grund zum Zweifel an dieser Annahme liefert die Tatsache, dass es sich bei den Sätzen eines Sprichwortkorpus nicht um einen Fließtext handelt, wie dies bei einem üblichen Text der Fall ist. Vielmehr stellt jedes einzelne Sprichwort einen in sich abgeschlossenen (homogenen) Text dar; die Ebene eines Gesamttextes existiert somit streng genommen nicht. Die sich aus diesem Umstand ergebende Frage lautet demnach, ob auch die Satzlängenhäufigkeiten in einem Sprichwortkorpus dem beschriebenen selbstregulatorischen Mechanismus folgen oder nicht. Theoretisch gibt es drei Möglichkeiten:

1. Ein Sprichwortkorpus besteht aus heterogenen Einzeltexten und repräsentiert insofern keinen einheitlichen Text, sondern einen „Quasi-Text" (d.h. Text-Mischung), der nicht die notwendige Datenhomogenität als Voraussetzung der genannten selbstregulatorischen Prozesse aufweist. Folge dieser Annahme wäre es, dass sich die Verteilung der Satzlängenhäufigkeit als chaotisch erweist und nicht theoretisch modellieren lässt.
2. Ein Sprichwortkorpus weist dieselben Regel- und Gesetzmäßigkeiten auf wie ein üblicher Fließtext; die Satzlängenhäufigkeiten würden sich entsprechend wie diejenigen eines Fließtextes modellieren lassen.
3. Ein Sprichwortkorpus verhält sich in Analogie zu einer Lexikonstruktur, d.h. wie ein paradigmatisches Inventar von Einheiten, im gegebenen Fall von Sätzen, nicht von Lexemen (vgl. Sprichwörter*lexikon*); in der Folge wäre zu erwarten, dass sich die Verteilung der Satzlängenhäufigkeit sehr wohl modellieren lässt, dass es sich dabei aber um ein anderes Modell als im Fall von Fließtexten bzw. um eine Modifikation des betreffenden Standardmodells für die Verteilung von Satzlängenhäufigkeiten in Texten handelt.

Im folgenden Absatz sollen diese Annahmen empirisch überprüft werden.

3.2. Analyse der Häufigkeitsverteilung sprichwörtlicher Satzlängen

Bei der empirischen Überprüfung der zuletzt vorgetragenen Annahmen sollen die auch von Grzybek (1995) verwendeten deutschen Sprichwörter aus der Sammlung von Simrock als Material dienen. Neben diesen Daten liegen mittlerweile Analysen zu Sprichwörtern von sieben weiteren Sprachen vor: Estnisch, Kroatisch, Russisch, Slowenisch, Tschuwaschisch, Türkisch, Ungarisch (Grzybek 2001); publiziert sind bislang jedoch nur die Ergebnisse zum Slowenischen (Grzybek 2000b). Tabelle 3 stellt die schon in Abbildung 2 dargestellten Satzlängenhäufigkeiten für die Gesamtheit der 12.977 Sprichwörter dar.

Tabelle 3: Vorkommenshäufigkeiten der Satzlängen in den *Deutschen Sprichwörtern* von Simrock

Wörter pro Satz	Anzahl der Sätze	Wörter pro Satz	Anzahl der Sätze
2	80	21	16
3	367	22	7
4	1199	23	16
5	1522	24	9
6	1837	25	5
7	1679	26	3
8	1699	27	2
9	1275	28	1
10	1006	29	3
11	758	31	1
12	573	34	2
13	336	36	1
14	233	37	1
15	115	41	1
16	74	60	1
17	54	64	1
18	44	66	1
19	29	72	1
20	25		

Beim Versuch der Anpassung eines theoretischen Verteilungsmodells an diese Daten stellt sich heraus, dass sich die 12.977 Sprichwörter des Gesamtkorpus mit der Hyperpascal-Verteilung angemessen theoretisch beschreiben lassen; Voraussetzung dafür ist jedoch eine „glättende" Zusammenfassung der Satzlängenklassen – ohne jegliche Zusammenfassung hingegen gelingt keine geeignete Anpassung an eines der diskutierten Modelle.

Bei einer Zusammenfassung in Zweier-Klassen (d.h. Sätze mit 2-3, 4-5, 6-7, usw. Wörtern) stellt sich in der Tat die von Altmann (1988) postulierte Anpassung der Hyperpascal-Verteilung als ein geeignetes ($C < 0.0182$) Modell heraus. Als ebenso akzeptabel ($C < 0.0178$) erweist sich allerdings ein anderes Verteilungsmodell, die sog. Hyperpoisson-Verteilung, auf die im Folgenden noch ausführlicher einzugehen sein wird. Tabelle 3 enthält für die in 2er-Klassen zusammengefassten Satzlängenhäufigkeiten die einzelnen Satzlängen (Xi), deren beobachtete Häufigkeiten (Fi), sowie die theoretischen Erwartungswerte (NPi) der Hyperpascal- sowie der Hyperpoisson-Verteilung; Abbildung 3 stellt die Ergebnisse in anschaulicher Form dar.

Tabelle 4: Beobachtete und theoretische Häufigkeiten der in Zweiergruppen zusammengefassten Satzlängenhäufigkeiten in den *Deutschen Sprichwörtern* von Simrock

X[i]	F[i]	NP[i] *Hyper-Pascal*	NP[i] *Hyper-Poisson*	X[i]	F[i]	NP[i] *Hyper-Pascal*	NP[i] *Hyper-Poisson*
1	447	563,12	397,71	17	2	0,1	< 0,0001
2	2721	2919,78	2420,94	18	2	0,04	
3	3516	3353,93	3670,24	19	0	0,02	
4	2974	2607,56	3177,84	20	1	0,01	
5	1764	1663,8	1925,63	21	0	0	
6	909	940,06	897,47	22	0	0	
7	348	488,86	339,83	23	0	0	
8	128	239,33	108,35	24	0	0	
9	73	111,9	29,84	> 25	4	< 0,0001	
10	41	50,46	7,23			$k = 3{,}17$	$a = 2{,}02$
11	23	22,09	1,56			$m = 0{,}20$	$b = 0{,}33$
12	14	9,44	0,31			$q = 0{,}33$	
13	5	3,95	0,05			FG	9	5
14	4	1,63	0,01			χ^2	236,5	230,78
15	1	0,66	0			$P(\chi^2)$	< 0,0001	< 0,0001
16	0	0,26	0			C	0.0182	0.0178

Abbildung 3: Beobachtete und theoretische Häufigkeiten der in Zweiergruppen zusammengefassten Satzlängenhäufigkeiten in den *Deutschen Sprichwörtern* von Simrock

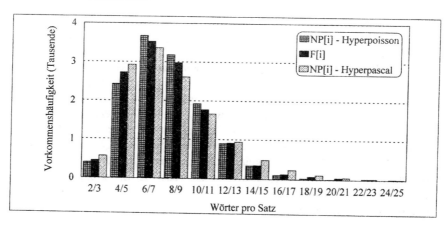

Interessanterweise wirkt sich allerdings, wie eine weiterführende Detailanalyse zeigt, der konkrete Umfang der zusammengefassten Klassengrößen vehement auf das anzupassende Verteilungsmodell aus. Auf diese Problematik kann hier nicht im einzelnen eingegangen werden; zusammenfassend lässt sich allerdings festhalten, dass sich bei Zusammenfassungen in größeren Satzlängenklassen (Dreier-, Vierer-, oder Fünferklassen) die oben genannte Hyperpoisson-Verteilung im Vergleich zur Hyperpascal-Verteilung als ein wesentlich besser geeignetes Modell (in allen Fällen $C < 0.01$) erweist.

Als Ergebnis lässt sich somit festhalten, dass für die Modellierung der Satzlängenhäufigkeiten im Gesamtkorpus der 12.977 Simrock'schen Sprichwörter zwei Modelle[2] zur Diskussion stehen, deren Eignung nicht zuletzt durch die konkrete Art der (notwendigen) Zusammenfassung der Satzlängenklassen bedingt ist. Schauen wir uns aus dieser Perspektive an, wie sich der Sachverhalt bei den bekannteren Sprichwörtern (d.h. bei den Teilstichproben der zu > 50% bzw. > 90% bekannten Sprichwörter) darstellt.

Als erstes zeigt sich, dass man hier auch ohne glättende Klassenbildung zu geeigneten Anpassungen kommt, und zwar sowohl bei den zu > 50% als auch bei den zu > 90% bekannten Sprichwörtern. Dieser Umstand ist ohne Frage durch die deutlich geringere Spannweite und Streuung der Satzlängen bedingt.

Allerdings gilt die Eignung der Hyperpascal-Verteilung nur in bedingtem Maße: Sie lässt sich ohne glättende Klassenzusammenfassung des gesamten Datenmaterials nur dann erfolgreich anpassen, wenn man am oberen und unteren Ende der Verteilung zum einen die Klassen der ganz kurzen Sprichwörter mit zwei bis und vier Wörtern pro Satz, zum anderen die langen Sprichwörter mit < 13 Wörter pro Satz jeweils zu einer Klasse zusammenfasst.

Keine derartige Zusammenfassung ist hingegen bei der Hyperpoisson-Verteilung nötig, die sich insgesamt als besser geeignetes Modell erweist, zumal sie – im Gegensatz zur Hyperpascal-Verteilung[3] – auch für alle Arten von glättenden

---

[2] Die von Best (2001) und Niehaus (2001) diskutierte (1-verschobene) negative Binomialverteilung stellt sich an unserem Sprichwortmaterial als gänzlich ungeeignet heraus.

[3] Bei den 729 Sprichwörtern, die eine Bekanntheit von > 50% aufweisen, führt die Anpassung der Hyperpascal-Verteilung bei glättenden Zusammenfassungen in 2er- und 3er-Gruppen noch zu akzeptablen ($C < 0.02$), in 4er- und 5er-Gruppen hingegen zu keinen geeigneten Anpassungen. Bei den 133 Sprichwörtern, die eine Bekanntheit von > 90% aufweisen, sind glättenden Zusammenfassungen in 4er- bzw. 5er-Gruppen aufgrund der geringen Anzahl bzw. Umfänge der einzelnen Klassen nicht zielführend; hier stellt sich heraus, dass sich die Hyperpoisson-Verteilung bei glättenden Zusammenfassungen in 2er- und in 3er Gruppen zu sehr guten Anpassungsergebnissen ($C < 0.01$) führt. Die Hyperpascal-Verteilung hingegen führt bei der glättenden Zusammenfassung in 2er-Gruppen zu sehr guten ($C < 0.01$), in 3er-Gruppen zu akzeptablen ($C < 0.02$) Ergebnissen.

Phraseologie in Raum und Zeit

Klassenzusammenfassungen ein gleichermaßen gut geeignetes Modell ($C < 0.01$) darstellt.

Schauen wir uns am Beispiel der 2er-Zusammenfassungen die Ergebnisse in Tabelle 4a und 4b an, die in den Abbildungen 4a und 4b in anschaulicher Form dargestellt sind, bevor wir abschließend zu einer Interpretation dieser Befunde und einer resümierenden Zusammenfassung kommen.

Tabelle 5a **Abbildung 4a:** Anpassung der Hyperpoisson-Verteilung an die in Zweiergruppen zusammengefassten 723 Sprichwörter mit > 50% Bekanntheit: Ergebnisse und graphische Darstellung

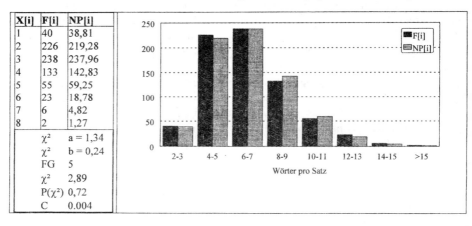

X[i]	F[i]	NP[i]
1	40	38,81
2	226	219,28
3	238	237,96
4	133	142,83
5	55	59,25
6	23	18,78
7	6	4,82
8	2	1,27
χ^2	a =	1,34
χ^2	b =	0,24
FG		5
χ^2		2,89
$P(\chi^2)$		0,72
C		0.004

Tabelle 6a **Abbildung 5a:** Anpassung der Hyperpoisson-Verteilung an die in Zweiergruppen zusammengefassten 133 Sprichwörter mit > 90% Bekanntheit: Ergebnisse und graphische Darstellung

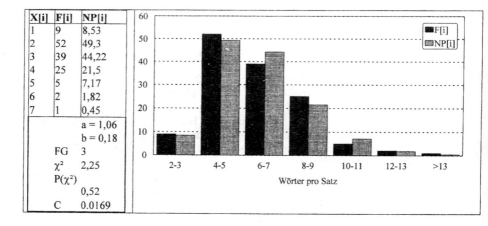

X[i]	F[i]	NP[i]
1	9	8,53
2	52	49,3
3	39	44,22
4	25	21,5
5	5	7,17
6	2	1,82
7	1	0,45
	a =	1,06
	b =	0,18
FG		3
χ^2		2,25
$P(\chi^2)$		0,52
C		0.0169

4. Resümee und Interpretation

Es stellt sich insgesamt heraus, dass die Verteilung der Häufigkeit von Satzlängen in einem Sprichwortkorpus nicht chaotisch, sondern gesetzmäßig organisiert ist. Wie diese Regularitäten genau beschaffen sind, kann aufgrund der diesem Beitrag zugrundeliegenden Daten nicht gesagt werden, weil offenbar verschiedene Faktoren ins Spiel kommen, deren Auswirkungen bislang nicht hinreichend erkannt bzw. untersucht wurden.

Allgemein gesehen, weisen die Ergebnisse auf eine Reihe von Tendenzen hin: So zeigt sich, dass die Anpassung eines geeigneten Verteilungsmodells an ein heterogenes Sprichwortkorpus nicht ohne glättende Zusammenfassung der Satzlängenklassen möglich ist. Die folglich durchzuführenden Klassenzusammenfassung wirkt sich ihrerseits jedoch als Einflussfaktor aus, dessen Bedeutung nicht nur für die Sprichwortforschung im spezifischen, sondern für die Satzlängenforschung im Rahmen der Quantitativen Linguistik allgemein nicht systematisch untersucht worden ist. Weiterhin scheint sich die spezifische Qualität des Sprichwortmaterials auf die zugrunde liegenden Häufigkeitsverteilungen der Satzlängen auszuwirken, zumindest gilt dies für den Faktor der Bekanntheit der Sprichwörter.

Konkret weisen die Ergebnisse darauf hin, dass sich die Hyperpascal-Verteilung als das von Altmann (1988) als „Standard-Modell" für die Häufigkeitsverteilung von (in der Anzahl der Wörter pro Satz gemessenen) Satzlängenhäufigkeiten in Fließtexten unter Berücksichtigung der soeben genannten Faktoren auch für Sprichwortmaterial als durchaus tragfähig erweist. Während die in jüngster Zeit von Best (2001) und Niehaus (2001) für Satzlängenhäufigkeiten in deutschen Texten in die Diskussion gebrachte (1-verschobene) negative Binomialverteilung bei deutschsprachigem Sprichwortmaterial offenbar keinerlei Rolle spielt, scheint sich für Sprichwörter insgesamt die Hyperpoisson-Verteilung als ein deutlich besser geeignetes Modell herauszustellen. Letzteres gilt in jedem Fall für Sprichwörter mit einem bestimmten Bekanntheitsgrad, bei denen sich die Hyperpoisson-Verteilung unabhängig von allfälligen glättenden Zusammenfassung der Satzlängenklassen als gutes Modell erweist.

Interessanterweise ergibt sich gerade zwischen der Hyperpascal- und der Hyperpoisson-Verteilung ein spezifischer Zusammenhang, der eine inhaltliche Interpretation unserer Befunde erlaubt. Erinnern wir uns an die Differenzengleichung der Hyperpascal-Verteilung:

(5) $\quad P_x = \dfrac{B + Ax}{cx + d} P_{x-1}$

Setzt man in dieser Gleichung $A = 0$, $B = b$ und $c = 1$ so ergibt sich:

(7) $\quad P_x = \dfrac{b}{x + d} P_{x-1}$

Diese Gleichung führt nach entsprechenden Re-Parametrisierungen zur Hyperpoisson-Verteilung (8), die man direkt aus der Hyperpascal-Verteilung durch Übergang zu limes mit $k \to \infty$, $q \to 0$, $kq \to a$ bekommt (vgl. Wimmer/Altmann 1999):

$$(8) \quad P_x = \frac{a^x}{{}_1F_1(1;m;a)m^{(x)}} \quad x = 0,1,2,...$$

Interessanterweise hat sich die Hyperpoisson-Verteilung auch an slowenischem Sprichwortmaterial als geeignet zur Modellierung der Häufigkeitsverteilung von Satzlängen erwiesen (Grzybek 2000b); dies gibt Anlass zu der Vermutung, dass die gesetzmäßige Organisation der Häufigkeit sprichwörtlicher Satzlängen sprichwortspezifisch und übersprachlich sein könnte (Grzybek 2001). Damit wäre auch eine Antwort auf die oben angesprochene Frage nach einem einheitlichen Modell der Satzlängenhäufigkeitsverteilung in Sprichwörtern gegeben.

Literatur

Altmann, Gabriel (1988): „Verteilung der Satzlängen." In: Schultz (ed.) (1988); 147-169.
Baur, Rupprecht S.; Chlosta, Christoph (Hrsg.) (1995): *Von der Einwortmetapher zur Satzmetapher. Akten des Westfälischen Arbeitskreises Phraseologie/Parömiologie*. Bochum: Brockmeyer [= Studien zur Phraseologie und Parömiologie 6].
Best, Karl-Heinz (2001): „Wie viele Wörter enthalten Sätze im Deutschen? Ein Beitrag zu den Sherman-Altmann-Gesetzen." In: Best (Hrsg.) (2001); 167-201.
Best, Karl-Heinz (Hrsg.) (2001): *Häufigkeitsverteilungen in Texten*. Göttingen: Peust & Gutschmidt.
Grzybek, Peter (1995): „Zur Frage der Satzlänge von Sprichwörtern (unter besonderer Berücksichtigung deutscher Sprichwörter)." In: Baur/Chlosta (Hrsg.) (1995); 203-217.
Grzybek, Peter (2000a): „Zum Status der Untersuchung von Satzlängen in der Sprichwortforschung – Methodologische Vor-Bemerkungen." In: *Слово во времени и пространстве. К 60-летию профессора В.М. Мокиенко*. Sankt Petersburg: Folio-Press; 430-457.
Grzybek, Peter (2000b): „Wie lang sind slowenische Sprichwörter? Zur Häufigkeitsverteilung von (in Worten berechneten) Satzlängen slowenischer Sprichwörter." In: *Anzeiger für slavische Philologie 27*; 87-108.
Grzybek, Peter (2001): „On the distribution of sentence length in proverbs." In: *Journal of Quantitative Linguistics*. (In Vorb.)
Niehaus, Brigitta (2001): „Die Satzlängenverteilung in literarischen Prosatexten der Gegenwart." In: Uhlířová/Wimmer/Altmann/Köhler (Hrsg.) (2001); 196-214.
Schultz, Klaus-Peter (ed.) (1988): *Glottometrika 9*. Bochum: Brockmeyer.
Simrock, Karl (1846): *Die deutschen Sprichwörter*, Frankfurt a.M. Nachdruck 1988 Stuttgart: Reclam.

Tóthné Litovkina, Anna (1990): „Hungarian and Russian Proverbs: A comparative Analysis." In: *Proverbium. Yearbook of International Proverb Scholarship 7*; 241-254.

Uhlířová, Ludmila; Wimmer, Gejza; Altmann, Gabriel; Köhler, Reinhard (Hrsg.) (1999): *Text as a Linguistic Paradigm: Levels, Constituents, Constructs. Festschrift in Honour of Luděk Hřebíček.* Trier: wvt.

Yngve, Victor H. (1960): „A Model and an Hypothesis for Language Structure." In: *Proceedings of the American Philosophical Society 104/5*; 444-466.

Wimmer, Gejza; Altmann, Gabriel (1999): *Thesaurus of univariate discrete probability distributions*. Essen: Stamm.

Sachregister

Abwertung 247
adelig-höfische Rittergesellschaft 105
Adelskultur 110
Alltagskultur 41, 236
Alter (der Versuchspersonen) 18, 22-27, 216, 219, 232
anayzability 164
Anthropomorphisierung 61
anthropozentrisches Weltbild 58
Antike, antik 64f., 233
Archive 113-115
Argument 169, 171, 173
Argumentation 256f., 259, 261, 264, 273ff.
Argumentationsmuster 275f., 279
argumentative Funktionen 276-280, 282
argumentative Gebrauchstexte 256-258, 263-266
arm und reich 83, 85, 91-95
'Armut' 35, 38, 40-44, 47, 54
Artusroman 102, 106f.
Aspekttopos 282
Aufgabenschema 257f., 260, 262-266
Ausgangskonzept, Ausgangsdomäne 38-42, 44-48, 51, 54
Austriazismen 11
autonome Verwendung von Sprichwörtern 205
Autostereotyp 17
Basis (einer Kollokation) 179, 182, 192
Bedeutungserläuterung 16, 35, 43
Befehl 247
Befragungen 19f., 22, 24, 27, 213f., 235f.
Begriffspaar 78, 120
Bekanntheitsgrad 36-38, 41, 43f., 46, 48-50, 54
Beratungsszene 109
Beschimpfung 239ff.
Beschimpfungshandlung 239-241, 243-245, 252
Bibel 63, 234

Bildlichkeit 34f., 39, 41, 46f., 110, 218f., 223-233, 236
binominal 78, 120
Blickverhalten 177-179, 181-185, 191, 196
Christentum, christlich 64f., 69, 230, 233f., 236
compositionality 164
COSMAS 81, 178, 183, 185, 224
„Daniel von dem blühenden Tal" des Strickers 106-108, 110
Dauer (Blickvorgang) 183, 185-187, 190-192
decomposability 164
Definitionstopos 282
Deskriptor 38, 54
Diachronie, diachron 16, 116, 135, 147-150, 153, 156, 196
dialektale Phraseologie 11ff., 33, 37f., 44, 46, 49f. 54, 214
dialektgeographisch 115
diatopische Markierung 221, 223
Diminutive 218
Disphemisierung 225, 227, 235
Disphemismus 217
Drohung 246
'Dummheit' 38, 48-54
Einspruchsbrief 259-266
elaborierte Mündlichkeit 82
empirisch 13, 18f., 35, 37f., 41, 54, 61, 77, 83, 101, 113f., 116, 126, 134, 136
englisch 80f., 94, 164, 167, 180, 185, 196
„Erec" Hartmanns von Aue 102
Erfahrungswissen 66, 231
Erzählerkommentar 108
Erzählfigur 102
Ethnokonzept 38
ethnokulturelle Spezifik 38, 48, 51
Etymologie, etymologisch 15, 139, 146f., 226
Euphemismus 217
Evaluation 275

Expressivität, expressiv 43f., 46, 53, 239, 245, 250f.
Fabel 60
Fachprosa 117, 123
Festigkeit 59, 116, 119, 121, 161-163, 166
Formelhaftigkeit, formelhaft 79, 118, 123, 175, 255ff.
Formelhaftigkeit von Texten 257, 264
  gradueller Begriff von Formelhaftigkeit 258, 263
Formulierungsmuster 105
fossilisiert 125, 129
Fragebogen 19-22, 213f., 221
Framewissen 47, 49
FRANTEXT 178, 182, 184
französisch 32f., 35f., 38, 52f., 173, 177ff., 239ff.
Fremdsprachendidaktik 203f., 211
Frühe Neuzeit 64, 114
frühneuhochdeutsch 113ff.
Funktionsverbgefüge 180, 189
„Garel von dem blühenden Tal" des Pleiers 106, 08-110
Gattung 101, 104
Gebrauchsgeschichte 103, 110
Gebrauchstext 255-258
Gebundenheit, gebunden 125-136, 138, 140, 146, 151-153, 155f.
Geläufigkeit, geläufig 20, 22, 27, 36, 41, 44, 47, 49, 51
Gelegenheitstopos 281
Gerichtsurteil 255-257, 265f.
Geschlechtsspezifik, geschlechtsspezifisch 178, 196, 199
geschlechtsspezifische Markierung 214, 233
Gliederungssignal 275
Gralroman 102
Graphemik 115, 119
Gregorius Hartmanns von Aue 104f., 108
Handlungsmaximen 280f.
Handschrift, handschriftlich 104, 113-115, 117, 121, 123
Helvetismen 11
historische Dialektologie 113

historische Phraseologieforschung 78ff., 113, 115-117, 120, 123, 125ff.
Historismus 129f., 132
Homonymie, homonym 126f., 129f., 132, 134, 156
Hydronym 223
Hyperbel, hyperbolisiert 41, 47
idiomatische Prägung 78f., 96
Idiomatisierung 115f., 119-121
Idiomatizität 161-163
ikonische Lesart 66-68, 70f.
ikonische Funktion 61f., 67, 73
Ikonizität 61
implizite Poetik 102
innerer Monolog 107f.
Interaktionssituation 106f., 109
interkulturelle Unterschiede 178, 196
intrakulturelle Unterschiede 178, 196
introducer 204
irreversible binomals 78, 120
italienisch 173 Kammerbuch 114
Kanzleisprache 114f.
kinetisch 183
kognitive Metapherntheorie 39
Kognitive Semantik 62
kognitive Sicht/Perspektive 128, 134f., 147
Kollokation 177ff.
  Substantiv-Verb-Kollokation 179, 182
  Verb-Objekt- Kollokation 184, 192, 184
Kollokator 179f., 187, 189
  grammatischer Kollokator 181, 184f., 192
kommunikative Funktionen 273ff.
komparativer Phraseologismus 61
konnektoriale Mechanismen 204
konnektoriales Umfeld 204
konnektoriales Vorkommen von Sprichwörtern 205
Konsequenztopos 278, 281, 284
Kontamination 233, 235
Kontextsituation 107
kontrastive Phraseologieforschung 32, 34-36
Konzept 57ff., 225, 229, 232
konzeptionelle Schriftlichkeit 82

konzeptuelle Metapher 39, 41, 44, 53f., 61, 71f., 224f., 231, 236
konzeptuelles Mapping 49
Korpus, elektronisches 182f., 203ff., 209, 224
korpuslinguistisch 199
Kriegerethos 103, 108, 110
Kultur, Kultur-, kultur- 37-40, 54, 65f., 110, 113f., 132, 178, 196, 198, 226, 231-234, 251
kulturelle Kenntnissysteme 60-66, 68, 72f.
Kulturgeschichte, kulturgeschichtlich, kulturhistorisch 15, 126, 140f., 147, 154, 215, 220
Kulturlandschaft 114
Kultursemiotik, kultursemiotisch 16, 62, 215
Kulturspezifik, kulturspezifisch 12, 16, 118, 178
Kulturvergleich 178, 198
Kulturwissen, kulturelles Wissen 54, 102f., 110, 236
Kunst 60
Lebendigkeit 18, 22-25
Legende 60, 65
Lëtzebuergesch 31ff.
Lexikalisierung 115f., 119, 128
Lexikographie, lexikographisch 58f., 125ff., 181, 221, 236
Literatur, literarisch 60, 177-179, 183, 185f., 196, 199, 236
Litotes 47
maledicta 240, 244, 248, 250
Märchen 60, 234
mediale Diglossie 12
Mehrgliedrigkeit 59
Mehrsprachigkeitssituation 32, 34
metakommunikativ 102, 110
Metaphorik, metaphorisch 12, 40, 43, 45, 53f., 58, 60, 63, 70f., 73, 177, 188-191, 214f., 221, 224-226, 228, 231f., 236
metaphorische Funktion 61f., 73
metaphorische Lesart 62, 73
metaphorische Motivation 38f., 49, 67
methodologisch 14, 19, 22
Mikrotext 101-110

Mimik 177
Mischklassifikation 59
Missfallen 246
Mittelalter, mittelalterlich 66, 81f., 85-87, 90, 95f., 103-105, 108, 110, 113, 118f.
Mittelfeldbesetzung 204
Mittelfeldkonnektoren 206
mittelhochdeutsch 101ff.
Modellcharakter 105
monolexikalisch 275
morphosyntaktische Variation/Variabilität 95, 194
Moskauer/Tartuer Schule 62
Motivation 36-40, 43, 46, 49, 51, 53, 132, 154-156, 230
Motivierbarkeit 22
multiple-choice-Verfahren 22
Mundart 11ff., 114, 138, 223
Mündlichkeit, mündlich 32, 45, 77, 82, 84f. 90, 215, 236
Mythos, mythologisch 60, 62, 65, 68, 215, 233-236
Nachfeldbesetzung 204
Nachfeldkonnektoren 209f.
Nahrung 38-45, 48f., 54
Nennform 14f., 20, 24, 109
Nichtdurchlässigkeit 164
Nichtgliederbarkeit 164
Nichtzerlegbarkeit 164
niederländisch 80, 94
nonanayzability 164
noncompositionality 164
nondecomposability 164
non-verbales Verhalten 117
Nulläquivalenz 34
Oberungarn 113f., 123
offene Befragung 22
Orientierungswissen 101, 107
Paarformel 43f., 47, 77ff., 120, 167
Parömiodidaktik 204
parömiologische Konnektoren 203ff.
Personenname 48, 51f.
Philosophie 60
Phraseographie 13f.
phraseologisch isoliert, phraseologische Isoliertheit 126-130, 132, 134, 150f., 153

phraseologische Bedeutung 162, 169, 172
phraseologische Einheit 57ff., 115, 117f., 123
phraseologische Geprägtheit 110
phraseologische Teilbarkeit 161ff.
phraseologischer Terminus 120-123
Phraseologisierung(sprozess) 77, 84, 92, 96, 113ff., 161-163, 174
polnisch 169, 173, 221
Pragmatik, pragmatisch 178, 182, 273ff.
pragmatische Bindung 102, 110
pragmatische Festigkeit 102
pragmatisches Wissen 105
Predigthandschrift 104
Promissorischer Eid 84f.
Proverbia Fridanci 104
Rechtsbuch 86, 91, 94-96, 117, 119
Rechtssprache 82, 85f.
Rechtsterminus, rechtsterminologisch 118, 120, 122
Rechtstext 90, 95, 117-119, 123
Redetabu 217
Referenzsituation 106-108
Region, regional 12, 16, 27, 116, 213, 216, 219, 223, 225, 235f.
Regionalität 113
regulär 258
Reihenfolgepräferenz 81, 84f., 89, 94, 96
Religion 62, 69
Reproduzierbarkeit 59
Routineformel 57, 60
russisch 128, 164, 170, 221, 289-292, 298
Sachgeschichte, sachgeschichtlich 134, 140, 154-156
Salienzbeschränkung 80f.
Salienzkriterium 96
Satzlänge 285ff.
Schein-Sein-Topos 282
Schimpfformel 244, 249
Schimpfwörter 240f., 250
Schriftkultur 82
Schriftlichkeit 77, 82, 101
schwach phraseologisierte Wortverbindung 116-120, 123

Schweizerdeutsch 11ff.
schweizerische Kommunikationskultur 17
semantische Isolierung 127, 156
semantische Teilbarkeit 162, 165f., 169f.
semantisches Feld 214, 216-224, 235f.
Semi-Oralität 82
Sentenz 101-103, 105, 107, 109
serielle Quelle 81
Slowakei 113-115, 117, 120, 123
slowenisch 57ff., 298, 304
Somatismus 46
sorbisch 221
Sprachinsel 113f., 123
Sprachkontakt 33
Sprachwandel 125ff.
Sprachwissen 73
Sprichwort 15, 19, 35, 42, 53, 60, 63, 68, 70, 83f., 101ff., 117f., 13, 203ff., 285ff.
Sprichwörtersammlung 104
Stabilisierung 95
Stabilität 83-85, 94-96, 115, 118, 161-163, 166
Stadtbuch 87, 95, 114
Steigerungsmittel 41
'sterben' 213ff.
Stereotypisierung, stereotypisiert 48, 51-54
stilistische Besonderheiten 45
Streitgespräch 240
Struktur, struktur- 78, 80, 83-85, 96, 118-120, 123, 178, 181-184, 187f., 191, 194f., 207-210
strukturtheoretisch 273-275
Symbol, symbolisch 40-45, 51, 58, 63-69, 72f. 233, 235f.
Symbolfunktion, symbolische Funktion 60f., 63-66, 68, 73, 224, 227
Symbolik 58, 63f., 66, 68f.
symbolische Lesart 62, 64, 73
symbolische Motivation 38, 73
Synchronie, synchron 16, 116, 121, 126f., 134f., 142, 147, 150, 153-156
synonymes Wortpaar 79, 120
syntaktisch-strukturelle Teilbarkeit 164-166, 169f., 172

Syntax, syntaktisch 115, 119, 178, 180f., 184, 186f., 190f., 193-196, 209, 211, 287, 289
Tabuisierung 217, 221, 235
Teilbarkeit 161ff.
Teil-Ganze-Topos 282
Text, text- 183, 185, 192, 194f., 199
Textmuster 257-259, 263-265
Textorganisator 204
Textsorte 116f., 122f., 224, 255ff.
  Textsorte ‚Eid' 77, 81, 85, 94, 96
  Textsorte Gebrauchstext 255ff.
tiefensemantische Struktur 165
Tiefenstruktur 167, 171
Tierkomponente 58
Tierkonzept 58-63, 66, 71, 73
Tierphraseologie 57ff.
Tiersomatismus 46
Topikalisierung 274
Toponym 51-53, 223
Topos 276ff.
  Topos der Ursache 280
  Topos der Zeit 282
  Topos vom Mehr und Minder 276f
  Topos vom Unterschied 282
  Aspekttopos 282
  Definitionstopos 282
  Gelegenheitstopos 281
  Konsequenztopos 278, 281, 284
  Schein-Sein-Topos 282
  Teil-Ganze-Topos
treu und hold 85-91, 95f.
Tristanroman 102
'Trunkenheit' 38, 45-49, 54
Überlieferung 103-105
Umfrage 213, 221, 223
Umgangssprachen, umgangssprachlich 196, 213ff.
ungarisch 289-292
unikal 125ff.
unikales Element 125ff.
unikales Morphem 127, 130
Unikalia 125ff.

Unikalisierung 129, 135, 145
Unikalität 126-128, 131-135, 141, 153, 155
Variabilität 194, 216
Variante 46, 49, 53, 185f, 194, 214-217, 223, 225f., 228, 234-236
Varianz 103, 106 109f.
Variation 33, 49, 180, 192, 216
veraltet, Veraltung 125f., 128-131, 135, 139f., 142, 145f., 150, 153
Verbot 247
verhüllend 217, 226-228
verständigungstheoretisch 274f.
Verteidigung 246
Verwaltungsakten 117, 123
Verwendung des Mikrotextes 104-110
Verwendungsweisen 102, 104-106, 108
visuelles Verhalten 178, 182, 196
Volksglaube 60
Vorfeldbesetzung 204
Vorfeldkonnektoren 207, 209
vorgeformte Texte 257, 264
Vorwurf 247
Weinbau 38, 40f., 54
Weltwissen 39, 42, 64, 73
westmoselfränkischer Dialekt 32
„Wigalois" Wirnts von Grafenberg 102
Wörterbuch, Wörterbücher 13f., 116, 126, 132, 138-144, 146-150, 153-155, 181-183, 190, 192, 194f., 197f., 214, 216, 221, 226, 228, 234f.
Wortfeld 180, 217
Wortpaar 78f., 83-85, 87, 91-94, 96, 119-121
Zeichencharakter 105
Zeichentrickfilm 66
Zielkonzept, Zieldomäne 38, 40, 43, 48, 50, 54
Zwillingsformel 79, 120
Zwischenfeldbesetzung 204
Zwischenfeldkonnektoren 211

Autorenregister

Adamzik 240, 244, 251
Adelung 129f., 138.152
Algoud 242
Alteheger 255
Altmann 293f., 295, 297, 301f.
Amosova 133
Anders, H. 216f.
Anders, M. 266, 270
Androutsopoulos 240
Argyle 199
Ariès 217, 226
Aristoteles 276, 278
Bąba 170, 173
Bächtold 14, 23f.
Bassola 115
Batteux 180
Bauer 17
Baumgartner 13
Bäuml, B.; Bäuml, F. 178, 196
Baur 279-282
Bentzinger 114
Besch 79, 120
Best 295, 299, 301
Bietenhard 14
Blumenthal 179
Bonsels 66
Börlin 13
Bragina 37
Braune 93
Büchle 244, 248, 250
Buhofer 59, 78, 115, 121, 128, 133f.
Burger 11, 22, 36, 39, 59, 78, 84, 102, 110, 115f, 121f., 126, 128, 133f., 136, 148, 152-154, 170, 178, 180, 203, 216, 248, 273, 277, 285
Campe 139-142, 144-152
Čermák 126, 204
Chalupecký 114
Chantreau 182
Chlosta 279-282
Chomsky 287
Cowie 94, 180
Cutting 164
Dauzat 53
Dicks 34
Dilcher 85, 89f.

Dinzelbacher 66, 69
Dittmer 82, 84, 93
Dobrovol'skij 39, 60-62, 72f., 127-129, 132-134, 136, 140, 146, 163f., 166, 168f., 171f., 174, 204, 218, 248
Ďurčo 136
Dziamska 170, 173
Eckert 116, 161-163
Eckhardt 87
Edouard 247
Eggers 93
Ehrismann 105
Eikelmann 102
Eismann 58
Ekmann 178
Ellsworth 177
Elspaß 120
Engberg 265
Engel 206
Erdmann 93
Ermert 255
Erpelding 52
Exline 178
Fabjan Bajc 59
Fehr 178
Feilke 79, 96, 128, 244
Fellbaum 164, 168
Feyaerts 51f., 127
Fiehler 258f.
Filatkina 36, 45
Fink 95
Fleischer 57, 115, 126.129, 131-133, 135, 161, 171, 245
Flink 87
Földes 11
Fontaine, de la 32, 34, 41
Frank 85
Fridlund 178
Friesen 178
Frings 93
Gadmer 17
Gehle 266, 270
Gibbs 164, 174, 218
Gilles 32
Glucksberg 164, 167
Gottsched 137f.

Gréciano 38, 245
Von Greyerz 14
Grimm, J. 90, 140, 142, 151
Grimm, W. 140, 142, 151
Grögel 178, 193
Grzybek 105, 107, 286, 290-292, 296, 302
Gülich 244, 257f., 277
Günthner 277
Haas 18
Häcki Buhofer 11f., 19, 22, 25, 27, 134
Hall 178
Haubrichs 105, 110
Häusermann 78
Hausmann 180
Heinz 180f.
Hemmer 35
Henne 138f.
Hergé 239
Hilty 179
Hoffmann, F. 35
Hoffmann, O. 80, 83
Hose 211, 277
Hotzenköcherle 13
Hundsnurscher 240
Hüpper 120
Hürlimann 17
Ising 136
Jachnow 216
Jaksche 128
Jenko 59
Johanek 86
Johnson 61, 72
Jung 62
Junghanns 169
Karg-Gasterstädt 93
Karničar 58
Keber 58, 64-69, 71
Keil 171, 174
Keltner 178
Kiener 240
Kienpointner 280
Kindt 258f., 275-277, 279, 281f., 284
Klein 179
Knapp 178
Knoche 116
Koch 82
Kochskämper 81
Kolmer 85

Korhonen 11, 27, 133f., 136, 194
Krafft 244, 257f.
Kramer 153
Krier 36
Kržišnik 59
Küpper 221
Küppers 65, 69
Lakoff 61f., 230
Landfester 61
Lentz 32
Lenz 80f.
Levin-Steinmann 164, 166-168, 174
Liberek 170, 173
Linke 84, 115, 133f., 148
Lobeck 13
Lötscher 240f., 244, 249f.
Lûbimova 204
Lüdicke 87
Ludwig 177
Lurker 63, 65, 68f.
Mackin 94
Malkiel 81, 96
Marín-Arrese 216, 231
Marten-Cleef 240
Matzen 245
Matzinger-Pfister 93
McCaig 94
Meißner 89
Mellado Blanco 84
Menac 59
Mersch 35f.
Mettke 83
Meyer, Heinz 63f., 66
Meyer, Herbert 86
Meyer-Ingwersen 216
Mieder 276, 283
Militz 182
Milner 241, 251
Mollay 91
Mone 102
Moon 180
Müller, D. 108
Müller, G. 79-81, 89, 96, 274
Nayak 164, 174
Niehaus 295, 299, 301
Nöcker 281
Oesterreicher 82
Olivier 182
Oparina 37

Palm 59, 61, 73, 128, 273
Paul 115
Pavlica 59
Permjakov 105
Petermann 59
Piirainen, E. 11-13, 37f., 44, 46, 49f., 60-62, 72f., 80, 127-129, 132, 134, 136, 140, 146, 174, 214, 217, 221, 223, 228, 248
Piirainen, I. T. 115, 117
Piñel López 216
Pletschette 34
Raible 257f.
Rajchštejn 133
Rakusan 58, 61
Rechtsiegel 162f.
Rey 182
Ries 35
Riesel 52
Rodange 32
Röhrich 68, 132, 140, 143, 147, 276, 283
Rojs 59
Rolf 279, 284
Ross 80, 89
Rostaing 53
Ruef 19
Rüther 281
Sadomirskaya 37
Salomon 80, 82-84
Sandig 255f.
de Saussure 128
Scherer 178
Scheyhing 86
Schläpfer 13
Schmidt-Wiegand 82, 88, 96, 119
Schmutz 18
Schnieders 258f.
Scholz 17f.
Schoop 88
Schumann 240
Schwitalla 240
Seibicke 240
Sialm 59, 78, 115, 121, 128, 133f.
Simrock 290f., 296-299
Šmelev 127
Snyckers 182
Sonderegger 13, 17, 82
Sornig 240, 247, 250

Sowinski 256
Stein 275
Steinbach 137f., 141f., 149-152
Steyer 183
Stieler 136-138, 140, 142f., 150-152
Strasmann, G. 239
Strasmann, I. 239
Suhadolnik 59
Suter 14
Tappe 244, 259
Tax 93
Telija 31, 37, 39
Thissen 87
Tomasek 102
Topalovic 120
Tóthné Litovkina 287-289
Toulmin 280
Tousch 42, 50
Trampusch 58
Trüb 13
Tunnicius 104
Ullrich 94
Vater 256
Wallbott 178, 185
Wander 103, 117
Weber 14, 23f.
Weickert 137
Weinelt 114, 120
Weinrich 209
Werny 182
Wierzbicka 169
Williams 199
Wimmer 302
Winkler 240, 248
Wirrer 277, 280f.
Wolff 93
Wolter 34
Wotjak 180, 239, 247f.
Yngve 287
Ziegler 117
Zinsli 13
Zöllner 216f.
Zybatow 169

Жуков, А. 162, 174
Жуков, В. 162
Левин-Штайнман 166
Райхштейн 162, 164
Телия 164

Phraseologie und Parömiologie

Band 1: Wörter in Bildern – Bilder in Wörtern
Beiträge zur Phraseologie und Sprichwortforschung aus dem Westfälischen Arbeitskreis. Hrsg. von **Rupprecht S. Baur / Christoph Chlosta / Elisabeth Piirainen. 1999. 455 Seiten. Kt. ISBN 3896761722. FPr. € 24,70**

In diesem Band sind Vorträge des Westfälischen Arbeitskreises Phraseologie/ Parömiologie gesammelt.

Die Vorträge spiegeln ein vielfältiges Bild unterschiedlicher Untersuchungsperspektiven gegenüber dem Phraseologismus und dem Sprichwort wider. Dabei stehen volkskundliche und historische Darstellungen neben Arbeiten zur Verwendung von Phraseologismen in Fernsehen, Karikatur und Werbung, sowie Beiträgen zum Erwerb von Phraseologismen und Überlegungen zur kognitiven Repräsentation phraseologischer Verbindungen.

Der Band dokumentiert damit einen Querschnitt heutiger Forschungen im Bereich der Phraseologie und Sprichwortforschung

Band 2: Phraseologie der westmünsterländischen Mundart
Von **Elisabeth Piirainen. 2000. Semantische, kulturelle und pragmatische Aspekte dialektaler Phraseologismen**: 535 Seiten. Kt. ISBN 3896761951. FPr. € 28,80. **Band 2+3 zusammen € 45,20 (ISBN 3-89676-194-3)**

Das „Westmünsterländische", ein niederdeutscher Dialekt im Grenzgebiet zu den Niederlanden, hat sich besser erhalten als die übrigen westfälischen Mundarten. Hier war es gerade noch möglich, durch intensive Befragungen von Mundartkennern rund 4500 dialektale Phraseologismen in ihrer Ursprünglichkeit zu erfassen.

Im **ersten Band**, einer linguistischen Monographie, wird erstmals die Phraseologie eines Dialektes umfassend analysiert. Die Beschreibung der Phraseologismen erfolgt im theoretischen Rahmen der kognitiven Semantik, Kultursemiotik und linguistischen Pragmatik. Die Analysen semantischer Felder, zugrundeliegender Metaphern und pragmatischer Spezifika der Dialektphraseologie gewähren Einblicke in Welt- und Kulturwissen, in Denkmodelle und Wertvorstellungen, über die nur noch die letzte Generation von kompetenten Dialektsprecher(inne)n verfügt. Als Vergleichsbasis werden jeweils größere Ausschnitte aus dem Inventar der hochdeutschen Phraseologie herangezogen, anhand derer deutliche Unterschiede zur Standardsprache aufgezeigt werden.

Band 3: Phraseologie der westmünsterländischen Mundart
Von **Elisabeth Piirainen. Lexikon der westmünsterländischen Redensarten** (mit 41 Zeichnungen von Oleg Dobrovol'skij): **2000. 464 Seiten. Kt. ISBN 389676196X. FPr. € 25,60**

Im **zweiten Band** werden die rund 4500 westmünsterländischen Redensarten mit hochdeutschen Übersetzungen und Erklärungen in Form eines Lexikons dokumentiert. Ein differenziertes Verweissystem ermöglicht die Erfassung zusammengehöriger Lexikoneinträge, die durch die alphabetische Anordnung getrennt sind. Eine Bereicherung dieses Bandes bilden die künstlerischen Illustrationen, die bildlich-absurde Vorstellungen mancher Redensarten mit den realen volkskundlichen Gegebenheiten des Westmünsterlandes verbinden. Beide Bände werden durch umfangreiche Register und Glossare abgerundet. Zusammen vermitteln sie einen umfassenden Eindruck von der Phraseologie dieses niederdeutschen Dialektes mit seiner eigenen Kultur und Bilderwelt.

Schneider Verlag Hohengehren; Wilhelmstr. 13; D-73666 Baltmannsweiler

Band 4: G. L. Permjakovs Grammatik der sprichwörtlichen Weisheit
Herausgegeben, übersetzt und bearbeitet von **Peter Grzybek**. 2000. 199 Seiten. Kt. ISBN 3896761978. FPr. € 16,50

Mit einer deutschen Übersetzung der *Grammatik der sprichwörtlichen Weisheit* wird hier erstmals der vollständige Text dieses originellen Ansatzes zur Beschreibung und Klassifikation von Sprichwörtern des führenden Parömiologen G. L. Permjakov (1919-1983) in einer westlichen Sprache zugänglich gemacht. Der Text wird ergänzt um eine ausführliche Einleitung sowie um ein alphabetisch und ein nach Typen angeordnetes Verzeichnis aller thematischen Paare zur Beschreibung der sprichwörtlichen Semantik.

Eine Auflistung aller von Permjakov selbst klassifizierten russischen Sprichwörter (original und mit deutscher Übersetzung) sowie eine kommentierte Liste mit Klassifikationen allgemein bekannter deutscher Sprichwörter runden den gesamten Band ab.

Günter Nahberger
Band 5: **Morgen ist auch noch ein Tag**
Eine Theorie mythischer Sätze
2000. 231 Seiten. Kt. ISBN 3896763016. FPr. € 18,50

Wenn Herr Müller trotz redlicher Bemühungen seine Arbeit nicht ganz geschafft hat, könnte Frau Meier ihn trösten und sagen: „Macht nichts! Morgen ist auch noch ein Tag."
Was genau tut Frau Meier, welche Sprechhandlung vollzieht sie, indem sie das Sprichwort äußert?

Die vorliegende Untersuchung gibt auf diese Frage Antworten und klassifiziert Sprichwörter folgendermaßen als „mythische Sätze":
- Sprichwörter leisten als Sprachklischees eine Alltagsorientierung durch Benennen und Definieren von überraschend eingetretenen Situationen.
- Sprichwörter erscheinen als ideologiehaltige sprachliche Handlungen, erkennbar an ihrer paradoxen Grundstruktur.
- Sprichwörter präsentieren sich als logische Wahrheiten, letztlich handelt es sich aber um subjektive Wertungen, die als Tatsachen kaschiert werden.
- Mit der Äußerung von Sprichwörtern vollzieht man Sprechakte, die über grundsätzliche Einstufung einen Menschen in seinem Verhalten bestärken, ihn trösten oder einen Rat geben.

Wolfgang Mieder
Band 6: **Strategies of Wisdom**
Anglo-American and German Proverb Studies
2000. 372 Seiten. Kt. ISBN 3896763024. FPr. € 24,70

This volume includes ten essays on various aspects of Anglo-American and German proverbs and proverbial expressions. The first study presents a review of modern paremiography and paremiology and also points to desiderata for future research. Two chapters deal with the use of proverbs by Lord Chesterfield and Benjamin Franklin during the eighteenth century, and three additional studies investigate the function of proverbs in the works of Charles Dickens, Abraham Lincoln, and Frederick Douglass during the nineteenth century. There is also a detailed historical review of how the German proverb "The apple doesn't fall far from the tree" found its way to the United States. Turning to the twentieth century, yet another chapter discusses the proverbial dialectics in the works of Bertolt Brecht. Finally, there are two studies concerning the proverbial manipulations in Adolf Hitlers's *Mein Kampf* and the proverbial rhetoric in Victor Klemperer's *Diaries of the Nazi Years (1933–1945)*. A detailed bibliography and a keyword index of the proverbs cited conclude the book.

Petra Balsliemke

Band 7: Da sieht die Welt schon anders aus
Phraseologismen in der Anzeigenwerbung
2001. 342 Seiten. Kt. ISBN 3896763032. FPr. FPr. € 25,60

Ca. 2800 kommerzielle Werbeanzeigen aufeinanderfolgender Ausgaben ausgewählter Publikumszeitschriften und eines Werbejahrbuches wurden hinsichtlich der Verwendung von Phraseologismen untersucht. Es wurden alle Anzeigenkomponenten berücksichtigt. Besonderer Untersuchungsschwerpunkt waren die Modifikationen der verwendeten Phraseologismen und ihre Entsprechungen im Anzeigenbild.

Band 8: Phraseologiae Amor
Aspekte europäischer Phraseologie
Festschrift für Gertrud Gréciano zum 60. Geburtstag
Hrsg. von **Annelis Häcki Buhofer, Harald Burger und Laurent Gautier**
2001. 298 Seiten. Kt. ISBN 3896764373. FPr. € 24,70

Annelies Häcki Buhofer **Vorwort** • Daniel Bresson **Nominale Prädikate mit Stützverb** • Harald Burger **Nominale Phraseologie** • Colette Cortès **Klassifikation metasprachlicher autonymisch verwendeter Phraseme im Deutschen** • Martine Dalmas **Routineformeln** • Carine Delplanque, Renaud Lallement **Die Dekonstruktion der Sprache im Theater von Werner Schwab** • Dmitrij Dobrovol'skij **Motivation in der Idiomatik** • Peter Ďurčo **Parömiologische Minima für Deutsch als Fremdsprache** • Wolfgang Eismann **Vergessene psychoanalytische Perspektiven in der Phraseologie** • Eugène Faucher **Phraseologie als kulturwissenschaftlicher Beleg** • Nicole Fernandez Bravo **Rhetorik und Phraseologie in „Das Lied von der großen Kapitulation"** • Laurent Gautier **Zur Verwendung (nicht nur) österreichischer Phraseme in österreichischen literarischen Texten** • Regina Hessky **Das euphemistische Idiom** • Bernadette Hoffmann **Arcimboldi und die Phraseologie** • Christine Palm Meister **Ein phraseologisches Sprachporträt der Mutter Courage** • Marie-Hélène Pérennec **Lexikalisierte Zeitmetaphern und ihre Abwandlungen** • Annely Rothkegel **Zu neuen Ufern – eine Reise durch die Phraseologie(forschung)** • Barbara Sandig **Phraseme für „Perspektive" in Lexikon und Text** • Hartmut Schröder **Sprachtabu und Euphemismen** • Paul Valentin **Phraseologische Nominalkomplexe** • Jan Wirrer **Formelhaftigkeit in mittelniederdeutschen Rechtstexten** • Barbara Wotjak **Phraseologismen im neuen Lernerwörterbuch**
Festschrift zum 60. Geburtstag von Gertrud Gréciano, Universität Marc Bloch, Strassburg

Schneider Verlag Hohengehren; Wilhelmstr. 13; D-73666 Baltmannsweiler